I0411084

www.ingramcontent.com/pod-product-compliance
Lightning Source LLC
Chambersburg PA
CBHW060236290526
45789CB00001B/71

*9 7 8 1 5 4 0 3 5 8 4 1 7 *

الخلافة الثانية
على منهاج النبوة

الدكتورة الصديق

الولايات المتحدة الأمريكية

2011

1

كلمـة شكـر

"ربي ارحمهما كما ربياني صغيرا"

إلى والدي الحبيبين اللذين سهرا على تربيتي وتعليمي وتكويني وتوجيهي الوجهة الصحيحة حتى وصلت لما وصلت، أقدم كتاباتي وكل ما صنعته في حياتي هدية لهما وصدقة جارية لهما.

إلى كل من دعمني في مسيرتي الفكرية من أساتذتي وكل من أرشدني ووجهني.

لكم جميعًا تحياتي الخالصة وامتناني.

إهـــــداء

بسم الله، خالق السموات والأرض ومدبر الأكوان ومحصي الأنفاس وسكنات الليل وحركات النهار، منور القلوب وهادي عباده إلى الطريق المستقيم، محيي ومميت وإليه المصير. والصلاة والسلام على سيدنا محمد المبعوث رحمة للعالمين، مخرج العباد من ظلمات الجهل وظلم الشرك إلى نور العلم وعدل الإسلام.

أهدي هذا المؤلف المتواضع للشعب المغربي بجميع فئاته وتوجهاته واختلافاته الإثنية والقبلية وغيرها، لعلمي علم اليقين أنه شعب يسعى لتحرير نفسه وتطوير بلده وتثبيت قيمه المبنية على الإسلام. فهو شعب أمازيغي حر يعتز بهويته وتقاليده وقيمه. وهو شعب مؤمن يحب الله ويحب رسوله عليه الصلاة والسلام. ليس ذلك فحسب بل لعلمي علم اليقين أن الشعب المغربي من أحب الخلق إلى الله لإيمانه القوي وعقيدته التي ترجع لقرون طويلة رغم حيف الظلم والقهر فهو شعب صامد متشبث بدينه وقيمه الأصيلة ويرجو الخير الكثير الذي سيرى بشاراته قريبًا جدًا.

ولا أنسى باقي الشعوب المسلمة في كل البلاد المغرب والمشرق فهم إخواننا في الدين والعروبة والإنسانية ونرجو لهم الخير الكثير ونبارك لهم جهودهم من أجل تحرير رقابهم من ربقة حكم الاستبداد.

والله غالب على أمره وهو الموفق عباده للخير، والله يلهمنا الصواب ويوفقنا لما يحبه ويرضاه.

مدخل عام

أسس الأستاذ عبد السلام ياسين مشروعه النظري يقصد منه تجديد الدين لعله يوقظ المجتمع المغربي والأمة الإسلامية من الغفلة والبعد عن الله حتى تعود إلى الدين الحق وأصوله الأولى القرآن والفهم النبوي وهو ما أسماه بالمنهاج النبوي. هو مشروع ضخم له واجهات متعددة نستشفها عبر مؤلفاته العديدة والمتنوعة التي لها طموح كبير يشمل الفرد والمجتمع. فقصده هو تجديد الدين ليس على مستوى الفرد بل على مستوى الجماعة ويتحقق ذلك بالانضواء لجماعة المؤمنين والمجاهدة داخل محضنها وبذلك ركز الأستاذ عبد السلام ياسين منذ بدايات دعوته على تأسيس جماعة المؤمنين التي أخذت أشواطا قبل أن تصبح بالشكل الذي عليه وهي التي تسمى جماعة العدل والإحسان بالمغرب. ما يقصد منه حين نقول مجاهدة هو أن تعتق رقبة الوارد من أمراض النفس وتخلصه من إسلام الوراثة والعادة لترقى به للإيمان من خلال ما سأبينه من الترقي في شعب الإيمان التي أحصاها الأستاذ والتي فصلت فيها في أحد فصول هذا المؤلف لعظم شأنها ودورها في ترقي المسلم من دين العادة والتوارث إلى الإيمان الذي يقر في القلب ثم إلى الإحسان الذي هو عربون صلاح المؤمن التقي.

وأولى الأستاذ عبد السلام ياسين أهمية قصوى للتربية باعتباره مرشد الجماعة والمربي والقدوة، وركز منذ بداياته كمفكر وداعية لمسألة التربية والتزكية وألف في هذا باب كتابا قيما تعرض فيه لأقوال وفهم فقهاء التربية وقام بجمع مخزونهم وعلمهم التربوي في هذا المؤلف القيم الذي عنونه ب"الإحسان". والكتاب الآن على شكل جزئين، لكنه قبل ذلك بدأ بمختصر هو عبارة عن مدخل لعلم التربية والتزكية أسماه "الرجال". ويشكل هذا المؤلف اللبنة الأولى لعلم التربية كما يسميها الأستاذ ويقصد بها التزكية كما نقرؤها في متن القرآن. وهنا يميز الأستاذ بين أمرين جللين وهما التزكية الفردية التي سار عليها السادة الصوفية كما تناقلت تاريخيا ووصلت إلينا على شكل "زوايا" حيث يقوم شيخ بتزكية المريدين القادمين على الزاوية وهم من ورثوا علم تزكية النفس بتخليصها من أمراضها من نفاق وغفلة وبعد عن الله والسير على غير هدي القرآن. أما فهم الأستاذ للتزكية فلا يحصل إلا داخل جماعة المؤمنين اتباعا لما كان عليه الرسول صلى الله عليه وسلم وحاله مع الصحابة في العهد النبوي الأول. وهذه الواجهة هي ما يمكن أن يطلق عليها بالتربية داخل الجماعة أو كما يسميها التربية في "جلوة" وليس في "خلوة". يُدرك مفهوم الأستاذ للتربية من منظوره الذي يولي أهمية قصوى لتزكية النفس وصقلها، فهو لا يفتأ يردد أن هدف الجماعة هو "التربية، ثم التربية، ثم التربية."

فأين نقرأ هذا الجانب الأساسي ضمن المشروع الضخم للأستاذ عبد السلام ياسين؟ وهل خصص الأستاذ مؤلفًا بعينه نظّر فيه للتربية أم أن أمر التربية يتخلل مؤلفاته العديدة؟ سأحاول الإجابة عن هذا الأمر العظيم في خضم الحديث عما يسميه "التربية المنهاجية" التي خصصت لها فصولًا من هذا الكتاب المتواضع. إضافة إلى التركيز على التربية، خصص الأستاذ عبد السلام ياسين جزءًا كبيرًا من مشروعه الضخم للحكم الإسلامي الذي سعى للتهييء له في بلد المغرب، فقد تصدرت قضية الحكم الشرعي باقي القضايا التي يطرحها ضمن ما سماه بمستقبل الإسلام. وقد أولاها أهمية كبرى تجلت في موقفه من نظام الحكم الملكي بالمغرب منذ السبعينات ومباشرة بعد نشر مؤلفه "الإسلام غدا". حيث بعث لملك المغرب الحسن الثاني رسالة تتضمن النصيحة وتدعو الملك للتوبة والعودة للحكم بما أمر الله.

وتوافقت الرسالة الملكية مع مرحلة بداية تأسيسه للعمل داخل الجماعة، أي منذ اللحظة التي أسس فيها الجماعة الأولى. بذلك شكلت الرسالة التي بعثها للملك الراحل محورًا أساسيًا في مشروعه التنظيري الذي دشنه بالمؤلفات التي كتبها في السبعينيات ومنها "الإسلام غدًا" وغيرها وهي التي تتضمن مشروع إقامة "الخلافة الثانية على منهاج النبوة". إذ يعتبر الأستاذ عبد السلام ياسين أن الأمة قد مرت بمراحل ثلاث من الحكم بعد عهد النبوة استنادًا إلى الحديث النبوي الشريف، وهي على التوالي الخلافة الأولى على منهاج النبوة. ثم الحكم العضوض فالحكم الجبري. وفي حاضرنا -أي منذ بداية القرن الخامس عشر الهجري- تتهيئ الأمة لتعتق رقبتها من الظلم والاستبداد الذي يُمارس عليها منذ قرون من طرف حكم الاستبداد وطغيان حكام الجبر. أي ما يسمى بالحكم الجبري وبلغة العصر الأنظمة الديكتاتورية حيث استبد الحكام المسلمون بالشعوب وتم قمعها وموارس في حقها كل أساليب الغطرسة من التجهيل والتجويع والحرمان من جميع حقوقها المدنية. فأمر الخلافة الثانية لم يكن ليتحقق أو يتكون، ولن يكون هذا الأمر العظيم دون تكوين وتهييء الأمة التي حادت عن الدين القويم وانهارت وتقاعست عن الجهاد وتقهقرت وأصبحت غثائية وليس لها ذكر في العالمين.

والسؤال الذي يطرح هنا، كيف يتم إعداد الأمة وتكوينها وتربيتها؟ ما هي الوسائل المنهاجية وآليات هذا التغيير الذي يطمح منها الخروج بالأمة من مآزق وأمراض الغثائية والذهنية الرعوية والتواكل والتبعية والمغلوبية حتى تنهض لتصبح الرائدة الداعية للعدل الآمرة بالمعروف الناهية عن المنكر والداعية للوسطية والشاهدة بالقسط ؟ يجيب الأستاذ عبد السلام ياسين عن هذه القضية الجوهرية بأنها تقتضي التجديد في الدين سواء على يد مجدد أو على يد جماعة مؤمنة تجدد للمجتمع دينه على أساس ان هناك جماعات متعددة في البلاد الإسلامية التي قد تتوحد لتجدد دين الأمة جمعاء. ويؤكد الأستاذ في هذا الباب أنه لا يكفي لهذا الأمر العظيم تأسيس نظريات في العمل الإسلامي الحركي ولا

خوض غمار الساحة السياسية الحركية للوصول للحكم الإسلامي باعتلاء كراسي الحكم من طرف الإسلاميين. فلا تتحقق نهضة الأمة على مستوى فوقي أي بتغيير الحكم بل يلزم تغيير تحتي يأخذ زمنا من التوعية والتعليم والتوجيه حتى تستعيد الأمة مكانتها وتصبح فاعلة في مجتمعاتها.

لا يكفي بالنسبة للأستاذ التغيير السياسي بالحراك والمظاهرات لتغيير الأمة. لأن التغيير السياسي قد يغفل عن الأمر الأعظم وهو تهييء الأمة تربويًا وهذا مشروع أجيال وقد يستغرق عقودًا. ولذلك فمشروع الأستاذ التربوي بعيد المدى ويستغرق زمنًا غير محدد ما دامت الدعوة مفتوحة في قلب المجتمع. ولذلك يفضل الأستاذ الصبر والتأني في تهييء السواد الأعظم بالتربية المنهاجية التي تخرج المجتمع فردًا وجماعة من إسلام العادة والتوارث ومنظومة الريع بعد التغيير في قيم المجتمع ومدافعة الفساد الذي يتوارث والاستبداد في الحكم الذي استمر لقرون طويلة. ويفصل الأستاذ في عملية التوغل داخل المجتمع بالتربية حتى تقدر جميع دوائر المجتمع أن تتخلص من إسلام العادة والوراثة وتستمر هذه التربية حتى تشمل جميع دوائر الأمة بحيث تتخلص الأمة جمعاء من أمراض الغثائية والمفعولية والتبعية والغفلة.

يعتمد هذا التغيير البعيد المدى على التربية المتأنية التي تنبني على مبدأ التزكية أي تغيير ما بالنفوس فردًا وجماعة حتى يحصل الوعي والخلاص الفردي والجماعي الذي يرقى بالأمة وتكون لديها الأهلية لبناء مجتمعات العدل لبلوغ درجات الإحسان. تؤسس الجماعة لواجهة يتم بها مدافعة الاستبداد ومدافعة الأنظمة الفاسدة وهي التي تتسلط على رقاب طبقات الأمة وهو ما أسماه الرسول صلى الله عليه وسلم بالحكم الجبري أي الديكتاتوري بلغة العصر. وهو النظام الذي يتحكم في الرقاب ويقهر العباد ويسلبهم الحريات العامة وحقوق المواطنة. وقد تمكن الأستاذ من بناء منظومة فكرية متكاملة شاملة يمكن الاطلاع عليها عبر كتاباته المتنوعة والغزيرة التي استغرقت عقودًا من الزمن جمع فيها ما درسه في الفقه والأصول وما اطلع عليه من المخزون الثقافي الإسلامي وما قعد له نظرا وعملا وهو المنهاج النبوي. ولا تزال مؤلفاته غير معروفة في المجتمعات العربية ولم تتدارس كلها.

تمثل جماعة "العدل والإحسان" الشق العملي للمشروع النظري الذي أسسه الأستاذ عبد السلام ياسين ومن هنا تظهر أهمية العمل الدعوي للجماعة في قلب المجتمع الذي يتوغل فيه الداعة والداعيات بالتدرج والدعوة بالحكمة والصبر على الناس. وتشكل مؤلفات الأستاذ عبد السلام ياسين الشق النظري لمشروعه التجديدي فهي تطرح تصوره العام للدعوة والحركية وتجمع بينهما بمبدأ جوهري هو التربية. فقوة الجماعة وفعلها الدعوي في المجتمع ينطلق من الأساس النظري الذي أرساه الأستاذ وأسس له عبر عقود من الجهد الفكري ليثمر عن مشروع يمثل الأساس النظري لقواعد الدعوة وآلياتها وكيفيات عملها

حتى تتمكن من التوغل واختراق دوائر المجتمع المدني بتفعيل مبدأي التدرج والدعوة بالحكمة وبالتركيز على التربية التي يقصد بها تغيير في السلوك وتهييء الفرد والمجتمع للخروج من الفتن والإعداد والاستعداد لتحقيق الموعود النبوي. ويقصد الأستاذ عبد السلام ياسين من مشروعه تهييء الأمة وتكوينها وتربيتها حتى تصبح مستعدة لتحمل مسؤولية بناء مجتمع متوازن بإقامة العدل في المجتمع ودعم أسس مؤسسات الدولة حتى يتحقق الحكم الشرعي المبني على مبدأي اختيار الحاكم والحكم بالشورى مع مراقبة ومحاسبة من يقوم على شؤون الدولة. فالتكوين الذي يؤسس له يفهم من مفردة "ثم تكون" وهنا نلمس ظهورًا لمعنى كلمة جوهرية في العبارة وهي فعل "تكون" فما فحوى هذا التكوين وما ماهيته وما غايته وما المقصود من فعل التكوين هذا، وكيف سيحصل هذا التكوين، ومن سيقوم به؟

إن التكوين هنا لا يمكن أن يترك للقدر بشكل مطلق، كما قد يفهمه بعض العاملين في الدعوة الإسلامية أو القاعدين عن الجهاد متغافلين عن النذارة التي وردت في بداية الحديث المنبهة للحكم العاض والجبري من بعده. تلك النذارة التي سبقت البشارة حتى نعد ونستعد لمواجهة المنظومة السياسية والفكرية القهرية للحكم الجبري التي لا بد من مدافعتها بقوة إيمانية تُكتسب بالتربية السلوكية ومجاهدة النفس حتى تستطيع مواجهة الحكم الجبري القاهر للعباد. ولا يكون ذلك إلا بالجهاد من قلب جماعة المؤمنين المتآخين الصابرين على دعوة الله الذاكرين له في كل الأوقات والأحوال.

فالتكوين الذي يسبق البشارة فيه دعوة إلزامية لفعل التكوين الذي يقصد به هنا التغيير الجذري، إذ كيف يمكن الانتقال من حالة الحكم الجبري الديكتاتوري القمعي الذي ينفي نهائيًا قوة الأمة وحقها في اختيار من يسوسها، ليتحول الأمر ويصبح بيد الأمة فيوكل إليها أمر اختيار من يسوسها ويكون لها القول الفصل فيه تسييرًا ومراقبة؟ لن يحصل هذا الأمر إلا أن تقوم الأمة به بأن تخرج نفسها من حالة الانفعال والسلبية والخضوع والخنوع لحكام الجبر لتصبح فاعلة ساعية للعدل والقسط متشبثة بدينها. ولا بد أن تصير -من جديد- الأمة الشاهدة الوسطية المجاهدة. معاني كثيرة تتضمن هذا التحول من التجديد في الدين الذي سيخرج الأمة من أمراضها وغثائيتها لتقوم وتكون الأمر العظيم الذي هو البشارة النبوية.

من هنا يُفهم التجديد في الدين الذي قام به الأستاذ عبد السلام ياسين باعتباره ضرورة تاريخية يقوم بها مجدد يكون قادرًا على إخراج الأمة من غثائيتها وتقهقرها وتبعيتها ويوجهها الوجهة الصحيحة حتى تغير ما بها وتدافع النظام الجبري الظالم. يتضمن التكوين هنا معنى مدافعة الاستبداد الذي يمثله الحكم الجبري ويقصد به بلغة العصر الديكتاتوري ولن يتحول النظام الديكتاتوري إلى خلافة منهاجية إلا بعد أن تحصل مدافعة شديدة تقوم بها الشعوب. لحصول التغيير يلزم الأمة فردًا وجماعة مدافعة الاستبداد ونقضه من جذوره حتى تقبل

على بناء ما هي مقبلة عليه وهو الموعود النبوي بشكل منهجي مجدد حتى يكون التكوين والاستعداد على جميع المستويات التربوية والدعوية والتكوينية. وهذا لن يتأتى من دون الفهم الصحيح للثغرات الكبرى التي عرفها التاريخ الإسلامي بعد عهد الخلافة الراشدة. والتكوين من مهام الجماعة لأنها قلب الدعوة وبواسطتها يكون الإعداد والتهييء. فقد سخرت الجماعة نفسها للقيام بها من خلال مؤسساتها وواجهاتها الهيكلية تهييء المجتمع تربويًا وتبلغهم الدعوة منتهجة أسلوب التدرج والحكمة حتى تخلصهم من أمراض النفس والفتن التي أصابت المجتمعات المسلمة والتي منها الغثائية والنفاق والبعد عن الله. فهذا التهييء من المهام الأساسية للجماعة بحيث تفتح الجماعة مجالس تدعو فيها عموم المجتمع لتطرح فيها مناهجها ومنظورها عن كيفية التغيير في وجهة وسلوك الفرد. وبما أن الجماعة تسمي نفسها بجماعة العدل والإحسان فتتضمن دعوتها بناء أسس العدل والقسط في المجتمع مع التركيز على التربية والسلوك.

ليس قصدها تحقيق أيديولجية العدالة الاجتماعية بالفهم المادي كما تطرحه الأحزاب اليسارية التي تتبنى الماركسية. فهذه الأخيرة لا تضع حساب لعالم الغيب والمآل بعد الموت والحساب والعقاب وتهذيب السلوك والائتمار بالأوامر والانتهاء عما ينهى عنه النص القرآني والسنة النبوية. فالجماعة لا تركز على حقوق المواطنة كما تطرحها الديمقراطية الحديثة، فالنظام السياسي الذي تسعى الجماعة لتحقيقه هو نظام الخلافة كما بينها الرسول في أحاديث عديدة ومنها حديث الخلافة الثانية على منهاج النبوة، التي نقرأها متضمنة في عبارة "ثم تكون خلافة على منهاج النبوة".

لا يفهم هذا الأمر إلا بالعودة للمنظومة الإسلامية والحكم الإسلامي كما تم في عهد النبوة وعهد الخلفاء الراشدين من بعده، فما جاء بعد ذلك من حكم الأمويين والعباسيين يخرج عن النظام النموذجي الذي تسعى الجماعة تحقيقه في المستقبل. وهو نظام حكم يتأسس على الشورى وحق الأمة في اختيار من يحكمها يتكلف به أهل الحل والعقد. ذلك النظام الذي يضمن حق الشعب في محاسبة الحاكم ومراقبة بيت المال. ولتحقيق هذا الأمر العظيم، لا بد من تهييء الأمة، تهييء يستغرق زمنًا من منظور الأستاذ عبد السلام ياسين، فلا بد من صبر الدعاة وهم رجال ونساء الدعوة من الصبر والتدرج حتى يحصل التغيير المنشود وهو إخراج المجتمع من فتنته. وقد تطول مرحلة التهييء لأنها تنبني على التربية والتزكية التي تتم بالذكر وهجرة سلوك العادة المتوارث لاستبداله بترسيخ شعب الإيمان وهو طريق لتصبح الأمة رائدة وشاهدة بالحق وتتمكن من مدافعة الظلم والترقي في مدارج الإيمان مع باقي الوافدين على الجماعة والصبر على أذى مخالطتهم وطاعة أمراءهم الذين يتأمرون عليهم في مجالسهم وفي مؤسسات الجماعة. وهو ما يمكن أن يدخل في إطار ما يسميه الأستاذ ياسين بالنواظم الثلاثة كما نقرأه في كتاب "سلك سواد الأمة الأعظم في النواظم الثلاث...ألا وهي التراحم والتحاب في الله بيننا، ثم التشاور والإجماع على رأي

واجتهاد، ثم الطاعة لأولي الأمر منا." من كتاب "جماعة المسلمين ورابطتها"، ص 95.

وفي مقاربة لكتاب "جماعة المسلمين ورابطتهم" نقرأ عبارات تحدد دور الجماعة ووظيفتها في المجتمع المسلم. الجماعة هي حصن المسلمين وهي الوسيلة التي لا بد منها لتغيير ما بقلوبهم من غفلة وبعد عن الله، وما بواقعهم من ظلم واستبداد وحكم بغير ما أنزل الله. والمسلمون مأمورون في كتاب الله وسنة رسوله بالانجماع على الله وصبر النفس مع المؤمنين الصادقين الذاكرين المتواصين بالحق والصبر. مأمورون بالتعاون على البر والتقوى، بالأمر بالمعروف والنهي عن المنكر، وبناء دولة الحق والعدل. مأمورون بالتحاب في الله والبغض في الله والتشاور في كل الأمور طاعة لله وتجاوزًا للأنانية وحب الرئاسات، حتى تتوطد العلاقة بين جماعة المسلمين. فما يجمع جماعة المسلمين ويوحدها هو الولاء لله ولرسوله وللمؤمنين.

نستخلص مما سبق أن من مهمات الجماعة هي الدعوة إلى الله والدلالة عليه والتودد إلى الناس بأعمال البر والإحسان ونصرة قضايا المستضعفين من النساء والفقراء والمظلومين وإنصافهم واسترجاع حقوقهم، حتى تتحقق الغاية القصوى وهي دولة القرآن التي تحتل الغاية الإيمانية الإحسانية الصدارة، فتصطف السياسة، والاقتصاد، والثقافة، والتنظيم، وكل كبيرة وصغيرة في كل مجال من مجالات الحياة، في أماكنها النسبية، تأمر كلها بأمر الدعوة. وتسعى كلها لنشر الدعوة. من كتاب "جماعة المسلمين ورابطتها"، ص 31.

يكون الولاء لله ورسوله هو محك النظر والعمل كما نقرأه في نفس الكتاب، "أوثق عرى الإسلام الموالاة في الله والمعاداة في الله، والحب في الله والبغض في الله عز وجل. فلا يجوز لمؤمن أن يحابي العشيرة والقرابة والصداقة الشخصية إن تعارض شيء من ذلك مع الولاية لله ولرسوله وللمؤمنين. من كتاب "جماعة المسلمين ورابطتها"، ص. 53. لسان صاحبها الأستاذ عبد السلام ياسين حتى يطلع عليها القارئ ويتعرف على مواقفهبعد أن درس المخزون الأصولي والإرث الثقافي ووقف عند نقاط ضعف منظومات سابقيه من الأصوليين والمنظرين المسلمين.

وقف الأستاذ على مكامن ضعف أمة الإسلام وأسباب تراجعها، وحدد مكامن أمراضها من الغثائية والقهقرة وسعى لتحريرها نظريًا من خلال ما ألفه من كتابات شملت مقاصد مشروعه الكبير. ليس ذلك فحسب بل وضع بناء عملي للتغيير الذي يتم من خلال توغل الجماعة داخل المجتمع المدني المغربي لتقوم بتغييره من إسلام الوراثة والعادة إلى إسلام الجماعة الأولى وما كان عليه جيل الصحابة أي الخلافة الأولى على منهاج النبوة.

9

قصد الجماعة من خلال تنظيمها الهيكلي وهي الدائرة السياسية التي تعالج القضية السياسية هو كيفية تدبير الحكم القادم "الخلافة الثانية على منهاج النبوة" الذي يعتبر انتقال من الحكم الجبري أي حكم الاستبداد وهي الحالة التي تعرفها الأمة وهي مفعول بها ومتقهقرة فردًا وجماعة إلى حكم العدل والشورى. يظهر أن الجماعة مشروع لتأسيس التغيير ويسعى لنهضة الأمة التي لا يمكن أن تتأسس بدون جماعة تنبثق من قلب المجتمع الذي يعرف الفتن والبعد عن الدين ولا يقدر أن يخلص نفسه. ومن هنا تظهر وظيفة الجماعة لأنها محور التغيير وعليها مدار نهضة المجتمع، فهي التي تقود وتستطيع أن تغير الفرد الوارد عليها سلوكيًا وتجعله يندمج داخل محاضن الجماعة. إذًا وبهذا الفهم فالجماعة هي الواجهة العملية لمشروع المرشد ومنها تبدأ نهضة الأمة. لأن التغيير في هذا المنظور يبدأ بتغيير الفرد داخل الجماعة مصداقًا لقوله تعالى "إن الله لا يغير ما بقوم حتى يغيروا ما بأنفسهم." (الرعد: 11).

وقد استطاع الأستاذ عبد السلام ياسين، وهو مرشد الجماعة ومؤسسها ومنظرها أن يؤلف كتبًا عديدة لها مقاصد، سنحاول الوقوف عندها، تصب هذه المقاصد في بناء الأمة وتهييئها لتأسيس دولة الخلافة على منهاج النبوة. ويذهب المرشد إلى أن التغيير لا يحصل حتى يُعرف مكمن داء الأمة الذي يظهر على مستوى المجتمع أولًا ثم الفرد ثانيًا. ولذلك فهو يطرح مشروعًا كبيرًا للتغيير يتأسس على التربية فردًا وجماعة، فتكون الجماعة هي المكون الأساسي في المجتمع الذي انبثقت منه ويعتبر باقي الجماعات التي توافق هذه المقاصد والغايات والوسائل محضنًا للتربية يلزم المسلم الدخول فيها والعمل داخلها بالتواصي بالصبر والدعوة للحق ونصرة المستضعفين في مجتمعاتها.

وبذلك توصل المرشد إلى أن التغيير يلزم أن يركز على سلوك الفرد في ذاتيته لأنه بدون التربية لن يتحقق التغيير الذي يطلبه المسلم. وهذا طريق السادة الصوفية الذين يدعون لتزكية النفس بوسائل معروفة وشروط ضرورية هي الصحبة والصدق والذكر والاجتهاد. الذي قام به المرشد هو تركيزه على أمر التربية وكيفيتها فهي يلزم أن تتم في "جلوة" وليس في "خلوة". وقد أصل هذا الأمر من معينه الأول وهو عهد النبوة وكيفية تربية النبي محمد "عليه الصلاة والسلام" لأصحابه. يُستخلص من ذلك أن الدعوة تتركز على التربية داخل محضن جماعة وتُفهم التربية بأنها تقويم للنفس وتزكيتها داخل الجماعة لأنها الأصل والقاعدة التي يتأسس عليه المجتمع. فهو اقتحام جماعي يتم من قلب الجماعة التي تفعل داخل المجتمع بعملها الدعوي وتتوغل فيه بما تنشره من قيم وسلوك لا بد أن يتحقق في الواردين عليها. وتظهر أهمية الجماعة في مشروع المرشد الضخم الذي استغرق مدة طويلة أولاه خلالها أهمية كبرى من تنظير وطرح لكيفيات بناء الجماعة من تنظيم هيكلي اتبع فيه أسلوب حداثي. سأفصل في التنظيم الهيكلي في الفصول التي تعرضت لتنظيم الجماعة لاحقًا. وما أريد بيانه هنا هو أن هذه الواجهات لها دور فعال سواء داخل أنشطة الجماعة

وبرامجها أو في المجتمع التي تتحرك فيه حيث تتواصل الجماعة مع باقي الفعاليات في المجتمع. وتوظف الجماعة الدعوة بواسطة مفاهيم إستراتيجية ومبادئ تأصلها من القرآن والسنة وهي مبدأي التدرج والدعوة بالحكمة وهي إستراتيجية تربوية تعتمد على صبر الدعاة الذين يلزمهم اقتحام عقبات الدعوة بالتدرج في الدعوة حتى يتمكنوا من التوغل في دوائر المجتمع والأمة. ويستمر في عمل الدعوة حتى تتسع دائرة الجماعة وتشمل مجمل المجتمع الذي يعمل فيه. وهنا تطرح قضية الاستقطاب لأنها محور الجلب الذي أشرت إليه، ويبقى السؤال المهم هو كيف يتم فعل الاستقطاب وما هي الآليات والوسائل التي تستعملها الجماعة لاستقطاب المزيد من الواردين وأغلبهم من الذين لا يقرأون ولم يقدر لهم الاطلاع على مؤلفات الأستاذ عبد السلام ياسين التي لا يمكن أن يقال عنها أنها سهلة وسلسة اللغة بل يصعب قراءتها حتى على المفكرين والمثقفين؟

سؤال يلزم طرحه لأن الجماعة قد أصبحت تشكل قوة مجتمعية قوية اعتبرها بعض المحللين أنها تقدر أن تحدد المسار السياسي للمجتمع المغربي نظرًا لتزايد المنتمين لها والمتعاطفين معها داخل المغرب وخارجه وبفضل الدعم الذي تلقاه من فعاليات مهمة. ونفهم من هذا الكلام بأن تزايد عدد أتباعها والمتعاطفين معها سواء داخل الوطن أو خارجه هو أمر واقع ولذلك أصبحت الجماعة محط اهتمام المجتمع المدني بالمغرب وبعض الدول العربية والأجنبية. ويصعب الجواب عن هذا التساؤل حين نواجه بموقف الجماعة من نظام الحكم بالمغرب ومن نظام الحكم الجبري بصفة عامة. إذ يتركز منظور الأستاذ عبد السلام ياسين على معارضة نظام الحكم الوراثي وقد أعلن عن موقفه هذا سواء في مؤلفاته أو في تصريحاته أو من خلال تصريحات من يمثلون الجماعة وناطقيها الرسميين.

وأقرأ من متن مؤلفه "الخلافة والملك"عباراته التي تقدم للأمة البشارة النبوية ساقها في عباراته التالية التي كان غرضه منها رفع الهمم وإيقاظ الغافل: "الموعد الله يا من يسعون لإقامة الحكم الإسلامي الرائد تعرُّضًا لموعود رسول الله صلى الله عليه وسلم الذي أخبرنا أنها تكون بعد العض والجبر خلافة ثانية على منهاج النبوة. في سلوك العبد إلى ربه ساعيًا لنيل مرضاته والمقامات العليا في مقعد الصدق عنده. في ميدان الحكم حيث يتقرر مصير الأمة. في دور العلم والتنوُّرِ به حتى تنقشع عن القلوب والعقول غَشاوات الجهل. في اليقظة القلبية العقلية العالمة الباصرة، تهفو قلوبنا، وتتطلع هممنا لرضى الله، ولقاء الله، مقبلين على الله، غيرَ ناقضين ولا مبدلين لكلمات الله. السلام عليكم ورحمة الله وبركاته أيتها الأجيال الصالحة المصلحة الجاهرة بالحق القائمة على الحق، لا يضرها إن شاء الله كيدُ المخالِف، ولا ترَبص العدو، ولا وسوسة النفس والشيطان. ولا يُغريها سفساف الدنيا وغُرورها كما يُغرى التافهين القاعدين في الدنيا المغبونين في الآخرة. الموعد الله.[1]

رحل الأستاذ عبد السلام ياسين والتحق بالرفيق الأعلى بعد عمر زاهر وذاخر بالعطاء الفكري وكتابات متنوعة وغنية لا تزال قيد الدراسة والبحث والترجمة. وترك الأستاذ ذخرًا من العلم الجامع وجماعة قوية متماسكة منظمة تنظيمًا هيكليًا لها أتباع كثر ولها حضور قوي في المجتمع المدني وتؤثر بقوة على الرأي العام. ترك الأستاذ ذخرًا فكريًا للتابعين له وللأمة وهو العلم الجامع بعد عقود من الجهد الفكري والعودة للمخزون الفقهي والأصولي الإسلامي الذي ظل مهملًا ومشتتًا لدى علماء متفرقون لمدة قرون لا يدرس بالمدارس والجامعات.

من هنا يفهم مشروعه الفكري وهو تأسيس نظري قام به الأستاذ عبد السلام ياسين عبر مؤلفاته التي اشتغل فيها على المخزون الفكري الإسلامي عبر قرون عاملا على تجديد المنهاج النبوي الذي يضع الإرث في شمولية جمعت شتات الموروث وجمع فيه بين علم المنهاج النبوي -وهو ما يمثل العلوم- ولم يغفل عن العمل لأن الأصل في العلم العمل. ومن هنا يفهم دور الجماعة في تطبيق العلم أي علم المنهاج النبوي وهو الدعوة. فعمل الجماعة يتركز في الدعوة حتى يتم تهييء المجتمع المدني والأمة جمعاء من أجل بناء مشروع دولة العدل والقرآن. فدعوة الجماعة تقوم على إخراج الأمة من الغثائية والغفلة والابتعاد عن الله والتخلف والتقهقر وظلامية الجهل لترقى وتنهض فردًا وجماعة وتتصدى للاستبداد الممارس في حقها من طرف الحكام الجبريين. ويتحقق الموعود النبوي بأن تصبح القيادة للأمة بعد أن تخلص نفسها من ربقة الظلم والاستبداد وتعود لمكانتها الشاهدة بالحق والوسطية والداعية إلى الله. وقد أصل الأستاذ منهاج علمه وعمله من القرآن والسنة والتجربة النبوية وثبته بوقوفه الجاد عند الإرث الإسلامي الغني بمرجعياته وبما توصل له العلماء الأصوليون والفروعيون السابقون وما أسس له المجتهدون اللاحقون.

الباب الأول
بناء نظري وعملي لأسس الدعوة

تأسيس جماعة العدل والإحسان

مدخـــل مفاهيمي

مفاهيم محورية

الفتنة أم الجاهلية

الثـــورة أم القومة

النصيحة الملكية

الجماعة أساس الدعوة

التنظيم الهيكلي للجماعة

مفـــاهيم محـــورية

الفتنة أم الجاهلية

"وأرى أنا العبد العاجز أن التفاهم بيني وبين قرائي الأعزاء أزداد عجزًا إن لم أقدم المفاهيم الرئيسية التي تشكل الحبل المنهاجي الحامل لمضمون ما أريد تبليغه بحول الله". من بين المفاهيم الجوهرية التي يوظفها المرشد عبد السلام ياسين لتحليل الحالة الذهنية والمرحلية والتاريخية للمجتمعات الإسلامية، مفهوم "الفتنة". وهو مفهوم نبوي وقرآني فقد ورد مفهوم الفتنة في القرآن في مواضع كثيرة وبمعان مختلفة وتركز معناها اللغوي في الابتلاء والامتحان والاختبار أو المحنة. ويعتبر استعمال المفهوم القرآني "الفتنة" بدل "الجاهلية" مفهومًا محوريًا في التعامل مع قضايا الأمة وقد تم توظيفه توظيفًا منهاجيًا محققًا قفزة نوعية في الرؤية والتنظير، كيف ذلك؟

ينطلق المرشد عبد السلام ياسين من دراسة الواقع باعتباره الأرضية التي ينطلق منها العمل وبذلك فالتعامل معه يتطلب رؤية منهاجية وأدوات وآليات مفاهيمية خاصة. حتى لا يحدث خطأ في التعامل مع الواقع أو خلل في تصوره الذي قد يؤدي إلى وجهة غير الوجهة المرسومة. وبهذا الفهم المتجدد يرفض المرشد عبد السلام ياسين نعت المجتمع بالجاهلية، كما يعتبر أن وصفه بالمجتمع المتخلف قصور، ويستعمل لوصف واقع المسلمين مصطلحًا نبويًا أوسع دلالة، وأشمل مضمونا "ونحن نفضل استعمال كلمة فتنة لوصف مجتمعاتنا، فهي كلمة نبوية".[2] وهي تشمل كذلك معاني "التخلف" فالأفق واسع والمشروع الإسلامي الذي تغمر نيته وإرادته والرغبة في المساهمة فيه قلوب مئات الملايين من المسلمين الرازحين في أغلال الجهل والمرض والفقر، في بلايا مباشرة وغير مباشرة وجهها المادي يسمى بلغة العصر تخلفًا اقتصاديًا وفوضى اجتماعية وتبعية سياسية، ووجهها المعنوي يسمى بلغة الكتاب والسنة "فتنة".[3]

بذلك فالفتنة من المفاهيم التي استعملها المرشد عبد السلام ووظفها توظيفًا منهجيًا، وأصلها من القرآن والأحاديث النبوية التي قرأها قراءة منهاجية. إن مفهوم الفتنة، إذا تم استقراؤه في نصوص القرآن والسنة، فهو ينتهي إلى أن الفتنة قسمان: فتنة عينية تعم الأفراد وفتنة عامة تعم المجتمع. أما الفتنة العينية فوردت في القرآن ستين مرة، ولذلك فهي "من المفاهيم الأساسية في الدين (..) فإن الله عز وجل خلق الموت والحياة والدنيا وعبور الإنسان رخاءها وشدتها ليختبر ويبلو الناس أيهم يومن أو يكفر، أيهم يحسن عملًا وأيهم يسيء (..) وورد مفهوم الفتنة في الحديث الذي رواه أبو شيبة عن سيدنا حذيفة بن اليمان العارف بالمفهوم والمتخصص في معرفة الشر، فقد كان دومًا يسأل عن الشر حين كان باقي الصحابة يسألون عن الخير. قال الصحابي الكريم: "لا تضرك الفتنة ما عرفت دينك، وإنما الفتنة إذا اشتبه عليك الحق بالباطل".

إنها الفتنة بمعناها الوجودي في الأرض التي يتم بواسطتها الاختبار، فهي امتحان واختبار للفرد في دار الدنيا "الذي خلق الموت والحياة ليبلوكم أيكم أحسن عملا"[4] فالفتنة العينية من سقم أو صحة وعافية وفي المال من غنى أو فقر وفي معاشرة الناس من حسن الخلق أو سوء الخلق وهذه لها علاجها. جاء في مصنف البخاري، روى شقيق عن سيدنا حذيفة رضي الله عنه أنهم كانوا في مجلس عمر بن الخطاب فسأله: قال ابن حذيفة، فتنة الرجل في أهله ماله وزوجه وولده يكفرها الصلاة والصدقة والأمر بالمعروف والنهي عن المنكر. أما مفهوم الفتنة الابتلائية فتتمثل في ابتلاء بعض الناس ببعض، وفي تمتيع الله عز وجل بعض الناس بزينة الحياة الدنيا، وفي قبضه سبحانه البعض وامتحانهم بالشدة".[5]

أما عن أصول هذه الفتنة يقول المرشد "يفتتن الإنسان من داخله بنفسه ونوازعها، والشيطان ونزغاته، يلتئم الصوتان ويتمازجان. ويفتتن الإنسان من خارجه، يفتنه الإنسان من بني جلدته، ويفتنه السلطان (..) وتفتنه الطبيعة (..) المجموع يوازن الفتنة بمفهومها القرآني".[6] قال ابن القيم رحمه الله: "وأما الفتنة التي يضيفها الله سبحانه إلى نفسه أو يضيفها رسوله إليه كقوله: (وكذلك فتنا بعضهم ببعض) وقول موسى عليه السلام في متن القرآن : "إن هي إلا فتنتك تضل بها من تشاء وتهدي من تشاء) (الأعراف: 155)، فتلك بمعنى آخر وهي بمعنى الامتحان والاختبار والابتلاء من الله لعباده بالخير والشر بالنعم والمصائب فهذه لون وفتنة المشركين لون، وفتنة المؤمن في ماله وولده وجاره لون آخر، والفتنة التي يوقعها بين أهل الإسلام كالفتنة التي أوقعها بين أصحاب علي ومعاوية وبين أهل الجمل، وبين المسلمين حتى يتقاتلوا و يتهاجروا لون آخر".[7] وعن فتنة الشيطان يقول الله تعالى: "يا بني آدم لا يفتننكم الشيطان كما أخرج أبويكم من الجنة" (الأعراف: 26) ، وعن فتنة الإنسان قال الله سبحانه وتعالى: "وجعلنا بعضكم لبعض فتنة أتصبرون" (الفرقان: 20). وعن فتنة السلطان قال عز من قائل "فما آمن لموسى إلا ذرية من قومه على خوف من فرعون وملإهم أن يفتنهم" (يونس: 83)، فكانت فتنة السلطان أكبر الفتن في التاريخ، فهي التي منعت قوم موسى من الإيمان به خوفًا من بطش فرعون وملإه، وهي الفتنة التي منعت علماء المسلمين خلال القرون الاستبدادية من التصدي للحاكم المتكبر خوفًا من السيف. إذ كان كل من تصدى أو أبدى رفضه للحكم العاض في سنواته الأولى مع حكم يزيد بن معاوية وما بعده إلا قطعت رأسه ولم يوقر في الأمر صحابي ولا قارئ ولا أهل بيت. فكانت المرحلة الدموية التي وصمت تاريخ الأمة وتركت وراءها أكبر الفتن وهو تجبر السلطان مع الحكم الجبري الذي يعني بلغة العصر الديكتاتوري. وإن أعظم الفتن هو الاستكبار والتسلط على رقاب العباد سواء داخل الأمة الإسلامية أو خارجها بما يُمارس دوليًا في السياسة العالمية التي تستهدف الضعيف وتذل الشعوب المسماة نامية. وتستمر هذه الدول في تطبيقها لسياسة التسلط والاستعلاء مما يثبط عزيمة المستضعفين، ويقلل سرعة حركتهم. إنَّ سياسة التصفية والتطهير المتّبعة ضدّ القوى التحرّريّة الحركيّة الواعية التي تسعى لكشف هويّة المستكبرين وتبثّ

الوعي بين المستضعفين، وسياسة فصل الناس عن قادتهم المخلصين، هما من أكثر أساليب الاستكبار مبدئيّة، ويمثّلان ركيزة لمؤامرات المستكبرين المعادية للشعوب. ويحذّر القرآن من ذلك بذكر بعض الأمثلة والنماذج في هذا المجال، فقد قال عزّ من قائل: "قال الملأ الذين استكبروا من قومه لنخرجنّك يا شعيب والذين أمنوا معك من قريتنا أو لتعودنّ في ملّتنا قال أو لو كنّا كارهين" (الأعراف: 88).[8] في حياة الإنسان منطلقات زوده الله بها، منها ينطلق في اقتحامه للعقبة، وهي مجموعة من الحوافز والقدرات أودعها الله في فطرة الإنسان وعقله وقلبه ونفسه وجسمه لا بد له منها ليقوم بهذه الرحلة الشاقة والطويلة. على مستوى القدرات المادية منح الله له عينين ولسانًا وشفتين، وعلى مستوى الحوافز المعنوية الباعثة على الهداية أودع الله تعالى فيه العزم والإرادة، الصبر واليقين، المقاومة والشجاعة، الهمة واليقظة. يقول الله عز وجل: "ألم نجعل له عينين. ولسانًا وشفتين. وهديناه النجدين" (البلد: 8-10). في مقابل هذه المنطلقات هناك العقبات، وهي مجموعة من العوامل المعيقة لحركة الإنسان نحو اقتحام العقبة. وهذه العقبات كثيرة يمكن أن نقسمها إلى قسمين: قسم في أنفس البشر مرتبط بالنفس، مثل الجهل، والخوف، والبغض، والحقد، والكبر، والظلم، والكسل، والدعة، والطمع، والحسد، والغفلة، والخيانة، والكذب، والغدر، والرياء، وسوء الظن. وقسم في آفاق الكون مرتبط بالشيطان والإنسان والسلطان. مثل التخويف والتفقير والتجهيل والاستعباد والاستبداد والتضليل... ويطلق على القسمين معًا ما يسمى بالفتنة. فتكون العقبة: "الفتنة". وهي مفهوم يعم كل مدلولات الغفلة والأزمة والتخلف والفوضى وعدم الاستقرار واختلاط الحق بالباطل. وبين العقبات النفسية والعقبات الآفاقية تفاعل كبير قد يعطل في بعض الأحيان حركة الإنسان في اقتحامه للعقبة بشكل كامل. فكانت مهمة الأنبياء والرسل عليهم السلام ومهمة الدعاة في كل زمان ومكان إنما هي تعريف الإنسان بهذه القدرات وهذه الحوافز التي أودعها الله في فطرته وجسمه وتذكيره بها، وتحذيره من الأهواء التي تشكل حجبًا تمنع من وصول أنوار هذه الحوافز إلى قلبه، وبالتالي تمنعه من اقتحام العقبة. فإذا كانت مهمة الأنبياء في حياة الإنسان إزالة هذه العوائق من الطريق، (ويضع عنهم أصرهم والأغلال التي كانت عليهم) (الأعراف: 157)، فإن مهمة المستكبرين تثبيت هذه العقبات وتأكيدها، وإبقاؤه في أسر الهوى، وتعطيل قدراته المادية والمعنوية، ومنعه من الحركة والاقتحام.[9] وهذه العقبات بقسميها الأنفسية والآفاقية لخصها المرشد عبد السلام ياسين في ثلاث عقبات، أعطى لكل واحدة منها بعدًا نفسيًا تربويًا، وبعدًا اجتماعيًا تنظيميًا، وهي:

1- الذهنية الرعوية: وهي ذهنية النفوس القاعدة التي تنتظر أن يفعل بها ولا تفعل، وأن يدبر غيرها لها وهي لا تقدر أن تدبر، أولئك قوم يحق عليهم قول رسول الله صلى الله عليه وسلم: "من مات ولم يغز ولم يحدث نفسه بغزو مات على شعبة من نفاق".

2- الأنانية المستعلية أو المتمتعة: حيث يعوق أصحابها عن اقتحام العقبة امتلاء مما هم فيه وطلب المزيد مما هم فيه. قوم ظلموا أنفسهم وظلموا الناس.

3- العادة الجارفة للمجتمعات المسلمة في تيار التبعية للوضع السائد، المانعة لنا أن نعرف معروفًا بميزان الشرع أو ننكر منكرًا يذمه الشرع، فتنة".[10]

فوعي المستضعفين بحقيقة الاستكبار ونقط ضعفه من خلال مدارسة سنن الكون وتداول الحضارات وانقراضها بسبب الاستكبار والتسلط تجعل الشعوب تتخلص من ربقة الاستكبار والعبودية لغير الله فاليقظة والوعي والتعرّف الصحيح على مكايد الاستكبار، كلّ ذلك يمكن أن يكون مفيداً إلى درجة تصبح فيها مؤامرة المستكبرين وبالاً عليهم. "ويمكرون ويمكر الله، والله خير الماكرين"(الأنفال: 30)، "ولا يحيق المكر السيء إلا بأهله"(فاطر: 43). فالتاريخ شاهد صدق على فشل الاستكبار المذلّ، ودرس للظفر بطرق الخلاص من السياسات العدوانيّة للمستكبرين. إنَّ دراسة سنن الحياة الاجتماعيّة ووجود القوانين الإلهيّة المهيمنة على التاريخ والمجتمع يمكن أن ينيرا طريق الحياة القادمة لكلّ جيل وفي كلّ عصر، قال تعالى: "فهل ينظرون إلاّ سنّة الأوّلين فلن تجد لسنّة الله تبديلًا ولن تجد لسنة الله تحويلاً" (فاطر: 43)، وقال أيضا: "أو لم يسيروا في الأرض فينظروا كيف كان عاقبة الذين من قبلهم وكانوا أشدّ منهم قوّة وما كان الله ليعجزه من شيء في السماوات ولا في الأرض إنّه كان عليمًا قديرًا" (فاطر: 44). ولا يمكن إغفال دور علماء الأمة فهو دور أساسي في بعث اليقظة الفكرية والذهنية والقلبية لدى الأمة أفرادًا وجماعات وهو ضروري لحصول الوعي بضرورة محاربة الاستكبار في جميع أشكاله وتجلياته في تسيير الاقتصاد والسياسة والاجتماع وفي كل مرافق الحياة العامة، هذا الاستكبار الذي يظهر في نبذ الحريات ومنع حرية التعبير واستحواذ الحاكم بتسيير الأمة من دون تدخل منها ولا ممن ينوب عنها ويدافع عن مصالحها بعد أن تكون قد اختارته بشكل نزيه وحقيقي. وطالما تعطل هذا الدور لظروف القمع والاستبداد فإن الامة تبقى في ظلمتها وجهالتها غير قادرة على دفع الاستكبار عنها لأنها لا تملك من نفسها أدوات معرفة وسائل دفع الاستكبار التي وردت في القرآن والتي ليس من السهل فهمها والإيمان بها ثم العمل بها. وما دام العلماء غير قادرين على مواجهة السلطان وردع الظلم الذي يقع على الأمة -بما أنهم مسؤولون أمام الله والعباد فهم حملة العلم وعليهم أمر النصح- فإن إخراج الأمة من الفتن التي توالت عليها يستعصي تحقيقه. تشهد الأمة تخاذل العلماء وسكوتهم عن قول الحق ومطالبة السلطان بالحكم بما أمر الله. بل يولون الحاكم ولا ينكرون عليه باطلًا ولا يأمرونه بمعروف خوفًا على مناصبهم وتشريفاتهم. لذلك فإن أمر الأمة قد ضاع وضاعت كل حقوقهم. لكن الاستضعاف لا يبرئ الأمة أو يعفيها من الإنكار على الحكام الظلمة وجهادهم واسترداد حقوق الأمة منهم.

يسمي المرشد عبد السلام ياسين الحالة التي تعرفها الأمة منذ قرون الاستبداد بالفتنة مأصلا الحالة من المعاني التي وردت في الفتنة في القرآن والسنة. فهذا المفهوم الجديد بما أنه لم يتم استعماله من قبل لدى المجددين في القرن العشرين من قبل الشهيد حسن البنا رحمه الله ورفع مقامه، ولا من طرف الشهيد سيد قطب رحمه الله، لذلك يعتبر المفهوم جديدًا في فهم شؤون الأمة. ويعتبره المرشد عبد السلام ياسين مفهومًا أساسيًا ومحوريًا وضروريًا لفهم التاريخ الإسلامي في الماضي والحاضر ومن ثم فهم مستقبل المسلمين. واتسم الخطاب الإسلامي الحركي بمواجهة المجتمعات العربية المسلمة بمفاهيم عديدة منها مفهوم "الجاهلية" وهذا المفهوم لا ينطبق على هذه المجتمعات لأنها مجتمعات إسلامية تتعرض فقط للفتن التي أنبأ بها المصطفى عليه السلام. فالمجتمعات الحالية لا تنطبق عليها صفة الجاهلية لأنها تاريخيًا تنتمي لمرحلة ما بعد الدعوة الإسلامية، بل تعيش فقط فتن مختلفة من أثر الانكسار التاريخي والاستعمار الفكري. يحددها المرشد عبد السلام ياسين في الفتنة العامة في كلام يُقرأ في مؤلفه القيم "تنوير المؤمنات": "الفتنة الابتلائية شطر فقط من دلالة الكلمة. تكتمل دلالتها إن أضفنا إلى المفهوم القرآني الابتلائي المفهوم السني. فإننا نجد في دواوين الأحاديث المصنفة "كتاب الفتن" أو "كتاب الملاحم" بصيغة الجمع. في هذه الكتب إخبارات نبوية لما يقع للأمة بعده صلى الله عليه وسلم من محن تاريخية، من ثورات وقتال وسفك دماء وفساد حكام وخروج كذابين إلى ظهور الدجال فنزول عيسى عليه السلام".[11]

الفتن بالجمع تطلق على مجموع ما يحدثه الله حكمة منه وما يحدثه البشر من رزايا ومصائب وسفك دماء. ينقل المحدثون ما أخبر به النبي صلى الله عليه وسلم مما سيحدث للأمة من حروب ومروق وتحريف ومصائب في الدين والوقائع التي حدثت وتحدث للمسلمين. هذه الفتن التي تصيب الجماعات والتي تموج كموج البحر نجدها في مصنف البخاري، روى شقيق عن سيدنا حذيفة رضي الله عنه أنهم كانوا في مجلس عمر بن الخطاب فسأله عن الفتن: "قال حذيفة فتنة الرجل في أهله ماله وزوجه وولده يكفرها الصلاة والصدقة والأمر بالمعروف والنهي عن المنكر. قال عمر: ليس عن هذه أسألك بل عن التي تموج كموج البحر. فيقول حذيفة لأمير المؤمنين: لا بأس عليك منها يا أمير المؤمنين فإن بينك وبينها بابًا مغلقًا. قال عمر: أيكسر الباب أم يفتح؟ فيجيبه: بل يكسر. قال عمر بن الخطاب لن يغلق بعدها أبدًا". إن ما تعيشه الأمة حاليًا هو حالة من الفتن والتي يمكن فهمها من خلال مظاهرها المتمثلة في فساد الدولة والدعوة. فساد الدولة حين فقدت صفتها الشورية بعد الانكسار التاريخي، وفساد الدعوة بسكوت العديد من العلماء عن قول كلمة الحق، وتبرير فظائع الحكام وفضائحهم. في هذا الأمر يصنف ابن قيم الجوزية علماء السوء، علماء السوء جلسوا على باب الجنة يدعون إليها الناس بأقوالهم ويدعونهم إلى النار بأفعالهم، فكلما قالت أقوالهم للناس هلموا، قالت أفعالهم لا تسمعوا منهم. فلو كان ما دعوا إليه حقًا كانوا أول المستجيبين له، فهم في الصورة أدلاء وفي الحقيقة قطاع

الطرق .[12] يذهب المرشد عبد السلام ياسين إلى أن فائدة التمييز بين الفتنة والجاهلية تنعكس بالأساس على أسلوب العمل داخل المجتمع والعلاقة مع الناس ووسائل العمل والخطاب والبرنامج، ولذلك فمن صنف المجتمعات في خانة الجاهلية اعتمد أساليب العنف والإكراه والتشدد، بينما من اعتمد وصف المجتمع بالفتنة اعتمد أسلوب الصبر والتحمل والرفق والأناة وهذا ما يوضحه أكثر المرشد في كتاباته. إذا رجعنا إلى التحديد اللغوي للمفهوم فإن ابن منظور في لسان العرب يعطيها المعاني التالية، "الجاهلية" من "جهل، والجهل ضد العلم (..) والجاهلية: الحالة التي كان عليها العرب قبل الإسلام من الجهل بالله سبحانه وتعالى ورسوله صلى الله عليه وسلم، وشرائع الدين، والمفاخرة بالأنساب والكبر والتجبر.." تأصيل هذا الأمر هو أنه "وردت كلمة الجاهلية في القرآن الكريم مقترنة بالحمية والعصبية (..) الجاهلية بعد هذا تحمل معنيين آخرين: الجهل ضد المعرفة، فهي لا تعرف الله تعالى، والجهل ضد الحلم، وهو العنف" .[13] ولذلك فالمفهوم له أبعاد متعددة يجملها المرشد في أربعة هي: ظن الجاهلية وحكم الجاهلية وتبرج الجاهلية وحمية الجاهلية، وهذه المعاني وردت كلها في القرآن الكريم وهي بذلك مؤصلة منه تأصيلا وظيفيًا. إذا كان "ظن الجاهلية" خللا في العقيدة وجنوحًا عن الحق لا تعرف آفته لأول وهلة لخفائه وكمونه في الصدور، فإن "حكم الجاهلية" ظاهر في العلاقة بين الحاكم والمحكوم، وظاهر في تقيد المجتمع بالشرع أو تفلته منه، وظاهر في السياسة إما ان تكون شورى فهي حق، أو تكون استبدادًا يمارسه جاهليون كفار على مجتمعات جاهلية كافرة. فالكل جاهلية في جاهلية، أو تكون استعمارًا واحتلالًا يمارسه جاهليون كفار على المسلمين فهي مصيبة، أو تكون ملكًا عاضًا أو جبريًا يمارسه باسم الإسلام متلبسون بالإسلام أو مستورون وارثون للعروش أو منافقون طغاة تسكت عنهم الأمة وتخضع لأن معهم السيف أو لأنهم شوكتها الوحيدة، فتلك "فتنة". وأما حمية الجاهلية فهي التي توقع الفرقة وتبعث القومية والعصبية والقبلية والحزبية والنظرة الضيقة وتنقض أساس وحدة الملة الواحدة والأمة الواحدة. يقول أمير المؤمنين رضي الله عنه: "إنما تنقض عرى الإسلام إذا نشأ جيل في الإسلام لا يعرف الجاهلية". فمعرفة الجاهلية ضرورية لأنها المرض الذي قد يتسرب إلى جسم الإسلام، ويصعب من ثم معرفة الحق إذا جُهل الباطل. فمن نشأ في الإسلام الموروث، في الإسلام الوطيء والسهل لا يمكنه معرفة الإسلام الحق إذا تسرب له من شوائب الجاهلية ما لا يكاد يدركه. من العلماء من أطلق على الحالة التي تعيشها الأمة مفهوم الجاهلية ومنهم الماودودي رحمه الله وأتباعه فالإمام سيد قطب رحمه الله، فلم يكونوا يرون مخرجًا مما تعيشه الأمة إلا أن يقاطعوه ويكفروه. ويبقى السؤال الكبير وهو ما المخرج من هذه الفتن القاتلة التي توالت على الأمة حتى صيرتها بدون إرادة ولا فكر ولا وعي لتغيير ما بها ولتغيير الحياة من حولها؟

الثـــورة أم القومة

تختلف مواقف الجماعة جذريًا في مقترحاتها ورؤيتها للتغيير وكيفية حصوله عن منظور الأحزاب اليسارية المتبنية للفلسفة الشيوعية التي تعتبر الدين مجرد أفيون للشعوب، أو العلمانية التي تعتبر أن الدين لا علاقة له بتسيير الأمر العام والسياسة.، إذ تعتبر هذه الأحزاب أنه لا تغيير بدون العنف والمواجهة وسيل الدماء والقتل وغيره من أساليب العنف. بينما تذهب الجماعة عكس مواقف هؤلاء، فهي لا تؤمن بقيام ثورة كالتي يدعو لها الماركسيون والتقدميون والتي تكون دامية وتزهق فيها الأرواح وتهتك الأعراض، وذلك حقنا لدماء المسلمين ومن هذه المواقف نفهم تصورها الجوهري في مسألة التغيير السياسي. فجماعة العدل والإحسان تدعو للقومة لا للثورة، وشتان بين الأولى والثانية، لأن الأولى تتضمن معاني البناء المتئد والمستمر عبر الأجيال حتى تصبح الأمة قادرة على اتخاد القرارات وبذلك يمكنها سحب السلطة من الحكام وتولية من هم أهل لها.

كان المسلمون في العهد الأول يميزون بين كلمة "القائم" وبين كلمة "الثائر"، فيطلقون الأول على من قام بالحق ضد حكام الجور، ويطلقون كلمة "ثائر" عل كل مسلح يحارب السلطان. وفي الحديث النبوي كثيراً ما تقترن مادة "ثار" بالسلاح والاضطراب والحركة العنيفة. والثورة تغيير بالعنف للبيئة الاجتماعية، والقومة تغيير دوافع الإنسان وشخصيته وأفكاره، تغيير نفسه وعقله وسلوكه، تغيير يسبق ويصاحب التغيير السياسي الاجتماعي. نفضل أن نتميز في التعبير، ونعيد لكلمة "قومة" مدلولها الإسلامي. ذلك أن "ثورة" تحتل اليوم على لسان كل متكلم، وفي خيال كل تواق لصرع الظالمين، مكانة محترمة. وتحمل في طيها معاني وأساليب وأهدافًا ليست منا ولم تنبت في أرضنا. فنريد أن نُعَبِّر بقومة لأنها تعيد لأذهاننا تلك القداسة التي كان يتمتع بها "القائمون" من آل البيت، الذين حاربوا الظلم والاستبداد، إمامهم في ذلك سِبْطُ الرسول الحسين عليه السلام[14].

الثورة والعنف الوحشي توأمان. نظرهما ماركس ولينين وطبقهما ستالين وعبد الناصر والمسلمون في تواريخهم يستعملون كلمة "ثورة" للدلالة على خروج عنيف بغير حق. وفي كلمة "ثورة" إيحاء بالعجلة والعنف والاضطراب. ويستعمل مؤرخونا كلمة "قومة" للإخبار عن الخارجين على الظلمة بحق. وكلمة "قومة" موحية بالقوة والثبات والثقة. لذلك نستعملها تميزًا في الاصطلاح لننتقد أساليب العنف وحرق الناس وبقر بطون النساء وإطفاء السجائر في عيون بني آدم وما إلى ذلك من إفناء الطبقة البائدة وتسليط المخابرات.[15]

إن القومة تحمل معنى القوة والتؤدة والرفق والنظر للمدى البعيد. لذلك يلزم أن يكمل الشعب وعيه الذاتي والمرحلي وتكوينه الأساسي بمحو الجهل والأمية والذهنية الرعوية والذكورية التي كانت نتيجة قرون من الحكم العاض والجبري والتي خلفت كل هذه المظاهر التي نراها في مجتمعاتنا، حتى يكون مهيأ لبناء

القومة الموعودة. فهل يمكن في وقت قصير تغيير أحوال البلد والشعب بثورة عارمة ودموية أم الأفضل التريث والتؤدة لبناء أجيال آتية عملت وتعمل الجماعة على تكوينها التكوين الصحيح حتى تستعد للموعود الذي أخبر به الصادق المصدوق وهو تحقيق الخلافة على منهاج النبوة.

إن دعوة الجماعة وعملها على إقامة القومة وهي مرادف لمفهوم الخلافة الثانية على منهاج النبوة لا يعنى به تكرار الجماعة للنموذج الأول ولا يقصد به تطبيق النموذج المثالي لعصر الخلفاء الراشدين لأن هذا ليس وارد ضمن المنظومة الفكرية لجماعة العدل والإحسان. بما أنهم يعتبرون التجديد والإبداع من سماتهم الخاصة، لذلك فلن يعملوا على تكرار نموذج مضى وولى في عصور غابرة. إنهم يعملون على بناء مجدد وابتكاري لتسيير يكون الشرع بنيته الأساسية آخذين بعين الاعتبار التحولات المجتمعية والعالمية فيتسنى الجدل بين مبدأي الثابت والمتحول أن يتحقق في المنظومة الفكرية للعدل والإحسان. فالدائرة السياسية تعمل على تنوير فكر الأمة سياسيًا وتعمل على إنهاضها من غفوة الحكم الفردي. ذلك الحكم غير الشرعي فهو حكم ملكي متوارث وذلك من خلال موقف الجماعة من نظام الحكم ورفضها للفصل التاسع عشر حيث يسمح باستفراد الملك باتخاذ جميع القرارات المتعلقة بشؤون الدولة والمجتمع. لكن لكي يحصل التغيير المنشود في ذهنيات وعقول وقلوب الأمة يلزم برامج تربوية تعمل على مستوى الأمد البعيد. قد يستغرق هذا التغيير أجيالًا متعاقبة. فقبل التفكير بقيام قومة إسلامية تتحقق فيها الشروط الشرعية للحكم لا بد من تغيير ذهنيات الشعب وتهييئه للموعود المستقبلي وهو تكوين الخلافة الثانية على منهاج النبوة. فليس من السهل إخراج الأمة من ظلمات متنوعة فكرية وسياسية واقتصادية لتحقيق الحكم الشرعي الذي يعتمد بناء العدل وتحقيقه بين الفئات المجتمعية ورفع الظلم وتجلياته وتحصيل الغاية الإحسانية. من هنا فمقترح المرشد عبد السلام ياسين يبدأ بتهييء المجتمع المغربي وإعداده إيمانيًا من خلال التربية المنهاجية التي تتضمن خصالًا إيمانية أولها الصحبة والجماعة، الذكر، الصدق، البذل، العلم، العمل، السمت الحسن، التؤدة، الاقتصاد، الجهاد. وإن أكبر اقتحام هو تجاوز الذهنية الرعوية وهي ذهنية النفوس القاعدة التي تنتظر أن يُفعل بها ولا تفعل، وأن يدبر غيرها لها وهي لا تقدر أن تدبر. أولئك قوم يحق عليهم قول رسول الله صلى الله عليه وسلم: "من مات ولم يغز ولم يحدث نفسه بغزو مات على شعبة من نفاق".[16] كما ينصب التغيير على تنوير العقل والذهن بما يتعلق بالسياسة والاقتصاد بتحقيق هذين المستويين وفق ما يقتضيه الشرع الإسلامي المؤسس من نصيه القرآن والسنة استعدادًا للوصول لمرحلة استلام الحكم. فالاستعداد المرحلي يتضمن إعداد الأمة لتواكب عمل الدعوة. والاجتهاد الذي تحتاجه الدعوة وهي لا تزال في غربتها وعملها المهمش هو في كيفية تربية جند الله وتنظيمهم وأساليب زحفهم لتسلم إمامة الأمة فالوصول للحكم.

تأسيس جماعة العدل والإحسان

طرح الأستاذ عبد السلام ياسين عبر مؤلفاته المتنوعة مشروعه النظري لبناء دولة القرآن التي تخرج الأمة من الغثائية والمفعولية إلى أن تصبح القائدة والداعية إلى الله بعد أن تتخلص من ربقة الظلم والاستبداد. ومشروع تحقيق دولة القرآن اقتضى تهييء الأمة وتكوينها لدعم أسس العدل في الحكم وفي المعاملات العامة كمدخل رئيسي لبلوغ الموعود النبوي. وهي البشارة التي بشر به المصطفى عليه الصلاة والسلام في حديث صحيح معروف لدى العلماء المسلمين. ولكن ميزة الأستاذ عبد السلام ياسين في مدارسة الحديث والعودة إلية لمقاربة أحوال الأمة حاضرها ومستقبلها هو أنه كان السباق لبناء وتهييء الأمة للموعود النبوي. فقد قام الأستاذ عبد السلام ياسين بالتأسيس نظريًا عبر مؤلفاته التي اشتغلت على المخزون الفكري الإسلامي عبر تاريخه ليخرجه في منظومة شمولية اتخذت من المنهاج النبوي قالبها النظري والعملي. إنه مشروع ضخم سميته بـ"الخلافة الثانية على منهاج النبوة" الذي هو بشارة الرسول عليه الصلاة والسلام المبني على دعوة الأمة إلى الله حتى تنهض من غفلتها وتتجاوز أزماتها وتخرج نفسها من حكم الاستبداد والظلم وتحرر رقبتها من عبودية البشر والتجهيل والتفقير. وإذا أردنا أن نصوغ مفهوم الخلافة بمفاهيم قرآنية أخرى فهي دعوة لتحقيق العدل والقسط وتأسيس لدولة الحق والقانون والمؤسسات التي تحترم فيها المواطنة كمفهوم جامع يشمل الاختلافات الإثنية والدينية وتحترم فيه الأقليات ضمن مجتمع يؤمن بالعدل والمساواة. فهي دعوة تتضمن ولاية إيمانية شورية لله ورسوله وللمؤمنين الذين يتهيؤون داخل محضن جماعة مؤمنة داعية إلى الله وناصرة للحق. فلم يكن أمر هذه الدعوة عملًا سهلًا، بل مجهود شاق ارتبط بمصدري التأصيل وهما القرآن والسنة. وهو عمل جاد وجهد كبير استغرق عمر الأستاذ عبد السلام ياسين حيث سخر كل وقته لتحقيق مشروع دولة القرآن بكل ما أوتي من قوة وحزم وعزم. وتطلب منه هذا الأمر العودة لمخزون وإرث إسلامي تركه العلماء في كتبهم حول الأصول والفروع ودراسة ما قام به المجتهدون.

قام الأستاذ بجمع هذا الشتات المتفرق في منظومة فكرية شمولية بفضل المنهاج النبوي كعلم نظري شامل ووظفه كآليات للاجتهاد في واقع مختلف عن واقع مرحلة النبوة. واستغرق التجديد النظري المتأصل من علم المنهاج النبوي والعمل الدعوي للجماعة عقودًا من الزمن، حيث نقرأ الجانب النظري في مؤلفات الأستاذ عبد السلام ياسين التي تركها ذخرًا للأمة تتعلم منها وتنهل منها المنهاج النبوي الذي به يقارب الإرث الإسلامي الغني من مصادره المتنوعة.

نستخلص أن المشروع النظري للأستاذ ياسين يحظى بخصائص جعلته يرقى لمرتبة المجدد لما يمتلكه من العدة الفكرية لمقاربة التاريخ الإسلامي عبر مراحله المحورية، ثم لتأسيسه للعمل الدعوي من خلال جماعة العدل والإحسان

وبهذا تم تنزيل المشروع النظري في الواقع الدعوي. فالجماعة تمثل الواجهة العملية الدعوية فهي التنظيم الهيكلي الذي تقوم فيه التربية والتأطير والزحف وهو الذي يمثل المشروع الدعوي.

إذ اعتبر الأستاذ عبد السلام ياسين أنه لا دعوة بدون عمل جماعي منظم. وقد استلهم الأستاذ بعض مفاهيم التنظيم وهيكلته الحديثة من المجدد ومؤسس الدعوة الإسلامية حسن البنا رحمه الله، وسأقف عند هذا بالتفصيل لاحقًا. ويبقى أن الإحاطة بمشروع الأستاذ ياسين في شموليته ليس هينا ويلزمه جهد كبير لا يقدر أن يقوم به الباحث في فرديته بل لا بد من تحديث البحث فيه بحيث يشارك فريق من الباحثين لمقاربة هذا المشروع الضخم. وقد استوعب هذه الحقيقة بعض الباحثين الذين وقفوا عند مشروع الأستاذ ياسين وانبهروا بشموليته لما قدمه من تنظير أساسي يعتبر أرضية نظرية للحركات الإسلامية وتطبيقا دعويًا تجلى في تأسيس جماعة العدل والإحسان وهي الواجهة العملية للدعوة. فهناك المشروع التنظيري وهو الذي تتضمنه مؤلفاته العديدة والغنية في اختلافها وأطروحاتها وهناك الجانب الدعوي الذي تقوم به الجماعة داخل المجتمع المدني. وهنا تكمن خصوصيات مشروع الأستاذ ياسين فقد أعاد به للفكر الإسلامي الحياة بعد الركود وقام باجتهاد في منظومة العلماء السابقين بعد أن ظلت معارف راكدة ومشتتة لمدة طويلة ولم تستطع عبر التاريخ الإسلامي منذ النهضة الإسلامية أن تنشئ مدرسة فكرية أو علمية أو أصولية. ومن هنا يُفهم عمل الأستاذ إذ جدد بفضل جهده ومنظوره الشمولي الركام المعارفي الذي ظل مشتتًا لدى فقهاء فروعيين وأصوليين لا تقدر الأمة أن تطلع عليه وتقاربه عبر قرون طويلة من الجهل والركود الفكري مع هيمنة الاستلاب الحضاري الغربي. وتظهر أهمية مثل هذا المشروع الفكري من كونه جمعًا لمخزون ثقافي إسلامي ظل مجزءًا ومشتتًا في نظريات العلماء المسلمين ومما قام به من تأصيل لهذا المخزون بتفعيل المنهاج النبوي علمًا وعملًا. وأما الشق العملي أي الدعوي الذي تمثله الجماعة فهو مشروع يرتكز بالدرجة الأولى على التربية ولذلك فالجماعة تمثل محاضن تربوية منظمة حيث يتهيء رجال ونساء وشباب ويتمكنوا من تجاوزأمراض المجتمع وفتنه من الغثائية والبعد عن الله والمفعولية. تبدأ رحلة التربية هذه بالتوبة الصادقة والالتحاق بالجماعة والصبر مع المؤمنين والمؤمنات حتى يتم إعدادهم لتحمل عبء وهموم الدعوة التي تقتضي التوغل في المجتمع المدني ثم التحلي بالصبر على الناس والتدرج في دعوتهم.

وهنا يكمن عمق منظور الأستاذ المجدد فهو يؤسس لفكر إسلامي ينبني على المخزون الثقافي ويأصله من المنهاج النبوي بحيث يصبح قادرًا على مقاربة واقع الأمة بآليات مأصلة من القرآن ومن علم المنهاج النبوي. فبواسطة علم المنهاج النبوي تمكن الأستاذ عبد السلام ياسين من الإحاطة بالموروث الثقافي الإسلامي وتوصل إلى أن يضعه في منظور شمولي. وهذه الشمولية لا يوقفها الواقع باستحالاته ومحدودية إمكانياته حيث يستطيع باستعمال علم المنهاج

النبوي مقاربة الواقع بوجهة إستراتيجية تتجاوز النظرة المحدودة وتسمح باستيعاب الحاضر وإمكانياته ويهيئ بها الأمة للمستقبل.

بدأ هذا المشروع عمليًا في أواسط السبعينيات مع تأسيس جماعة العدل والإحسان كمؤسسة تنظيمية مهيكلة بشكل حداثي يعتمد المواصفات التي تعمل بها المؤسسات الحزبية. وبذلك قطع الأستاذ ياسين مع تجربته الصوفية وبدأ مرحلة جديدة في الدعوة وأسس قواعد مختلفة للقيام بالدعوة داخل المجتمع المغربي. إذ تمتلك الجماعة كنظام هيكلي واجهات متعددة كل لها وظائفها ومسؤولوها ومجالسها التعليمية والتربوية. ويرتكز عمل الجماعة بالدرجة الأولى على التربية وتقويم السلوك بتزكية النفس وحملها على المكاره والمواظبة على الذكر باللسان والقلب والتفكر. وقد ضمن الأستاذ عبد السلام ياسين بصفته مرشد الجماعة وردًا خاصًا في كتيب أسماه ب"يوم المؤمن وليلته" يلزم الوارد الالتزام به والمثابرة على الرقي في مراتب الدين من الإسلام إلى الإيمان فالإحسان. وتتم التربية في محضن الجماعة بصحبة المؤمنين، فهي تربية في "جلوة" وليست في "خلوة". وبهذا العمل التربوي تسعى الجماعة لتخليص الفرد الوارد عليها من اللهو وترشده إلى تزكية النفس وتقويمها وحملها على مكارم الأخلاق في معية المؤمنين وصحبتهم ومخالطتهم والصبر معهم.

يكون الصدق في الطلب هو الشرط الأساسي للالتحاق بجماعة المؤمنين حيث يتهييء الوارد داخل المجالس الإيمانية والتربوية والتعليمية ويترقى بسلوكه بحضور مجالس النصيحة. ولمن ترقى وبلغ مراتب عالية في الإيمان والبذل والمجاهدة فرصته للتطوع في الحقل الدعوي حيث يخالط الناس في المجتمع المدني ويدعوهم بالتدرج والحكمة حتى يقلعوا عن إسلام العادة والغفلة والبعد عن الله. تُنظم في هذا الباب برامج مفتوحة يحضرها العموم يتعلمون فيها مبادئ الدين والخلق والذكر التفكر في الخالق سبحانه. ودشنت في هذا الباب جمعيات تقوم بخدمات اجتماعية تدعم فيها المحتاجين وتقدم فيها برامج مثل محو الأمية وتحفيظ القرآن وغيره. وتنسق هذه الجمعيات مع باقي الفعاليات المجتمعية وكذلك مع جمعيات إسلامية في مختلف الأقطار الإسلامية، إذ ينبني هذا العمل المشترك على التناصح والتعاون في العمل الدعوي قصد تخليص الأمة من الفتن والغثائية والتجهيل والتفقير والبعد عن الدين إعدادًا لرفض الظلم والاستبداد الذي تعاني منه منذ قرون. ولذلك فالعمل الدعوي للجماعة لا يقتصر على تزكية الفرد في "خلوة" بل في "جلوة" وداخل جماعة ومجتمع مدني. ومن هنا نفهم التنظيم الهيكلي الحديث للجماعة الذي يشبه في شكله هيكلة الأحزاب وتنظيماتها المستحدثة. ولكنه في مضمونه يعتمد أساسًا على ذكر خبر الآخرة ومصير العبد مع ربه ومآله إما في شقاء خالد أو سعادة خالدة وشتان بين المصيرين والمآلين. وهنا بالضبط يكمن لب عمل الجماعة الدعوي بكونها جماعة تتوب وتدعو الناس للتوبة المستمرة التي تستغرق العمر ولا تنتهي إلا بوقوع اليقين. مصداقًا لقوله سبحانه وتعالى: "واعبد ربك حتى يأتيك اليقين" (الحجر: 99) .

إننا في بحثنا عن المنهاج الإحساني لا نستطيع أن نتخطى تاريخنا. العبرة بالتاريخ سمة يتحلى بها أولو الأبصار. وفهم تاريخنا ذكرى، وما يذكر إلا أولو الألباب. لو كان مشروعنا أن ننعزل عن الدنيا وفتنها لنتفرغ للآخرة ونسلك إليها الطريق السهلة لكان تقليد السادة الصوفية الذين تعطرت بأنفاسهم الأيام لنا سندًا كافيًا.[17] وهنا أقترح على القارئ أن يقرأ مباشرة من المتن الذي يأصل فيه الأستاذ عبد السلام ياسين مشروع الجماعة الدعوي نظرًا وعملًا واتباعًا للأسوة الحسنة التي تقتضي اتباع الرسول في قوله وفعله وسلوكه المأصل من القرآن وهو ينزل عليه وحيًا طريًا. ويظهر جليًا للقارئ كيف جمع الأستاذ بين الجهاد والإحسان، وبين الشريعة والتربية، وبين العقل والقلب، وبين العمل في الدنيا والاستعداد للآخرة، وهو أيضًا طرح نظري وتأصيل عملي ومساءلات كثيرة يقف عندها في كتاباته المتنوعة التي أقتطف منها بعض النصوص للدراسة والبحث العميق في دلالاتها ومقاصدها.

"لكن مشروعنا جهادي ونظرنا إلى الصحابة رضوان الله عليهم المنغمسين -كانوا- في جو الوحي والقتال، كان الإحسان العبادي والإحسان الجهادي لا ينفكان في حياتهم، وفي حياة الصوفية انفك الجهاد عن العبادة، وترك السلطان زائغًا عن القرآن. فقه أئمة التربية الصوفية ثروة لا غنى عنها لأنه فقه قلوب تغذت بذكر الله وتفتحت لنور الله. وفقه الفقهاء المذهبيين ثروة. وأثل لنا المحدثون علمًا شامخًا. وأسس الأصوليون صرحًا عليه كان مدار فهم الشريعة. ولا غنى لنا عن كل هذا في مستقبل الإسلام. لكن هذه الكنوز تبقى غامضة المغزى ضبابية الدلالة إن لم نتابعها كيف نشأت، وفي أية تربة نبتت، وبأي مياه سقيت، وأية أيد تناولتها، وأية جهة رعتها، وفي أية حدود استطاعت أن تزدهر، وإلى أي مَدى وتحت أية ضغوط اضطرت أن تنكتم.

إنْ قَفَزْنا فوق تاريخنا فاتتنا العبرة وفاتنا الاستبصار واختلط علينا اللب والجوهر بالقشر والأعراض. وبفوات ذلك نرتطم بالواقع الذي نريد أن نغيره، بَدْءًا بواقع أنفسنا التي نريد أن تكون محسنة. ما هو المنهاج لفهم فتنة القرن الخامس عشر وما بعده استنادًا إلى العبرة بالجاهلية الأولى؟ ما هو منهاج النبوة في تعاملها مع الجاهلية؟ هل نكفر المجتمع ونعتبره جاهليًا لنبدأ من نقطة الصفر؟ ما هي التربية النبوية التي جعلت من الصحابة أولياء لله مجاهدين في سبيل الله؟ ما هي الضمانات الإسلامية للإنسان وكرامته وحقوقه التي جاء بها الإسلام، كيف طبقت وكيف ضاعت وكيف تسترد؟ ما هي مواصفات الخلافة الراشدة الأولى حتى نخطط على علم للخلافة الثانية؟ ما خصائص جماعة المسلمين كما ألفها الله على يد رسوله الكريم فحملت أعباء الجهاد لنحذو ذلك الحذو؟[18]

كيف تمزقت الجماعة الأولى وكيف نشأت الفرق في الإسلام، وكيف دب الخلاف، وكيف استفحل، ولم غلا من غلا، وجمد من جمد، واستبد من استبد، وظلم من ظلم؟ كيف نبع أهل البدع والأهواء، وكيف انبرى لهم علماء الكلام،

وكيف انكب أئمة الفقه على التفريع، وكيف أصّلوا، وكيف اجتهدوا، وكيف جمع المحدثون وصفوا وغربلوا، وكيف ولم انعزل الصوفية، وكيف زاغ الفلاسفة، وكيف دامت الخصامات، ومن أوْرَى زند الصراعات، وما هي الكوارث التي حلت بالأمة، والانشقاق الداخلي، والغزو الخارجي حتى جاء تهديد أوربا واستعمارها وحلول عساكرها وفكرها ونمط معيشتها وكفرها وماديتها بين ظهرانينا؟

يبدو للملاحظ ذي النظرة البسيطة أن لا علاقة لكل هذه الأسئلة المتعرضة للدنيا وصخبها وناسها بالإحسان وفقه التصوف. لكن من وقف معنا وقفات متروية يعرف عن أي إحسان نبحث. درجة الانقطاع عن العالم لطلب وجه الله درجة مشكورة مذكورة، إحسان فردي فار إلى الله يفوقه ذكرًا عند الله إحسان جهادي جماعي يقاتل في سبيل الله. لا إله إلا الله والحمد لله.[19]

نخلص بعد قراءة متن الأستاذ عبد السلام ياسين إلى أن عمل الجماعة الدعوي يرتكز على التربية السلوكية التي يتربى في محاضنها ويتهيء فيها الرجال والنساء والشباب لإعدادهم للقيام بدعوة التدرج والرفق والترغيب. هذا التهيئ التربوي والتعليمي الذي يكونهم تكوينًا ليصبحوا دعاة في وسطهم ومجتمعهم ومخلصين لأنفسهم وللناس من حولهم من بوائق الفتن التي تحصد المجتمعات العربية المسلمة المفقرة والمجهلة. بأنها دعوة للتربية وتدافع للجماعة مع المجتمع المدني تقتحم فيه عقبات الواقع الجبري والاستبداد الممارس على الأمة، فهي دعوة جماعة تتدافع مع تداعيات الواقع السياسي مقتحمة اقتحامًا جماعيًا وهي تعمل على تجاوز واقع الاستبداد الجبري بالعمل على تنظير قضايا الأمة من خلال قراءات الواقع بمنظور قرآني نبوي. هي دعوة تسعى لتغيير واقع الأمة الاستبدادي بتحقيق مبدأي العدل والإحسان، وقصدها من ذلك إخراج الأمة من فتنها المظلمة وتخلفها وغفلتها وغثائيتها لتصبح الأمة الرائدة والشاهدة والوسطية والداعية إلى الله. كما يعتبر مشروع الأستاذ عبد السلام ياسين الدعوي في مستواه النظري والعملي تهييئا للبُشرى النبوية العظيمة التي يهيء لها الأمة، كما يُفهم من عنوان ومحتوى مؤلفه "إمامة الأمة" الذي تضمن البشارة النبوية ولكن البشارة تحمل في عمقها نذارة قبل أن تتحقق البشارة، كيف ذلك؟ إذا علمنا أن الواقع الذي تعرفه الأمة حاليًا وهو كما وصفه الرسول محمد صلى الله عليه وسلم بواقع الحكم الجبري وبلغة العصر الحكم الديكتاتوري الذي تعيش فيه الأمة التقهقر على جميع المستويات وتعاني من هيمنة العولمة والإمبريالية التي تتحكم في الدول الإسلامية عبر حروب وغزوات غير منتهية تشن ضدها قصد سلب ثرواتها وإضعافها وتقسيمها حتى لا تقوم لها قائمة. هذا الواقع الذي تعيشه الأمة زائل ومنته وعبره سيقع تدافع قوي وشرس لأنظمة الظلم والاستكبار قبل أن تتحقق البشارة.

فلا تحصل البشارة ولن تتحقق البشرى النبوية "ثم تكون خلافة على منهاج النبوة" إلا بعد تدافع ومجاهدة وجهاد وصبر من المؤمنين الذين يبتلون أشد الابتلاءات من أنظمة الحكم الجبري والعالمي. هذا التدافع اللازم والضروري يلزمه مشاركة الأمة وتعبئتها لأنها العنصر الفاعل والأساسي في تحقيق الموعود النبوي. فالأمر العظيم الذي يعد له القائم بأمر الله والرجال والنساء من حوله، يبدأ بالنذارة والصبر على قوة الصدام والتدافع بتفعيل المنهاج النبوي في حياة المجتمع الغثائي بإخراجه مما علق به من أمراض التقهقر والظلم والاستبداد والاحتكار والذل والمهانة. ثم تتحقق البشارة بعد أن يبرهن الصادقون الطالبون وجه الله والساعين باليقين لتهيئة الأمة للأمر الأعظم. لكن ما هو الأمر الأعظم الذي يمتحن فيه المؤمن بالمدافعة والصبر وتختبر فيه الأمة في إرادتها للتخلص من غثائيتها واستذلالها وتصبح السند الأساسي لتكوين البشارة النبوية تكوينا تبتغي به وجه الله مستعدة لآخرتها.

هذا الأمر العظيم ليس حدثًا عابرًا في حياة سياسية، ولا هو انقلاب سياسي، ولا هو تحول سياسي من نظام تقليدي ملكي أو جمهوري إلى نظام إسلامي ظاهري كما حصل بعد الربيع العربي، ولا دعوة لانقلاب عسكري ولا قفزة فكرية تنقل الدعوة من ظلم الجاهلية الحديثة ليصبح عقلًا موافقًا للشورى وإمامة الأمة، ولا هو حركة تاريخية في تاريخ الأمة تنقلها من قرون استبدادية إلى البشارة النبوية بضربة لازب!!! إنها قومة بعيدة المدى متئدة طويلة تستغرق الزمن الذي يكفي لتقوم بها الأمة، تكونها بإرادتها الجامحة القوية لاقتحام عقبات الغثائية والتبعية والانفعالية فردًا وجماعة لتصبح الأمة الفاعلة المقتحمة للاستبداد والظلم والداعية الشاهدة الوسطية.

الخلافة الثانية لن تتحقق بمجرد أن الناس فهموا الأحكام القرآنية وكتبوها وتحالفوا على تطبيقها. نجاحهم في تجديد الخلافة لا يتوقف على ذكائهم وإن كان الذكاء من أهم الفضائل، ولا على ضبطهم التنظيمي وإن كان التنظيم قوة واجبة، ولا على أجهزة تُحاذي ما كان في دولة الخلافة الأولى وتحاكيها. إنما ينجحون بمقدار ما معهم من خُلُق القرآن وفرقانه وبرهانه وإحسانه".[20]

لكن هل يُترك هذا التكون والتكوين والبناء لعمل الغيب والتوكل غير المشروط أم يتبع فيه سنن الله في الكون والتدافع مع الأحداث الجارية ومنها بطش الأنظمة الديكتاتورية التابع للنظام العالمي الرأسمالي التي اقتحم جميع الثقافات وفرض قيمه على الشعوب المستهلكة لسلعها. وهذه المدافعة يلزمها تهييء الشعوب وتوعيتها بالمطالبة بحقوقها وهذا أمر يلزمه تقعيد وتوجيه وتنظير واستبصار وانتهاج علمي يعتمد في حالتنا هذه على القرآن والنبوة كمصدرين أساسيين.

نقرأ تساؤلات عميقة للأستاذ في المتن التالي: كيف العمل، وما المنهاج، ومن أين يبدأ حتى يحصل التحول المقصود، هل بتغيير ما بالنفس فردًا أم يلزم تغيير ما بالأمة أيضًا، وما الاستراتيجية التي تتبع في هذا التغيير الفردي الجماعي،

وكيف يزاوج ويجمع بين التزكية الفردية والخلاص الفردي وبين التزكية الجماعية والخلاص الجماعي بإحداث التغيير ما بالأمة من قلب الأمة؟

تقوم الجماعة التي أسسها الأستاذ عبد السلام ياسين والرجال والنساء من حوله بالدعوة إلى الله والخروج من الغفلة وتجنب البعد عن الدين الحق. وهي جماعة العدل والإحسان بالمغرب ولها بناء هيكلي وتنظيمها متقن يعتمد واجهات مختلفة للتواصل مع المجتمع المدني والأمة. فهناك الهيكلة التنظيمية التي تطورت حاليًا وتشعبت بحيث أصبحت تحوي مجموع المناطق في مركز الجماعة أي بالمغرب. وهذا التنظيم قد يطرح مشاكل عدة على مستوى الهيكلة والتراتبية والمسؤولية والهرمية والهوة بين الهرم والقاعدة بحيث تصبح هذه المشاكل عائقًا دون الدعوة. وهناك فقه الدعوة وفكر الدعوة الذي يقتضي الانفتاح وعدم السرية والدعوة المفتوحة التي تقتضي التواصل المفتوح وهذه أقدر على تبليغ الدعوة لأنها لا تحصرها في تنظيم معين. وحين تصبح الدعوة تابعة للتنظيم تحد من الانفتاح الذي هو عنصر فاعل في العمل الدعوي خصوصًا بالخارج أي في الدول الأوروبية والأمريكية. إذ أن الدعوة في المجتمع الغربي تختلف جذريًا عن الدعوة في المغرب.

أولًا لاختلاف المجتمعيين ثقافيًا وحضاريًا، ولكون المجتمع الغربي لم يستجب بعد لدعوة الإسلام ولزم دعوته للإسلام أولًا. وثانيا للاختلاف الإثني واللغوي الذي يواجه به الداعي إلى الله وهذا يلزمه تعلم اللغة الأجنبية والتمكن منها مع المعرفة العميقة بذهنية وثقافة وحضارة الغربي وبنيته النفسية والاجتماعية، وهو ليس أمر هين ولا يقدر عليه. فإذا كانت دعوة العدل والإحسان بالمغرب تركز على المجتمع المدني المغربي فإن العقبات التي تعرض أمام عملها قد تنحصر في مشاكل التنظيم وهيكليته ومناهج الدعوة بما أن المجتمع المغربي مسلم ويعرف الفتن كما نظر لذلك المرشد الذي اعتبر أن ما تعرفه الأمة حاليًا هي الفتنة وليست الجاهلية كما ذهب إلى ذلك كثير من الدعاة والعلماء المسلمين. أما خارج المغرب فالعمل يلزمه استقلالية كاملة تتحمل الجمعيات المتبنية لفكر مدرسة العدل والإحسان كامل مسؤوليتها حيث تفعل في الجمعيات طاقات فكرية قادرة على التنظير لعمل الدعوة في مجتمع غير مسلم أي لم يستجيب بعد لدعوة الإسلام. هذه الخصوصية لزم التنظير لها من طرف مفكرين من قلب بلد المهجر ويمكن الاستعانة بغير المنتظمين للجمعيات العاملة في حقل الدعوة لأن مفهوم الدعوة بالمهجر ينبني على مبدأي الاستقلالية التامة عن المغرب لمراعاة الاختلاف المجتمعي وبالتالي يلزم احتواء طاقات فكرية وإبداعية متنوعة للنهوض بعمل الدعوة وعدم الاقتصار على أشخاص معينين يضعون أنفسهم في المسؤولية. فإذا كان هم جماعة العدل والإحسان بالمغرب هو تكوين الأمة بدءًا بالمنتمين إلى الجماعة وانتهاءً بالمجتمع المدني، فإن هم الدعوة بالمهجر هو دعوة المجتمع الغربي حتى يعطى فرصة الاستجابة للإسلام وهذا عمل مختلف جذريًا عن العمل الأول ويلزمه مفكرون قادرون على تفعيل المنهاج النبوي

وفكر المرشد في المهجر. إذ تختلف مناهج التربية والتكوين وآليات التعامل مع الإرث النظري الذي تركه الأستاذ عبد السلام ياسين رحمه الله.

يتركز التكوين في المجتمع المغربي والأمة المسلمة على التربية والانتقال من إسلام العادة والتوارث إلى إسلام تشع منه روح الإسلام الحقيقية بعد تهذيب النفس مما علق بها من غبش وجهل وغفلة ويتحقق هذا بالمجالس التربوية والتكوينية. فعلى مستوى التربية فإن عمل الجماعة لا ينصب على التربية الفردية وحدها، إذ لا يكفي تغيير ما بالنفس وتزكيتها في الخلوة بعيدًا عن محضن الجماعة التي تكون الخلية الأساسية للتوغل في المجتمع. لذلك فالانتماء للجماعة شرط أساسي للبرهنة على الصدق في الطلب والصبر مع المؤمنين والمؤمنات على الابتلاءات أثنــاء العمل الجهادي التدرجي مع باقي مكونات المجتمع. ونتوقف هنا لحظة لعلنا نرجع فضل هذا الجهد الجهيد لصاحبه، بعد فضل الله سبحانه وتعالى، نرجع الفضل للرجل الذي حمله لنا وقدمه للأمة مجاهدًا صابرًا محتسبًا طالبا وجه الله. فلم يكن الرجل يرجو دنيا يصيبها ولا شهرة يعلو بها على الخلائق. يعلن الرجل أن عمله يقصد به وجه الله واتباعه وسيره على المنهاج النبوي -كما أبدى- هو إرادة صادقة لتجديد الدين للأمة بتأصيله من مصادره الأصلية.

قدم الأستاذ برهان صدقه منذ البداية فسار بخطى متئدة يقول كلمة حق ويقدم النصح لملك البلاد يرجو ما يخبئه له الرحيم ولا حول له ولا قوة له إلا أن يستجيب الملك أو أن يغتال الرجل الناصح فتكون شهادة في سبيل الله. هذا الرجل هو مرشد جماعة العدل والإحسان عبد السلام ياسين الذي أظهر جهاده المتواصل بتأليف كتب عديدة التي أسست فكره الذي ينظر به كيفية تنظيم الجماعة قصد تربية الأجيال بمجاهدة النفس وتزكيتها. بدأ الأستاذ مشروعه العملي بتأسيس الجماعة بشكل منتظم يعتمد هيكلة حداثية وتمتلك واجهات متعددة وهي في عمقها جماعة تعتمد الشورى في التسيير والانتخاب في اختيار المسؤولين، وتدعو في عمقها إلى التوبة.

تدعى الجماعة أيضا "مدرسة" بما تملك من مقومات التربية المنهاجية النبوية وما لها من تنظيرات ورؤى منهاجية تبني عليها عملها. نرى كيف توافق التنظير وهو العمل النظري الذي قام به الأستاذ عبد السلام ياسين لكيفية بناء الجماعة هيكليًا بمؤسساتها التي تعرف الاستقلال نسبيًا وتعتمد على الاجتهاد والشورى، كيف توافق هذا التنظير مع الواقع في انتخاب المسؤولين حيث تُستبعد فكرة معصومية عبد السلام ياسين. فليس المرشد هو المسير الوحيد للجماعة إذ أصبح لها واجهات ومؤسسات منفتحة على المجتمع وفاعلة فيه ويلزم لذلك اتخاذ قرارت داخلية تنظيمية وأخرى تتعلق بكيفية العمل الدعوي الذي يبت فيه رجال ونساء مسؤولون وعاملون بشكل حر ومستقل عن المركزية من دون نبذ الشورى التي يتمحور حولها كل أمور الجماعة من القمة للسفح.

تعمل مدرسة العدل والإحسان على بث قيم الدين وتجديدها وبذلك فهي تتبنى مشروع مجتمعي كبير يتم بواسطة مجالس تعليمية وتربوية في البيوت. ورغم محدودية الدعوة لديها ففعلها قوي في المجتمع وله أثر كبير على المجتمع والشباب خاصة لأنهم يميلون بطبيعتهم للتدين. وتستجيب القوى المجتمعية بقوة لمثل هذه المبادرات الصحوية الدينية لكونها صادقة ولا يُبتغى منها إلا وجه الله ولأنها تكرم آدمية الإنسان وتحترم حقوقه.

تطرح الجماعة مبادئ العدل كما طرحها القرآن وتجعل من قيم العدل أساسيات لتنظيم الحياة المجتمعية. تحترم الدعوة خصوصية الإنسان وترجع في ذلك لكون خطاب القرآن نفسه يتأسس على حرية الفرد في نفسه وداخل مجتمعه حيث يلزم المسؤولين توفير شروط حياة كريمة للإنسان ليعبد ربه كما أمره في جو مجتمعي آمن وعادل. هي مدرسة لأنه تخرج منها جميع مسؤولي الجماعة والفاعلين فيها الذين لم يكونوا ليلقوا التكوين الحق لولا مجالسها التكوينية والتعليمية والتربوية وما يقتضيه ذلك من البذل والصبر مع المؤمنين.

تتأسس المدرسة نظريًا على الأطروحات التي صاغها المرشد في مؤلفاته باعتبارها عملًا قابلًا للاجتهاد. ولذلك فتحت مجالًا لمدارسة ومناقشة نظرياته في محافل وطنية ودولية وتم إعمال النظر فيما يطرح مشروع المرشد من نظريات محورية. وبفضل كل ما ذكرناه تخرج من المدرسة مفكرون وباحثون ومحللون ومؤلفون وقراء ودعاة ووعاظ وحفظة للقرآن وأئمة وشعراء وصحافيون وإعلاميون وممارسون للسياسة، والقائمة طويلة. فهل كان بالإمكان أن يحصل هذا التحول في وجهة شريحة مجتمعية جمعت بين الشباب والكهلة والرجال والنساء والأطفال والكل يجد مبتغاه وضالته الدنيوية والأخروية وحيث يجاهد الكل ويدافع الحكم الجبري الممثل حاليًا في النظام المخزني المستبد بالمطالبة برد مظالم أمة ظلت قرونًا من تاريخ الاستبداد تحت رحمة الحكام المستبدين؟ هذا العمل والجهد الجهيد الذي استغرق عقودًا من الزمن هو جهاد متواصل من قبل الأستاذ عبد السلام ياسين والرجال المناصرين له حتى تم لهم أمر بناء وتأسيس وتقعيد الجماعة وعملها الدعوي الجهادي.

يطرح الأستاذ مفهوم القومة ويدعو لقراءته وفهمه من خلال ما ينظر له، حيث حدد مفهوم القومة مأصلًا إياه من القرآن واستبدله عن مفهوم الثورة. ففهمه لمفهوم القومة وآفاقها ومقاصدها الشرعية كما دعا له الأستاذ وتبناه في كتاباته ودعا له، نقرأه في مؤلفات عديدة نقرأ ذلك في كلامه الذي تضمنته العبارة التالية: "إن القومة تعني، كما لا نمل نكرر، أن نعود أمة مجاهدة كما كنا، راشدة تقرر مصيرها بإرادتها الحرة وتفرض قرارها بقوة الساعد المنتج، وتدبير العقل المتحرر من الخرافة وفلسفة الإلحاد، وتنظيم الطاقات البشرية والاقتصادية. القومة أن يصبح أمرنا شورى بيننا. أن تحمل الأمة عبء الحاضر والمستقبل."[21]

إنها بشرى عظيمة كما وردت في حديث النبي المصطفى عليه الصلاة والسلام الذي لا ينطق عن الهوى، والتي تخبر عن انقضاء الحكم الجبري أو الديكتاتوري بتكون الخلافة الثانية على منهاج النبوة، والتي تتضمنها عبارة البشرى "ثم تكون خلافة على منهاج النبوة". بشارة عظمى تنير حاضر الأمة ومستقبلها وترسم طريق الظهور والنصر، وتسدد خطانا على المحجة البيضاء نعود إليها إن شاء الله بعدما عَمَّاهَا عنا دخن الفتن. بشرى نضعها نُصب أعيننا برنامجًا لإعداد القوة وأملًا مشرقًا، بل يقينًا ثابتًا، بأن مواطئ أقدامنا على رُقعة الواقع تطابق مواقع قدر الله، وتستجيب لنداء الله، وتقتفي أثر رسول الله، وتماثل مسيرة الخلفاء الراشدين بهداية الله. روى الإمام أحمد عن النعمان بن بشير أن رسول الله صلى الله عليه وسلم قال: "تكون النبوة فيكم ما شاء الله أن تكون، ثم يرفعها الله إذا شاء أن يرفعها. ثم تكون خلافة على منهاج النبوة فتكون ما شاء الله أن تكون، ثم يرفعها إذا شاء أن يرفعها. ثم تكون ملكًا عاضًا فتكون ما شاء الله أن تكون، ثم يرفعها إذا شاء أن يرفعها. ثم تكون ملكًا جبريًا فتكون ما شاء الله أن تكون، ثم يرفعها إذا شاء أن يرفعها. ثم تكون خلافة على منهاج النبوة. ثم سكت".[22]

لكن هذه البشارة العظيمة لا يستصيغها الكل ولا يقبل بحقيقتها وإمكانية وقوعها، بالرغم أنها وحي نبوي للذي لا ينطق عن الهوى. وفي هذا الباب عبر الأستاذ عبد الواحد المتوكل في تقديمه لكتاب "إمامة الأمة" بهذه المقالة: "بأن هذه البشرى الصادمة لا تتسع لها حويصلة بعض الناس. بل إن بعضهم لا يزال يصر على أن الحديث عن إمامة الأمة وهي تعيش هذا الواقع المزري، وهذا الوضع المهين هو حديث غير موضوعي وغير واقعي، بل هو ضرب من الأحلام وتسويق للأوهام ليس إلا. والأجدر بنا أن ننزل من سماء الخيال إلى أرض الواقع العنيد، وأن نعرف بأن ميزان القوى ليس في صالح الشعوب العربية والإسلامية، وأن لا مناص والحالة هذه، من القبول بالأمر الواقع، والرضى بما هو حاصل إلى أن تتغير الظروف، وساعتها يمكن أن تتغير المواقف."[23] نلمس لدى الأستاذ تركيز على مفهوم محوري وهو الأمة، نقرأه في مؤلفه الجسور الذي أربك الأحزاب السياسية "إمامة الأمة"، حيث قام المرشد بتجديد هذا المفهوم وإعادة صياغته بعد أن غُيب من الخطاب الفكري والسياسي في العالم العربي الإسلامي وعوض بمفاهيم بديلة من مثل القوم والشعب والقبيلة والعشيرة. فحضور مفهوم "الأمة" لديه يحمل حمولة قوية تدل على بعد ثقافي وحضاري وهو مأصل من المصدرين القرآن والسنة.

يصاحب مفهوم الأمة ما يطرحه المرشد كتصور مستقبلي يدعو للقومة وهو مفهوم بديل عن الطرح اليساري لمفهوم الثورة. فالمرشد يدعو الأمة للقومة وبذلك يطرح مشروعه التربوي لتغيير ما بالأمة وتكوينها وتهييئها للقومة. فالأمر الذي يدعو له لا يمكن أن يكون ولا أن يتكون بدون مشاركة الأمة بجميع أطيافها في عمليات التغيير. فهو يقارب "الأمة" باعتبارها تتضمن تركيبة

اجتماعية تجمع اختلافات إثنية وعرقية ومذهبية، فهو لا يقيم التمايز بين مكونات الأمة على أساس طبقي أو قومي أو نخبوي ثقافي. بل يجعل معيار التقوى الإيماني القرآني هو ميزان التفاضل بين شرائح الناس. ذلك لأن الإسلام لا يعرف نُخبوية المثقفين، ولا يعترف بالتنظيم الطبقي الذي يقسم الأمة أو يُبقيها كما قسمتها الفتنة. إذًا وبهذا الفهم القرآني يصبح ميزانُ التفاضل أو القَبول هو التقوَى والعملُ الصالحُ استنادا لقول الله سبحانه وتعالى في محكم كتابه في الآية التالية: "إن أكرمكم عند الله أتقاكم إن الله عليم خبير".[24]

بناءً على الفهم القرآني والنهج النبوي يعالج المرشد كل قضايا الأمة فكرية وعملية وسلوكية وما يتعلق بتدافع الأمة مع مستجدات الحضارة الحداثية. وهو في دعوته وعمله الدعوي الذي يبتغي به تغيير ما بالأمة يعتمد على التدرج والتوغل عبر دوائر حتى تكبر دائرة الدعوة التي يقوم بها رجال ونساء الدعوة الذين تخرجوا من مدرسة العدل والإحسان. لكن كيف فهم المرشد مفهوم الأمة الذي قد يتضمن شرائح مختلفة وقوى عديدة وتوجهات متباينة وكيف قاربه حتى يتحين له إمكانية التوغل ضمن الأمة بالتدرج الذي يجعله مفتاحًا للدعوة؟

حدد المرشد مكونات الأمة على المستوى الاجتماعي حيث اعتبرها نسيج واحد يضم دوائر متعددة، كل دائرة تضم أصنافًا شتى من الناس يفرقها مدى تقواها وعلمها بالدين. ويتلخص عمل الدعوة في مخالطة الناس والصبر على أذاهم والتدرج حتى تتوغل الدعوة ويتسنى للدعاة جذب الأطراف نحو المركز، خطوة خطوة. "عندئذ يكون الكلُّ جندَ الله، ويكون النصر في القومة والبناء والجهاد محققا بإذن الله القوي العزيز".[25]

ندرك فهمه للدعوة بكونها عمل مسؤول يقوم به رجال ونساء صادقون يقدرون على الصبر على الناس بالتوغل داخل مكونات المجتمع بالدعوة المتدرجة. وهذا فهم مختلف تمامًا عما يطرحه الفهم القروني الاستبدادي للأمة وكيف أخضعها السلطان بالسيف والحديد لحكم هوى السلاطين وكيف مارس العلماء العلم والفقه في حيز ضيق وكيف أغلق باب الاجتهاد واعتبر الفقه في الدين من مهام السلطان. ولم يبق للعلماء دور في تدبير أمور الدنيا وانكبوا فقط على العبادات والعقود. فقد عمد التاريخ السلطاني إلى ترسيخ مبادئ معيّنة تتجلى في التأكيد على تراتبية المجتمع، تبدأ بالملك أو السلطان ثم طبقة الرعية التي تتعدد إلى طبقات، كلُّ طبقةٍ بحاجة إلى كيفية خاصة في تدبيـر أمرها بما يناسب مكانتها، فالطبقة العليا في حاجةٍ إلى رأفة الملك، والوسطى ترغب في إنصافه، أما الطبقة السفلى فلها الخوف، ففيه تنتظم أحوالها. وبذلك تكون بنية المجتمع في الخطاب السلطاني هرمية يقع الملك في قمتها. ويأتي بعده طبقة تتسع بالتدريج لتستوعب خاصة الخاصة من المحارم والأعوان، ثم الخاصة الفاعلة في مستويات التدبير المتنوعة، ثم العامة وهم قاعدة المجتمع العريضة وموقعهم أسفل الهرم، وهم قاعدة الإنتاج المادي.

أما مفهوم الأمة الذي ينظر له الأستاذ عبد السلام ياسين ويعيد ربطه بالتأويل النبوي للنص القرآني يختلف نهائيًا عما ساد في الفكر الإسلامي عبر قرون الحكم العاض والجبري الذي هيمن عليه مفهومي الخاصة/العامة الذي يمثل أحد المحاور الأساسية للرؤية العربية الإسلامية الكلاسيكية التي سادت في الفكر والثقافة والأيديولوجية عبر التاريخ الرسمي. فالتصنيف الكلاسيكي للأمة وفصلها بين العامة الذي هو السواد الأعظم وهو الذي كان دومًا يوصف بأوصاف سلبية قدحية من مثل : غوغاء، دهماء، أوباش، هذه الأوصاف والنعوث تمثل نوعية الرؤية الحضرية "أي رؤية سكان المدن والعواصم" لهذه الفئة من الشعب. فغالبا ما يشار للعامة في الأدبيات التاريخية الإسلامية بنوع من المواربة والتلميح وتعتبر كأنها عقبة في طريق تقدم العقل المستنير والثقافة التي كونتها الخاصة والنظام الذي أسسته... هذه الخاصية ذات نتائج وانعكاسات حاسمة لمن يريد أن يفهم اليوم المجتمعات العربية الإسلامية التي بقيت منها قطاعات واسعة خارج دائرة الكتابة والثقافة الحضرية العالمة حتى هذه اللحظة. [26] هكذا وبطرحه المجدد لمفهوم الأمة يعيد المرشد بناء هيكلة الأمة باستعمال مفاهيم قرآنية نبوية تجمع بين التقوى والعلم الذي تنبني عليه عملية التفاضل. وبهذا التجديد في مفهوم الأمة وهو مفهوم محوري تدور حوله نظريات فقهية وسلوكية وسياسية واجتماعية يغير المرشد التصور العام للعمل الدعوي ويطرح مقاربة جديدة للعمل الدعوي. وبهذا الفهم المجدد قعد الأستاذ لمنظوره العام وفهمه الخاص للعمل الدعوي وطرح آليات الدعوة وكيفيات التوغل داخل الأمة.

ويقتضي التوغل تهييئ الأمة بالتدرج والعمل التربوي البعيد المدى بتكوين فئات المجتمع تكوينًا على جميع المستويات وبشكل كيفي وكمي للاستعداد للموعود النبوي الذي هو الخلافة الثانية. ولا تتضح مقاصد هذا التكوين الكيفي والكمي إلا إذا استحضرنا مشروع جماعة العدل والإحسان، آفاقها وغاياتها الكبرى التي هي الاستعداد لتحقيق القومة الإسلامية بالقطر المغربي كمحطة أولى. ثم العمل على تحقيقها في باقي البلاد العربية بتعاون مع باقي المنظمات الدعوية. وبموازاة ذلك هناك العمل الدعوي للجماعة في بلاد أوروبا وأمريكا الذي يقصد به دعوة الأمة التي لم تستجب لدعوة الرسول محمد عليه الصلاة والسلام التي لزم أن يأخذ فيها بعين الاعتبار الاختلافات بين عمل الجماعة الأم بالمغرب وعمل الجمعيات التابعة لها بالخارج.

ونلمس في مشروع المرشد عبد السلام ياسين تركيز على منهاج العمل والدعوة بالمجتمع المدني القطري بالمغرب. ولا يغفل عن العمل داخل الأمة الإسلامية التي يقوم بها دعاة قادرون على إحياء الأمة من موات، وبث روح الجهاد فيها. ويستعمل المرشد مصطلح "التجنيد العام" للدلالة على عمق التحول المطلوب في

الذهنية والنفسية والعادات والإرث الثقافي للأمة. يعبر عنه بالحركة التغييرية التاريخية الضرورية والعمل الدؤوب للدعاة والرجال المؤمنين الذين يبلغون بالتوغل داخل الأمة وتحسيسها بمسؤولياتها حتى تعي دورها التاريخي الذي يجمع بين عمل الدنيا والآخرة. ويفصل المرشد عبد السلام ياسين في وصف الدعاة بكلامه الذي يلزم مدارسته والوقوف عنده لأنه يطرح كيفيات صنع وتكوين جيل الدعاة الذين يسميهم جند الله، "يجب أن تكون الجندية وتحفزها كلمة الساعة، ومطمح النشيط، ومنشط الكاسل، ومقيم القاعد، وحامل الكل إلى جلائل الأعمال. هذا وظيفها الحركي التربوي المنشط، ووظيفها الغائي حشد جهود السواد الأعظم لإنجاز مهمات البناء، للإنتاج، للتغيير، بالعمل الدؤوب المصِرُّ. جندية جهاد، لا جندية لعب واستعراض. وإن كان الاستعراض في حد ذاته دعوة بالمثال لا تعوض".[27] فتهييء الأمة ضروري ولن يتحقق إلا ببث الإيمان في قلب الأمة حتى تصبح قادرة على تحمل عبء الحاضر والمستقبل وتصنع استقلالها الحضاري استعدادا للمرحلة التي تصبح فيها الرائدة في العالم وداعية العالمين إلى عبادة الله الواحد الأحد. ويتم بث الإيمان في قلوب العباد الغافلين بفضل التربية التي تستغرق فترة زمنية قد تطول نوعًا ما لأن ثمار التربية لا تظهر من البدايات الأولى. ويلزم الصبر مع الناس وعلى الناس حتى يتشربوا المعاني الإيمانية ويقدروا على نبذ الظلم ويخرجوا من حالة الغفلة إلى الصحوة المرجوة.

أن تخرج الأمة من عهد قرون من الاستبداد والظلم والتبعية والخضوع لحكام ظلمة لا يطبقون شرع الله وأن تغير أحوالها من الفتن التي توالت عليها ليس عملًا سهلًا ويستغرق زمنًا من الدعوة بعد أن حوصرت كل مصادر إعلامها. والمعلوم أن دعوة العدل والإحسان محاصرة ومضيق عليها وممنوعة نشاطاتها ومتابعة في عملها الذي تبتغي منه التواصل مع مختلف فئات المجتمع. ففي مثل هذه الظروف تعمل الجماعة وتسعى جاهدة لإبلاغ دعوة الله للمجتمع لتخرجه من الغفوة إلى الصحوة ومن الجهل إلى نور الهداية، ومن ظلمة الفتن إلى الدين الحق، ومن الولاء للحكام الذين يحتكرون الحكم إلى الولاء لله ورسوله والمؤمنين.

وللجماعة امتدادات في الخارج بأوروبا وأمريكا حيث يتكون ويتهيئ رجال الدعوة الذين ينتظمون ويتربون داخل محاضن الجماعة، والله يتولى المؤمنين ويوفق الصادقين للتواصل مع نور الأنوار ويفتح القلوب ويرجعها إلى أصلها في جنانه حيث بدأت حياة الإنسان. عودة الروح حين تتخلص من كثافة الجسد

وتتماهى في نور الأنوار وتتكشف لها سر الأسرار. ويواجه العمل الدعوي بالخارج عقبات كبيرة تتطلب عملًا اجتهاديًا تقوم به عقول منفتحة على حضارة غربية مختلفة وقادرة على فهم الظروف الخاصة بالدول الغربية حتى يؤسس للدعوة في الغرب وكيفيات وآليات العمل الدعوي بأساليب تأخذ الحداثة والحياة الاستهلاكية والتطور بعين الاعتبار. وفي هذه المقاربة يتطلب فهم عارف بوضعية الإنسان الغربي المستلب داخل نظام إمبريالي متوحش قتل إنسانيته وأفسدت وسائله التكنولوجية فطرته.

نفهم عالمية دعوة جماعة العدل والإحسان بما تقدمه المؤسسات التابعة لها بأوروبا وأمريكا التي تقوم بالدعوة التدريجية التي يقوم بها بعض الإخوان والأخوات المقيمين في تلك الأقطار حيث يتم التهيئ بالمجالس التربوية والتعليمية بشكل لم ينفتح كلية على المجتمع الغربي وبقي محصورًا في دعوته على المغاربة ولا يزال متعثرًا لعدم وجود فهم مستقل يسمح بمقاربة المجتمع الغربي وكيفية التوغل فيه. فإن كان قصد الدعوة في الغرب هي الاستجابة لدين التوحيد وتقبل الشهادتين فهذا يتطلب التواصل مع المجتمع الغربي من أجل التبليغ والتعاون والتواصل حتى تلقى الجمعيات الدعوية الدعم الكافي من المجتمع المدني وهذا أمر لم يتحقق بعد.

إذ لا يزال العمل الدعوي بالمهجر متعثرًا وسائرًا بشكل غير ممنهج لعدم امتلاك منظور واضح ومنهج دعوي يستوعبه الجميع. فلا يزال أعضاء الجمعيات الدعوية غير مهيأون ويعانون من نقص معرفي وتربوي ولا يملكون تصورًا موحدًا حول حيثيات العمل الدعوي المختلف عن الجماعة الأم مما يخلق الانشقاق وعدم التوحد حول الهدف الأكبر من العمل الدعوي بالخارج. فالقائمون على التنظيم متشبثون بالتنظيم الأم وهيكلته ووسائله الدعوية والتربوية مما يجعل الوافدون يلقون حرجًا كبيرًا في الانسجام مع هيكلة التنظيم وآلياته وذلك الأمر لا يسمح بالانفتاح على الآخر في بلد المهجر وهي بلد الحرية واستقلالية الرأي. ويبدو العمل الجمعوي التابع للجماعة الأم بالمغرب كأنه شتات متمزق واختلاف في الرأي نقرأه في رفض الأعضاء الخضوع لمبدأ الطاعة للرؤساء الذين تم تنصيبهم وفقًا لإرادة خارجية لم يوافق عليها المنضوون للجمعية.

فخصوصية بلد المهجر له منظوره الخاص لممارسة الحرية وحقه في المساهمة بقدر قد يضرب في الهيكلة التراتبية التقليدية التي يعمل بها بالجماعة الأم بالمغرب. كما أن تهميش الطاقات الفكرية لدواعي تنظيمية تخلق اختلال في العلاقات العامة التي تربط المنضوين مع من بيدهم السلطة في الجمعية. ولم

يقدر المسؤولون في الجمعية التوحد حول منظور واضح المعالم ولم يقدروا رسم مخطط مستقبلي لكيفية الدعوة وآلياتها لتقوقعهم على أنفسهم وعدم انفتاحهم على الأعضاء والواردين الجدد. فانغلاق العمل الدعوي للجمعية بالمهجر يجعل الدعوة لا تتمدد داخل المجتمع الأمريكي وتبقى منحصرة في ثلة من المغاربيين. وبدون استقلال الجمعية عن المركز أي الجماعة الأم يصعب العمل الدعوي للتبعية التي تعرفها الجمعية لمنظور الجماعة الأم وتنظيمها مما يعوق الانفتاح في المهجر حيث حرية الرأي ولا وجود لقمع المخزن.

والله قادر على أن يخرج الحي من الميت ويبعث حياة الإيمان من قلوب الغافلين والحيارى والمفتونين وينهض الهمم ويبعث الناس من الغفلة إلى الصحوة. فلكي تستجيب الأمة لخطاب الله ودعوة رسوله محمد عليه الصلام والسلام على لسان الدعاة الصادقين المؤمنين المجاهدين وهم الذين وهبوا أنفسهم وعلومهم وأموالهم وأوقاتهم للدعوة إلى الله ودعم المستضعفين والذود عن حقوقهم بنشر مبادئ العدل في العالمين. يلزم تحرير رقاب العباد من عبودية الخلق إلى عبودية الله الواحد خالق الناس والأكوان وتوجيه العالمين باللين إلى الفطرة التي فطر الناس عليها وهي دين الأنبياء منذ آدم عليه السلام وباقي الأنبياء والرسل من بعده وهي قائمة تطول من الأنبياء والمرسلين عليهم الصلاة والسلام وتنتهي بخاتم النبيين والرسل وهو محمد عليه الصلاة والسلام.

ولا يقتصر أمر الدعوة على أمة الاستجابة وهي الأمة المسلمة التي تعرف فتن توالت عليها كقطع الظلام وغرقت في الجهل والفقر والتبعية وحان وقت انتباهها من غفوتها بفضل ما يقوم به الدعاة من جهد لتنبيه الغافلين وتذكريهم بالدين الحق بتأصيل سلوك المؤمن من المصدرين الأوليين القرآن والمنهاج النبوي. ولا ينسى فضل المفكرين الذين ينشرون الفكر العارف والعلوم حتى يرفعوا من مستوى تعليم الأجيال القادمة من مواقعهم المختلفة سواء كمدرسين او أساتذة جامعيين او كتاب مؤلفين أو أخلاقيين فالامة في حالة من الركود الفكري وتحتاج لنهضة فكرية وعليمة في جميع المجالات حتى تخرج الأجيال الصاعدة من نتائج التعليم المتدهور والركود الفكري والإبداعي ولتنشئ أجيال قادرة على اللحاق بالحضارات المتطورة وبالأمم المتقدمة. وليس هذا الهدف يتحقق بجهد الجماعة في معزل عن باقي القى الحية والفاعلة في المجتمع ولا بد من مشاركة الجميع والتعاون حتى يخرج المجتمع من تخلفه الفكري والثقافي والقيمي ويصبح قادرا على مسايرة المجتمعات المتقدمة.

النصيحة الملكية

إن إقامة الدين بالسلطان أمر عظيم أهم العلماء والدعاة والأئمة القائمين عبر التاريخ الإسلامي، لكن قهر السلطان وغلبة السيف منعت أولئك من مواجهة السلطان أو تقديم النصح اللازم.

يذهب المرشد عبد السلام ياسين في معرض كلامه عن الانكسار التاريخي وهيمنة حكم الاستبداد إلى أن واقع الحكم العاض كان له عصبية بها يتقوى ولم يكن مع العلماء قوة منظمة. من هنا نفهم الوجهة الجديدة والاجتهاد المميز الذي قام به القائم بالله عبد السلام ياسين الذي سعى بكل قوة وحزم وعزم لبناء جماعة المؤمنين المتوادين المتآخين القائمين بالحق. فكانت له القوة والمنعة من منظومة الاستبداد وكان الداعي لبشرى الخلافة الثانية في مستهل القرن الخامس عشر الهجري. هذه القوة الإيمانية المتوحدة في الصف والكلمة والجهاد هو البناء الأول لتغيير النظرة الثبوتية التي تتصور التاريخ امتدادًا بلا نهاية للظلم الوراثي. وكانت أكبر عقبة أمام العالم المجاهد هي مواجهة سلطان طاغ وتوجيه النصح له بالرجوع عن الغي والظلم، بداية لمعركة حاسمة ومواجهات كان على إثرها تعرضه للسجن عدة مرات. شكلت الرسالة الملكية حدًا فاصلًا في حياة المرشد وقطيعة نوعية بين مرحلة الزاوية البودشيشية وحققت تجاوزًا نوعيًا مع هذه المرحلة على مستوى النظر الفكري والموقف السياسي الذي بدأت مظاهره تتكون قبيل بناء جماعة مؤمنة مجاهدة قادرة على اقتحام المجتمع والتوغل فيه قصد تغييره نحو الوجهة الصحيحة. فكانت النصيحة الملكية وهي عبارة عن كلمة هي أقرب إلى الحق، وهي نصيحة الصادقين من العلماء وتميزت بمسؤولية صاحبها وجرأته وشدته في قول الحق. نستطيع أن نتلمس هذا من كلام صاحب النصيحة في المتن التالي: "رجل مؤمن يتقدم بالنصيحة ويأمر ملكًا حائرًا مذعورًا مهددًا يجهل الإسلام، رغم السبحة والأذكار، بتقوى الله جلت قدرته. ولو وجدت لك عذرًا غير الجهل لالتمسته لك إبقاءً عليك ورفقًا بك. لأنك تحكمنا منذ سنين بدعوى عريضة صاخبة أنك باعث الإسلام، وما بك إلا تبرير سياستك المزرية بالإسلام وأهله، متألهًا تائهًا كعهدنا بك".[28]

نقرأ موقف المرشد عبد السلام ياسين ونصيحته واضحة وصريحة للسلطان بلغة العصر على أنها معارضة للسلطة المخزنية بالمغرب. وتعتبر النصيحة في الدين بأنها جهاد حقيقي وهي سابقة تاريخية شهد له بها علماء أجلاء، وهي بإجماع أغلب العلماء أحسن الجهاد الذي هو قول كلمة حق لدى سلطان جائر. وجاءت النصيحة وهي كلمة حق أعلنها المرشد صريحة وفي معرض الأمة، وهي عبارة عن مؤلف يتضمن المعاني العميقة في تبليغ النصيحة وكلمة الحق. بين المرشد فيها عن حسن نية وقصد تبليغ النصيحة لرجل أمنه الله مسؤولية كبيرة، ولم يألُ الناصح فيها جهدًا في فضح عيوب وأخطاء المنصوح له بكونه يخل بشرعية الحاكمية ويعبث بأموال الأمة وبمصيرها الدنيوي والأخروي.

وأبدى المرشد الناصح معرفة عميقة بما يجري في دهاليز السلطان وحاشيته وتسلطه وتجبره على الأمة المستضعفة التي لا تقوى أن تتخلص من قيد ربقة السلطان، وأوضح زيف حاشيته وديدان القراء الذين باعوا آخرتهم بدنياهم الفانية.

سجلت النصيحة الملكية موقفا معالرضا ولحظة تاريخية متميزة في مسار المرشد عبد السلام ياسين إذ أخرجته من حضن الزاوية وهو ساعتها مجرد من دعمها وقريب عهد من مفارقة أصحابه في الطريقة الصوفية. لا قوة حوله إلا عناية الرحمن وما يرجو من النصيحة إما شهادته في سبيل قول الحق أو توبة عزيزية من الملك الشاب الحسن الثاني المفتون في دينه وفي حق من يسوسوهم من الأمة. وتعتبر النصيحة بمثابة دعوة صريحة للملك الراحل يدعوه فيها للتوبة والرجوع عن الغي والتجبر والاستكبار والاستألاه على العباد والعودة للحكم الشرعي ورد المظالم ورد حقوق الأمة. وإعطاءها حقها الشرعي في اختيار من يتولى أمر دنياها ودينها، وقد عنون رسالته ب"الإسلام أو الطوفان".[29]

وهي بذلك عبارة عن نصيحة عالم ناصح قدمها المرشد للملك الحاكم الذي كان يتولى مسؤولية تسيير بلد المغرب. وتمثل بذلك حدثًا خاصًا ومتميزًا وسابقة لم تُألف في التاريخ السياسي للملوك المغاربة الأواخر خلال القرنيين التاسع عشر والعشرين بعد مدة من حكم السلاطين. وتستثنى من ذلك النصيحة التي حصلت في عهد السلطان عبد الحفيظ والتي قوبلت بالرفض والجحود وتعذيب الناصح. وقوبلت نصيحة المرشد بنفس الرفض واتهم بالجنون وسيق لمستشفى المجانين ثم قضى المرشد بعد ذلك ثلاث سنوات وستة أشهر سجنًا دون أية محاكمة.

وقد سجل المرشد بمبادرته تلك وعمله الناذر موقفا حسب لهال إذ لم يقدر أن يقوم به أي أحد من العلماء سواء في المغرب أو المشرق. موقف جليل سجله المرشد بالنصح للحاكم الجائر وهي أبلغ قول الحق. وقد امتثل المرشد في ذلك لأمر الله بالنصح للمستكبرين ولعظم شأن النصيحة في الإسلام ومكانتها الخطيرة. فقد اقترنت بمهمة أحسن الخلق وهم الرسل عليهم السلام حيث جعلت وظيفتهم الخاصة التي تحملها لب رسالاتهم. جاء تبيان خاص لأهمية النصيحة ومكانتها في الدين في الرسالة نفسها نقرؤها في مقدمة الرسالة حيث بين المرشد دور العلماء في تقديم النصح للحكام لما يمثلون من مسؤولية عظيمة إذ تأتي مرتبتهم في أعلى السلم بعد الأنبياء بما أنهم ورثة الأنبياء. وهم من يحفظ دين الله بين الناس وهم حاملو راية الإسلام والصائنون لحقوق العباد إذا استخف بها السلطان وهي مسؤولية عظمى في عنق كل العلماء. ويُدرك عظم شأن النصيحة والعلماء القائمين عليها بحيث وردت في النص القرآني واقترنت بشخص الأنبياء عليهم السلام. فقد أعلن الحق على لسان نبيه نوح عليه السلام في خطابه لقومه: " ولكني رسول من رب العالمين أبلغكم رسالات ربي وأنصح لكم".[30] ويكفي النصيحة شرفًا أن جعلها النبي صلى الله عليه وسلم تستغرق الدين كله حين

عرف الدين بأنه النصيحة فقال: " الدين النصيحة. قالوا: لمن يا رسول الله؟ قال: لله، ولكتابه، ورسوله، ولأئمة المسلمين وعامتهم.".[31] فالنصيحة إذًا هي رسالة المرسلين، وقربة العابدين، بل هي قوام الدين. لذلك كان من سادة الصحابة رضي الله عنهم من بايع رسول الله صلى الله عليه وسلم والبيعة من أقدس ما عبدوا الله به، على النصيحة بعد الصلاة والزكاة، كقول جرير بن عبد الله رضي الله عنه: " بايعت رسول الله صلى الله عليه وسلم على إقام الصلاة وإيتاء الزكاة والنصح لكل مسلم".[32]

ولا زال دأب علماء الإسلام وورثة النبوة من السلف الصالح والخلف المبارك من التابعين وتابعي التابعين رضي الله عنهم التمسك بالنصيحة بكل شعبها، والتحلي بالصبر الجميل في تحمل تبعاتها الجسيمة، تقديسًا لأمانة العلم التي طوق الله بها أعناقهم، فنذروا حياتهم من أجل النصيحة، وكان انتصابهم وقيامهم بفريضتها وسط الأمة كانتصاب الجبال الرواسي في الأرض تمسكها أن تميد.[33] فلا يُعقل أن يفرض الحكام طاعتهم على من هُم أُمناء على الدين، على من وظيفتهم لا يلغيها فرد ولا تعطلها مؤسسة كيفما كانت المهام المنوطة بها، وكيف يستساغ أن يُرد أمر الله وأمر رسوله إلى أمر الحكام، والحق أن يرد أمر الحكام وغير الحكام إلى أمر الله ورسوله. لكن نصيحة العلماء لأئمة المسلمين -أي حكامهم وولاتهم- أصبحت بعد انتقاض عروة الحكم من خلافة راشدة إلى ملك عاض ثم جبري مهمة خطيرة لا يتجشمها كل حامل نقول؛ وإنما اضطلع بها العلماء الشجعان حقًا الذين باعوا الله عزّ وجل أنفسهم إعزازًا للدين وشوقًا إلى الله رب العالمين. دشن هذه الملحمة العظيمة الإمام الشهيد الحسين عليه السلام، فقام قومته الاستشهادية ضد حكم يزيد الظالم الفاسق باتفاق العلماء والعامة. وقام بعده عبد الله بن الزبير رضي الله عنه في وجه عبد الملك بن مروان وسفاحه الحجاج بن يوسف الثقفي الخبيث المبير. وكان ممن قام في وجه الحجاج سعيد بن جبير، فقتله الحجاج وما على وجه الأرض أحد إلا وهو محتاج إلى علمه، فدعا سعيد بن جبير على الحجاج فقتله الله بالدود في جوفه. وقام فقيه الفقهاء سعيد بن المسيب بالنصيحة وأنكر الفساد الذي كان عليه حكم بني مروان، فضربوه بالسوط، وحاصروه بالإقامة الإجبارية، وعرضوه على السيف فما استسلم لطغيانهم وما لان رحمه الله. ووقف طاووس اليماني التابعي الجليل موقف الصدق أمام هشام بن عبد الملك ونصحه بما يكسر غلواءه وظلمه. ونصح أبو حازم سليمان بن عبد الملك، وشدد له في القول لينزجر كما سيأتي في الرسالة التي بين أيدينا إن شاء الله.

ووقف الإمام الأوزاعي موقف الناصح الشجاع مع عبد الله ابن عم السفاح، والسيوف مصلتة عن يمينه وشماله، فما منعه ذلك من قول الحق والإخلاص في النصح، وكان ينتظر أن تقطع رأسه من شدة غضب الأمير، ولكن الله سلم. وقام الإمام الأعظم أبو حنيفة النعمان رضي الله عنه بالنصيحة للأئمة والأمة وأمر بالمعروف ونهى عن المنكر، وحث الفقهاء على ذلك. فاستشهد منهم على

النصيحة فقيه خرسان إبراهيم الصائغ لإنكاره الظلم والبغي على أبي مسلم الخرساني. وناصَرَ أبو حنيفة أئمة آل البيت وقَوْمَاتِهم ضد الفساد، كقومة زيد بن علي، ومحمد النفس الزكية وأخيه إبراهيم. وتجافى أبو حنيفة عن خدمة دولة الظلم، فكان أن نزل به ما هو معروف من الضرب والعذاب والإقامة الإجبارية في البيت والقتل بالسم. ونزل بإمام دار الهجرة مالك بن أنس من العذاب ما هو مشهور لمنابذته للحكم الفاسد، ونصيحته للأمة بعدم جواز بيعة الإكراه. وكتب بقلمه نصيحة للرشيد يدعوه فيها إلى الحق. كما كتب الإمام أبو يوسف صاحب أبي حنيفة مقدمة لكتابه "الخراج" ينصح فيها لهارون الرشيد باتباع العدل والحق ومجافاة الظلم. أما قصة الإمام أحمد وما نزل به من البلاء والعذاب من طرف السلطان فأمر مشهور ومنشور. وذلك بسبب ثباته على قول الحق ونصحه للجميع في رد قول المبتدعة في "مسألة خلق القرآن"، وأشدّ ما لاقى رحمه الله من قضاة السلطان وعلمائهم قولهم فيه إنه "ضال مضل مبتدع" وهو يضرب بالسوط بين يدي المعتصم إلى حدّ الإغماء. واحتمال الأذى ورؤية جانبه غذاءً للروح لا ينال إلا من الجسوم. ونصح الإمام الغزالي أمراء عصره وكاتبهم في ذلك بالكلام الشديد. وأفرد لذلك رسائل وكتبًا وفصولًا لبيان مكانة النصيحة والحسبة وفريضتها. واشتهر شيخ الإسلام عبد القادر الجيلاني بمجاهرته بالنصيحة وتقريعه للحكام المنحرفين على المنبر، وفي مجالس وعظه، حتى كان يبكي من شدة وعظه كبراء الدولة بما فيهم "الخليفة". وقد اختص رضي الله عنه في نصيحة الخلق على اختلاف طبقاتهم ومشاربهم، وانتفعوا به جدًا. كما اشتهر سلطان العلماء العز بن عبد السلام بالأمر بالمعروف والنهي عن المنكر. ورزقه الله من قوة القلب، وصدق التوكل، ورباطة الجأش، ما جعل لنصحه للملوك والأمراء من نفاذ التأثير وجلال الهيبة حظًا عظيمًا، ضربت به الأمثال وسارت به الركبان. وسار الحافظ ابن تيمية سيرة الشجعان في نصيحة أصحاب السلطة، وقصته مع طاغية التتر قازان شاهدة على جرأته في الحق وصلابته في الدين. وعلى هذا الدرب اللاحب سار أئمة الدعوة والتربية والنصيحة عبر القرون المتوالية كالإمام الرباني السرهندي، والإمام حسن البنا الذي ظهر في هذا العصر بدعوة "الإخوان المسلمين" الشمولية.

وظهر رجال ربانيون هنا وهناك وهنالك يتوسطون الأمة ويبعثون فيها روح الجهاد، والاستقامة إلى الله تعالى، وكراهية الظلم والفساد وأهل الظلم والفساد. وأخذت دعوة تجديد الدين والنصيحة على أيديهم -رضي الله عنهم- بعدًا أرحب وأوسع من القرون الأخيرة، لأمر عظيم يهيئه الله تعالى لهذه الأمة القائمة، برجالها المخلصين، مقام الأنبياء في الدعوة والنصيحة والشهادة على العالمين، مصداقاً لقول الرسول صلى الله عليه وسلم: "لاتزال طائفة من أمتي قوّامة على أمر الله لا يضرها من خالفها". وزاد في رواية "حتى تقوم الساعة". وإنها لسعادة كبرى ومنة عظمى أن نعيش اليوم ملحمة جديدة من ملاحم التجديد والنصيحة، نعلن -والقلب مفعم بالفرح بالله، واللسان لهج بالثناء الجميل على الله- أن قد جعل الله فينا اليوم الداعي إلى الله، القائم بالنصيحة لوجه الله؛ رجلاً عاف

الدنيا بعد أن خبرها، فنذر حياته لتنفيذ الوصية النبوية بالنصيحة، سيرًا على منهاج ورثة النبوة الذين ذكرنا غيضًا من فيضهم رضي الله عنهم؛ إنه الداعية المجاهد والمربي الكبير الأستاذ المرشد عبد السلام ياسين صاحب الرسالة التاريخية التي بين أيدينا.[34]

كانت النصيحة التي قدمها المرشد لملك المغرب الحسن الثاني رحمه الله مقدمة أساسية لبناء الجماعة التي أقام دعائمها الرجال الذين حملوا مسؤولية طبع وترتيب وتوزيع النصيحة الملكية وهي عبارة عن مؤلف تحت عنوان "الإسلام أو الطوفان". حيث قام الرجال بتوزيع الرسالة على كبار مسؤولي الأمة والعلماء وكبار الشخصيات حتى يتسنى لهم سماع النصيحة من رجل اختاره الله وصنعه واصطنعه ليجدد الدين للأمة بعد أن غرقت في ظلمات الفتن والفرقة والاحتلال العسكري والاغتراب الفكري. لم يكن هم الرجل إبلاغ النصيحة لشخص الملك دون باقي المسؤولين، فالنصيحة عامة وشملت الجميع وبقدر ما هي موجهة للملك فإنها موجهة لكل رجل مسؤول وراع وتحت إمرته رعية هو مسؤول عنها وسيسأل عنها في اليوم الموعود. قد تتفاوت المسؤولية لكنها دومًا طوق حول عنق الإنسان يتحمل تبعاته في الدنيا وفي الأخرى حيث الجنة المأوى الأخير أو النار نعوذ بالله منها.

يفتتح المرشد الفصل الأول من رسالة "الإسلام أو الطوفان" بالحديث عن رجال الدعوة ورجال الدولة، اللذان بهما صلاح الأمة أو فسادها وضياع الدين والدنيا. صنفان من الأمة يصلح الإسلام بصلاحهما ويفسد بفسادهما، هما صنف الأمراء وصنف العلماء. هما رجال الدعوة ورجال الدولة. يقول رسول الله صلى الله عليه وسلم فيما رواه أبو نعيم : "صنفان من الناس إذا صلحا صلــح الناس، وإذا فسدا فسد الناس: العلماء والأمراء". ولعلماء الأمة مواقف في وجه الأمراء في كل عصور الفتنة أستعرض بعضها تعليمًا لي ولعلمائنا الساكتين عن الحق. ومهمة النصح والنصيحة واجب على العلماء يقدمونه للحكام للمسؤولية التي في عنقهم في حق الشعوب المستضعفة التي لا تقدر دفع الظلم عنها. وفي هذا أسوق هذا الحديث، فعن عبد الله بن عمر رضي الله عنهما، قال رسول الله صلى الله عليه وسلم: "ألا كلكم راع وكلكم مسؤول عن رعيته فالإمام الأعظم الذي على الناس راع هو مسؤول عن رعيته...".[35] "ما من وال يلي رعية من المسلمين فيموت وهو غاش لهم إلا حرم الله عليه الجنة"[36] وقوله: "من أخون الخيانة تجارة الوالي في رعيته".[37] وهذا ما قام به الأستاذ عبد السلام ياسين إذ تجرأ وقدم النصح للملك الحسن الثاني وكل المسؤولين من حاشيته وفي هذا السياق يمكن أن تقرأ رسالة "الإسلام أو الطوفان" ونقرأ الجرأة في النصح في متن هذا النص : "لكني أبدأ قبل ذلك بوصف العلماء والأمراء في مغرب اليوم، خاصة ملك المغرب وعلاقاته بطائفة من المهرِّجين المتكلمين باسم الدين جماعة ديدان القراء".[38]

وفي وصف علماء السوء الأرذلين يقول رسول الله صلى الله عليه وسلم ما رواه الترمذي عن أنس بن مالك رضي الله عنه قال: "يكون في آخر الزمان ديدان القراء، فمن أدرك ذلك الزمان فليتعوذ بالله من الشيطان الرجيم، وهم الأنتنون. والمتمسك يومئذ بدينه كالقابض على جمرة، والمتمسك يومئذ بدينه أجره كأجر خمسين. قالوا منا أو منهم؟ قال: بل منكم". فمن هؤلاء الديدان جلساء الملك حين يختلي لسمره، ومنهم وجوه تمثل على مسرح الحياة العامة رجس المنافقين وكذب الدجالين. وفي صحبة هؤلاء يتعلم الملك كيف يتخذ الإسلام ذريعة لكسب ثقة الأمة بعد أن ذابت وذهبت أدراج الرياح. إنهم يزينون للملك شهواته ويتسابقون لتبرير تحركاته، بل يفتون الفتاوي أن الحسن مجدد الإسلام وهم والله يكذبون ويعلمون أنهم يكذبون. في الدروس الرمضانية يفد لهذه الديار علماء أجلاء، فيتصدر الملك المجلس كما يفعل الجبارون.

إذ لو كان في قلبه مثقال حبة من حرمة للصالحين لجلس إليهم مجلس التلميذ، مجلس المتعلم وهو مجلس رحمة ومجلس صدق. لكنه يعلم أن من الناطقين باسم الدين من يبيعه ضميره ودينه بمنصب وحظوة دنيوية. أولئك الذين باعوا آخرتهم بدنيا غيرهم. فلذلك يعمّم حكمه ويستعلي على العلماء الصادقين لما اختلط في صفوفهم الديدان. ويقوم هؤلاء فيعلنون أن التجديد قد بدأ، وأن البعث الإسلامي قد عمنا نوره. والواقع يكذبهم؛ وما يتحرك الملك حركة وما ينطق كلمة إلا ولسان الحال يدعو لمقارنة الدعوى بالواقع.[39]

ركز المرشد في مشروع النصيحة وتوجه إلى الملك يسرد بنود مشروعه المرحلي التي تتلخص في النقاط التالية :

1- حاجة الملك إلى مشروعية.

2- ضرورة إعداد الجيش بما هو شوكة الإسلام تحت لواء الجهاد الإسلامي الحق.

3- العلماء دعامة كبرى للبعث الإسلامي إن قاموا لله ناصحين.

4- طريق الانقلابية طريق مسدود، لا خير فيه للأمة. لكن الله يسلط ظالمًا على ظالم، ويصنع سبحانه للأمة غدها الإسلامي الموعود كيف يشاء.

5- دعوة الملك إلى التوبة، مع بيان
مبادئها العملية، وهي:

1) على الملك أن ينحي بطانة السوء من حوله من الدجالين والجاهليين. وأن يستبدل بهم صحبة رجال مومنين عبر المبايعة.

2) إعلان الملك التوبة بكل وضوح.

3) رد المظالم بإصلاح عام، ترجع فيه الأموال إلى بيت مال المسلمين.

4) مبايعة مجلس منتخب انتخابًا إسلاميًا، يكون عماده خيار شباب الجيش، بعد فتح المجال لرجال الدعوة ليشرحوا للأمة فتنتها وسبيل خلاصها.

5) بناء اقتصاد إسلامي أساسه توزيع عادل للحقوق والواجبات، وتصرف الدولة في الأموال صوب الرخاء العام، وإبطال الظلم الاجتماعي بجمع فضول الأموال وردها للأمة.

6) التوبة العامة بجمع الطاقات واستصلاحها، وفتح المجال للمهارات والخبرات للمساهمة في مشروع جهاد البناء. هذه التوبة لا بد لها من قائد تائب ذي مشروعية عبر المبايعة.

في آخر هذه الشروط يسرد المرشد أحاديث نبوية مبشرة بعودة الخلافة على منهاج النبوة، فيها تبشير لأهل المغرب. ثم يختم الرسالة بنداء ووصية لرجال الدعوة وعامة المومنين. ورغم ذلك فقد وجهت إلى رسالة "الإسلام أو الطوفان" بعض الانتقادات من مواقع مختلفة ومتناقضة؛ منها ما ينتقد على الرسالة شدتها وعلانيتها، ومنها ما ينتقد ما ورد فيها من قول لين رفيق كقوله: "يا حبيبي يا حفيد رسول الله!" وقوله: "يا أخي"...إلخ وكأنه غاب عن هؤلاء المنتقدين أن الشدة واللين أسلوبان قرآنيان نبويان، وهو تطبيق لقوله تعالى: "وقل لهم في أنفسهم قولًا بليغًا" (النساء: 63) وقوله: "فقولا له قولًا لينًا لعله يتذكر أو يخشى" (طه: 44).

أما بخصوص علانية الرسالة فلعله لا علم للمنتقد بالرسالة التي قوبلت بالإهمال. ثم إن المنتقد عَزَبَ عنه مفهوم إقامة الحجة بجر المنصوح إلى ساحة الوضوح؛ فالمنصوح هنا ليس شخصًا عاديًا ككل الناس، بل هو حاكم أمة، ولا بد للأمة أن تعرف حقيقة من يحكمها. من أجل ذلك اشتدت حاجتها إلى من يسلحها بالحجة الشرعية -وهي النصيحة الفصيحة- ليهلك من هلك عن بينة ويحيى من حيي عن بينة. ومن الانتقادات الموجهة للرسالة كذلك الاعتراضُ على ما ورد فيها من ذكر للشيخ العارف الذي لقيه المرشد، والزاوية، وبعض المصطلحات الصوفية. ويرد المرشد على ذلك بأنه لا يتنكر لماضيه وللشيخ الذي تربى في حضن زاويته وتشرب فيها معان التربية السلوكية بالرغم أنه لم يلق فيها المعان الحقة لنهج المصطفى عليه الصلاة والسلام وأنه لا يحب أن يكون عاقًا لمن أحسنوا إليه. يظهر تشبث المرشد بمعان أصلها من النبوة والقرآن من بداية الرسالة بحيث قام بشرح المعاني العميقة للصحبة والجماعة، هذه الخصلة التي يعتبرها عمود بناء جماعة العدل والإحسان.

وقد كان المرشد واضحًا في تمييزه بين نمطين من الصحبة، فالأولى تزكي النفس أما الثانية فسنمها الجهاد والرباط وما يرتبط بها من تجديد الدين للأمة. نقرأ تحديد هذا الأمر في كلامه التالي "الصحبة الصوفية صحبتان: صحبة للتزكية، وأسمي أصحابها صوفية زاوية، وصحبة للتزكية الفردية بنية الجهاد لتجديد الإسلام وهم صوفية رباط. أما في مشروع إحياء أمة وتجديد أمة يشارك فيه ويتزعمه قائد مجاهد تائب مثل حسننا إن وفقه الله ونصره على نفسه، فتعني الصحبة قيادة موحدة، والقائد إن بدأ بتزكية نفسه وذكر الله حتى طهر قلبه هو إمام الجماعة يبارك الله كل حركة من حركاته ويجمع عليه القلوب".[40]

ونحتفظ مع ذلك بالصحبة الفردية كإمكانية لفض أسباب الخلاف بين المسلمين. فيمكن لكل مؤمن أن ينضم إلى الجماعة الناهضة المعبأة دون أن نسمح لأحد أن يكفره أو ينقصه لخلاف مذهبي أو لصحبته شيخًا أو صاحبًا من بين الأحياء أو الأموات. بل يجب أن نطرد كل متزمت يفرق بين المسلمين باسم السلفية أو السنية. الصوفي وغيره في الجماعة سواء متى وفوا بشروط الجماعة، ومتى توفر في الإمام شرط الصدق والطهارة. ومجرد اجتماعهم حوله وطاعتهم له ونصيحتهم تكسبهم محبة ضمنية.[41] أما الجماعة فهي محضن التربية يجتمع فيه مؤمنين يطلبون التزكية وهي بذلك مختلفة شكلا ومضموناعن المجتمع. إذ يعيش المجتمع حالة من الفتن التي لا تدخله في الجاهلية كما تم تحديد ذلك من دعاة سابقين خصوصا لدي الشهيد السيد قطب وتلامذته اللاحقون. فالجماعة في فهم المرشد عبارة عن كائن عضوي حي يجمع بين أعضائه رباط ثلاثي لا يتجزأ، بل هو وصلة متكاملة تجمع شمل الأمة جمعًا أفقيًا وعموديًا. هو رباط المحبة الذي يأتي من المخالطة اليومية والمجالسة اليومية في مجالس الإيمان في المسجد وتدعمه الصلاة في الجماعة خمس مرات في المسجد والصلاة في جماعة شرط أساسي. والصلاة أهم أمر بالنسبة للمسلمين، فهي الجامعة. وبعد المحبة ومعها طاعة الأمير، الإمام الأعظم أو كل من يقوم بأية مسؤولية منظمة، طاعة على مبايعة مشروطة تسقط متى أخل الأمير بطاعة الله ورسوله. والرباط الثالث النصيحة بمعنى حرية النقد وواجب التوضيح وجمع الشمل.[42]

تمثل المرشد موقف الناصح وتحمل مشاقه ونتائجه ولم ينته النصح الذي كان ولا يزال هم المرشد عبد السلام ياسين حين بعث لملك المغرب الراحل برسالة "الإسلام أو الطوفان". بل أعقبه برسالة أخرى جاءت ردًا على "رسالة القرن" الملكية والتي وضعها في ميزان الإسلام يتحدث فيها عن الإسلام ومستقبله ويحث فيها رؤساء الدول العربية وزعماءها على فسح المجال لرجال الدعوة الإسلامية. فإن فزع، بل رعب الحكام على رقاب المسؤولين بعد انتصار الدولة الإسلامية الباهر في إيران أَحْدَثَ وسيحدث تطورًا في الخطاب السياسي الصادر عن الزعماء والرؤساء وفي أسلوب اضطهادهم للمؤمنين. وهي بقدر ما هي موجهة للأمة بدءًا بعلمائها وبجميع فئاتها وشرفائها فهي دعوة موجهة للحكام العرب.

ففي كلامه الموجه للأمة الذي جاء بهذه الصيغة المنهضة للهمم داعيًا إياها للعمل على إعلاء كلمة الله وللجهاد حتى يأتي النصر الموعود ومذكرًا بدعم الله ونصره والذي جاء في هذه الصيغ المنهضة للهمم: "قوموا! انتزعوا حقكم المغصوب. انتزعوا حريتكم المكبوتة! قفوا صفًا واحدًا في وجه المساومات. إن الله معكم والمستقبل إن شاء الله لكم. اللهم انصر الإسلام واحفظ القرآن وصل على حبيبك محمد وعلى آله وصحبه".

خاطب المرشد عبد السلام ياسين الحكام مباشرة واستفتح مكبرًا الله على نصر القومة الإيرانية التي أربكت حساباتهم السياسية وأفزعتهم حتى خشوا على مناصبهم وأصابهم الهلع والفزع. "يا حكام العرب ! نلاحظ حيرتكم وفزعكم الشديد وفزع حلفائكم بعد النصر الباهر الذي أكرم الله به جنده في إيران. احسبوا : الشاه، كارتر، صدام. لمن الدور؟ الله أكبر! الأوثان تتساقط ! انبذوا أحلافكم مع الجاهلية إن استطعتم. اعلموا أن هذه الأمة مرادة للحياة بعد موت طويل، مرادة للعز بعد ما تلحقون بها من رجس حكمكم. إنه الله ناصر دينه! فهل تفهمون أنه الإسلام أو الطوفان؟ إن لم تدركوا ذلك فلن تنتهي حسرتكم يوم يصل دوركم. فيا عباد الله! يا أيها الحكام يا أيها الساسة يا أيها المسؤولون! اتقوا الله وذروا الرجس! توبوا إلى الله قبل أن تعصركم يد الموت وتحملكم إلى حيث تحاسبون أمام الله عز وجل. أما تستحون! أما تخافون أخذ الملك الجبار! ويا أيها القاعدون من المسلمين والمؤمنين! قوموا إلى نصرة دين الله! تعاونوا على البر كما يتعاونون على الفجور! اللهم أيقظ هممنا! اللهم وحد صفنا! اللهم انصرنا! اللهم احفظ دينك! اللهم أيد جندك! اللهم اقطع دابر القوم الذين ظلموا ! والحمد لله رب العالمين. وصلى الله وسلم وبارك على سيدنا محمد وعلى آله وصحبه". [43]

وكشف الأستاذ عبد السلام ياسين في الرسالة عن فحوى الوثائق الثلاث التي تحمل إعلانًا صريحًا بمعاداة الحركات الإسلامية والحرب الضارية على الإسلام والقرآن في بلاد المسلمين. وقد نشرتها جريدة "العرب" اللندنية بتاريخ 6-4-1979م وتناقلت عنها الصحف وثيقة جد خطيرة وجد مسؤولة، تفسر لنا مجريات الحرب التي تشن بضراوة على الإسلام والقرآن في بلاد المسلمين. وبعد ثلاث سنوات يتبين لنا التطابق التام بين ما في الوثيقة وبين الممارسة الإعلامية والبوليسية والإدارية والاقتصادية ضدنا، بندًا بندًا. فلا يبقى شك في أن المخابرات العربية التي تفضلت علينا بفضح المؤامرة الصهيونية الصليبية مع أذناب الجاهلية بين ظهرانينا أعطتنا الخبر اليقين.

بعد ثلاث سنوات من نشر الوثيقة لا يجد الملاحظ صعوبة في تتبع تفاصيل ما يصاب به المؤمنون في أرض الإسلام من عنت، يراها جميعًا صادرة عن إرادة واحدة هي إرادة إسرائيل وحلفائها. وقبل هذه الوثيقة نعلم بتعليم الله في كتاب الله

العزيز أن اليهود هم العدو، وأن المنافقين والكافرين جميعًا حلف أبدي على الإسلام، فما زادتنا الوثيقة جلاء في التصور، نور الله بصائرنا بنور القرآن، إنما أعطتنا مثالًا عينيًا، أعطتنا نموذجًا للمكر المدبر، وسمت الذين تقمصوا هذه السنوات الأخيرة ذلك الدور الخبيث. ولا ثقة في اليد التي أمدت الإعلام العالمي بخبر "لجنة مكافحة التطرف الإسلامي". لا ثقة فيها وإن فضحت خطة خصومها بالأمس حُلَفَائِها منذ اليوم وغدًا، فإن الكفر والنفاق ملة واحدة يحن بعضهما إلى بعض ويرجع بعضهما إلى بعض. .

لانأمن أيدي المخابرات ولا ثقة فيها أن تكون أخفت وثائق حين كشفت وثيقة، أو تكون فعلت لدس ترتجيه أو لاقتناص الرأي العام بفقاعة من الصدق لتغرقه في بحر الكذب والتضليل. الوثيقة مرفوعة إلى محمد أنور السادات يطلب إليه رئيس اللجنة حسن التهامي الموافقة على تطبيقها قائلا: "نرفع لسيادتكم التقرير النهائي المرفق، ونرجو أن يحظى برضاء سيادتكم وموافقتكم على الإجراءات المقترحة حتى نبدأ في تنفيذها. وقد عرض التقرير النهائي حسب تعليمات سيادتكم على مساعد الرئيس بيغنوعلى خبيرالشؤون الإسلامية بالسفارة الأمريكية".[44]

قام المرشد في رسالته بفضح نوايا ومقترحات الوثائق الثلاث وفصل فيها القول حول أعضاء المؤامرة والذين سماهم بالاسم وهم أعضاء اللجنة: حسن التهامي رئيسًا، فكري عبيد نائبًا للرئيس، وزير الداخلية، رئيس المخابرات العامة والأمن القومي، شخصيات استعانت اللجنة بآرائهم وخبراتهم، السيد خبير المتابعة بالمباحث، السيد نائب غبطة بابا، خبير الشؤون الإسلامية بالسفارة الأمريكية وهو المندوب المقيم بمصر للهيئة المسماة لجنة مكافحة التطرف التابعة لوكالة الأمن الامريكية، مساعد الرئيس بيغن.

أما أهداف المؤامرة وضحاياها، فقد ركزت الوثيقة على مكافحة الإخوان المسلمين، ومتابعة الجمعيات الدينية مثل (أنصار السنة) (عباد الرحمن) (التبليغ) (شباب محمد) (الجمعية الشرعية) (حزب التحرير) والجمعيات الإسلامية بالكليات الجامعية والمعاهد والمدارس وأئمة المساجد المشهورين من ذوي الشعبية الملموسة" . يركز الميثاق على الإخوان المسلمين فيهدف إلى : "رصد أفراد جماعة الإخوان وأتباعهم، غسل مخهم من أفكارهم، منع عدوى أفكارهم من الانتقال لغيرهم".

أسلوب الاضطهاد : "رأت اللجنة أن الأسلوب الجديد للمكافحة يجب أن يشمل بندين متداخلين هما، التركيز المستمر لمحو فكرة ارتباط السياسة بالدين، وإبادة تدريجية مادية، أقول: وهي التعذيب والقتل. ومعنوية، وهي تشويه السمعة والإرهاب إلخ وفكرية، وهي تسميم الأفكار وتحريف القرآن".

يوصي الميثاق بتغيير مناهج التعليم خاصة مناهج التاريخ "مع إبراز مفاسد الخلافة" نقول: "نحن نميز بين الملك العاض الذي حكم المسلمين قرونًا وسمي خلافة وكان مرضًا اضطراريًا حافظت معه الأمة على كيانها السياسي، وبين الخلافة على منهاج النبوة وهي مطلبنا، فلسنا نقرأ تاريخ المسلمين كما تقرأون، إنما نعي جيدًا انكسار هذا التاريخ بانتهاء الخلافة الراشدة وقيام الملك العاض والجبري على أنقاضها على اختلاف تسمية هذا الملك. خلافة سلالية أو ملكًا قطريًا أو جمهورية قومية، ونروم جبر هذا الانكسار بإعادة الخلافة على منهاج النبوة كما وعد بذلك الحديث النبوي الصحيح.

أورد ما قاله المرشد تعميمًا للفائدة حتى يتسنى للجميع الاطلاع على ما أتى به المرشد في زمانه، لكون المعلومة لا تصل لكل الأمة نظرًا لما يعرفه إعلام الجماعة من حيف وإصدار ومتابعة من طرف المخزن. تستعمل السلطة الجبرية جميع الوسائل للحيلولة دون تواصل الجماعة مع باقي أطراف الأمة لتتعرف على ما لديها من برامج تربوية وتعليمية ومشاريع تتعلق بتغيير الفرد في نفسه وتغيير الأمة لتحقيق العدل والإحسان اللذان أمر الله بهما في محكم كتابه.

الجماعة أساس الدعوة

"لا جهاد إلا بجماعة منظمة"[45]

أيقن الأستاذ عبد السلام ياسين إلى أن أمر الدعوة الجهادية لا يمكن أن يتم بدون بناء تنظيمي، وبذلك سعى إلى تشكيله متخلصًا من بناء الزاوية التقليدي المتوارث عبر تاريخ التصوف وفقه السلوك من جهة، ومستفيدًا من التجربة التنظيمية للإمام البنا رحمه الله في عمله الدعوي "جماعة الإخوان المسلمين" من جهة أخرى. تمت هيكلة جماعة الإخوان المسلمين على شكل هرم تنظيمي تم تفعيله عمليًا في مفاهيم استعملها الإمام البنا رحمه الله لخصتها الجماعة كالتالي :

الأسرة، وهي أصغر خلية للجماعة وأهمها على الإطلاق لأنها تشكل اللبنة الأولى للدعوة والتربية والتكوين.

الشعبة، يقصد بهذا المفهوم مجموع الأسر التي تنتمي لنفس المكان الجغرافي.

النقيب، وهو المسؤول عن الأسرة وهذا يسمى نقيب الأسرة، وهناك نقيب الشعبة. وهناك مفاهيم تنظيمية مثل المرشد العام، ومجلس الإرشاد.

لم يكتف الأستاذ ياسين بالاستفادة من تجربة حسن البنا رحمه الله، وقام بتطويرها حيث احتفظ بتميزه واختلافه في كيفية تنظيم جماعة العدل والإحسان منذ البدايات الأولى سواء في التأسيس وهي المرحلة التي صرحت فيها مواقف المعارضة والعصيان وتدافع فيها رجال الدعوة الأوائل مع النظام المخزني إثر كتابة الأستاذ ياسين للنصيحة الملكية "الإسلام أو الطوفان" وكان على عقبها رد مخزني قوي على الجماعة ومرشدها. وهذا ما تميزت به الجماعة عن الإخوان المسلمين إذ مثلت البدايات الأولى لتأسيس الجماعة مدافعتها للنظام المخزني.

فماذا تميزت به الجماعة عن باقي الحركات الإسلامية في الشرق الأوسط أو في بلاد أسيا مثل باكستان والهند وغيرها؟ ما هي خصوصية الجماعة؟ وكيف نحدد طبيعتها تنظيمًا وتعليمًا ودعوة؟ وما هي مقترحاتها فيما يخص العمل الدعوي؟ وما هو منظورها وتحديدها لعملها الدعوي؟

وهنا أطرح سؤالًا محوريًا كالتالي وأساءل عن ماهية الجماعة: هل الجماعة حركة صوفية بودشيشية بما أنها انبثقت من الزاوية البوتشيشية مع الشيخ الحاج العباس الذي تربى الأستاذ ياسين في زاويته؟ أم أنها حركة سلفية إصلاحية تجديدية، حيث نلقى توجهًا لدى بعض المسؤولين فيها للتطرف في الدين وفي العمل الدعوي؟ أم أنها حركة إخوانية تابعة لحركة الإخوان بمصر وهي الحركة الأم لجميع التوجهات والحركات القائمة في الوطن العربي وفي إفريقيا، باعتبار أن الأستاذ ياسين استلهم التنظيم وهيكلة الجماعة من الشيخ حسن البنا رحمه الله؟

يصرح الناطق الرسمي للجماعة الأستاذ فتح الله أرسلان ماهية الجماعة في موقفه إذ يعتبر بأنها حركة دعوية تدعو الناس للتوبة إلى الله إذ من أسسها الراسخة تزكية النفوس وتربيتها في محاضن الجماعة ليخرجونهم من ظلمات الفتن بالسلوك إلى الله باتباع المنهاج النبوي الذي نتبينه من مؤلف الأستاذ ياسين "الإحسان". وتمتلك الجماعة اهتمام بالأمر العام وتشارك في السياسة ولديها مواقف تشارك فيها في المجتمع المدني. وبذلك فهي تستعمل وسائل لتحقيق شرط العبودية لله ونصرة المستضعفين وتحقيق العدل بمفهومه الشامل، وذلك وفق رؤية واعية بواقع الحال، عالمة بشروطه الموضوعية نقرأه في مشروعه الضخم الذي يؤسس لدولة القرآن من جهة ويهيئ الأمة لهذا الأمر العظيم. وينفي الأستاذ فتح الله أرسلان وجود أي علاقة تنظيمية تربط الجماعة بالإخوان المسلمين، ويؤكد في نفس الوقت على الروابط التي تجمع الجماعة بالإخوان ومع باقي العاملين في الحركات الإسلامية وهو المنبع الذي تستقي منه جميع الحركات الإسلامية، وهو القرآن الكريم وسيرة رسوله الأمين عليه أفضل الصلاة والتسليم.[46]

نرجع للمحطة التاريخية التي تأسست فيها الجماعة حيث قام بها الأستاذ ياسين بمعية المؤسسين الأول وهم رجال الدعوة الأوائل الذين صحبوا الأستاذ في مرحلة التوبة في حضن الزاوية البوتشيشية إذ عمل الرجال على تحمل عبء وتبعات تبليغ الدعوة للمجتمع المدني والتي دشنتها النصيحة التي بلغها الأستاذ ياسين في رسالة بعثها لملك البلاد الراحل الحسن الثاني. فكانت النصيحة التي تقدم بها الأستاذ عربون صدق أبلغته مرتبة المجاهدين الصادقين. وهي قول الحق عند سلطان جائر وهي أحسن الجهاد وساهم الرجال في تبليغ الرسالة والنصيحة وبلغوا أعلى الدرجات بصنيعهم. بعد أن قام الأستاذ بكتابة الرسالة وهي النصيحة التي قدمها للملك الحسن الثاني رحمه الله، وقام الرجال بطبع الرسالة ووزعوها على المسؤولين في البلد وأرسلوا نسخًا للملك والمقربين منه وهي النقط الحساسة. وبذلك تحمل الرجال الأمر العظيم الذي لقي ردود فعل سلبية من طرف المخزن المستبد. وهكذا سار الرجال في درب الجهاد والصدع بالكلمة والنصيحة وقاموا بطبع الرسالة التي تم توزيعها بشكل ثابت ومستهدف لكل الجهات الحساسة والمسؤولة في البلد. وكان رد فعل المسؤولين في البلد سلبيًا جدًا حيث اعتبروها تهورًا له عواقب وخيمة على كاتبها وأصحابه. ولقي الرجال المتابعة من طرف المخزن بقسوة لا تعرف الرحمة. فعقب بعث الرسالة تم اعتقال الأستاذ ياسين بشكل رهيب. إذ قدم إلى بيته مجموع من البوليس الذين كان غرضهم إدخال الرعب لأصحابه، وقاموا باعتقال الأستاذ وأخفي مكان اعتقاله ولم يعرف له أثر لمدة. وقضى الأستاذ على إثر ذلك الاعتقال أربع سنوات سجنًا بدون محاكمة.

وتعرض الرجال المناصرون للمتابعة والسجن وتعرضوا لكل أنواع التضييق وتم اعتقالهم وهم السادة محمد العلوي السليماني رحمه الله وأرضاه والأستاذ

الملاخ وغيرهم. تمثل أول فعل سياسي للجماعة في شخص المرشد عبد السلام ياسين حين قام بتوجيه الرسالة وهي تحت عنوان "الإسلام أو الطوفان" وكان ذلك بتاريخ سبتمبر 1974م ووجهها إلى ملك البلاد آنذاك الراحل الحسن الثاني. وكان رد فعل الدولة عنيفًا وسلطويًا، إذ اختطفت أيادي السلطة الرجل وأودعته رهن الاعتقال التعسفي، لتكون بذلك المدة التي قضاها الرجل وراء أسوار السجن ومستشفى المجانين أول محطة وظف فيها النظام الاعتقال السياسي في حق جماعة العدل والإحسان.

وفي 27 ديسمبر 1983م، وجوابًا من الدولة على ما كتبه الأستاذ المرشد في افتتاحية العدد العاشر من مجلة الجماعة ورد المرشد على ما جاء في رسالة القرن للملك الراحل، اعتقلت السلطات مجددًا الرجل وحكمت عليه بسنتين سجنًا ظلمًا وعسفًا ردًا على موقفه ورأيه.

ولما أعيا الدولة المغربية توظيف آلية الاعتقال السياسي في حق مرشد الجماعة من خلال المحاكمات والإيداع في السجن، لجأت إلى وسيلة أخرى هي أشبه ما تكون بالاعتقال، بل إنهما سيان في النتائج، وهي وضع الأستاذ المرشد رهن الإقامة الجبرية في 30 ديسمبر 1989م، وهو الوضع الذي استمر 10 سنوات، لمنعه عن أنصاره وأعضاء جماعته كما منع منها عن الناس الذين توسموا فيه الخير ورأوا فيه الداعي إلى الله والدال عليه والمخلص من فتن مجتمعاتهم المريضة، وعانى المرشد ما عانى من أثر ذلك. لم تقف جهود الأستاذ عبد السلام ياسين الدعوية عند كتابة رسالة "الإسلام أو الطوفان"، بل تابع مشروع النصيحة كما فصله الرسول صلى الله عليه وسلم؛ لله، بالإخلاص؛ ولكتابه، بالعلم والعمل؛ ولرسوله، بالمحبة والاتباع؛ ولأئمة المسلمين، بإعانتهم على الحق ونهيهم عن الباطل؛ ولعامة المسلمين، بتعليمهم الدين وجمعهم على التعاون على البر والتقوى. فلما نسأ الله في عمره بخروجه من المعتقل في شهر مارس 1978م تفرغ، بعد شهر واحد، لنصيحة عامة المسلمين في المسجد، حيث بدأ دروسه الوعظية التي فتحت لعامة الناس وخاصتهم. فكان ذلك في شهر مايو 1978م حيث ولج الأستاذ عبد السلام ياسين المسجد بمراكش تأدية لواجب التوجيه والموعظة الحسنة. لكن السلطة في مراكش منعت الأستاذ عبد السلام ياسين من إعطاء دروس بالمسجد فعمد الأستاذ لفتح بيته. تعويضًا عن مساحة المسجد التي لا يمكن الاستغناء عنها لمثل هذا الأمر العظيم ولكنه الواقع وفقهه ومدافعة الظلم المخزني الذي لزم مدافعة استبداده بكل الوسائل المتاحة. وبعد أن منعته سلطات الجبر المخزنية من التواصل مع العامة وأوقفوه من إعطاء دروسه في المسجد، أسس بعد شهور مجلة "الجماعة" للتواصل مع نخبة الطبقة المثقفة. فحارب أعوانُ السلطة انتشار المجلة وضيقوا عليها أيما تضييق.

عندها أسس "الجمعية الخيرية" التي ستتحول فيما بعد إلى جماعة "العدل والإحسان"، بعد أن حاول جمع الإسلاميين المغاربة في تنظيم واحد. ثم أسس

صحيفة "الصبح" لمعالجة قضايا الناس اليومية، فصادروها بعد صدور العدد الأول، وحكموا على مديرها الأستاذ ياسين بسنتين سجنًا وغرامة مالية. واضطهدوا أعضاء الجماعة كل مُضطهَد وعذبوهم في مخافر الشرطة شر تعذيب. وبعد خروج الأستاذ عبد السلام ياسين من السجن أواخر 1985م أصبح بيته قبلة للزوار، فطوق البوليس البيت ليل نهار.

غير أن ذلك لم يزد جماعة "العدل والإحسان" إلا مضاء في الدعوة واتساعًا وتغلغلًا في الشعب. فلما رأت السلطات أن الأمور قد تجاوزتها شنت حملة اعتقال واسعة في صفوف الجماعة قبيل مطلع التسعينيات، ووضعت المرشد العام قيد الإقامة الإجبارية بأمر إداري؛ فهو محاصر في بيته منذ 30 ديسمبر 1989م. هكذا وبعد محاولات لتأسيس جماعة إسلامية امتدت ما بين فترة 1981-1983م والتي أخذت مسميات عدة من "أسرة الجماعة" إلى "جمعية الجماعة" فـ"الجماعة الخيرية"، ولكنه لم يتم الاعتراف بها من طرف السلطات. ولن تتأسس جماعة العدل والإحسان حتى سبتمبر 1987م والتي كان مرشدها الأستاذ عبد السلام ياسين ومثل مجلس الإرشاد محورًا أساسيًا في الجماعة لأنه قمة الهيكلة التنظيمية التي تفرعت عنها باقي التنظيمات التحتية والفرعية. وقد روعي في ذلك السابقة في الجهاد والبذل والجهد لدعم الدعوة التي كانت في مهدها الأول.

ركزت المجالس الأولى على تثبيت المفاهيم المحورية التي يطرحها المرشد في مؤلفاته التي شكلت محور الجلسات التي سميت بمجالس المنهاج النبوي. فكانت تلك المجالس تدبير وفهم للمفاهيم التي تؤسس علم المنهاج النبوي التي بواسطته عمل المرشد على قراءة الواقع ومقاربته منظوريًا واستراتيجيًا وأيضًا الانطلاق للعمل الدعوي التنظيمي الحركي في ضوء ذلك الفهم. ولم يخل تأسيس علم المنهاج النبوي من الصعوبات والعقبات التي ليس من السهل حل كل عقدها بل يلزمه إنزال المنهاج النبوي على أرض الواقع للنظر في مدى فعاليته في العمل الدعوي الذي تأسس مع الجماعة تنظيمًا وتربيةً وزحفًا. وقد تم أمر تأسيس الجماعة على المستوى النظري الذي شمل العمل التجديدي للأستاذ وتركز في جمعه للتراث الإسلامي الأصولي والفقهي وباقي العلوم الإسلامية التي لم يكن من السهل تجميعها وتأطيرها في نسق شامل ومتكامل ومنتظم. وبقي التراث الإسلامي مشتتًا في كتب العلماء لا يجتمع في منظور موحد ومنظومة شمولية متكاملة. وقد كانت علوم العلماء غارقة في تجزيئيتها لا تستطيع الانجماع في وحدة جامعة. كذلك لم تظهر كل العقبات أثناء التنظير الذي قام به الأستاذ عبد السلام ياسين لبلوغ الشمولية الذي تم بتقعيد المنهاج النبوي. وتفجرت هذه العقبات وظهرت في مرحلة التطبيق والممارسة في الواقع وهو واقع القرن الخامس عشر الهجري وهو واقع مغاير عن واقع النبوة وهنا يتركز عمل الأستاذ ياسين التجديدي وهنا يتجلى التحدي الكبير للأستاذ عبد السلام ياسين الذي أصل لعلم المنهاج النبوي وطبقه على واقع مختلف عن النبوة. هكذا دشن

الأستاذ ياسين مرحلة تاريخية جديدة اتخذت فيها الدعوة منحى مختلفًا حيث ارتكزت على الدعوة من قلب جماعة المؤمنين متجاوزًا توجه الزاوية.

فكانت بداية عمله الذي تمخض عن تأسيس جماعة تعتمد التنظيم المهيكل الذي يقوم على التربية السلوكية بالأساس. فكان أول إسهام للأستاذ في العمل الإسلامي الحركي هو بناء جماعة منظمة على الطريقة الحديثة تقوم بتربية أعضائها التربية السلوكية التي تنقل الوارد من إسلام العادة إلى الإيمان ثم الإحسان. وأما على المستوى السياسي فقد صرح الأستاذ ياسين بموقفه المعارض للحكم وبذلك قطع مع ماضيه التصوفي حين كان ينتسب فيه للتصوف مع الطريقة البوتشيشية كمريد للحاج العباس رحمه الله وهو شيخه المربي والمسلك. ورغم قطيعته مع الزاوية فإن الأستاذ لم يتنكر للطريقة السلوكية للزاوية، إذ لم ينفصل الأستاذ ياسين عن الطريقة الصوفية في تزكية النفس واعتمد على سلوك السادة الصوفية التي تعتمد على فقه السلوك والتربية المبنية على المبادئ الثلاثة وهي : الصحبة، والصدق، والذكر.

بقي الأستاذ ياسين يبجل عمل السادة الصوفية في التربية. وقد غير في هيكلة العمل الدعوي إذ جعله يتم ضمن جماعة المؤمنين التي هي منظمة ومهيكلة بشكل حداثي. وبذلك فالانفصال مع الزاوية لم يتم بشكل قطعي سجل نهاية مرحلة الزاوية وطريقتها لكنه أبقى على أبعادها السلوكية. فهو انفصال عن حركة الزاوية التبركية وتبني لمنظور المنهاج النبوي الذي تطلب منه قوة العزيمة وعنت العودة للمصدريين الأوليين القرآن والسنة النبوية. فتوجه الأستاذ ياسين ليغترف من المعين الأول في جهاده وتجديده. وتبنى الأستاذ المنظور الشمولي بدل الشتات والتجزيء الذي كان عليه الإرث الإسلامي الأصولي والفروعي. وتوفق الأستاذ ياسين إلى وضع مشروع نظري متكامل وشمولي يجمع شتات الإرث الإسلامي وهو أمر عظيم لم يتوفق فيه العلماء السابقون ولا المعاصرون له وبذلك استحق لقب المجدد للقرن الخامس عشر الهجري.

ونسجل في هذا المقام أن الأستاذ عبد السلام ياسين قد واجه معضلة في طريقه لتكوين الجماعة وهو ينتقل من مرحلة الزاوية وعملها التربوي المحدود إلى عمل الجماعة المهيكلة المنظمة. معضلة واجهها سابقه في بلد مصر الشقيقة الشهيد حسن البنا. معضلة كيفية الجمع بين هيكلة الجماعة الحديثة مع الإبقاء على التربية السلوكية وهما أمران قد يبدوان متناقضان. لكن المرشد وجد سلفه المجاهد الإمام حسن البنا قد واجهها وحلها بأسلوبه الدعوي. وقد استفاد المرشد من تجربة سابقه الذي حل هذه المعضلة بالجمع بين التنظيم السياسي الحديث والتربية السلوكية التي تربى فيها في أحضان الطريقة الحصافية. وفي هذا الأمر يذهب الباحث خالد العسري في مقال تحليلي لقضية الجمع بين الطريقتين وللكيفية التي استفاد منها المرشد عبد السلام ياسين بسابقه الإمام حسن البنا بالشكل التالي. إذ اعتبر أن المرشد قد يشترك مع أعلام التصوف في التربية

التي يركز عليها ويجعل منها شرطا أساسيا لولوج محضن الجماعة إذ يتوافق المرشد مع الشروط التي وضعها فقهاء التربية وهم السادة الصوفية وهي شروط التربية التي تتمثل في صدق طلب وجه الله عز جل، وإخلاص القصد والنية له.

وإن من أسس التربية وشروطها لدى السادة الصوفية هي الصدق في الطلب كما نقرؤه لدى الإمام القشيري الذي عرف الصدق كالتالي: "والصدق: عماد الأمر، وبه تمامه، وفيه نظامه، وهو تالي درجة النبوة، قال الله تعالى: (وَمَنْ يُطِعِ اللَّهَ وَالرَّسُولَ فَأُولَئِكَ مَعَ الَّذِينَ أَنْعَمَ اللَّهُ عَلَيْهِمْ مِنَ النَّبِيِّينَ وَالصِّدِّيقِينَ وَالشُّهَدَاءِ وَالصَّالِحِينَ وَحَسُنَ أُولَئِكَ رَفِيقًا) (النساء: 96)، والصادق الاسم اللازم من الصدق، والصدّيق المبالغة منه: وهو الكثير الصدق، الذي الصدق غالبه، كالسكّير والخمّير وبابه. وأقل الصدق: استواء السر والعلانية. والصادق من صدق في أقواله، والصديق من صدق في جميع أقواله وأفعاله وأحواله. قال أحمد بن خضروية: من أراد أن يكون الله تعالى معه فليلزم الصدق؛ فإن الله تعالى مع الصادقين".[47]

توسل الإمام البنا رحمه الله والأستاذ ياسين في مهام التغيير وإصلاح واقع الأمـة بالبنيات التنظيمية الحزبية الحديثة المستوردة من النسق السياسي الغربي، فأسسا تنظيمين على شاكلة ما هو متعارف عليه في النسق السياسي للدولة الحديثة، لكن سؤال المعنى والجوهر؛ سؤال التربية الذي يجعل المرء في مصاف أهل الإيمان حتى يرى أن النداء القرآني: "يا أيها الذين آمنوا" إنما المعني به هو نفسه، فالأكيد أن التنظيم الحزبي الحديث لا علم ولا خبر له عنه، وإنما يستفاد من القائمين على بوابة التربية، من رجال التصوف الكُمَّل، وعلى خبيرين في الميدان عثرنا، فالبنا وياسين من تربة الزاوية نبت ريشهما، لذلك كان السؤال الجامع بينهما هو كيفية تنزيل التربية الصوفية في بنية تنظيمية حديثة تسعى إلى تحقيق الخلاص الفردي لأبنائها دون تجاهل الخلاص الجماعي لأمتها؟ وما هي مقدمات التربية وشروطها الواجب التزامها حتى تكون المعنى لمن حمل شارة التنظيم واسمه؟[48]

قارب الأستاذ عبد السلام ياسين الواقع بواسطة تأصيل المنهاج النبوي المستأصل من المنهاج النبوي حين قام بتطبيق المنهاج النبوي على واقع مغاير لواقع التنزيل، وبذلك جعل كمال الإيمان مرتبط بكمال يتحقق بتحقيق شعب الإيمان الواردة في الحديث النبوي الشريف. موافقًا قول الرسول صلى الله عليه وسلم: "الإيمان بضع وسبعون عند البخاري: بضع وستون شُعبة، أعلاها قول لا إله إلا الله، وأدناها إماطة الأذى عن الطريق، والحياء شعبة من الإيمان".[49]

تقترن التربية السلوكية لدى المرشد بتزكية النفس وبذلك فقد ارتبطت لديه ارتباطًا وثيقًا بمقاصد تربوية أدرجها المرشد في الخصال العشر التي استنبطها من شعب الإيمان كما وردت في الحديث. تأتي خصلة الصحبة والجماعة في

المرتبة الأولى لأنها تمثل لدى المرشد محك العمل وميثاق الوارد الذي به يصبح عضوًا في الجماعة.

تتبع الصحبة والجماعة خصلة الذكر بما أنه الوسيلة التربوية السلوكية المحورية التي اعتمدها السادة الصوفية في سلوكهم إلى الله والذين يشكلون إرثًا في فقه السلوك الذي تم تهميشه من طرف فقهاء متطرفين عبر مراحل الحكم العاض والجبري ولذلك أولى المرشد عبد السلام ياسين أهمية قصوى وأعاد الاعتبار للتصوف كأسلوب للتزكية التي يدعو لها القرآن والتي أقرتها التربية النبوية مع الصحابة مع الاختلاف وهو أن الثانية تكون في "جلوة" بينما تتم تزكية الصوفية في "خلوة". وفي أمر التزكية يذكر المرشد عبد السلام ياسين بشروطها الثلاثة الأساسية وهي الصحبة والذكر والصدق، ويثبت "تلازمها وتساندها وبناء بعضها على بعض، وانتقاض بعضها بانتقاض بعض. ولا تجد دالًا على الله من أهل التربية إلا ونظام هذه الشروط عنده قار، وإن تنوعت الفروع والتطبيقات. والصحبة هي الباب والمفتاح". "إن الصحبة لكامل من الأولياء المرشدين شرط مفروغ من أهميته الحيوية عند السادة الصوفية أهل المعرفة بما هي الطريق. وإن شئتَ قلت باختصار: الطريق هي الشيخ الواصل الموصل الحبل بالسند المتصل. فما يبقى إلا شرطُ الصدق عند الطالب، وشرط الصبر مع المرشد، وشرط الاستقامة على السنة، وشرط الاجتهاد حتى يأذن الله سبحانه لمن يشاء بما يشاء، مع دوام الذكر والدعاء".[50] جعل الأستاذ عبد السلام ياسين الذكر من أمهات الخصال في نسقه التربوي داخل جماعة ذات تنظيم هيكلي، وأشار بأنه لا يعني بالذكر ذكر اللسان وحده ولا الأوراد والمراقبة، بل قصد به كل الأعمال العبادية الروحية"[51]، وإن كان يندب أعضاء التنظيم وغيرهم أن يحافظوا على أورادهم "ويتنافسوا في الذكر، فما جاء من أذكار وعبادات عن رسول الله صلى الله عليه وسلم محدودة بالعدد فلا مكان لتجاوزها، وما ترك فيه لنا الخيار أو ندبنا فيه إلى الإكثار أكثرنا. وتحديد العدد ورفعه بالتدريج سياسة للنفوس الكالة الكسول وليس تشريعًا، وبعضهم يندد بمن يعين لنفسه عددًا من النوافل والأذكار والدعوات والقرآن أو يحدده له غيره، ويعتبر ذلك افتياتًا على الشارع. وما هو إلا سياسة المحذور أن يتقدم أحد بين يدي الله ورسوله فيما جاء منصوصا على عدده، والمكروه أن تتعدى دائرة السنة، كأن تختم القرآن في أكثر من شهر أو أقل من ثلاث. وليس مذهبنا أن نحدد لأحد وردًا. وللورد، تحديدًا ودوامًا، سند في قوله صلى الله عليه وسلم فيما رواه الشيخان عن عائشة رضي الله عنها: "أحب الأعمال إلى الله أدومها ولو قل"، الدوام معناه تكرار عدد العبادة يوميا. وهذا معنى الورد".[52]

تأتي خَصلة الصدق في المرتبة الثالثة ومن الشروح التي قدمها للكلمة قوله: "أعني بكلمة صدق: استعداد الوارد ليتحلى بشعب الإيمان، ويندمج في الجماعة ويكون له من قوة الإرادة وطول النفس ما يمكنه من إنجاز المهمات حتى النهاية. لا فائدة من ضرب الحديد البارد، ولا فائدة من محاولة تربية من ليس له

استعداد".[53] بذلك حل المرشد المعضلة التي واجهها بعد تجاوزه لمسلك الطرقيين بالزاوية البوتشيشية بأن جمع بين التربية السلوكية التي تتم بشكل فردي وبين التنظيم الحديث الذي يتطلب الانتماء لهيأة منظمة. إذ لا بد للفرد أن يندمج ضمن التنظيم الهيكلي للجماعة وأن يتحلى بخصال الطاعة والصبر على المحن والابتلاءات التي قد تعترضه في عمله الجهادي ضمن الجماعة، وأن يتصف بغيرها من الصفات التي تميزه عن باقي مكونات مجتمعه المفتون. فلا يكفي الاقتصار على التربية السلوكية الفردية بل لا بد من الانتماء لجماعة مؤمنة مجاهدة والانتظام داخل جماعة المؤمنين التي تسعى لدعوة الأمة، ونشر كلمة الله في المجتمعات المسلمة المفتونة وفي باقي مناطق العالم حتى تصبح كلمة الله هي العليا.

تركزت المجالس الأولى على تثبيت الفهم الصحيح للدين في شموليته وتحريك الهمم للجهاد والدعوة لتغيير ما بالنفوس حتى تقطع مع الإسلام المتوارث والعادة الجارفة والهوى وكل ما ألفته فتتربى داخل محضن الجماعة بالذكر وتلاوة القرآن وتدبره وحضور مجالس تعليمية وتربوية والبذل بالمال والجهد والوقت لدعم الجماعة حتى تتقوى ويكون لها فعل في المجتمع المدني.

جمعتهم المحبة في الله والأخوة في الله وذكر الله بالغداة والعشي لبلوغ الغاية القصوى وهي الإحسان، ونيل رضا الله في الحياة الدنيا والأخرى. وكان أغلب الرجال ما عدا المؤسسين الأول من الشباب الذي كان يبحث عن اتباع الدين الحق بالكلمة والجهاد والسلوك التربوي لإعداد النفس، إعدادًا نبويًا بالمحبة الأخوية وخدمة المؤمنين لكنه سير وسلوك مختلف عن الطرقية المتبركة المتقاعسة. تركزت الدعوة في بداياتها الأولى على تثبيت السنة النبوية بإحياء وتجديد المنهاج النبوي ومدافعة الاستبداد المتمثل في بطش السلطان وبعده عن القيام بأمر الله وسنة نبيه وأصبح سياسة عقلية تعتمد الدساتير الغربية وتحتكم بمنطق الغالب وتركن الدين على جانب.

وفي نفس الوقت تبنوا التربية السلوكية التي من شروطها الصحبة بالانتماء للجماعة والولاء لمرشدها باعتباره المسلك والدال على الله بطريقة مختلفة أقرنت الصحبة بالانخراط في الجماعة والولاء لها. وبذلك انتهج المرشد السنة النبوية وابتغى الجهاد وهو أمر تهاونت فيه الطرق الصوفية مما اضطره إلى العمل الدعوي خارج إطار الزاوية. وبدأ بتربية أعضاء الجماعة في محضن مجالس الجماعة حيث يشترط فيها صحبة المرشد وربط الأعضاء فيما بينهم برابطة الأخوة تأسيًا بما قام به المعلم الأول عليه الصلاة والسلام بالمؤاخاة بين المهاجرين والأنصار. وبذلك تأسست اللبنة الأولى للجماعة اقتداءً بدعوة الرسول بمكة بدار الأرقم.

التنظيم الهيكلي للجماعة

التنظيم جسم متحرك في ساحة الجهاد السياسي لحيازة إمامة الشعب والزحف إلى الحكم ولعل الجماعة استفادت من التنظيمات الهيكلية الحديثة التي أسستها الهيئات الديمقراطية كما أشرت سابقًا. لكن الاختلاف المحوري الذي يميز تنظيمات الجماعة هو في المهمة التربوية الدعوية التي تعتبر محك ومحور العمل.

وبذلك فالجماعة تركز غالبًا على تربية الأعضاء تربية سلوكية ترقيهم من إسلام العادة إلى الرقي في معاني الإيمان فالإحسان. هذه التربية السلوكية التي تهيء العضو ليصبح قادرًا على التغلغل في الشعب، وفي كل أوساط المجتمع، لإيقاظ الخاملين، وجمع طاقات المتعاطفين، وتوجيه الرأي العام لتأييد القضية الإسلامية. فلابد للقيادة من أجهزة لتقدير الأوضاع، ورصد الأعداء والخصوم، وحساب المعطيات السياسية في القطر وفي بلاد الإسلام وفي العالم، وتنفيذ خطة الجماعة. إلى جانب دور الأجهزة في تسيير الجماعة وتنظيمها وتربيتها. المهمة كبيرة. المهمة إقامة دولة إسلامية في أقطار الإسلام، ثم إقامة الخلافة الإسلامية في الأرض. المهمة إحياء أمة.[54]

تتحرك الجماعة على خطين كبيرين همّا واهتمامًا وهما العدل والإحسان، فهي ترصد من الوسائل والأشكال التنظيمية ما يخدم هذين المطلبين العظيمين مع أن الروح واحدة في جميع المؤسسات وهي التركيز على ترقي الأعضاء في مقامات السلوك الإيماني مهما كانت المكانة والمهمة التنظيمية.

وعلى هذا الأساس أسست الجماعة عددًا من المؤسسات للقيام بوظيفة الدعوة والتربية والتعليم، وأعمالها موجهة لكل أعضاء الجماعة ومسؤوليها رجالًا ونساءً. ثم هناك مؤسسات أخرى وظيفية تتخصص في قضايا الشأن العام من سياسة وعمل اجتماعي وجمعوي وثقافي إشعاعي.

وفيما يلي وباختصار الإطار العام لتنظيم جماعة العدل والإحسان،[55]

المرشد العام: وهو القائد العام للجماعة والموجه الفكري، وأمير التنفيذ السياسي.

مجلس الإرشاد: وهو أعلى هيئة في الجماعة تسهر على القيام الجماعي بوظيفة الإرشاد بكل المعاني المذكورة في وظيفة المرشد العام.

مجلس الشورى: وهو أعلى هيئة تقريرية عامة ويضم المؤسسات القيادية وممثلين عن الفروع والجهات واللجان التخصصية.

المؤسسات المحلية: وتتوزع جغرافيا من الأقاليم إلى الجهات فالأحياء. وهنا يكون العمل إما من خلال لجان تخصصية أو شعب أو أسر تنظيمية. ووظيفتها تربوية دعوية وتعليمية من خلال جلسات ولقاءات خاصة وعامة ورباطات تربوية ودورات تكوينية.

<u>الدائرة السياسية</u>: وهي جهاز متخصص نجمل مهامه فيما يلي:

- التصدي للشأن العام تخطيطًا وبرمجةً وتدبيرًا.

- إعداد الأطر وتوجيه الكفاءات المؤهلة لمباشرة العمل السياسي.

- إعداد الدراسات والبرامج واقتراح البدائل.

- العمل على تحقيق تواصل أكبر مع مكونات المجتمع.

- إعداد مشروع الميثاق الإسلامي باعتباره مدخلًا للتغيير المنشود.

ينضوي تحت الدائرة السياسية عدد من الأجهزة وهي:

1- <u>الأمانة العامة</u>: وهي أعلى هيئة تنفيذية داخل الدائرة السياسية وتنبثق عن المجلس القطري للدائرة.

2- <u>المجلس القطري</u>: والمعروف اختصارًا بمقدس، وهو أعلى هيئة تقريرية داخل الدائرة السياسية ويضم المؤسسات القيادية للدائرة وممثلين عن الأقاليم والفروع والقطاعات والمكاتب التخصصية.

<u>القطاعات</u>:

<u>القطاع النسائي</u>: يهتم بشؤون المرأة والأسرة والطفل، وتتركز أهدافه في الاهتمام بالمرأة توعية وتكوينًا وتوجيها بهدف الرقي بها حتى تكون فاعلًا في المجتمع، وبهدف الإسهام في محاربة ثالوث الجهل والفقر والعنف الذي يعوق اندماج المرأة في مسار التنمية والإسهام في محو الأمية، والاهتمام بالمشاكل الاجتماعية للمرأة وتقديم خدمات اجتماعية وإنسانية وخيرية لها. كما يسعى القطاع النسائي أيضًا إلى التعاون مع الجمعيات والهيئات الجادة والهادفة ويهتم أيضًا بالطفولة تربيةً وتكوينًا وتنشيطًا.

<u>قطاع الشباب</u>: يعنى بتأطير الشباب وتنمية مواهبهم ومهاراتهم المختلفة، ويعمل على تأطيرهم في المجالات الثقافية والسياسية والنقابية والتنشيطية، كما يعنى أيضًا بالتحصيل والتوجيه الدراسيين وبتفعيل دور الشباب في الانفتاح والتواصل. وريادة العمل الجمعوي. ويعتبر القطاع التلاميذي والقطاع الطلابي من أهم مكونات قطاع الشباب.

<u>القطاع النقابي</u>: يرتكز على أبعاد خمسة هي، البعد التكويني والمهني والاجتماعي والدعوي والمطلبي.

يستهدف تفعيل جميع الأعضاء وتحقيق القدر الكافي من التكوين في المجالات الحيوية وتحقيق التواصل المطلوب مع جميع الفئات، وإعداد ملفات وبحوث ميدانية حسب القطاعات ومجالات التخصص. ويضم هذا القطاع النقابي قطاعات مهنية فرعية كقطاع التعليم وقطاع المهندسين وقطاع الصحة وقطاع العمال وقطاع الموظفين وغيرهم.

<u>المكاتب:</u>

كما تضم الدائرة السياسية أيضا مكاتب للخبرة تعنى بمجموعة من الدراسات المختلفة في مجالات محددة نذكر منها على سبيل المثال: المجال الاقتصادي، والسياسي، والاجتماعي، والقانوني، والصناعي التكنولوجي، والتربوي التعليمي، والفلاحي، والبحري، والصحي، ومجال الإعلام والاتصال.

<u>الفروع والأقاليم:</u>

تعمل الدائرة السياسية بكل أجهزتها على المستوى الجغرافي في إطار مؤسسات الأقاليم التي تنضوي تحتها مؤسسات الفروع التي تعد اللبنة الأساسية لعمل الدائرة السياسية.

تولي الجماعة أهمية كبرى للإعلام حيث تعتبره واجهة أساسية للدعوة فهو يفتح مجالًا مفتوحًا للتواصل مع المجتمع المدني. وتمتلك الجماعة طاقم إعلامي مهم ينضوي تحت تأطير الدائرة السياسية وهي من أهم الواجهات التي يتم بها التواصل ومعاينة الأحداث والأنشطة التي تتم داخل القطاعات أو التي تجري لدى هيئات أخرى داخل المجتمع المدني.

وما يمكن ملاحظته هو أنه رغم حداثة التجربة الإعلامية وما تعانيه من إقصاء ومصادرة فإنها استطاعت أن تنقل نشاطات مهمة تصب في لب عمل الجماعة الدعوي لتنشره من خلال الموقع للقراء الذين يرغبون في متابعة الأحداث من خلال الرؤية والنظر المتميز للجماعة.

الباب الثــــاني

إعداد الأمة

اقتحام العقبة

بناء الموعود النبوي

دور العلماء في بناء الأمة

وظائف الدعوة ومهامها

الاجتهاد ضرورة شرعية

اقتحام العقبة

تتجلى خصوصية قراءة المرشد للتراث النبوي في فهمه المتطور والمجدد من خلال طرحه لمفهوم محوري في علم السلوك الفردي الذي يجمع فيه بين السلوك الفردي والجماعي ويطرح فيه مبدأ الاقتحام في الشقين معًا. ذلك أن أكثر العلماء الذين تحدثوا عن اقتحام العقبة تحدثوا عنها من جانب الخلاص الفردي ولم يتجاوزوه لما هو جماعي أي خلاص الأمة أو في البداية الجماعة المؤمنة الصادقة المجاهدة الساعية لإقامة الدين وبناء دولة القرآن.

والحق أنه حتى يكتمل مفهوم اقتحام العقبة ويصبح أكثر فعلًا في البناء الاجتماعي داخل الجماعة المجاهدة والفرد العامل بداخلها لا بد للاقتحام أن يكون كاملًا شاملًا مزدوجًا وفاعلًا من جانب الخلاص الفردي ومن جانب الخلاص الجماعي. وبذلك كان تميز اجتهاد المرشد عبد السلام ياسين وتجديده في تطبيق أعظم مفهوم في السلوك الجماعي والخلاص الجماعي إذ يعتبر الاقتحام محك ومحور السلوك التربوي وبذلك جعل المرشد المفهوم مرتبط ببعدين أساسين هما :

البعد الإحساني، الذي يحظى بالأولوية، ويعد من أهم آليات فك الرقبة وتحريرها من أن يستعبدها غيرها. والبعد العدلي، من أجل الخروج من براثن التخلف الحضاري والظلم الاجتماعي وثقل تراث الفتنة. والجمع بين الخلاص الفردي والخلاص الجماعي هو الاقتحام الكامل للعقبة، وهو مشروع المنهاج النبوي في شقه الإحساني، وشقه العدلي، ويبقى التحزب لله عز وجل والكينونة مع المؤمنين شرط من شروط الاقتحام وواجب ضروري تجاه الامتناع الاجتماعي في مقاومة المترفين من تسلطهم المباشر على الرزق، وتجاه الامتناع السياسي في مقاومة المستكبرين من انتزاعهم للحرية. لكن المرشد بالإضافة لربطه بين الخلاص الفردي والجماعي يبني مشروعًا كبيرًا أمام الأمة أو بعضها مما قد نفهمه من كلام الله سبحانه وتعالى: "ولتكن منكم أمة ..." (آل عمران: 104)، وبذلك فالمرشد يسمو بمهمة الأمة ليجعلها أمة الرسالة الحاملة للبلاغ وهو بلاغ الإسلام وبيانه وكلمته العظمى التي هي دعوة العالمين لعبادة الله الأحد والاعتقاد في نبوة المصطفى آخر النبيين وخاتم المرسلين عليه أزكى الصلاة والسلام.

"إن رسالتنا، معشر خير أمة أخرجت للناس، أن نحمل للعالمين بلاغ الإسلام وبيانه. وأولُ هدفٍ ذو مغزىً رسالي للتنمية والقوة في حقنا هو أن نكونَ حاملي رسالة نموذجيّين، من كمال سِفارتنا وشروط نجاحها أن نتقدم إلى الناس في حلة العافية والغِنى والنظافة والجمال لا في أسمال متسولين جائعين مهزولين".[56]

ولكي تكون قومةٌ إسلامية على النمط الأول لا تكفي شدائد تاريخية تجمع غضب الأمة، بل لا بد من مرور كل مؤمن من مدرسة الشدائد، يتربى فيها تربية تمكنه من الانقطاع عن ماضيه، وحاضره، ومألوفه، وراحته، وعلاقته بكل ما يشده

إلى الأرض وشهواتها، ليرتبط بموعود الله، ولتملأ جوانحه محبة الله، والشوق إلى لقائه. فيهون عليه الموت، ويهون عليه من دونها بذل المال والجهد. من هذه المدرسة مَرَّ المهاجرون والأنصار أفرادًا. حتى إذا آنَ أن يتجمع منهم جند الجهاد، تجسدت فيهم تلك التربية، وهي روح الجماعة، تنظيمًا مرصوصًا لا يُقاوَم. من حديث أخرجه أبو نُعيم والطبراني أن المقداد بن الأسود قال: "والله لقد بُعِثَ النبي صلى الله عليه وسلم على أشد حال بُعث عليه نبي من الأنبياء". كان لما لقيهُ النبي صلى الله عليه وسلم وأصحابُه من أذى في مكة أكبرُ الأثر في صياغة الشخصية الإسلامية المقاتلة. وقد هيأ الله عز وجل من الأسباب الخارجية التي تقرب بين المستضعفين المضطهدين ما يكمل الرحمة الصرفة التي ألفت القلوب.[57]

وفي هذه الأيام هناك شدائد مَهُولَةٌ تطحن المومنين وتربيهم لتُخرج لنا إن شاء الله رجالًا على ذلك الطراز. وإن كان من هذه الشدة ما يبدو لنا قاتلًا، فمن وراء دروس الشدة الرجولةُ والثبات على الحق. ولعل جرائم الجبارين "الثوريين" توقظ ولو بعد حين غَيْرة هذه الأمة، يوم تتقدم صحوتُها لتزيل عنا كل الأوهام حول إسلام الدعاة على أبواب جهنم وإنسانيتهم. على أن جند الله إن استطاع أن يوفر على نفسه الاصطدام قبل اكتمال القوة كان أحكم. ونشدانُ الشدة من أجل الشدة غير وارد شرعًا ولا حيلة. الذي لا يمكن بدونه اعتبار جند الله مؤهلًا لحمل الرسالة وأعبائها، وقيادة الجهاد ومهماته، هو التربية على الهجرة والنصرة. وهما معنيان خالدان.[58]

ولوصول هذا الهدف السامي يلزم الأمة، أقصد مجموع الأمة وليس فقط بعض الأمة، التي حدث عنها القرآن في عبارة "ولتكن منكم أمة..." (آل عمران: 104)، يلزمها تجديد دينها وإيمانها وهذا لن يحصل بدون مجدد بعد قرون من الاستبداد غفلت فيها عن دينها والخلق القويم والرسالة التي كلفت بها هذه الأمة. فالأمة اليوم في حاجة إلى من يجدد دينها بتجديد الإيمان في قلوب أفرادها، في حاجة إلى رجال ربانيين لهم من قوة الإيمان وإرادة الجهاد ودراية الحركة ما يمكنهم من نقل الأمة من أمة تابعة ومقهورة ومستضعفة إلى أمة قادرة على إمامة العالم وقيادته نحو الأمان والسلام. ووعد الله ورسوله بالخلافة الثانية على منهاج النبوة هو الباعث على الأمل والحافز على العمل دون كلل ولا ملل. والله لا يخلف الميعاد.[59] "أول ما نفهمه من العبارة (أي اقتحام العقبة) تحرك سالك إلى مسلوك إليه، صعودًا وارتقاءً. تقرب العبد إلى ربه".[60] في هذا الأمر يقول المرشد عبد السلام ياسين: "اقتحام العقبة بالنسبة للفرد المؤمن جهاد لنفسه كي تستقيم على طاعة الله، وجهاد مع المؤمنين المتواصين الصابرين المتراحمين لإقامة دين الله في الأرض. وبالنسبة لجند الله المنظمين فإن اقتحام العقبة جهاد تربوي وتنظيمي وميداني ومالي وقتالي وسياسي حتى تقوم دولة الإسلام الخليفية على منهاج النبوة".[61]

عقبات كثيرة أمام المؤمن وأمام جماعة الجهاد يمكن تلخيصها في ثلاث لكل منها بعد نفسي تربوي وبعد اجتماعي تنظيمي:

1- الذهنية الرعوية: وهي ذهنية النفوس القاعدة التي تنتظر أن يفعل بها و لا تفعل، وأن يدبر غيرها لها وهي لا تقدر أن تدبر. أولئك قوم يحق عليهم قول رسول الله صلى الله عليه و سلم : "من مات ولم يغز ولم يحدث نفسه بغزو مات على شعبة من نفاق".

2- الأنانية المستعلية أو المتمتعة: يعوق أصحابها عن اقتحام العقبة امتلاء ما هم فيه وطلب المزيد مما هم فيه. قوم ظلموا أنفسهم وظلموا الناس!

3- العادة الجارفة للمجتمعات المسلمة في تيار التبعية للوضع السائد: المانعة لنا أن نعرف معروفًا بميزان الشرع، أو ننكر منكرًا يذمه الشرع، فتنة!

ثلاث تغييرات ضروري أن يحدثها الدعاة بتربيتهم وتنظيمهم في الجو الفكري والنفسي والعملي في الأمة.

وتقف مقاومة الحكام واضطهادهم للدعاة حائلًا دون التغيير. ودونه جهل المسلمين بالإسلام. ودونه أيضًا هذه الحضارة المادية التي احتلت نفوسنا وأرضنا وحياتنا السياسية واليومية ببضائعها وأفكارها وصنائعها فينا ومكرها بنا. من يريد تغيير واقع الفتنة لا بد أن يحسب حساب الواقع، ليربي الرجال والنساء، وينظم الصف القادر على مسك الواقع المرذول، بقوة وحكمة. فهناك عقول متخلفة تحتاج بعد نور الإيمان إلى نور العلم بالله ودينه وإلى العلم بنواميس الله في الكون، عقبة !

عند الجاهلية الحداثية تقدم تكنولوجي يبهر النفوس الضعيفة فتعرض عن الإيمان بالله تبعية وخنوعًا. عقبة! لا يكفي أن نذكر الناس بالمؤمنين الأولين الذين جاهدوا تحت لواء الإسلام مع رسول الله صلى الله عليه و سلم وخلفائه الراشدين. أولئك أعدوا ما استطاعوا من قوة على مستوى عصرهم. ونحن يلزمنا إعداد قوة العلم بالنواميس الإلهية على مستوى مستقبل العالم في نفس الوقت الذي نقوي فيه إيماننا. ونحن متخلفون حضاريًا وعقليًا. عقبة! جند الله مندوب ليزيل الظلم الطبقي داخل مجتمعاتنا المفتونة ويصد العدوان الجاهلي. ونحن معزولون عن الحكم في بلادنا، محاربون من خارج بتمالئ حكام الجبر فينا. عقبة ! جند الله مندوبون ليعيدوا بناء الأمة على قواعد الإيمان، فلكي يعتمدوا على الله في ذلك لا يصلح أن ينتظروا أن يقوم غيرهم بذلك البناء. يقول المتواكل هنا : أين نحن من القدرة على هذه المهمة الضخمة؟ عقبة! ويقول المتوكل : إذا كان الله معنا فلن نغلب من قلة، ولن نفشل إن اتخذنا كل ما في وسعنا من أسباب! ونحن لها صعودًا إلى قمة العقبة إن شاء الله![62]

فرأس المفاهيم المنهاجية والتوظيفية في التنظير للعمل الإسلامي والدعوة الإسلامية وكيفية السلوك في الطريق الإسلامي المنهاجي المتنور بروح القرآن وسنة المصطفى عليه السلام من أجل تحقيق موعود الله بالخلافة الثانية، يكمن في العبارة المقتبسة من سورة البلد: "اقتحام العقبة" إلى الله عز وجل. اقتحام العقبة إذًا تحرك إرادي تتعرض له العقبة فتمانعه ويغالبها حتى يتم الاقتحام. حركة الفرد المؤمن في سلوكه إلى الله عز و جل، وحركة الجماعة المجاهدة في حركتها التغييرية، وحركة الأمة في مسيرتها التاريخية.[63]

يريد الإسلاميون اقتحام عقبة الحكم، وهم اليوم المرشحون الوحيدون لإنقاذ الأمة باعتراف الخصم والعدو. فإن خفيت عنا هشاشة في تكوين أحد أجنحتنا فإن دخولنا في "الشدة المخفية" يكون تعرضًا لتهشمنا جميعًا. فنريد لشباب الصحوة أن يلتمس البرء لنفسه قبل كل كلام. من كانت وجهته وموضوع عنايته ومراقبته أفعال الناس وأخطاء المجتمع وهو عن ذات خطيئته وموبقات أخطائه غائب، كيف يصلح؟ من كانت الغفلة عن الله عز وجل ساكنة قلبه وإن كثرت صلاته وصيامه ونفله كيف يذكر الناس بالله ويزعم أنه داع إليه؟ من كان تحت جلبابه الأبيض الجديد وعمامته الناصعة إيمان خلق وفكر رث وتصور ورائي للدين، كيف يكون للأمة منقذا؟ [64]

إن الدعوة الإسلامية التي ستتوحد في مجموع التنظيمات القطرية المجاهدة المؤمنة بعد أن يسمو إيمان عامليها فوق الانتماء التعصبي، من أجل التوحد في رابطة إسلامية توحد الصف وتجمع الشمل، وتنادي بالحق، ساعية إلى استنهاض همم السواد الأعظم وتربيته، من أجل تحقيق النجاح في مسيرتي التغيير والبناء. هذا العمل المنتظم والمنظر يلزمه اقتحام من الرجال المؤمنين للسواد الأعظم والذي فقد الثقة في كثير من المؤسسات السياسية والحكام. إذًا هناك ضرورة لاقتحام السواد الأعظم حتى يُكسب ثقته ودعمه المادي والمعنوي. ومتى تحقق ذلك، "كان هذا السواد الأعظم هو الأمة المحلقة حول القيادة والجماعة، النصيرة لها، المنتظمة معها بنظام الولاية، السائرة بأمرها، المنتهية بنهيها، عندئذ يكون الكل جند الله، ويكون النصر في القومة والبناء والجهاد محققًا بإذن الله القوي العزيز".[65] فنصر الله لنا وعد إلهي، وسنة ثابتة لا تتبدل، قال تعالى: "يَا أَيُّهَا الَّذِينَ آمَنُوا إِن تَنصُرُوا اللَّهَ يَنصُرْكُمْ وَيُثَبِّتْ أَقْدَامَكُمْ" (محمد: 7)، لكن مشيئة الله تعالى أرادت أن يتحقق هذا النصر وفق سنته، من خلال المبادرة والإقدام، والأخذ بالأسباب دون أي تقصير، ولا عنف أو اعتداء. وكل أبناء الأمة هم معنيون بالمساهمة في هذا التغيير والمشاركة في هذا البناء، ولا يجوز للأمة أن تتفرج على الظالمين وهم يعيثون في الأرض فسادًا، وننتظر أن تتحقق هذه السنن وما تتضمنه من تمكين واستخلاف. إنما تنبني هذه السنن على مقدمات تليها نتائج، وهذه المقدمات هي فعلنا نحن جميعًا، ماذا قدمنا وما أخرنا، كلنا معنيون، كل أبناء أمتنا المؤمنين برسالة الإسلام، الغيورين على بلدانهم ورسالتهم. هل ننتظر أن تنزل علينا هذه السنة من السماء، إنها ليست سنة

خارقة، بل هي سنة جارية الفضلاء وشرفاء وأحرار هذه الأمة هم أطرافها ومقوماتها. كيف سيقضى على الظلم والاستبداد إذا انسحبنا جميعا من ساحة المعركة. إن النظرة السلبية لهذا التدافع، والعقلية الانهزامية الاتكالية التي تنتظر غيرها أن يفعل وهي لا تفعل، وتطلب من غيرها أن يضحي وينتصر وهي تتفرج وكأنها غير معنية هي نظرة مرفوضة، يجب أن تقاوم، ويجب أن تغير، وصدق الله العظيم القائل: "إِنَّ اللّهَ لاَ يُغَيِّرُ مَا بِقَوْمٍ حَتَّى يُغَيِّرُواْ مَا بِأَنْفُسِهِمْ" (الرعد: 11).

إن الله قد جعل الأمة المسلمة خير أمة أخرجت للناس متى أدت الرسالة المنوطة بها، متى سمت المعروف معروفًا وأمرت به، وسمت المنكر منكرًا ونهت عنه، "كُنتُمْ خَيْرَ أُمَّةٍ أُخْرِجَتْ لِلنَّاسِ تَأْمُرُونَ بِالْمَعْرُوفِ وَتَنْهَوْنَ عَنِ الْمُنكَرِ وَتُؤْمِنُونَ بِاللّهِ" (آل عمران: 110). فإذا كانت الآية تبين خيرية أمة الدعوة فإنها مسؤولية كبرى حول عنقها تحملها إلى أن تقوم الساعة وهي دعوة العالمين إلى توحيد الله. وهذا لن يحصل إلا بالجهاد الذي يلزمه تربية قويمة وارتقاء في معاني الإيمان والإحسان وهجرة من إسلام وراثي حتى يتمكن تغيير ما بالنفس.

فلنساهم جميعًا في هذا التغيير، ولنكن في خندق واحد في صف أهل الحق، ذاتًا واحدةً قويةً نقاوم الظلم، وما حل بنا من مآسي وإرهاب سياسي وظلم اجتماعي، ونساهم في البناء، ونِدافع عن أنفسنا وحقوقنا المشروعة المهضومة، لنشيد سويًا مجتمعًا أخويًا أسه المحبة والعدل والحرية والكرامة. وإلا ففيما ينفع ندب حظنا، والتنديد بواقعنا، ورجاء تغيير ما أصابنا إن لم يتبع ذلك عمل وتعاون وصمود ومقاومة. فَهَلْ يَنظُرُونَ إِلَّا سُنَّتَ الْأَوَّلِينَ، فَلَن تَجِدَ لِسُنَّتِ اللَّهِ تَبْدِيلاً، وَلَن تَجِدَ لِسُنَّتِ اللَّهِ تَحْوِيلاً".[66] ينبغي على المسلمين أن يفهموا أن الإسلام حركة لاقتحام العقبة، نداء من الله تعالى واستجابة من العبد، والاقتحام الكامل للعقبة وهي الفتنة إنما يكون بالجمع بين السلوك الفردي والسلوك الجماعي، بين الفاعلية الإيمانية والفاعلية الجهادية. يكون هذا الفهم التصور الكامل والمعرفة الشاملة والقدرة التنفيذية في حركة الأمة لتكون في الموعد مع موعود الله ورسوله بالخلافة، وفي حركة العبد ليكون من أصحاب الميمنة. وإنها لعقبة واقتحام حتى النصر إن شاء الله تعالى.[67] وإذا كانت دعوة سيدنا محمد عليه الصلاة والسلام ورسالته موجهة للعالمين من الجن والإنس أجمعين وكان القرآن هو شرعته، فإن العاملين في حقل الدعوة والساعين لإقامة دولة القرآن لا ينتهي واجبهم في الديار الإسلامية، بل يلزمهم قيامها في العالم أجمع بدعوة الجميع للتوحيد. وإذا كان التوحيد هو نبذ للظلم والتظالم والاستكبار والاستألاه في الأرض -وإن أعظم ظلم هو الشرك- والتوحيد هو إفراد العباد لله الواحد القهار فإنه من مهمات الدعوة تبليغ كلمة الله للعالمين. إن أول ما ينبغي عمله هو نصرة المستضعفين في العالم والطريق لنصرة الضعفاء هو الجهاد. في هذا الباب يساءل المرشد مع من تكون كينونة جند الله الداعين للحق العاملين لإقامة دولة القرآن. فمع من نكون؟ إنه من البديهي أن دولةً يقودُها الأغنياءُ الأقوياءُ لن تجد حِلفًا يُوَطِّدُ مكانتها في العالم

ويضمن لها الاستقرارَ الداخليَّ بالسنَدِ الماليِّ والسلاحيِّ والتدبيريِّ إلا عند دول الاستكبار. وإن دولةَ القرآن دولةُ المستضعفين، فأحلافها الطبيعية المُسايِرَةُ لمقاصِد الدين تقع خارج نطاق الاستكبار. ويكونُ هذا النطاق الخانق لشعوب الأرض المستضعفة، الخانقُ للإنسان داخلَ بلاد الاستكبار، هدفاً لجهادنا المتحالف مع نضال الشعوب.[68] "ونريد أن نمن على الذين استضعفوا في الأرض ونجعلهم أئمة ونجعلهم الوارثين".[69]

من مهام جند الله أن يتوغل وسط السواد الأعظم لاستعادة ثقة هذا السواد في جند الله ويقتضي منا ذلك أن نهيئ نفوسنا للتنازل عن كل ما علق بنا من مخلفات الماضي. فالسواد الأعظم من الأمة لا يثق بكثير من المثقفين ولا بالحكام، لأنه عانى من احتقارهم وظلمهم. ونحتاج لرفق كبير حتى تصغي إلينا الآذان، وتتفتح لنا القلوب والأبواب، ونكون في قرارة أنفسنا معظمين لذوي التقوى المكرمين عند الله، حانين على الضعفاء من المسلمين. في فترة الإعداد والزحف نربي العامة، ونجند الشباب ونختار الرجال ونساعد كل ذي استعداد لصعود مراقي الإيمان والهجرة والجهاد. وبعد القومة لن نجد قوة على مغالبة مشاكل الحكم والبناء إلا في السواد الأعظم. ولا غناء في هذا السواد إن لم نرفعه بالعدل وضمان العيش الكريم إلى آدميته، وإن لم نحرر نفسه وعقله من الخرافات، والنفاق، والغزو الحضاري و" دين الإنقياد".[70]

يطرح المرشد سؤالًا كبيرًا يُعتبر لب العمل والتغيير الذي يلزم أن تحدثه الدعوة في الأمة وفي النفوس من حولها. "كيف تسترجع إيمانها الراسخ بموعود الله، وثقتها بنفسها واعتزازها بدينها؟ كيف تتجاوز ثقل العادات وسلبيات الماضي، وتقتحم بثبات العقبات الكؤود على درب التغيير المنشود؟ كيف تسترجع كرامتها المدوسة وحريتها المسلوبة؟ كيف يكون سيرها راشد، يمضي في خط لاحب، ويتجنب العثرات والنكسات؟ كيف تكون الاستفادة من وسائل العصر ومبتكراته لمواجهة إعلام المستكبرين وأباطيل الدجالين؟ كيف يتم بناء الشخصية المؤمنة العالمة العاملة الواعية بمسؤولياتها عن الانتصار للمستضعفين في الأرض؟ كيف يحصل الائتلاف ويتجنب التنازع وتتسع الصدور لاستيعاب تعدد الرؤى وتباين وجهات النظر؟".[71] فهل نقعد ونتقاعس ونترك الأمر تواكليًا للتكوين الإلهي أم نشمر ونبني ونغير ما بالنفس والنفوس ونجاهدها حتى نلقى الموعود ونحن مستعدون له؟ إن من أهم القضايا التي يطرحها المرشد هي كيفية إحياء الأمة من موات، وبث روح الجهاد فيها. يستعمل المرشد عبد السلام ياسين مصطلح "التجنيد العام" للدلالة على عمق التحول المطلوب في ذهنيات ونفسيات وعادات الأمة، يقول: "يجب أن تكون الجندية وتحفزها كلمة الساعة، ومطمح النشيط، ومنشط الكاسل، ومقيم القاعد، وحامل الكل إلى جلائل الأعمال. هذا وظيفها الحركي التربوي المنشط، ووظيفها الغائي حشد جهود السواد الأعظم لإنجاز مهمات البناء، للإنتاج، للتغيير، بالعمل الدؤوب المصِرُّ. جندية جهاد، لا جندية لعب واستعراض. وإن كان الاستعراض في حد ذاته دعوة بالمثال لا

تعوض".[72] هذا التحول ضروري حتى تحمل الأمة عبء الحاضر والمستقبل، وتقوم بدورها الريادي والقيادي بدعوة العالمين للدين الحق وعبادة الواحد الأحد. فلا بد من تنظيمات الدعوة في حركتها نحو تجنيد العامة وتعبئة المستضعفين بهدف إيقاظ القلب من غفلته للارتقاء به إلى معاني الإيمان، مع إيقاظ الفكر من ظلمات الجهل من خلال بث الوعي السياسي لدى العامة حتى يصبحوا قادرين على فهم تداعيات الأحداث ومجريات الحكم. فمن وظائف الدعوة ورجالها أن يفتحوا أواصر الاتصال والتواصل مع معاناة الأمة من خلال قراءة واقعها المعاشي حتى يعرفوا كنه ما تعانيه الأمة ولا يقفوا من عليائهم محاولين التغيير من منظور مغلوط. وإن هذا التواصل وفهم قضايا الأمة يتطلب من جند الله العاملين، عملًا متواصلًا وإصغاءً كليًا لقضايا المستضعفين، وصبرًا ورفقًا في دعوة العامة حتى لا تنفر. وإن أحد أسس المفاهيم التي تدور عليها عملية التبليغ هو الرفق وعدم الدعوة للعنف. فالرفق والرحمة هي الرسالة التي بعث الله نبيه صلى الله عليه وسلم بها ليكون رحمة للعالمين، ولهذا أوصانا صلى الله عليه وسلم بالرفق في الأمر كله "إن الله يحب الرفق في الأمر كله". هذه رواية البخاري، وعند مسلم "إن الرفق لا يكون في شيء إلا زانه، ولا ينزع من شيء إلا شانه" وفي رواية ثالثة "إن الله رفيق يحب الرفق، ويعطي على الرفق ما لا يعطي على العنف". يؤكد المرشد عبد السلام ياسين نفس الأمر في موضع آخر حين يقول "في الأمة خرافات وبدع وأمراض وشرك لا بد من تطهيرها. وجند الله حين يتألف، وحين يزحف، وحين يتولى الحكم، مسؤول أن يعطي المثال، ويفرض النموذج السلوكي، ويربي عليه، والتطهير والتربية عمليتان تطلبان الوقت، وتطلبان الرفق. إن كنا نظن أن تفصيل الأمة بسيف قاطع يميز في الحين الأجزاء الصالحة والفاسدة بعضها عن بعض هو العلاج، فما نحن هنا".[73]

إن مَحْوَ الطبقية ورفعَ الحواجز المادية والنفسية بين طبقات الأمة هدف إسلامي. تحقَّق مرة في تاريخنا، ونرجو أن يمُنَّ الله الغني الحميد علينا بالحضارة الأخوية التي تنشُدُها البشرية فيتحقَّقَ مرة أخرى. عندما نقول "لا طبقية في الإسلام" نعني بالضبط أن محو الطبقية هدفٌ إسلامي. فليستَقِرَّ في ذهننا أن فتنةَ هذا الزمان أضافت إلى العصبيات القبلية القومية العتيقة، وهي تقسيماتٌ عموديةٌ عتيقة، تقسيمًا آخر أُفُقِيًّا يرفع الشَّرِسِينَ، والحاذِقين، والماكرين، والوصوليين، والأوباش، أعلى السلم الاجتماعيّ، ويضعُ المحرومين من العاملين، والفلاَّحين، والعَجَزَة، والعاطلين، أسفلَ السلم الفتنويِّ. هذا واقعٌ رديء ويزداد رداءة. والإسلام مع المستضعفين دائمًا حتى يفيء الناس إلى أمر الله، وهو العدل والإحسان. لكنَّ الانتقالَ من سُلَّمِ الظلم وفئة الاستكبار إلى ميزان الإيمان والإسلام ممكن في كل وقت لكل تائب. وإن الإسلام لا يطبَعُ على جباه الناس انتماءهم الطبقيَّ يُلاحقهم لعنة أبد الدهر، ويحاسَبونَ على أنهم بنو فلان أو من أسرة علان. تعال من أعرابيتك، من رأسماليتك، من ماضي إثمك، من نضالك الحزبي. لكن ادخل من باب التوبة، ورُدَّ المظالم إلى أهلها، واقبَل ميزان الإسلام.[74]

بناء الموعود النبوي

قبل أن تسير الأمة في بناء الموعود النبوي بإقامة الحكم الإسلامي الذي تضمنه الحديث النبوي الذي يبشر بالخلافة الثانية على منهاج النبوة في آخر زمانها وحدده المرشد عبد السلام ياسين بأنه يكون في القرن الخامس عشر الهجري. لا بد لنا من قراءة موضوعية لوقائع التاريخ الانكساري بعد نقض حكم الخلافة الأولى من طرف بني أمية الذين ورثوا الحكم وجعلوه في بني أمية منذ حكم الملك معاوية. لهذا السبب لا بد من إعادة قراءة التاريخ الإسلامي بمنظور مخالف عن التاريخ الرسمي الذي يعتبر حكم بني أمية خلافة. لا بد للأمة أن تفهم تاريخ الحكم الفهم الصحيح وتقاربه بكيفية تستطيع من خلالها أن تتجاوز حكم الإكراه والسيف وذلك يكون بمدافعة حكم الاستبداد الذي قبض قبضة من حديد منذ الحكم العاض ثم الجبري.

فبعد ثلاثين سنة من الخلافة الراشدة وبعد الحكم بما أمر الله ورسوله وقعت انتكاسة الحكم وهي الصدمة الكبرى التي قسمت تاريخ المسلمين وانتقضت فيه القبلية الجاهلية عروة الدين الوثقى وهي الحكم بما أمر الله. حين استبد معاوية وهو من بني أمية بالحكم وفرضه على الأمة بالسيف والإكراه، بذلك اختفى حكم العدل والشورى للأبد، فكيف حصل ذلك؟ هذا ما سنحاول تبيانه من خلال الحديث النبوي الذي جاء عند بن أبي شيبة في حديث رواه أبو هريرة رضي الله عنه مرفوعًا، قال: قال رسول الله صلى الله عليه وسلم: "أعوذ بالله من إمرة الصبيان، قالوا وما إمرة الصبيان؟ قال: إن أطعتموهم هلكتم، وإن عصيتموهم أهلكوكم". وفي هذا الأمر العظيم يذهب المرشد عبد السلام ياسين في مؤلفه القيم وهو "الشورى والديمقراطية" إلى ما يلي: "كان الرسول صلى الله عليه وسلم قد أخبر أن صبيانًا من قريش سفهاء سيكونون سبب هلاك الأمة. روى ذلك البخاري رحمه الله عن أبي هريرة رضي الله عنه قال: سمعت الصادق المصدوق يقول: "هلكة أمتي على يدي غلمة من قريش" وكان أبو هريرة رضي الله عنه يمشي في الأسواق ويقول: اللهم لا تدركني سنة ستين ولا إمرة الصبيان". [75] فماذا حدث في سنة ستين وما هي الأحداث الخاصة التي اقترنت في هذه السنة والتي كان بعدها التحول في نظام الحكم الإسلامي فأصبحت ملكًا وراثيًا بعد أن كانت خلافة إسلامية؟ في هذا الصدد يخبرنا المرشد عبد السلام ياسين بأن هذه السنة كانت حدثًا متميزًا في التاريخ السياسي الإسلامي في قوله التالي: "كانت سنة ستين للهجرة هي السنة التي مات فيها معاوية شيخ العصبية القبلية الأموية، وقعد فيها على عرش الهرقلية الأموية مقدمًا صبيان قريش الذين دشنوا هلكة الأمة".

67

افتتح يزيد دولته بقطع رأس الحسين عليه السلام سيد شباب أهل الجنة، وأسر أهل بيت رسول الله صلى الله عليه وسلم، "وكان الجرم الشنيع التالي هو قتل الإمام الحسين (...) يقول التفتزاني في شرح العقائد النسفية: اتفقوا على جواز اللعن على من قتل الحسين أو أمر به أو أجازه أو رضي به. قال والحق أن رضى يزيد بقتل الحسين، واستبشاره بذلك، وإهانته أهل بيت رسول الله صلى الله عليه وسلم مما تواتر معناه، وإن كان تفصيله آحاد. قال فنحن لا نتوقف في شأنه، بل في كفره وإيمانه لعنة الله عليه وعلى أنصاره وأعوانه. وقال الذهبي عن يزيد: كان ناصبيًا فظًا غليظًا يتناول المسكر ويفعل المنكر، افتتح دولته بقتل الحسين".[76] نتعظ من الأحداث التاريخية الأليمة التي عرفتها الأمة الإسلامية في تاريخ فتنتها الكبرى والفتن التي توالت عليها مع قبضة الحكم الملكي الوراثي والتي لم تستطع الخروج من أبقتها ولا تجاوزها. تلك النكسة التاريخية التي قسمت الذات المسلمة وقهرتها للأبد ما دام الحكم الوراثي الاستبدادي لا يزال يجثم على قلب الأمة المستضعفة وليس هناك من سبيل لتخليص الأمة من نكستها إلا بوضع الأصبع على مأصل الداء وهو الحكم. فحين تصبح الأمة قادرة على فهم مكمن الداء بعد أن تمر بمرحلة طويلة من الإعداد بالتربية على منهاج النبوة أطرح هنا إمكانية تطبيق مبدأي العدل والإحسان. وإن العدل والإحسان أمر رباني وتكليف إلهي جاء على لسان الحق سبحانه في كتابه الحكيم: "إن الله يأمر بالعدل والإحسان وإيتاء ذي القربى وينهى عن الفحشاء والمنكر والبغي، يعظكم لعلكم تذكرون" (النحل:90)، ثم إن بناء العدل والإحسان يتم بطموح الجماعة المؤمنة وإرادتها لتحقيق الخلافة على منهاج النبوة. فالخلافة الثانية التي وعد بها الصادق المصدوق في قوله: "ثم تكون خلافة على منهاج النبوة". تطرح قضية كبيرة هي الكينونة، ففعل "تكون" فيه معاني التكوين، إنه فعل إرادي يتحقق، لكن من يكونها؟ ومن يفعل ذلك التكوين؟

هذا التكوين يلزمه تغيير داخلي لما بالنفس وتغيير خارجي لما ألمّ بالأمة من بعد انتقاض الحكم الشرعي عبر قرون من الحكم العاض والجبري. تغيير أمر حاد عن شرع الله وسنة المصطفى للعودة به من جديد إلى أحضان السنة الشريفة. إن المشروع الكبير الذي على الجماعة، "جماعة العدل والإحسان" تأسيسه داخل المجتمع الوطني والدولي وداخل جماعة المسلمين هو الاستعداد للخلافة الثانية الموعودة، الخلافة على منهاج النبوة. لكن كيف يحصل ذلك المبتغى وما الوسائل لتحقيقها؟

يذهب المرشد عبد السلام ياسين إلى أنه لا بد للمؤمن الذي ينتمي للجماعة أن يقوم بتغيير ذاتي بواسطة المقترحات والآليات التربوية التي يطرحها المرشد ويعتبرها أساسية في تهيئ الفرد المؤمن المجاهد المستعد لنشر دعوة العدل والإحسان في المجتمع الإسلامي والعالمي. هذه الضرورة التغييرية لما بالنفس يؤصلها المرشد من القرآن الكريم ويوظفها توظيفًا منهاجيًا يتوافق والبناء التنظيمي للجماعة لأن التغيير الفردي لا يعطي ثماره إلا حين يتحول إلى قوة

فاعلة ومحركة في مجتمعها لتحدث فيه التغيير المطلوب والذي نجده في الآية الكريمة: " إن الله لا يغير ما بقوم حتى يغيروا ما بأنفسهم" (الرعد: 11). التغيير في الآية الكريمة يتميز بالجدلية ما بين النفس الطامحة للتغيير الداخلي والقوة التي تجدها من أثر تغيير ما بها، فتطمح للتغيير الخارجي في المجتمع. لكن لا بد من آليات ووسائل لتغيير ما بالنفس أولًا، ثم لا بد من الآليات الضرورية لإحداث التغيير بالمجتمع.

لا مناص من تقويم النفس لأنها بطبيعتها تميل للانحراف والهوى والبعد عن الحق فالنفس إن لم تشغلها بالحق شغلتك بالباطل. يتم هذا التقويم بفضل برنامج تربوي ممنهج ومستوحى من سنة المصطفى ويأصل من كيفية تربيته للصحابة الذين تحولوا إلى قوة مؤمنة مشعة وقيادية قادرة على تغيير العالم من حولهم وتوفقوا في بث دعوة الإسلام في الأمصار. هذا الجانب من القضية قد نجده حاضرًا لدى بعض الدعاة والعلماء العاملين في حقل الدعوة الإسلامية.

فلا ينكر أحد أن العلماء والدعاة ما فتئوا يتحدثون عن ضرورة إحداث التغيير بالنفس، لكن لا يظهرون الغاية والنتيجة التي من أجلها ينبغي ويلزم إحداث ذلك التغيير. فهل كانت رؤيتهم للتغيير تتبنى منهاجًا محمديًا حيث استطاع أن يربي أصحابه فتتغير نفوسهم الجاهلية إلى نفوس صافية مؤمنة خالية من الشرك وشوائبه، حتى أصبحت فردانيتهم المؤمنة قادرة على بث التغيير من حولها في المجتمع الجاهلي بفضل بناء الجماعة التي كان المصطفى عليه الصلاة والسلام إمامًا ومرشدًا ومعلمًا لها؟ لكننا مع المرشد والمؤسس للجماعة لا يتوقف التغيير عند تغيير ما بالنفس والنفوس بل يتعداه بربط تلك النفوس بجماعة قوية لديها بناء وقطاعات وواجهات متعددة لتفعل داخل المجتمع الكبير المسلم والعالمي، كيف ذلك؟ الإنسان باعتباره فردًا حتى ولو حاول تغيير ما بنفسه متفردًا وبعيدًا عن جماعة المسلمين، فإنه لا يجد في نفسه القوة الكافية لمواجهة فتن زمانه لأنه وحيد وليس وسط جماعة، "وإنما يأكل الذئب من الغنم القاصية".

نرى كيف أن بناء الفرد داخل جماعة العدل والإحسان يسير في خطان متوازيان ومنسجمان، فالتغيير الفردي يسير بموازاة مع التغيير الجماعي الذي تمثله الجماعة بمقترحاتها التربوية من رباطات ومجالس تعليمية. فالفرد يغير نفسه ويغير عاداته السيئة وسط الجماعة التي تستقبله محاضنها وتعده وتهيئه للخروج للمجتمع الكبير لينشر دعوة الله وهو قوي القلب صافي الروح قادر على تجاوز فتن مجتمعه بما أنه حقق معاني الإحسان في ذاته، فيكون رحيمًا بالخلق متدرجًا معهم في إيصال دعوة الإسلام. وهذان الجانبان المتوازيان لا نجدهما حاضرين في الخطاب الدعوي للعلماء والعاملين في الساحة الإسلامية لغياب أحدهما أو لطغيان أحدهما على الآخر. وهذا ما قصده المرشد حين تساءل عن غياب الهدف من الحضور الدعوي في المجتمع قائلًا: "وهل كانت رؤيتهم للتغيير تتبنى منهاجا؟". ذلك أن دعوتهم اقتصرت على التركيز على إحداث التغيير

بالفرد المسلم فقط وذلك غير كاف. لم تستهدف دعوة المصطفى الفرد الواحد في ذاته، بل سعى إلى ربط الفرد بالجماعة الأولى التي صدقت برسالته وآمنت به، ومن ثم تم ربط ذات المسلم بجماعة المسلمين حتى يخلصه من صفات الجاهلية التي تميز بها المجتمع الجاهلي القبلي الذي بعث فيه محمد. فكان المصطفى عليه الصلاة والسلام أول معلم ومرشد قاد جماعة المسلمين الأولى التي اقترنت بالولاء لله والرسول وتقوت الجماعة المسلمة الأولى في علاقاتها التي توطدت بفضل الاجتماعات التي كانت تعقد بدار الأرقم. إن النفوس الخاضعة لربها الآمرة بأمره والمنتهية عند نواهيه، القارئة والمتدبرة لكتابه العظيم الداعية عباده للتوحيد، هي تلك النفوس التي تستطيع وحدها تحقيق الموعود النبوي وبغيرها لن يكون هناك إلا إرادة استلام السلطة. والسلطة ليست الغاية القصوى في الإسلام لأنها لا تطلب في ذاتها بل تطلب من أجل إعلاء كلمة الله في الأرض لأن الحاكمية الكبرى له سبحانه وتعالى والإنسان ما هو إلا مستخلف فيها بما أمر الله ورسوله.

ولا غنى عن هذا التهييء والإعداد الطويل للنفوس الذي قد يطول- حتى يتجدد الإيمان الذي يتبالى في النفوس فتتوق لذكر ربها وتشتاق للعودة إليه متبتلة ذاكرة نادمة تائبة خاضعة مستسلمة لقضائه الحاصل عليها في تغيرات الدنيا من حولها. إذ ليس كل ما يجري في العالم خاضع لميكانيزمات تاريخية موضوعية ولحركة مجتمعية مضبوطة ولصراعات طبقية أو قبلية. فالإيمان بقوة عظمى تتحكم في هذا المسرح الدنيوي وحركات تاريخه لازم وهو جزء من الإيمان بالغيب. ومن هذا الإيمان تهب النفوس من خضوعها وذلها وتتحرك قصد تحقيق الموعود المنشود لأن المستحيل لا وجود له مع قوة الإيمان والعمل. ومع تلك التربية المستمرة يختفي اليأس لأن النفس المؤمنة الذاكرة المرتبطة بربها، المؤمنة بموعوده ونصره، تسعى جاهدة لبذل النفس والمال حتى يتحقق الموعود. من هذا المنظور المستقبلي الطامح للتغيير لما بالنفوس ولما بالأمة من أمراض قرونية لعلها تصل لمستوى بناء الموعود النبوي بالخلافة الثانية على منهاج النبوة يكون الحكم جزءًا من هذا المشروع الشامل. فمن مقاصد العمل الدعوي إقامة الدين بالدولة واستبدال الأنظمة القائمة على الظلم والتي لا تحكم بما أمر الله في البلدان العربية الإسلامية وتغييرها بحكومات إسلامية قادرة على إقامة الدين والدنيا بالحكم الإسلامي. وذلك ليس إلا جزء من هذا المشروع الكبير والشامل وهو بناء مجتمع متجدد مسلم يعبد الله حق العبادة.

إذًا فمستقبل إقامة الخلافة على منهاج النبوة التي نبأ بها الحديث النبوي حاصل بإذن الله بإقامة دولة إسلامية تعتمد الشورى والبيعة في الحكم وسيادة حكم القرآن والسنة في الحياة العامة للأمة والحياة الخاصة للمسلم. فهو أمر عظيم لا يتحقق في غضون سنين بل يلزمه استعداد قلبي لدى الأفراد والجماعات وانتقال من مرحلة الخواء والغثائية التي ترزخ فيها الأمة للنهوض وطلب الشهادة والجهاد في سبيل الله بالنفس والمال والوقت. إنه إعداد وصناعة الرجال الذين

تؤلفهم التربية والتنظيم حتى يستعدوا للجهاد. وكما جاء في الآية الكريمة التي تذكر خصال الرجال المجاهدين وتتضمنها معان عالية في الإيمان والأمر بالمعروف والنهي عن المنكر والتقوى فهذه المعاني المتضمنة في الآية لا تنال إلا بالتربية الإيمانية ولا يتوصل إليها من دون تزكية النفس وصقلها لأن الجهاد ليس نضال وحمية وقوة غضبية بل توازن وارتباط بين تحقيق شروط التربية وتشرب معاني الإيمان وبين الجهاد الذي هو السنم والغاية التي تشرئب لها النفس المؤمنة المصقلة. وليس تحقق مشروع الحكم بمنفصل عن المشروع العام وهو وحدة الأمة وتوحدها في الحكم وفي الاقتصاد وفي التوجه ولكن قبل ذلك لا بد من مراحل تمر بها الأمة. هذه المراحل قد تتخذ هذا الشكل الذي طرحه المرشد عبد السلام ياسين في مؤلفه "المنهاج النبوي" وقد تتخذ أشكالًا مختلفةً، فليس التبصر دومًا يعطي ما سيحدث بدقة العلوم التجريبية.

فبعد إقامة الدولة الإسلامية قطريًا يبدأ التغيير داخل القطر الواحد كما جاء لدى المرشد، ثم تتوحد الجماعات الداعية لتتوحد الجهود والمجتمعات والدول حتى يمكن من إقامة دولة إسلامية واحدة متحدة يكون خليفتها واحدًا يتم اختياره من الأمة ويطبق مبدأي الشورى والبيعة. أما ما عرفته الأمة من أصناف الحكم العاض والجبري لا يفهم إلا من خلال مفهوم الانكسار التاريخي الذي يطرحه المرشد والذي نجده متضمنًا ومشروحًا بإسهاب لديه باعتباره المجدد للمنهاج النبوي علمًا وتطبيقًا من خلال عمل جماعة العدل والإحسان. لكن قبل أن يتحقق ذلك فإن هناك عقبات كثيرة تقف وتحول دون تحقيق هذا المشروع الكبير وهي أمراض لا تزال الأمة تعيش في ظلماتها من الوهن والغثائية والانقيادية وذهنية القطيع الذي لا يحمل هم تغيير ما به وما حوله حتى ينبعث من غفلته لتشع حياة أخرى من قلبه وحواليه.

يمكن أن نلمح هنا لتجربة الثورة الإيرانية كتجربة إسلامية نجحت في تحقيق الحكم الإسلامي مع ما قد تتضمنه من مساوئ وسلبيات. مثّل الشيعة بالنسبة للأمة الإسلامية الجانب الثائر والرافض للظلم الذي وقع عليها من طرف الملوك الذين أباحوا دماء المسلمين وخصوصًا الذي وقع في حق آل البيت. وقد مثّل الانقلاب الأموي لدى الشيعة انكسارًا تاريخيًا لا ينجبر إلا بعودة الإمامة إلى أصحابها الشرعيين من آل البيت. هكذا وبعد تاريخ من الجهاد الشيعي من خلال الأئمة لم يعد بناء القومة مستحيلًا وصعب التحقيق بل صار واقعا سياسيا تحقق فعلًا في تجربة نجاح القومة الإسلامية الشيعية بإيران. لنتأمل القومة الإسلامية بإيران ففيها من الدروس الإيجابية والسلبية ما يصلح معيارًا عمليًا عينيًا لحال المسلمين وقابليتهم الكامنة وقوتهم الظاهرة.[77]

لم تكن القومة الإيرانية الشيعية بالجديدة في تاريخ الشيعة السياسي الممتد إلى بداياته الأولى مع القومات العديدة التي أقامها القائمون من آل البيت منذ سيدنا الحسين عليه السلام في قومته على حكم يزيد بن معاوية الحاكم الأموي

الطاغية. وقد كان مقتل سيدنا الحسين عليه السلام في مجزرة كربلاء ضربة طاعنة للشيعة الذين اعتبروا الخلافة حقًا من حقوق آل البيت. وقد انصرف فقهاء ومتكلمة الشيعة إلى الاهتمام بموضوع وحيد وهو إثبات حق أئمة آل البيت الشرعي في تقلد منصب الإمامة والخلافة، والطعن في شرعية حكم الغصب والجور الذي أقامه بنو أمية بحد السيف. أعقب قومة الحسين قومة سيدنا محمد النفس الزكية وأخوه إبراهيم ولم تنته القومات الشيعية ولا يزال الحكام يلحقون بهم الأذى والقتل حتى ظهرت ثورة الشعب الإيراني التي كانت ضد أعتى نظام مستبد في زمانه وبذلك أطاحوا نظام الشاه وحققوا القومة التي كانت دومًا حاضرة في التاريخ السياسي الشيعي الذي لم يعرف أصحابه التراجع عن الجهاد واعتبروا الحكم الذي ساد طوال التاريخ الإسلامي حكمًا فاسدًا وباطلًا وأن الحق الشرعي الوحيد والأوحد في الحكم هو لأئمة آل البيت المعصومين.

وتُبقى المسألة الشيعية "الغيبة" وأحكامها معلقة نظرًا للتعطيل والانتظار حتى عودة الإمام المنتظر، لكنهم قالوا بجواز الإذن من الفقيه بتولي الحكم وشرعية حصول ذلك في زمن الغيبة بإسناد وظائف الإمام مؤقتًا لنواب الإمام وهم – الفقهاء- وتأمين مخرج فقهي لمسألة التعامل مع السلطة الغاصبة. لم يكن تجاوز ذلك الأمر مجرد كسر لعقيدة الانتظار فقط، بل طرح نفسه في صورة تخط لمسألة الإذن إلى طرح مسألة السلطة الشرعية، وكيف تقام بديلًا من سلطة الجور السائدة. تفجرت القومة الإيرانية بقيادة الأئمة القائمين بالله وتفجرت القوة الغضبية للشعب الإيراني الذي كان يخضع للتسلط والاستكبار من طرف نظام الشاه المستكبر. كان هذا النظام حصنًا حصينًا للاستعمار الأمريكي وحليفه الصهيوني بإسرائيل العين الحارسة على مصالح الولايات المتحدة بالشرق الأوسط. فكان الشاه الطاغية الفرعونية حارسًا أمينًا لأمريكا بالمنطقة فلم تكن القوى العظمى تتوقع ثورة شعبية قوية بقيادة الأئمة القائمين أن تقع أو حتى أن تنجح وبذلك انتهى عهد الطاغية وسقط عرشه الواه وسقط سلطانه، فالحكم لله والعاقبة للمتقين. [78]

النظام الإسلامي هو نظام المستقبل القريب في كل بلدان العالم الإسلامي، ومن الحكمة أن يقبل العالم الغربي بهذه الحقيقة، ويتعايش معها عوض مساندة الاستبداد، حفاظًا على مصالحه الإستراتيجية مع الأمة الإسلامية. والخطاب موجه للغرب لأنه المتحكم الآن في الخريطة السياسية العالمية، وفي العالم العربي والإسلامي بصفة خاصة. ولعل الاحتكام إلى صناديق الاقتراع من غير شروط الاستبداد الحالية، سيؤكد هذه الحقيقة. أما مجهوداتنا في التنشئة فمحدودة، فالدولة هي التي تمتلك مؤسسات التعليم الفاشلة، ووسائل الإعلام "العمومية" التي لم يعد المغاربة يهتمون بها... والجمعيات لا يُسمح لنا بتأسيسها، وقد تتبع العالم ما جاء في التقرير الأخير لهيومن رايتس ووتش في هذا الصدد، بل لا يملك أعضاء جماعة العدل والإحسان حتى الحق في تنشئة أبنائهم في بيوتهم التي تقتحمها عليهم السلطات بالليل والنهار لزرع الرعب في الصغار والكبار.

72

وما بقي خارج دوائر الانبطاح من مؤسسات التنشئة في المغرب مهدد في كل لحظة وحين، فهذه جرائد تحاكم، ودور القرآن تغلق.... وفي المقابل يفتح الباب على مصراعيه لكل ما من شانه أن يستأصل جذور الصلة بين المغاربة وهويتهم الدينية والحضارية. إنها خدمات تسدى للغرب لطمأنته على الوجهة المختارة ليرضى. لكن ليعلم الجميع أن شوكة هذا الإسلام تتقوى كلما حاربه أعداؤه، لأنه موصول برب الأرض والسماوات.[79]

فكما أمسكت أيدي الصحابة المباركين زمام الأمر في الخلافة الأولى، وحافظوا على البناء بعدما أقاموه مع النبي صلى الله عليه وسلم، كذلك تمسك إن شاء الله أيدي "إخوانه" صلى الله عليه وسلم المباركين زمام الأمر في الخلافة الثانية بعد أن يعيدوا رصَّ البناء من انتقاض. فما هو هذا الأمر؟ أهو دولة من بين الدول، ترعى مصالح المسلمين، وترفع من شأنهم بين الأمم، قوية عزيزة، لها حضارة شامخة، وجانب مرهوب، وسطوة محترمة؟ أم هي دعوة ودولة، دولة تخدم الدعوة، وتسير في موكبها، وتأتمربأمرها؟

نستفيد من التلمذة المستبصرة لتلميح الوحي المعبِّر عن توقيع القدَر، الملمِّح لمواقعه، أن رحا الإسلام تدور بعد رسول الله صلى الله عليه وسلم بظهور الفُرقة والخصام بين السلطان والقرآن. ومع التلميح هناك الأمرُ الصارم بأن ندورَ مع القرآن حيث دار لا مع السلطان الجائر الذي لا يترك لنا إلا المجال الضيق بين القتل والضلال. ونستفيد من تصريح الوحي الواعد بالخلافة الثانية أنها دورة نبُوَّة (خلافة على منهاج النبوة، حكم عاض، حكم جبري، خلافة ثانية على منهاج النبوة). ويفسر الوحيُ الوحيَ بقول رسول الله صلى الله عليه وسلم: "بدأ الإسلام غريبًا، وسيعود غريبًا كما بدأ. فطوبَى للغرباء". رواه الإمام مسلم عن أبي هريرة رضي الله عنه.

قال الشيخ محمد عبده رحمه الله: "يعود غريبًا كما بدأ لينتشر وينتصر ثانيَ مرة كما انتشر وانتصر أولَ مرة. ونعم القولة هذه. يؤيد صحتها الحديث المنهاجي، ثم ما نشاهده رَأيَ العين في الصحوة المباركة. وليْسَ لِمن يرشحهم القدَرُ من غُرباء الإسلام الموعودين بالغد المُكلِّفِ المشَرّفِ مِثلُ تتبُّعِ الرحا في دورتها ليرقبوا كيف دارت دورةَ النزولِ ليعكسوا في صعدتِهم خِصالَ الخلافة تخلقًا وإيمانًا".[80]

دور العلماء في إعداد الأمة

كان للعلماء ولا يزال دور أساسي في تسيير شؤون الأمة والقيام بتوعيتها والدفع بها للتحرر والانعتاق من جور الحكام وتكالب الغزاة، فقد كان لهم شرف حمل الرسالة وتتمة المهمة التي أناط الله بها الأنبياء والرسل عليهم السلام، كما قال رسول الله صلى الله عليه وسلم "العلماء ورثة الأنبياء".

إلا أن هذا الدور عرف فترات ضعف حضور العلماء في حياة الأمة خصوصا إثر التصدعات والتحولات التي عرفتها الأمة منذ الانكسار التاريخي الذي قلب نظام الحكم من خلافة راشدة إلى حكم عاض ثم جبري. كان لهذا التحول التاريخي أثر كبير على حياة الأمة شمل كل الجوانب الخاصة والعامة، فرغم المحاولات العظيمة والاجتهادات الكبيرة من طرف بعض العلماء الأجلاء خلال التاريخ للحفاظ على بيضة الإسلام من خلال العض على سنة رسول الله صلى الله عليه وسلم وتعليم الناس إياها.

ولما تم انتقاض عروة الحكم والتي هي العروة الوثقى التي حذر منها رسول الله صلى الله عليه وسلم كأول عرى الإسلام انتقاضًا، حيث روى الإمام أحمد بسنده الحسن عن أبي أمامة الباهلي رضي الله عنه حيث قال "لينقضن عرى الإسلام عروة عروة كلما انتقضت عروة تشبث الناس بالتي تليها.

وأولهن نقضًا الحكم وأخرهن الصلاة"، جعل حكام العض والجبر يفرغون الإسلام من دوره الأساسي وهو تبليغ رسالة رب العالمين وتطبيق العدل والإحسان وذلك بالعمل على فصل السلطة السياسية بعزل العلماء وإبعادهم عن التدخل في أمر الحكم والحكام ونصحهم وتوجيههم. وبذلك انحصر دورهم منذ الانكسار التاريخي إلى أن انزووا نهائيًا عن الحياة العامة واقتصروا في دعوتهم على الحفاظ على بيضة الأمر كذريعة شرعية قدموها تحت بطش السلطان.

كان منطق التبرير مهيمنًا على نظام التفكير السياسي، غالبًا، عبر تاريخ المسلمين منذ ذهاب نظام الخلافة، وأدى ذلك إلى واقع الضعف المجتمعي والاستبداد السياسي وعزل نخبة العلماء عن الواقع وجعلها تدور في حلقة مفرغة توجت بتمزق الأمة وتفتتها. وهكذا تطغى السلطة السياسية للدولة على السلطة الدعوية للعلماء، وأمام هذا الطغيان انقسم العلماء إلى ثلاث فئات، فئة اختارت الارتماء في أحضان الحكام وإعداد الفتوى التي تذبح بها الأمة مقابل الحظوة والعطايا، ضاربة عرض الحائط قولة سيدنا أبي بكر رضي الله عنه

الذي قال: "أي سماء تظلني، وأي أرض تُقلني إن أنا قلت في كلام الله ما لا أعلم؟"، والتي تحدد السياج الذي يجب على العالم ألا يتجاوزه. واختارت فئة ثانية أن تحافظ على بيضة الإسلام دون أن تصطدم مع الحكام وتعمل على ثنيهم عن جورهم، وأكثر من ذلك دعت إلى عدم الخروج على الحاكم الظالم مخافة انفراط عقد الأمة. وفئة ثالثة اختارت الصدع بالحق دون أن تخاف في الله لومة لائم وهي الفئة التي قال فيها رسول الله صلى الله عليه وسلم: "لا تزال طائفة من أمتي ظاهرين على الحق حتى تقوم الساعة"، وهي الفئة التي نجد فيها القائمين من أهل البيت عليهم السلام ومن ساندهم في قومتهم على الظلم من أمثال الإمام مالك وأبي حنيفة والشافعي وعلماء أجلاء كأمثال سعيد بن جبير والعز بن عبد السلام وحسن البصري. 81

أورد في هذا الصدد حديث المصطفى عليه الصلاة والسلام الذي يشرح فيه أحوال العلماء عبر تاريخ الأمة وعند انتكاس التاريخ بعد انتقاض العروة الأولى وهي الحكم. روى الطبراني عن معاذ بن جبل رضي الله عنه قال: سمعت رسول الله صلى الله عليه وسلم يقول: "ألا إن رحى الإسلام دائرة فدوروا مع الكتاب حيث دار. ألا إن الكتاب والسلطان سيفترقان فلا تفارقوا الكتاب، ألا إنه سيكون عليكم أمراء يرضون لأنفسهم مالا يرضون لكم، فإن أطعتموهم أضلوكم، وأن عصيتموهم قتلوكم.

قالوا: وماذا نفعل يارسول الله؟ قال صلى الله عليه وسلم: كما فعل أصحاب موسى حملوا على الخشب ونشروا بالمناشير، فوالذي نفسي بيده لموت في طاعة خير من حياة في معصية". وفي قرننا هذا أي القرن خامس عشر الهجري وهو قرن الخلافة على منهاج النبوة استعدادًا وتهييئًا للأمة لتعود كما كانت من قبل الأمة الشاهدة والداعية والمجاهدة لا بد للعلماء أن يقوموا بالدور الجليل الذي خصهم به الله سبحانه وتعالى من حيث أنهم ورثة الأنبياء وحاملي الرسالة بعدهم وسيسألون عنها. في هذا الأمر يفصل المرشد في دور العلماء في كلامه الذي فصله في المقطع التالي: "يحصل التحول إذا أصبح العلماء رجال الدعوة يغشون مجالس العامة، يوجهون ويرشدون، بالكلمة الطيبة، والبذل السخي تبليغًا للدعوة وتحبيبًا. ينبذون حينها ما طرأ على فقه العالم في ظل الحكم العضوض من أنه يؤتى ولا يأتي الناس". 82

"فعلى هذا ينبغي للعالم، أو يتعين عليه، أنه إذا رأى الناس قد أعرضوا عن العلم عَرَضَ نَفسه عليهم لتعليمهم وإرشادهم وإن كانوا معرضين. لأن العلماءَ ورثةُ الأنبياء عليهم الصلاة والسلام. ألا ترى أن النبي صلى الله عليه وسلم، حين كان

الناسُ معرضين، كان يعرض نفسه المُكَرَّمَةَ على قبائل العرب ليتبَعوه وينصُروه. إذ أن الغنيمةَ عندهم (أي العلماء) إرشادُ شاردٍ عن باب ربه، أو ضالٍّ لا يعرفُ الطريق. فيرُدّونهم إلى باب مولاهم، ويوقفونهم على بِساط كرامته، باتِّباع أمره، واجتناب نهيه.(...). فانظر رحمنا الله تعالى وإياك إلى نية العلماء إذا صلحت، كيف يبذلون أنفسهم في الأسواق، والجلوسِ فيها مع الباعة، ومن هو متصف بالبُعْدِ والجهل، فيردونهم بالعلم إلى أسنى الأحوال وأرفعها. لا جرم أنه لما كان العلماء على هذا الأسلوب المبارَك انتفعوا ونفعوا، وعمت بركتُهم لأهل السوق وغيرهم".[83] وإذا كان واقعنا غير ذلك لكون العلماء أصبحوا تابعين وتحت إمرة الحكام، لكن هل واجب عليهم أن يطيعوا الحكام طاعة مطلقة عمياء كيفما كان حُكمهم؟ نقرأ في كتاب الله: "يَا أَيُّهَا الَّذِينَ آمَنُواْ أَطِيعُوا اللهَ وَأَطِيعُوا الرَّسُولَ وَأُوْلِي الأَمرِ مِنكُم فَإِن تَنَازَعْتُمْ فِي شَيءٍ فَرُدُّوهُ إِلَى اللهِ وَالرَّسُولِ إِن كُنتُمْ تُؤْمِنُونَ بِاللهِ وَالْيَومِ الآخِرِ ذَلِكَ خَيْرٌ وَأَحْسَنُ تَأْوِيلاً" (النساء: 59).[84]

فإذا كان العلماء يمثلون أولي الأمر ويتولون الصدارة في الأمة كما هم ولاة الأمر الأمراء، بمعنى أن قيادة العلماء قيادة دعوة وقيادة الأمراء قيادة دولة فإنه ينبغي على العلماء أن يتصدروا القيادة لأن وظيفتهم التي هي وراثة النبوية بالمتابعة والمراقبة والتقويم والتوجيه للحكام خاصة، وللأمة عامة، حتى لا يقع التجبر والتسلط والتكبر من السلطان ويستفرد بالحكم معطلًا فريضة العدل والشورى والنصيحة، كما قال رسول الله صلى الله عليه وسلم "العلماء ورثة الأنبياء". وإذا كان واقع الحكم الجبري المتجبر والمستكبر والباطش هو السائد في الأمم الإسلامية ومن ذلك تقلص دور العلماء وعزوفهم عن النصح، فذلك لا يعني تعطل دورهم في الحياة العامة. فالقول بتقليص دور العلماء لا يعني تغييبهم كلية وإنما يعني توظيفهم في خدمة سلطة المستبد وتبرير نظام حكمه الظالم، والإفتاء بما يوافق هواه. أما من رفض منهم هذا التوظيف فإنه إما سكت خوفًا وإما قام بواجب النصح الصحيح الفصيح فدفع الثمن غاليًا في سبيل الله وكرامة الإسلام وخيرية الأمة. قال صلى الله عليه وسلم: "إن الله عز وجل لا ينتزع العلم انتزاعًا من الناس بعد أن يؤتيهم إياه، ولكن يذهب بذهاب العلماء، فكلما ذهب عالم ذهب بما معه من العلم، حتى إذا لم يبق إلا رؤساء جُهال إن سُئلوا أفتوا بغير علم فيَضِلون ويُضلُّون". وما الضلال الذي وصلته الأمة اليوم إلا بتخلي العلماء عن واجبهم الشرعي أمام تجبر الحكام واستئسادهم. ولمعرفة خسارة التخلي عن واجب النصح والصدع بالحق تأمل قول النبي صلى الله عليه وسلم: "من علِم علما فكتمه ألجمه الله يوم القيامة بلجام من نار"، من يجبره على

كتمانه؟ من يمنعه من بيانه وتبيينه؟ أليس الخوف من بطش الحكام؟ ثم ألا ينتظره لجام النار في آخرته إن كتمه؟ وماذا ينبغي أن يختار: سوط السلطان الجائر الذي يحتكر كل شيء أم نار جهنم الحامية التي ترمي بشرر كالقصر؟

فلا يُعقل أن يفرض الحكام طاعتهم على من هُم أُمناء على الدين، على من وظيفتهم لا يلغيها فرد ولا تعطلها مؤسسة كيفما كانت المهام المنوطة بها، وكيف يستساغ أن يُرد أمر الله وأمر رسوله إلى أمر الحكام، والحق أن يرد أمر الحكام وغير الحكام إلى أمر الله ورسوله، بل كيف يدعي الحاكم المسلم أنه مقدس؟ والحق أنه "في الإسلام لا قداسة لأحد بعد رسول الله صلى الله عليه وسلم، وليس في ديننا عصمة لحاكم ولا عالم ولا خليفة ولا ولي صالح. فكل ابن آدم خطاء وخير الخطائين التوابون، كما جاء في الحديث الشريف، فالقداسة لدين الله تعالى ولأحكامه الثابتة، أما تصرفات الناس واجتهاداتهم وآراؤهم ولو كانت مؤسسة على الدين ونابعة من تعاليمه فإنها تبقى تصرفات بشرية يعتريها الصواب والخطأ."[85]

يساءل المرشد عبد السلام ياسين عن دور علماء الأمة وما قاموا به من مقترحات استعدادية للأمر الجلل والعظيم، الخلافة الثانية على منهاج النبوة قائلا: "علماء المسلمين يكتفون بعلم الدين، أي بشرح العلم وأدوات تحقيقه من إعمال للعقل والقياس ودراسة النصين دراسة تتوخى النظر والمعرفة. لكن السؤال هو كيف نربي النفس وكيف نزكيها حتى تصبح قادرة على لقاء الله ومستعدة لتحمل بناء الخلافة الثانية الموعودة؟ ويقول عن علماء الأمة ما يلي: "إن علماء الأمة كثيرًا ما يقفون عند علم الفقه، وفقه نظري للدين ويغيب عن علماء الأمة فقه النفس وعلم السلوك وعلم تزكية النفس. أما الذي يتعرض له بالحديث عن منهاج النبوة لا بد أن يعرف نفسه ومصيرها وماذا عليه أن يفعل كي يزكيها. لا بد له أن يعرف عن العالم من حوله والمخاض الذي يخوض فيه والأفكار السائدة فيه والنظريات المهيمنة فيه والقوة المتحكمة فيه والأفكار السائدة فيه وكيفية معايشة مشاكل العالم من مسلمين وغير مسلمين.

لمعرفة ذلك يلزم أدوات علمية، من علوم السياسة وعلوم الاجتماع والاقتصاد والإحصاء ومن دون تلك العلوم لا يمكننا خوض العالم لنقيم دين الله. وما عدا ذلك فإن مواقف العلماء والقائمين على أمر الأمة أمام منزلقات ثلاثة :

المنزلق الأول: يقودنا المنزلق الأول إلى الدروشة، فننزوي بعيدًا عن حركة العالم وتحولاته ونقبع في الزوايا نبني حول أنفسنا حصنًا متينًا لا يستطيع أن

يخترق العالم الواسع والذي أمرنا الله بتبليغه دعوة الإسلام بينما يخترقنا الآخر لأنه يملك الأدوات العلمية لذلك. فمن الدعاة من يرى أن الحل هو الخروج عن المجتمع وهذا هروب عن ساحة الجهاد وهروب من المجتمع.

المنزلق الثاني: هو تكفير الناس جميعًا وبذلك يكون الحل لديهم تكسير الناس جميعًا، فمن الدعاة والعلماء من يرى أن الحل هو السيف. فنهدم المؤسسات جميعها نقتل ونسفك الدماء بدعاوي فقهية كثيرة منها جهاد الكفار ولو اقتضى الحال قتل حتى الأبرياء من الناس. الغرض من هذا الحل هو تهديم ما بنته الحضارة الغربية الكافرة والتي لم نقدر أن نواجهها لأننا الأمة المغلوبة.

المنزلق الثالث: من علماء المسلمين من يتخصص في جزيئة من جزئيات الفقة فيتعلم الأحكام ويعلمها ويبقى عاجزًا عن أن يأتي بنتيجة في عالم تحكمه أفكار هو غائب عنها لأنه غير قادر على فهم هذا العالم لجهله بأمور الدنيا وعلومها ومستجداتها وخدائعها. ما هي المقترحات التي يطرحها المرشد باعتباره المربي الذي يهييء جماعة العدل والإحسان لتقوم بمهام الدعوة في المجتمع المدني وتذود عن المستضعفين وتنبذ الظلم والحكام المستبدين لتقيم أركان العدل والقسط كي تغير الواقع، واقع الحكم الجبري ؟ يجيبنا الأستاذ ياسين "يلزم أن نتعلم ما هي الشروط الشرعية التي تجعل أعمالنا مقبولة عند الله عز وجل وما هي الشروط التي تعمل على تغيير الواقع فالله وعد العاملين من خلال الآية: "وعد الله الذين آمنوا منكم وعملوا الصالحات ليستخلفنهم في الأرض كما استخلف الذين من قبلهم، وليمكنن لهم دينهم الذي ارتضى لهم، وليبدلنهم من بعد خوفهم أمنًا. يعبدونني لا يشركون بي شيئًا. ومن كفر بعد ذلك فأولئك هم الفاسقون" (النور: 55).[86] لم يعد الله القاعدين والهاربين عن مدافعة الأقوام والذين هم غير قادرين عن فهم سنن الله وقواعد الله في سير العالم وتاريخ الحضارات. فالمطلوب المدافعة ومعناها أننا كأمة وسطية يجب علينا أن نفهم سنن الله في كونه فنقبل على مخالطة الناس جميعا في العالم حتى نتمكن من تبليغ رسالة التوحيد وإلا كيف سنتحاور مع العالمين إن لم نفهم حضاراتهم ولغاتهم وعلومهم السياسية والاقتصادية والاجتماعية. نقف عند الآية التي تحث على المدافعة مع الأمم لنفهم عن الله المدافعة مع الأمم الأخرى "ولولا دفع الله الناس بعضهم ببعض لفسدت الأرض" (البقرة: 251). لكن قليل من العلماء والدعاة هم الذين يسائلون عن الوسيلة وعن الكيف، التي بواسطتها يلزم بناء المؤمن وجماعة المؤمنين القادرين على المدافعة مع الأمم الأخرى ونشر العدل والإحسان في الأمة والعالم جميعه. كيف العمل لتحقيق دين الله وموعود رسول الله صلى الله

عليه وسلم بتحقق الخلافة الثانية على منهاج النبوة؟ التغيير الذي يقترحه المرشد يتم بالتدرج والحكمة، لأن المؤمن في مدافعة مع العالم وفي مواجهة مع الرأسمالية التي تسير العالم اقتصاديًا واجتماعيًا وسياسيًا وفكريًا وحضاريًا.

لننظر في عمق الرأسمالية كنظام وحيد في الكون، باعتباره نظام عمل على صنع الظلم وتفشيه بين البشر بحيث أغنى فئة النخبة التي تمتلك ثروات الأرض بينما أفقر فئات واسعة من المجتمع العالمي والنتيجة أن هذا النظام مآله الزوال والنهاية، كيف ذلك؟ تعاني الشعوب ما تعانيه من ظلمات الظلم والفقر والجهل والتأخر والتردي في الفواحش. فهو واقع مزري حيث تعاني الشعوب الحروب والإبادة وتحطم فيه حضارات وينسف العمران. وقد دفع هذا الواقع الأليم بالشعوب لتنهض من سباتها وتدافع الظلم الممارس في حقها. ولقد تفجرت حركة الأمم والشعوب التي تدافع ذلك الظلم. لذلك يلزمنا نحن كمسلمين وكأمة شاهدة بالقسط أن نقوم بدورنا التاريخي وهو الدعوة لعدل الإسلام وقسطه وتثبيته في العالم. يجب أن يقتنع سكان الأرض أن الإسلام هو الحل المثالي لرفع الظلم وتحقيق العدل. ولا يعني ذلك في منظور المرشد أن تحقيق العدل هو الهدف، بل الهدف هو دعوة البشرية لعبادة الله الأحد وتغيير وجهتها من مقدسات مادية محرومة منها تتحكم فيها الفئة الباغية والمتحكمة في أرزاق البشرية إلى وجه الله الذي يملك كل ذلك. فالمطلب والمبلغ هو دعوة الناس الغافلين عن الله إلى الرجوع إلى عبادة الله لأنه لسبب بسيط هو الخالق الأوحد والأحق أن يعبد.

وظائف الدعوة ومهماتها

أقصد بالدعوة فعل رجال الطلب الحاملين هم الأمة الساعين لإقامة دين الله في الأرض تلبية للنداء القرآني : "يا أيها الذين آمنوا" المنوط بهم تحقيق مطالب الشريعة. وسواء كانت الدعوة منظمة تنظيمًا موحدًا في الأقطار التجزيئية الموروثة أو كانت عبارة عن جماعات تتعاون ريثما يزداد التقارب والتلاحم إلى وحدة ما، فإن واجب الدعوة إقامة الدولة الخلافية الموحدة ابتداء من دول إسلامية قطرية، ينظر في نوع النظام الأَصلح لربطها تدريجيًا.[87]

تسعى تنظيمات الدعوة إلى تجنيد العامة وتعبئة المستضعفين بهدف إيقاظ القلب ورفع الهمم إلى نشدان الكرامة الآدمية وكمال الإنسان. إن أمر الدعوة لا يستقيم إن فصلت ما بين المطالب الإيمانية السنية العلية ومطالب العدل والكرامة والشورى والحرية، لذلك وجب تعليم "العامة أن الإسلام قومة على الفساد والكفر والظلم والفسق، كلها في قَرَن واحد". يلزم أن يسبق أمر التجنيد التغيير في الأمة حتى تستعد لاستقبال الخطاب الدعوي وتتفهمه وتفعله في الحياة الخاصة والعامة ليتحول العلم إلى عمل وإلى قيم وخلق يتعامل بها. وأمر التغيير قضية جوهرية نزل به القرآن وذكرت بها آياته التي تدعو بل وتأمر بإحداث التغيير في النفوس لأنه شرط أساسي تتغير الأحوال العامة نقرأها هنا : "إن الله لا يغير ما بقوم حتى يغيروا ما بأنفسهم" (الرعد: 11)، فأمر الله واضح فلن يحدث التغيير في قوم حتى يغيروا ما بأنفسم، إنه تغيير داخلي يحدث بالنفوس يعقبه تغيير في واقع المسلمين فهي توبة صادقة تنبع من كل نفس وتصافي بين النفوس وإنه لشرط لتغيير ما بالقوم. فالتحدي أمام الدعوة في المستقبل هو حمل الرسالة لعالم متعطش يريد تخليص نفسه من ربقة عبودية غير مشروطة تجعل منه عبد الاستهلاك وتخزين المال والتمتع بالحياة ولا ذكر للآخرة ولا مآل ما بعد الممات. وهنا يظهر وزن الخلق والقيم التي تجعل من الدعاة عباد للرحمن الحاملين لرسالة المصطفى المبلغين عن الله بالرحمة والتدرج والحكمة في بلاد الغرب خاصة. وأسوق كلام المرشد عبد السلام ياسين: "وزننا السياسي، ولو ثقل بعد زوال وصمة الغثائية، لا يوازي وزننا الأخلاقي الروحي بوصفنا حملة الرسالة الخالدة. بوصفنا مبلغين عن رب العالمين وعن رسوله الأمين. وهو تحد لا تقوم له الأمة إن لم يكن التحدي الفردي الذي يهيب بالمؤمن والمؤمنة أن يتجردا من عبودية النفس والشيطان، وأن يتحررا من سلطان الهوى فيبرآ من مرض الغثائية وداء الأمم وما ينجر إليهما من آفات، وينبريا تلبية لنداء "سابقوا" ليكونا من المقربين، من إخواننا".[88]

إذًا لا بد للمسلمين أن يغيروا ما بأنفسهم بالتربية على الإيمان بالله وأن تتربى النفوس على طاعة الله من دون خلقه وأن تتربى على ذكر لله. وهكذا يتوصل المرشد من خلال تدبره العميق للآيات القرآنية أن التغيير لا يمكن أن يحصل في النفوس إلا بتربيتها وتزكيتها والنتيجة التي يتوصل إليها هو ما يسميه المرشد

بضرورة التربية وحتميتها. لذلك فالمنهاج لديه في إحداث التغيير يكون بالتربية فالتربية فالتربية. معرفة النفس من هذا المنطلق تكون ضرورية، بل أساسية في بناء الذات التي ستتربى بواسطة منهاج خاص. لكن معرفة النفس هنا تتم من خلال العلم القرآني أي من خلال الخطاب الرباني العارف بالنفوس وأحوالها وما يعرض لها وعليها من آثار الفتن التي تحصد المجتمعات الإسلامية التي ينبغي بناؤها البناء الصحيح لتظهر إرادتها القوية لبناء الخلافة على منهاج النبوة الموعودة. النفس التي أقسم الله بها في الآية التالية "ونفس وما سواها فألهمها فجورها وتقواها، قد أفلح من زكاها وقد خاب من دساها" (الشمس: 7-10).

ولا يعني ذلك أن المعرفة بالنفس ستتم انطلاقًا من مواد علم النفس المعاصر وما يمثل من معارف حول النفس حسب المدارس الغربية. بل من خلال مدارسة الآيات الزاجرة والمذكرة بلقاء الله والموت والحشر، أي من خلال تذكير النفس التي ستلقى الله. المطلوب في هذه المرحلة الحاسمة من تاريخ الاستعداد لتحقق البشارة النبوية: "ثم تكون خلافة على منهاج النبوة" أن نعد المسلم ثم جماعة المسلمين وجماعات المسلمين لهذا الأمر العظيم الذي نسير نحوه سيرًا حثيثًا. فالدعوة إلى الله هو الأمر الثابت وما عداه متغيرات يتحكم فيها عامل الزمن والمكان والأحداث الجارية والأهداف المرسومة والمخططات المدروسة. الدعوة إلى الله رسالة كبرى ينبغي القيام بها وتبليغها للعالمين. "وإن حاملي الرسالةِ طلائعُ الحقِّ لا ينتهي واجبُهم بإقامة دولة القرآن في دار الإسلام الموروثَة، بل تبدأ بعد قيامها رحلةُ تبليغ الرسالة للعالمين".[89]

الدعوة أمر جامع بين الدنيا والآخرة وعمل جهادي تجديدي يغير ما بالنفوس البشرية لترقى في مراتب الدين لتبلغ ذروة الإحسان وتغير ما بالمجتمعات المفتونة لتخرجها من ظلمات الفتن وشوائب الشرك وتنقلها من حال الغفلة إلى حالة الصحوة والقرب من الله. "إن الدعوةَ إلى الله عز وجل هي لبُّ الأمر كله، هي وراثة النبوة".[90]

هي دعوة على المنهاج النبوي شرعتها العدل وسنمها الإحسان ولبها التربية السلوكية التي تحدث التغييرات في النفوس وتخلصها من عبودية العادة إلى العبودية الحقة الكاملة والشاملة بكل معان العبودية، وهي الدلالة على الله والتذكير بالآخرة وهذا الأمر العظيم لا يقوم به إلا وارث أُعطي علم الولاية وفقه السلوك. الدعوة إلى الله..هي السبيلُ الأوْحدُ لِتَجَدُّدِ الدينِ التَّجَدُّدَ الأعظمَ...الدعوة إلى الله نورٌ ينقشع به ظلامُ الماديةِ الدامسِ.. والدعوة إلى الله سنةٌ محمديةٌ جامعةٌ "بينَ الجهادِ الأكبرِ جهادِ النفسِ، وبين الجهادِ الأوسعِ جهادِ نصرةِ اللهِ في الأرضِ".[91] ونختم بقول ابن قيم الجوزية في الجهاد، قال تعالى: "والذين جاهدوا فينا لنهدينهم سبلنا" (العنكبوت: 29)، علق سبحانه الهداية بالجهاد، فأكمل الناس هداية أعظمهم جهادًا، وأفرض الجهاد جهاد النفس وجهاد الهوى وجهاد الشيطان وجهاد الدنيا، فمن جاهد هذه الأربعة في الله هداه الله سبل

رضاه الموصلة إلى جنته، ومن ترك الجهاد فاته من الهدى بحسب ما عطل من الجهاد. قال الجنيد: والذين جاهدوا أهواءهم فينا بالتوبة لنهدينهم سبل الإخلاص، ولا يتمكن جهاد عدوه في الظاهر إلا من جاهد هذه الأعداء باطنًا، فمن نصر عليها نصر على عدوه، ومن نصرت عليه نصر عليه عدوه".[92]

إن العلاقة التاريخية بين السلطان والقرآن، اللذان افترقا بعد الانتكاسة التاريخية بعد الفتنة الكبرى التي قسمت ظهر الأمة للأبد، يلزم معالجتها وإعادة النظر فيها لعله ينبعث من قلب الأمة رجال قادرون على بناء صرح دولة تجمع ما بين السلطان والقرآن. في عهد النبوة كانت الدعوة والدولة قضية واحدة، فكان من مقتضيات نشر الدعوة أن ينتظم المسلمون في أمور عباداتهم ومعاملاتهم ومعاشهم وجهادهم حول مُطاع واحد. في شخصه الكريم تجتمع معاني الرحمة المهداة، وبيده الكريمة مقاليد الأمر والنهي، أمرٍ ونهيٍ جميعٍ غيرِ شتيت، الكل دينٌ، لا فصلَ في فقه الصحابة رضي الله عنهم بين الدنيويّ والدينيّ. فقد كانوا عبادَ الرحمن، في كل حركاتهم وسكناتهم يذكرون الله عز وجل ويسبحونه، حاضرين قلبًا وقالبًا مع البِشارة والنذارة. كل أعمالِهم قُرَبٌ إلى الله عز وجل، ترفعُها النية مهما كانت صغيرة.

من مطالب الدعوة كشف المتلبسين بالإسلام الملبسين أمثال كل دكتور فيلسوف ملحد والرد عليهم. هذا نهي عن المنكر واجب في كل المراحل، لكن الدولة الإسلامية بعد بنائها هي الأداة الكفيلة بقطع لسان الأفاكين. لا أقصد قطع العضو الناطق، فليس قطع الألسنة من الحدود الشرعية، بل أقصد إسكات الأصوات النكراء. وللردة أحكامها الشرعية لابد أن تأخذ مجراها في دولة الإسلام. فمهمة الدعوة أن تنشئ الحياة الإسلامية وتشيد أركان الدين في المجتمع. أي أن ترعى المقاصد الشرعية في "العبادات" كما يعبر علماء الأصول. ومهمة الدعوة بعد أن تصبح الدولة بيدها، طوع إرادتها، أن تستصلح الوسائل المادية والمالية والتقنية والإدارية لخدمة المطالب الدنيوية. أي أن ترعى مقاصد الشرع "من جانب الوجود" في ميادين "العادات" و"المعاملات".[93]

ذهب المرشد إلى أن عملية المحاسبة والمراقبة داخل الأنظمة التي تحكم حاليًا في أشكالها الديمقراطية عبر البرلمانات مستحيلة الحصول، لماذا؟

أولًا: لكون آليات التناوب والديمقراطية للبرلمانات تتشكل من حكومة ومعارضة وتشكل المعارضة في هذا البناء السياسي التراتبي جزءًا لا يتجزء من ماهية آلة الحكم. وثانيًا: إن تعامل الجماعة مع منظومة الديمقراطية باعتبارها حكمة من حكم البشرية، وما خلصت إليه البشرية في تطورها التاريخي هو موروث جماعي. غير أن الحكمة يستفاد منها بحكمة، فالديمقراطية تتبني فلسفتها على الإلحاد وفي أحسن الأحوال على اللائكية فهي تفصل بين المؤسسة السياسية الحاكمة والمؤسسة الدينية. وهي في ممارستها العملية لا تعترف بالدين ولا

بالأخلاق ولا يوجد ما يمنعها عن ممارسة العنف السياسي والمنفعة والبراكماتية. فهي تبني هيمنتها على العنف الذي تبثه في العالمين وبذلك تنفر الشعوب النامية من أن تتبنى الديمقراطية كآليات عملية. ويبقى للديمقراطية جانبها الإيجابي لأنها تقدر تنظيم الاختلاف بواسطة استعمال آلياتها وتقدر أن تضمن حقوق المواطنة لكل من المرأة والطفل حيث تشركهم في الممارسة الاجتماعية والسياسية. كما أنها تشرك الشعب في تدبير أمور الدولة وكذا في جميع المؤسسات التي أفرزتها الديمقراطية عبر سيرورتها التطبيقية. وإذا كانت الديمقراطية ظهرت كفلسفة في عهد بركليس الإغريقي، منذ القرن الخامس قبل الميلاد، ولم تعرف تطورًا في فلسفتها وآلياتها إلا مع عصر الأنوار خلال القرن 17 الميلادي، حيث بدأت تطبيقاتها مع الثورات الأوروبية خلال القرن 18 الميلادي، فإن الشورى لم يُكتب لها أن تتطور إلى مؤسسات وآليات، فقد أقبرها الملك العاض منذ بدايتها، في تجربتها الأولى في عهد الخلفاء الراشدين، مما جعلها مغيبة في حركة الأمة التاريخية نظرًا لتجبر السيف عليها وعلى وكل من نطق بها.[94]

كيف نتعامل مع الديمقراطية وفكرها العولمي وآلياتها الحديثة في المجتمعات العربية الإسلامية إذا كنا واعين بالمخلفات الاجتماعية التي ترضخ تحتها الشرائح الاجتماعية المستضعفة والمتوسطة من أزمات خانقة حيث يصعب تطبيق الديمقراطية وإخضاعها لها فإذا رجعنا إلى الإحصائيات التي تبين عمق الأزمات الاجتماعية نجد الأمية التي تجاوزت 70 بالمائة وكذلك تهميش المرأة والنظر إليها بدونية ونجد واقعها المزري سواء في المدينة أو في القرى حيث تجمع هناك بين الأمية والجهل والفقر والمرض والدونية العدمية.

ثم إذا استحضرنا شريحة الشباب التي عليها المعول في بناء الدولة القوية بالمقترحات الجديدة المجددة التي لا تكون إلا بالشباب، فإن وضعية الشباب في البلاد العربية الإسلامية تعرف أزمات على جميع المستويات. أول تلك الأزمات العطالة التي يعاني منها حاملو الشهادات وثانيها الشباب اليائس الذي لم يكمل التعليم ولم يستطع الاندماج في مجال الشغل لعدم تكوينه والنمط الثالث من الشباب الذي ضيعه مجتمعه ودولته المدبرة فأصبح ضحية المخدرات بكل أنواعها وتعاطى الجريمة والانحراف ولم تعمل الدولة من خلال مؤساتها ولا الجمعيات الخيرية على إنقاده وإعادة إدماجه في المجتمع.

إذًا من خلال هذه النظرة السريعة المقتضبة للأحوال الاجتماعية كيف يمكن الحديث عن تطبيق الديمقراطية وآلياتها في وسط لا يعترف بحقوق أفراده بل يتم إقصاؤهم وتهميشهم بينما بعض الفئة النخبوية وليس كلها هي المتحكمة في الساحة السياسية والاقتصادية والثقافية والإعلامية والاجتماعية والعمل الحقوقي والجمعوي. فالمشكل المطروح هنا ليس فقط قطع أشواط في الديمقراطية بل برمجة الأدمغة وإعادة بناءها من جذورها بعد أن يتم إعادة بناء الهيكلة الاجتماعية السياسية بشكل تصبح فيه تلك الشرائح الاجتماعية قادرة على

استيعاب الديمقراطية. فكيف نحدث الناس عن الديمقراطية وهم يعانون من الفقر المدعق والحاجة للضروريات من التعليم الممنهج والصحة؟ وهناك الشباب الذي ينتحر ببطء داخل مجتمع لم يهيئ له المستقبل وهناك أيضًا الهيكلة السياسية النمطية التقليدية التي تخضع لدستور مضى عليه أكثر من قرن من الزمن والتدبير الذي يعطي الصلاحيات المطلقة لشخص واحد متفرد في الحكم ومن وراءه نخبة سرية لا يعرفها جمهور الناس فلا يرى غير الواجهة الشكلية التي تمارس في البرلمان والحكومات الشكلية. كيف نوفق بين الطرح الديمقراطي الذي يفرض علينا فرضًا من خلال السياسة الخارجية والعولمة المهيمنة علينا في كل مناحي الحياة الاقتصادية والسياسية وكيف نطبق آليات الديمقراطية على مجتمع يتميز بكل تلك المواصفات التي ذكرت باختصار واقتصار ؟

أحاول مقاربة الطرح الذي يقترحه المرشد عبد السلام ياسين من خلال ما جاءت به النصوص التي تعرض فيها للديمقراطية وإشكالية تطبيقها في المجتمعات العربية الإسلامية. إذا سلمنا مع واضعي الديمقراطية ومطبقيها الغربيون بأنها آلية ووسيلة لمراقبة اللعبة السياسية والعلاقة بين الشعب والنخب السياسية، فإن هذا الأمر يطرح أزمة في البلاد العربية الإسلامية. إذ كيف يمكن أن تحصل المراقبة والمحاسبة ومرض الديمقراطيات الأصيلة نفسها هو انعدام الوازع الخلقي. فما بالك بالديمقراطيات المولدة والمستوردة في بلاد المسلمين. إذًا ما المقترحات التي يحاول المرشد وضعها حتى تتحقق مفعولية ثنائية الدعوة والدولة ضمن العملية الديمقراطية؟

المقترح أن نبحث عن ثنائية من خارج النسق الديمقراطي ذي الشقين الذين هما الحكومة والمعارضة، ثنائية لا تضع الدعوة بمقتضى الحكم تحت رحمة الحكومة بحيث لا تدخل حلبة الصراع على السلطة الحكومية فتضيع مهمتها التي تتركز أساسًا في مراقبة الحكومة ولا في الدخول في لعبتها لاقتناص الفرص للظهور من خلال بناء أحزاب أو الوصول للمراكز الوزارية والوظائف العليا أو فرصًا لنهب خيرات المسلمين والإفساد في الأرض.

إن التعامل مع السلطة انطلاقًا من هذا المفهوم الثنائي ليس سهلًا فالسلطة قد تفسد النفوس وتغريها للدخول في لعبة الحاكم ما دامت المصالح تشترك. في هذا الفصل من الكتاب، نعُدُّه من أهمها، نريد إن شاء الله أن نتمعن في الفُرقة بين السلطان والقرآن، بين الدعوة والدولة، ليكون وعيُنا بأسباب الفرقة والخصام أدعَى أن نجمَع، أستغفر الله العظيم، أدعى أن يجمع الله تعالى بنا ما افترق.

في الهدي النبوي، وبالوحي نستضيء نوّر الله قلوبنا بنوره، إشارة إلى مآل الحكم في يد حكام ظَلَمَة دارت بهم رحا القَدر، فانتزعوا الدولة من يد الدعوة، وتحكموا في المال والقوة حتى لم يبق لأهل القرآن من خيار إلا أن يطيعوهم فيضلوا أو يعصوهم فيُقتَلوا.[95]

المقترح للخروج من الورطة السياسية الاجتماعية إذًا هو تهيئة رجال صادقين موجهين مراقبين ومن ورائهم الشعب المسلم، يسود رجال الدعوة، سلاحهم المعنوي ثقتهم بالله، وخشيتهم من الله، وثقة الشعب بهم، والتفافه من حولهم.... مع الصادقين سلاح صدقهم وطاعة الذين آمنوا الممنوحة دينًا من الدين وثقة تختبر براهينها ويتأكد منها. ومعهم قوة أولي القوة، وذراع أولي العزم من كل تائب لم يخن أمانته قط، ولم يزور ولم يكذب على الأمة كذبة. إذ لا بد من تحالف بين أهل القرآن وأهل القوى الجديدة التحررية المعتنقة حقائق دينها بعد خيبة الباطل وزوال ظله المقيت.[96]

مع الرجال الصادقين العاملين في حقل الدعوة والساهرين على رد المظالم وإعطاء الحقوق للعباد، الصابرين مع السواد يمكن للدعوة أن تقوم بمهماتها الأولية وأن لا تنصهر في الدولة وتبقى المراقبة للحكام ولأولي الأمر، المراقبة التي تقيم من منظور الشرع وتراعي المصالح العامة للبلاد. ففي المراحل الأولى لبناء الدولة يلزم أن تكون مهمات الدعوة شاملة للأمة جمعاء من السواد والخاصة حتى يتم الأمر على بينة وتعطى فرص للتوبة للجميع ليساهم الكل في نهضة الأمة. يبقى أن اهتمام الدعوة بالسواد من الضروريات لأن في هذا السواد من الأمراض التي خلفها الاستذلال والقهر والظلم والجهل والفقر والتهميش ما يلزم علاجه بالوسائل المتاحة للدولة الجديدة.

وقد يستغرق هذا الأمر مدة من الزمن. ولكنه أمر لا بد للدعوة من مباشرته والقيام به لأن بالسواد يكون أمر الدعوة وليس بالخاصة، ولنستحضر في هذا الباب دعوة المصطفى عليه الصلاة والسلام وباقي الصحابة من بعده والقائمين بالله. فقد كان همهم المستضعفين أولًا وأخيرًا. ثمن باهظ وغير مقبول، وخطر داهم أن يُفرغ رجالُ الدعوة كل الجهد غداة تأليف الحكومة الإسلامية وما بعد الغداة في تصريف شؤون الدولة وتحريك دوْلابها ومعالجة خللها وتسيير قطارها، فتدفعَهم الغَداةُ للعشي، ويسَلِّمَهُم الليل للنهار، ويَمُرَّ بهم اليوم للغد، وتَسريَ بهم الشهور للسنوات، حتى تمتصَّ دوَّامة الحياة منهم الروح، وحتى يهضمهم العصر بدَل أن يهضموه.

"الحل الإسلامي" طامة كبرى على الدعوة إن انخرط الدعاة بكامل عدَدِهم وتحولوا مديرين ووزراء ومستشارين وتركوا المسجد، وتركوا صحبة الشعب، وتركوا تربية الأجيال، وتركوا مجالسة المسلمين. يتأكد تفرغ صفوة رجال الدعوة للدعوة، وانتصارُهم وفلاحهم ويُقاسُ بقدرتهم على مراقبة الدولة من خارجها، يفَوِّضون لبعضهم الإشراف المباشر على شؤون الحكم، ويستعينون بالنظراء الفضلاء أصحاب المروآت والكفاءة والنصيب من الإيمان. أما أن يعتبروا شرفَهم في النهوض المباشر بالأعباء وأن ينهمكوا بكليتهم في تصريف الهموم اليومية "للحل الإسلامي" فذاك القضاء المُبرَمُ على الدعوة.[97]

في عصرنا، معاشرَ الدعاة، وجدنا الدعوة منزويَة، بل مَزوِيّة، بعيدًا عن الدولة، مغايرة لها، مضغوطة مِن قِبَلها، مُحارَبَة مضطهدة، أو مُرَوّضة مُدَجنة مُؤَنّسة. ومَنَّ الله عز وجل علينا بأن بعث فينا غَيرة على دينه، وَكراهية لطغيان الحكم العاض المنحرف عن طاعة الله ورسوله. فنحن نريد أن نحكم بما أنزل الله لكيلا تبقى الأمة وعلى عنقها تهديد "ومن لم يحكم بما أنزل الله فأولئك هم الكافرون" (المائدة: 46). "ومن لم يحكم بما أنزل الله فأولئك هم الظالمون" (المائدة: 47). "ومن لم يحكم بما أنزل الله فأولئك هم الفاسقون." (المائدة: 49). والذي وجدناه أمامنا، في كل قطر من أقطار التجزئة الشنيعة دولةٌ بلا دين، دولة تستخف بالدين، دولة تنكر الدين. فقمنا نصبُ كل جهودنا على تفنيد أصول اللايكية، ونصرُخ أن الإسلام دعوة ودولة، حتى بُحَّتْ أصوات الغيرة منا، فيخيل للسامع والقارئ أن مقالتنا تتلخص في أن الإسلام دولة، دولة، دولة.[98]

يضع المرشد عبد السلام ياسين مفهومي الدعوة والدولة وكأنهما أمران لا ينجمعان فلماذا هذه الثنائية؟ يحاول المرشد أن يصالح بين قطبين في معادلة تجتمع فيها ثنائية خاصة هي لقاء ملموس بين رجال الدعوة ورجال الدولة ليتصالح القرآن والسلطان وبأن تبقى الدعوة قائمة بذاتها لا يغيرها حكم السلطان حين يتجبر. والسؤال الذي يطرح هنا لماذا وضع المرشد قطبي الثنائية في شكل لا يظهر أنهما قادران على الانجماع والوحدة لتندمج الدعوة في الدولة؟[99]

أقصد بالثنائية بين الدعوة والدولة وقوف أهل القرآن علماء الأمة بجانب مطالب العدل والاستقامة والخلق والدين عينًا رقيبةً من مكان عز القرآن وسيادته على السلطان ليشتغل أهل السلطان الحكام مديرو دواليب الدولة بتسيير دواليب الدولة وإدارة مؤسساتها تحت مراقبة يمارسها الشعب وتنطق بها الدعوة وتراقب وتحاسب.[100] إن من مهمات الدعوة المستنيرة بالمنهاج النبوي -الذي يتعامل مع الثرات الإسلامي أصوليًا وفروعيًا نوازليًا- الانطلاق من الاجتهاد الشمولي الأصولي القادر على تغطية الفضاء الواسع للمقاصد الشرعية ليصبح عمل الدعوة جماعيًا لا فرديًا وبذلك فقط يمكن سيادة القرآن على السلطان.

إعادة العلاقات بين الدعوة والدولة إلى نصابها الإسلامي بعد هذه القرون التي استبد فيها السلطان العاض والجبري على القرآن مهمة تحتاج إلى جهاد القومة وتحتاج إلى اجتهاد. في ظل الحكم العاض كان علماؤنا يجتهدون وهم في حيز ضيق، لذلك سموا "جنايات " ذلك الجانب المهم من واجبات الدولة، جانب الدفاع عن حوزة الدين. بالنظر من الموقع الضيق، موقع القاضي والمفتي في النوازل والمدرس التجريدي لا يمكن الاجتهاد الشمولي الأصولي معًا القادر على تغطية الفضاء الواسع للمقاصد الشرعية، من حيث كونها مطالب لإنشاء أمر تلاشى والدفاع عن حوزة استبيحت، ومن حيث مناط التكليف الجماعي في الدعوة، ومن حيث سيادة الدعوة على الدولة، أي سيادة القرآن على السلطان لا العكس.[101]

نفهم من كل تلك المقترحات التي جاء بها المرشد أن الدعوة وظيفتها في المجتمع أن تتوغل داخل شرائح اجتماعية تهذب وتربي وتكون وتعلم وتبلغ قيم الدين والخلق وأدب التعامل. فهذا هو ما يلخص عمل الدعوة التي تتمركز في المسجد. فالمسجد يمثل قلب الحياة في البلاد الإسلامية عبر التاريخ ولا يزال فهو محور إشعاع العلم والتقوى. فهل يتضمن قول المرشد مقترحات تدعو لأسلمة الديمقراطية وآلياتها بإخضاعها للقيم الإسلامية وأولها الشورى التي فصلت القول فيها في موضع آخر من البحث ؟

والسؤال هنا هل ينتهي عمل الدعوة بتحقق دولة القرآن التي تنتهج بالشرعة والمنهاج النبوي وبذلك تنتهي مؤسسة الدعوة وعملها في المجتمع، أم أنه يفترض في الدعوة أن تصبح الرقيبة على العملية السياسية التي تتم داخل مؤسسات الدولة وتحدد علاقة الحكومة بالمعارضة. ونلقى في مؤلفات الأستاذ عبد السلام ياسين مواقف مختلفة لأنه يطور أفكاره عبر الزمن وما اقترحه هو أنه من مهمات الدعوة بعد تحقيق الحكم الإسلامي المراقبة التي ستتم من طرف الدعاة وهم الرجال الذين يتم تهييئهم تربويًا وتنظيميًا للقيام بمهمة المراقبة. قبل أن نختم القول في الديمقراطية التي تبنتها الحركات الليبرالية العربية بشكل مفتوح لامشروط، فإننا نجد أنفسنا أمام أزمة تناقض بين ما تدعيه الحركات الليبرالية وما تمارسه حقًا في الساحة السياسية.

أقترح قراءة نص من مؤلف حول كتاب غسان سلامة "ديمقراطية من دون ديمقراطيين" ومن هذا الاستخلاص الذي توصل له في خاتمة المتن. "غريب أن يأتي في معظم الأحوال الدفاع عن الحرية وحقوق الإنسان العربي في سياق فكري وأيديولوجي، بعيد كل البعد عن وصف الليبرالية، وإنما عبر مراحل وأزمنة التاريخ والفكر والثقافة العربية تجد أنصار التيارات غير الليبرالية ومنهم اشتراكيون أو إسلاميون هم الذين رفعوا لواء الدعوة لمبادئ حقوق الإنسان وحملوا عبء الدفاع عن الحرية الفردية والجماعية وحريات الشعوب وحقها في تقرير مصيرها. حيث حققوا الاستقلال الوطني وتصدوا لمهام المعارضة النضالية والكفاحية على جبهتين متوازيتين ومتزامنتين في آن معا في إطار المواجهة الفكرية والسياسية مع كل من الأجنبي الغربي الاستعماري برافديه الأوروبي والأمريكي وبصنيعته الصهيونية إسرائيل من جانب.

والعربي التسلطي المتمثل في النظام السياسي القائم، وسلطته الاستبدادية، والخصوم الفكريين والسياسيين من أنصار التيارات الأخرى المناوئة، والذين كثيرًا ما آثروا التحالف مع النظام التسلطي وأيدوه وساندوه في صدامه مع أنصار الحرية والديمقراطية. ففريق المثقفين من أدباء وشعراء ومؤلفين تجدهم في كتاباتهم الأدبية يتحدثون عن الحرية بمعناها المزدوج فهي تعني المشاركة الكاملة في الحياة السياسية وهي في مفهومهم أبعد وأعمق بكثير من مجرد حرية الكلام والتنفيس عن الغضب التي يدعي الحكام العرب أنهم ذوي الفضل في

منحها لشعوبهم على نحو غير مسبوق. وأن حرية التعبير التي يدلل عليها هذا العدد المتنام باطراد للصحف والجرائد المعارضة هي أقوى وأبلغ دليل على أزهى عصور الديمقراطية التي عرفها العرب وعاشوها على مدى تاريخهم البائد. ويضيف هؤلاء المفكرون بعدًا اقتصاديًا مكملًا لمغزى الحرية ومعناها فهي لا تعني فقط المشاركة في العملية السياسية، وإنما تقتضي توفر وجه آخر للحرية لا يتحقق بدون المشاركة في اقتسام الثروة، وإلا غدت تلك الحرية منقوصة أو مفرغة من أي مضمون حقيقي لها. ونخلص هنا إلى الأمر الأعظم في الديمقراطية ومقترحاتها الأولية ودعواتها التي يمكن اختصارها في رفع لواء الدعوة لمبادئ حقوق الإنسان، وحمل عبء الدفاع عن الحرية الفردية والجماعية والمطالبة بحريات الشعوب وحقها في تقرير مصيرها وفي الاستقلال الوطني.

إن هذه الخصال تعتبر من أسس المنظومات الفكرية والثقافية والواجهات السياسية التي تعمل لها ومن أسسها الحركات الإسلامية العاملة في الوطن العربي الإسلامي بشكل عام، من هنا نخلص أن دعوة الديمقراطية لا تجد تعارضًا فيما تقترحه وما تدعو له تلك الحركات الإسلامية وأن الحديث عن أسلمة الديمقراطية لا تفهم مشروعيته إلا في حالة واحدة وهي استعمال آلية الديمقراطية لتوحيد العمل السياسي في البلدان العربية الإسلامية. وتوحيد وتقريب أوجه النظر بين كل الفعاليات السياسية الذي لا يمكن أن يتم إلا تحت لواء الديمقراطية لأنها الحل الوحيد في المرحلة الانتقالية الذي يمكنه جمع المختلفات داخل الساحة السياسية العربية، إلى أن يتسنى تسييس الشورى وتحديثها الهيكلي المنظم في المؤسسات السياسية الحديثة.

الاجتهـــاد ضرورة

شرعية

كان الصحابة رضوان الله عليهم أقدرَ الناس على إخضاع الواقعِ لمقتضيات النصوص فيما ورد فيه نصوص، وأقدرهم على ترويضه لِيُلائم روح الشريعة فيما سكتت عنه الشريعة. كان خطابُ الله عز وجل الموجهُ إليهم: "يأيها الذين آمنوا" كلمةَ السر التي تبعثُهم للتنفيذ، لا يَلْوُونَ على شيء قبل بلوغ الغاية.

كانت الغايةُ والأهدافُ لديهم واضحةً، فلا يُشَكِّلُ النص العربيُّ لدى هؤلاء العرب عقبةً أمامَ الفهم، ولا يشكل الواقعُ المستعصي عقبةً أمام هؤلاء المجاهدين المصممين على الموت، ولا يشكل غيابُ النص فجوة أمام هؤلاء الأمناء على دين الله العارفين بأسرار الشريعة وروحها. فلما اختصمت الدعوة والدولة، وقاتل السلطانُ القرآنَ، أخضع الحكام النصوص للواقع، وأولوها تأويلًا تصالحت فيه ضمائر الفقهاء المخلصين لله مع سيوف الحكام المخلصين لمناصبهم على إسلامٍ قواعدُه سليمة في قلوب الأتقياء وعمل الأبرار وقبته زور وظلم هناك في تركيبة الحكم ونظامه.[102]

بدأ الاجتهاد كضرورة لحل النوازل التي كانت تعرض في حياة الفرد المسلم وفي الحياة العامة والتي لم يرد فيها نص صريح من الكتاب والسنة، بل وحتى التي ورد فيه نص صريح لضرورة اجتماعية طارئة. فمنذ المرحلة الأولى للإسلام مثل الاجتهاد بالنسبة للصحابة بابًا مفتوحًا وعملًا ضروريًا يستخدم بواسطتها العقل والقياس مع مراعاة الظروف الخاصة وواقع المرحلة ومتغيراتها، ويخدم أهدافًا فردية وجماعية. وبما أن الصحابة رضوان الله عليهم كانوا يمثلون السلطتين، وهما الدولة والدعوة فإنهم كانوا يتصدون للاجتهاد وكان باقي العلماء يتعاطون أنفسهم للاجتهاد، فالحاكم والعالم يتوفران على أهلية الاجتهاد أكثر من غيرهما. "إن الله عز وجل شرع للحاكم المسلم أن يجتهد. وفي هذا الأمر قال رسول الله صلى الله عليه وسلم: "إذا حكم الحاكم فاجتهد ثم أصاب فله أجران، وإذا حكم فاجتهد ثم أخطأ فله أجر". رواه البخاري ومسلم رحمهما الله عن عمرو بن العاص رضي الله عنه، ورواه غيرهما. والمسلمون اليومَ معزولون عنِ الحكم، وعن الاجتهاد بالتالي. يحكمهم من بني جلدتهم من لا يدين لله بدين، أو من ينطق بالشهادتين لا يتجاوز ذلك النطق إلى مجالات الحكم.[103]

مع ذهاب الخلافة على منهاج النبوة التي مثلها الخلفاء الراشدون وأَخْذ زمام الأمة من طرف ملوك العض الذين أخذوا الحكم بالسيف تعطل الاجتهاد كأمر عظيم يقوم به الحاكم أولًا، وبذلك طلق الملوك أمور الدين وتعاطوا السياسة العقلية المنفعية بعيدًا عن النظر في موقف الشرع وغيبوا العقل الديني والقياس الذي هو أساس الاجتهاد.

ضاق مجال الاجتهاد وانحسر في قضايا محدودة لا تتجاوز فقه العبادات، وبذلك ابتعد العالم عن الخوض في قضايا الحكم أو التدخل في أمور تسيير الدولة بعد أن وضع الحاكم حدًا قاطعًا بين تسيير الدولة وتدخُل العلماء في شؤون تسيير الدولة بعد أن فارق السلطان القرآن وأصبح السلطان مستبد بشؤون الأمة وتراجع العلماء إلى مجالات فقهية تخصصوا فيها وجعلوا لها مذاهب وآراء حتى غدت في زمننا مواقف فردية بعد أن كانت جماعية. مع طلوع الملك العاض وذهاب الخلافة الراشدة ضيق ذلك الباب وتقنن، فلم يعد الاجتهاد بتلك الحرية التي كانت عنده، فانحسر في مجال دون مجال، وتصدى له العلماء دون الحكام لما آل إليه الحكام من ضعف في المجال الشرعي، اجتهاد أريد له أن يتمذهب ويتسيس وينداح في الوجهة التي تخدم الأهداف الفردية دون الجماعية، والأحوال الشخصية دون السياسة الشرعية، فأصابه من الضعف ما أصاب الأمة، وحوصر كما حوصرت الأمة وعلماء الأمة.[104]

الاجتهاد الذي مارسه الأصوليون في القرون التي تلت الخلافة الراشدة مرتبط بـ"تحقيق المناط" ومعناه فهم الواقع وحيثياته وربطه بمواقع الأمر والنهي الشرعيين وكيفية تنزيلهما فيه وفيه عمل القياس بعد النظر في النص والإجماع، إنه باختصار تطبيق للشرع على الواقع، ومعالجة الواقع ليحكمه الشرع. وفي قرون الحكم العاض والجبري لم يتجاوز الاجتهاد الفقه الفروعي النوازلي فلم يكن عمل المجتهد قادر على النظر في الأمر العام بعد أن أبعد عنه بالسيف والقوة والقهر وعزل عن شؤون الدولة وتدبير السياسة مقتصرًا على الأمر بالمعروف والنهي عن المنكر تلميحًا لا تصريحًا ولم يتجاوز حدود المجتهد العامل تحت سيادة السلطان الجبري. فضيق أفق المجتهد ومحدودية معالجته للواقع الذي لا يقدر على قراءته في كليته أو بالأحرى تغييره جعل أغلب فقهاء السنة ينظرون إلى الشريعة على أنها نصوص جامدة لا يجوز التفكير فيها وما يزالون يرفضون اجتهاد العقل في هذه النصوص أو إعمال الاستنباط ويحدون من عمل الاجتهاد بل سدوه في مراحل متقدمة من التاريخ بعد ان استحكم الحكم الجبري وعشعش حوله ديدان القراء وفقهاء القصور الذين ساندوه ودعموه وانتهى الاجتهاد وسد بابه نهائيًا.

في مرحلة الخلافة الأولى في عهد النبي محمد عليه الصلاة والسلام كان الاجتهاد مسؤولية الخليفة تتبناه الدولة وتجعله من مهام الدولة خصوصًا فيما يتعلق بالقضايا العامة مع تواجد الفقه الفروعي في النوازل والقضايا الخاصة التي تعرض للناس. وقد أعطانا النبي محمد عليه الصلاة والسلام المثال في سنوات الحرب وكذلك خليفته عمر بن الخطاب رضي الله عنه في سنوات المجاعة. فلم يقطع النبي عليه الصلاة والسلام يد السارق في الحرب، ولم يقطع عمر بن الخطاب رضي الله عنه يد السارق في عام المجاعة، رغم أن آية القطع جاءت في القرآن مطلقة بلا استثناء. ولكن العقل والحكمة والرحمة كانت الأسباب التي أدت بالنبي عليه الصلاة والسلام أن يمتنع عن القطع في وقت

الحروب لأن القطع كان سيؤدي إلى زيادة في المنكر بفرار المسلم إلى المعسكر الآخر. وكذلك في عام المجاعة كان القطع سيكون زيادة في الظلم. لذلك قال العز بن عبد السلام كلمته الشهيرة : "إذا كان تطبيق الحدود سيؤدي إلى زيادة في المنكر فالأولى بنا أن نكتفي بالعقوبات التعزيزية الموجودة".

وأصبح هناك باب كبير في الفقه اسمه، شيوع البلوى وله أحكامه. فحينما تشيع الفتن وتفسد الذمم ويصبح شراء شهود الزور على أبواب المحاكم أسهل من شراء حفنة أرز، ويصبح تجريم الأبرياء بشهادة هؤلاء وقطع الأيدي ورجم الحرائر أمرًا سهلًا ميسورًا، ما دام شهود الزور على استعداد لقول أي شيء، فإن الشريعة نفسها يمكن أن تتحول في أيدي هؤلاء السفلة إلى أداة ظلم بشعة. ويجب حينئذ الاحتراز من تطبيق الحدود، فما أراد الشارع سبحانه وتعالى بشريعته إلا أن تكون إصلاحًا ولم يرد بها أن تكون ذريعة استبداد في يد السفلة.[105] إن الأمة وهي في طريقها لبناء الخلافة الثانية على منهاج النبوة، في أمس الحاجة الشرعية والتاريخية لتحيي الاجتهاد سواء منه الذي يتعلق بالاجتهاد في القضايا الفردية من العبادات أو المعاملات، أو ما يتعلق بالاجتهاد المنهاجي الذي يهدف إلى تحقيق إمامة الأمة. وفي هذا الصدد ينظر المرشد عبد السلام ياسين لكيفية عمل الاجتهاد المنهاجي الذي من خلاله يتم العمل الجهادي الجماعي لتحقيق إمامة الأمة، وعلى هذا يكون أساس الاجتهاد المنهاجي هو الاجتهاد الموصل إلى الحكم: "نجتهد لنصل إلى الحكم، ونجتهد قبل وصولنا للحكم، وبعده، باستقلال من يحمل هما غير هم الفقهاء الذين اجتهدوا لعصور كانت تحكمها الشريعة في الجملة. نجتهد باستقلال من ينوي أن يقتحم حصون العدو ويموت في سبيل الله، أو يستخلفه الله في الأرض ليحمل أعباء الحكم، ويوطد لشريعة الله في الأرض، ويحرر الإنسانية، ويبتكر حضارة تلائم مقاصد الإسلام".[106]

إن الخوض في مواضيع الاجتهاد الشرعي قد تم تداوله لدى علماء كثر في عصرنا الحالي، لكن يبقى هناك مجال مهم وأساسي لم يتطرق له العلماء وهو مجال الاجتهاد في تجديد الإيمان وما يرتبط به من وسائل وأساليب. وفي هذا المجال يعتبر المرشد عبد السلام ياسين سباقًا في التنظير والعمل المنتظم لجماعة مؤمنة مجاهدة. وبذلك كان أول من أسس العمل في مجال الاجتهاد بتأسيس العمل الجماعي المنظم، ومجال الاجتهاد في تحقيق مطالب الجهاد. ومجال الاجتهاد في تحقيق مطالب الشريعة من وحدة المسلمين وعدل وإحسان وشورى، فهو يعتبر أن ما تعيشه الأمة من غثائية، والإسلام وما يعيشه من غربة ثانية، والإيمان وما أصابه من بلى كفيل بأن يجعل هذا النوع من الاجتهاد في هذه المجالات من أولى الأولويات. ولذلك ما عجز الاجتهاد الشرعي من التطرق إليه نتيجة عوامل تاريخية أو ضغوطات سياسية، هو المجال الذي طاله الاجتهاد المنهاجي بالتنظير والعمل متحررًا من جميع هذه العوامل والضغوطات. فكان من مجالات الاجتهاد المنهاجي:

- المجال التربوي وذلك بالبحث في التربية الإيمانية وشروطها ووسائلها وأساليبها، تلك التربية التي تصيغ من الإنسان شخصية مؤمنة مجاهدة وتسمو به في درجات الدين من إسلام لإيمان لإحسان.

- المجال التنظيمي وذلك بالبحث في تأسيس التنظيم الإسلامي بأجهزته وبرامجه، ذلك التنظيم الذي يؤلف المؤمنين في جماعة، ويشق لهم الطريق نحو الحكم.

- المجال الجهادي وذلك بالبحث في الجهاد ومطالبه وأهدافه، الجهاد الذي يفتح الباب للأمة نحو دولة القرآن، دولة الخلافة على منهاج النبوة.

"إن الاجتهاد الذي نحتاج إليه ونحن في العمل الهامشي، غير معترف بوجودنا، ملاحقون، مضطهدون، هو الاجتهاد في كيفية تربية جند الله، وفي كيفية تنظيمهم، ثم في وسائل وأساليب زحفهم لتسلم إمامة الأمة فالوصول إلى الحكم. والاجتهاد اللازم بعدئذ هو الاجتهاد في تطويع الواقع المعاشي، والسلوكي، والاجتماعي، وخاصة السياسي، لمعايير الإسلام وأحكامه".[107]

نفهم أن الاجتهاد ليس آلية فقهية لتشريع الوقائع بل هو منهاج تنظيمي يسير بجماعة المؤمنين للدعوة والجهاد تربيةً وتنظيمًا وزحفًا قصد تحقيق الخلافة الثانية على منهاج النبوة لذلك فهو عمل الحاضر والمستقبل. لا شك أن الاجتهاد في القضايا الفقهية الأصولية قد خاض فيه علماء الأمة واستوفوا شروط الاجتهاد معتمدين على النصين الأساسيين وهما القرآن والسنة، كما أنهم خاضوا بما فيه الكفاية في المعاملات، وأحكام البيوع وشروطها، والربا ووجوهُه، والقِراضُ وأصنافُه، والزكاةُ ومصارِفُها، والوِكالةُ ومسؤوليتُها، والمزارعة والمساقاةُ، والإجارةُ وإحياء المَوَات، والغَصْبُ والضمان، والشُّفعَةُ والهِبة، والوقفُ والصدقة، والجهاد والعهود. إن بناء دولة القرآن لن يتأسس بدون اجتهاد قادر على أن يخرج الأمة من استضعافها وهوانها وذلها ويعيد العدل بين فئاتها ويحقق المعاني الحقيقية للحكم العادل الذي يسير وفق الشريعة الإسلامية والنهج النبوي. يجتهد جندُ الله العلماء في تشريعٍ يضمن استقرار الحكمِ على قواعدِ النبوة والخلافة، ويضمن العدلَ، والشورَى، وأمانةَ الحاكم، وواجبَ الأمر بالمعروف والنهي عن المنكر، وحقَّ المسكين والضعيف، وازدهارَ الاقتصاد وتطهيرَه من الربا والاستغلال والتبذير، والتعليم، والرخاء، والتصنيع، والاستقلال بعلوم الصناعة، والأمن الغِذائي، والخروجَ من التبعية لقوى الاستكبار، والتصرف الحكيم في المجتمع الدولي بما يؤدي لعزة الأمة. على منهاج النبوة ومحجتها البيضاء نحتاج لاجتهاد يؤَطِرُ ويُسَيِّرُ نظام الدولة الإسلامية في اختيارالإمام وبَيْعَته، وعزله، وفي نصب الحكومة وصلاحياتها، وفي خِطَط الدولة من قضاء، وفُتْيَا، ومظالِمَ، وحِسْبَة، وفي ترتيب الشورى ومجلسها واختيار أهلها، وفي تنشيط الإدارة الفعالة الخادمة لمصالح الأمة، وفي

وضع وتطبيق دستور إسلاميٍّ يضبط كل تلك المهمات وهذا النظام.[108] إن تعقد الحياة ومتطلباتها العصرية قد غيرت من عمل الاجتهاد لينتقل من عمل عالم منفرد متخصص في مجاله إلى جماعة منظمة من العلماء ذوي الاختصاصات المتعددة. فقد تشعبت فروع الحياة الاجتماعية والاقتصادية والسياسية. فأصبح لا يكفي الرجلُ الواحد للإحاطة بفروع القضاء ولا بالفتيا ولا بالحسبة، فإلى جانب المفسر المحدث، والأصولي الناظر، والفقيه المتخصص، لا بد من خبراءَ في جميع مجالات الحياة ليساعدوا رجال الشريعة على تحقيق مناط الأحكام، وابتنائها بالصيغ الصالحة للتطبيق بما يؤدي للمصلحة.

لا يكفي رجال الشريعة مخالطةُ الواقع من بعيد، فهذه المخالطةُ ضروريةً لكيلا تنحسر اهتماماتهم في النصوص فيغفلوا عن "النظر إلى المآل". وعلى علماء الخبرة أن يشاركوا ضروريًا في الاجتهاد ليحققوا لنا مناط الأحكام، ويحددوا لنا مآل أمرنا المرجوَّ. الأصلُ الاجتهاديُّ مثلا القائلُ بأن "الضروراتِ تبيح المحظورات" يفتح ذريعة للترخص أو التشديد. يخبرنا الطبيب الاختصاصي بأن يَدَ زَيْدٍ تعفنت عفونة تهدد حياته لينتقل حكم قطع اليد، وهي البريئة من السرقة، من الحرمة للوجوب. والاقتصادي الخبير يفسر لنا أن إغلاق مصارف الربا قبل تهييء نظام مصرفي إسلاميٍّ يهدد القومة الإسلامية بخطر محقَّق، فيُفتي المجتهدون بأن يبقى التعاملُ بهذه المصارف ريثما تبدل، بناء على تقدير الاقتصادي الذي بيَّن وجه الاضطرار. في دولة الخلافة على منهاج النبوة يجب أن يكون الاجتهاد قضية جماعية، شورية. لقد استفحل الواقع، وتفاقمت مشاكله، وأمعن في الشرود عن الدين، وتجاوز كل ما ورثناه من فقه حتى أصبح مناط الأحكام فيه لا يكاد يبين من أين نمسك الواقع لندخله في حوزة الشرع، كيف نراوده، كيف نرغمه، كيف نتدرج إلى تطويعه؟

لا يستطيع المجتهد الفرد أن ينهض لذلك وحده مهما كان تمكنه من علوم الشريعة. لا بد من إشراك ذوي الاختصاصات المتنوعة، لابد من معاهد ترعاها الدولة الإسلامية يوم لا تكون الدولة جانية على الدين، يوم تكون دولة الشورى والعدل والإحسان.[109] عندما نتحدث عن الاختيار بين عقلين وعقليتين، فإنما نختار إما سيادة الوحي خالصًا مخلصًا يستقي من نبعه المحفوظ في كتاب الله وسنة رسوله، وإما سيادة الساحة التي سكنت العقل الآخر واحتلته بماديتها وعنصريتها. ويقابل الكتاب نظامين وحضارتين : نظام الديمقراطية اليونانية سلف الديمقراطيات الغربية، والنظام الشوري الذي ولد من رحم العقل المؤمن بالله ورسوله، بين حضارة أذابت المعطى المادي والفكري والأخلاقي في تعاليم دينها، وحضارة سحبت الدين إلى ثقافة الساحة. ومن ثم يقارن بين دين كسر الأصنام الحسية والمعنوية خطوة خطوة، ونقل العقل الإنساني من الولاء للأوثان إلى الولاء لله الواحد القهار. وبين الكنيسة الواردة التي احتضنتها أصنام الأكوار، وتماثيل الفوروم، وأدخلت في طقوس عباداتها فنية الكورال الغنائي اليوناني.[110]

الباب الثالث

تجـــــديد الدين

المنهاج النبوي

تفعيل المنهاج النبوي

التربية المنهاجية

تزكية النفس

التربية الإحسانية

94

تجديد الدين

توافق التجديد في الدين الذي دُشن في القرن الخامس عشر الهجري وبدايات الصحوة الإسلامية مع دعوة الجماعات الأولى للعودة الجادَّة للأصول الأولى، القرآن والسنة النبوية وتم تفعيل المنهاج النبوي في قراءة واقع الأمة. جاء التجديد ضربًا ونقضًا للفهم الدوغمائي المتوارث المغلق الذي لا يتبنى الاجتهاد ويتشبث بالمنظور الديني الذي يبني معارفه على أساس قرون استبداديةٍ للحكم العاض والجبري الذي عطل على مستوى النظر طرح قضيةٍ جوهريةٍ هي الحكم والإمامة وما نصه المصدرين -القرآن والسنة- في مسألة شرعية الإمامة واختيار الحاكم.

زعزع التجديد مفاهيم موروثة وخلخل النظرة المستقيمة بطرح تساؤلات حول مرحلة ما بعد الخلافة الراشدة حين سلبت الأمة حقها في اختيار إمامها وحقها في محاسبته ومراقبة بيت المال وتم تهميش سلطة العلماء وهم أمناء الأمة. فقد العلماء منزلتهم ووظيفتهم كورثة للأنبياء وكناصحين للحكام حين يحيدون عن الحكم بما أمر الله ولا يطبقون شريعته ولا يحكمون بالعدل. ولقد حاربوهم واغتالوهم وأبدلوهم بديدان القراء الذي يعطون الشرعية لحكام لا حق لهم في الحكم. تغير مسار العلم والعلوم الشرعية حين لم يعد الحكم شرعيًا وحين غفل عن الأمر العظيم الذي هو سبب ما تعرفه الأمة منذ قرون وهو الحكم أي الإمامة فلم يرد باب الحكم في الكتابات الدوغمائية التقليدية التي حبذت الاجتهاد في الفروع وسكتت عن مسألة جوهرية تدور حولها قضايا الأمة. ظهرت مذاهب ومدارس مختلفة سواء في الفقه أو في الأصول أو في علم الحديث أو علم القرآن وتفاسيره، كان من وراءها قوةٌ سياسيةٌ صاعدةٌ استهدفت الحكم والسلطة وشرعت لسلطتها بنصوصٍ من القرآن والحديث وأوَّلتها بالمنظور الذي يوافقها ويعطيها الشرعية.

لزم الوقوف عند هذه اللحظة التاريخية الفارقة وهي لحظة انتكاس الحكم الشرعي ومقاربتها بمنظور مختلف عن النظرة المستقيمة للتاريخ الإسلامي باستخدام مفهوم الانكسار الذي يعني القطيعة التي حصلت في تاريخ الحكم السياسي وحولته من الخلافة على عقد بيعة التراضي وتطبيق مبدأي الشورى والاختيار إلى بيعة الإكراه وحكم السيف. إنها عودة للعصبية القبلية واحتكار للسلطة والمال الذي استغل للدعاية وتمويه الجماهير التي دخلت لواء الحكم الأموي وقبلت بحكم معاوية الذي لم تختاره الأمة وإنما لما لديه من عصبة قويةٌ ودعمٌ من أهل الشام وقرب النسب من الخليفة الرابع عثمان بن عفان -رضي الله عنه- والانتساب لبني أمية.

قامت السلطة الأموية بإبعاد سلطة العلماء والفقهاء وهم كبار الصحابة الذين يمثلون الأمة ويحملون علوم القرآن والحديث. وبعبارة مختصرة هم من يمثلون سلطة القرآن والأمة ومنهم آل بيت رسول الله -عليه وعليهم الصلاة والسلام- والصحابة الحاملين للعلم والقراء. وهم من ساهموا في تأسيس دولة القرآن

الأولى وأرسوا قواعد بناء دولة الخلافة الراشدة، وأرسوا قواعد الحكم الشرعي الذي تقتضيه مسؤولية النصيحة للحاكم ومراقبة بيت مال المسلمين.
حدث الانكسار التاريخي بحكم معاوية الذي مثل المؤسسة الأموية التي قطعت نهائيًا مع المؤسسة الشورية للخلافة الراشدة وحولتها لمؤسسةٍ ملكيةٍ يكون فيها الحكم والقول لشخص واحد هو شخص الملك أو السلطان في مواجهة مع العلماء ومن يمثل سلطة القرآن والبرهان. ودشنت مرحلة جديدة تتبنى مفهومًا مختلفًا لبناء الدولة أسسها الملك معاوية بن أبي سفيان وهو أول من فصل السلطة السياسة عن التدبير الديني للعلماء والفقهاء وألغى مبادئ الخلافة الشرعية من الشورى والاختيار وحق الأمة في مراقبة بيت المال وجعلها ملكًا فرديًا وراثيًا.
قطع الحكم الأموي الذي أسسه معاوية قطيعةً تاريخيةً وسياسيةً وفكريةً واجتهاديةً مع البناء النبوي الأول والخلافة الراشدة من بعده، وعمل على بناء مؤسسةٍ سياسيةٍ جديدةٍ انبثقت من اجتهادٍ إنسانيٍ غير متصلٍ بالنهج النبوي ولا باجتهاد الخلفاء الراشدين من بعده. كانت أكبر قطيعةٍ تشريعيةٍ مع المؤسسة الاختيارية للخلافة المبنية على الشورى والاختيار وهيمن الحكم المستبد وتراجعت سلطة العلم والعلماء وهي سلطة البرهان التي تمثلها نخبة من العلماء والفئة العارفة في العلوم والفلسفة والأدب وطغت سلطة الدولة على الدعوة.
بينما كانت في عهد الخلافة تتلازم سلطة القرآن مع سلطة الدولة ولم تطغى هذه الأخيرة وسارت تحت رعاية ومراقبة الدعوة. كان الخليفة في الخلافة الراشدة يمثل السلطتين السياسية والعلمية ويمارس حتى القضاء بحيث يقضي بين الناس في قضاياهم الخاصة والعامة ويمارس سلطته بشكل عادل مع الجمهور ويقبل الرأي المخالف غير محتكر للسلطة وغير مورث لها وبذلك أشع الفكر والبرهان والحوار. لكن مع السلطة الملكية الوراثية التي فارق فيها السلطان القرآن وتحكم بقبضة من حديد متجاهلًا الشورى وحق الأمة في الاختيار والتدبير والنصيحة أصبحت سلطة السلطان معاديةً للبرهان والقرآن. فأين تموضعت سلطة القرآن التي كانت تمثل السلطة العلمية والتي سماها المصطفى -عليه السلام- بالقرآن محددًا إياها ومميزًا لها عن سلطة السلطان، وفيها الحديث التالي: حديث رواه عن معاذ بن جبل، فيه عن رسول الله -صلى الله عليه وسلم-: "إنَّ رحى الإسلام ستدور، فحيثما دار القرآن فدوروا معه.
يوشك السلطان والقرآن أن يقتتلا ويتفرقا! فإنَّه سيكون عليكم مُلوكٌ يحكمون لكم بحكمٍ ولهم بغيره. فإن أطعتموهم أضلوكم، وإن عصيتموهم قتلوكم. قالوا: يا رسول الله! فكيف بنا إن أدْرَكنا ذلك؟ قال: تكونون كأصحاب عيسى: نُشروا بالمناشير ورُفعوا على الخُشُب! موتٌ في طاعةٍ خيرٌ من حياةٍ في معصيةٍ! والذي نفسي بيده لتأمُرُنَّ بالمعروف ولتنهَوُن عن المنكر أو ليسلطَن الله عليكم شِراركم، ثم ليَدعُوَنَّ خيارُكم فلا يستجاب لهم. والذي نفسي بيده لتأمُرُنَّ بالمعروف ولتنهَوُنَّ عن المنكر ولتأخُذُنَّ على يد الظالم فلَتَأطِرُنَّه عليه أطرًا أو ليضربنَّ الله بعضكم ببعض".
كيف أمكن لسلطة القرآن أن تدور وتعايش وتفرض نفسها في ظل سلطة السلطان المتجبرة الطاغية التي فرضت سلطتها واستفردت بالحكم وجعلت

سلطتها فوق حق الأمة وفوق الرأي المعارض وروجت للسلطة المتحكمة سياسيًا وعلميًا وفكريًا؟ هيمنت سلطة الدولة واحتكرت السياسة والقضاء والعلوم، وأبعدت كبار الصحابة وهم العلماء الناصحون والأمناء على الأمة. أصبحت سلطة السلطان محتكرة للنفوذ والعلوم وسخرت العلماء الذين أعطوها الشرعية ووافقوا على انتهاك شرعية حكم الإكراه.

مع الصحوة وتمكن الدعوة الإسلامية في المجتمعات المسلمة أصبحت العودة للأصول ضرورة تاريخية تثبت الذات في مقابل المستعمر كما أنها مقاربة مباشرة للأصلين القرآن والسنة وكذلك الاجتهاد حيث بمقتضاهم يحصل التجديد في منهاج النبوة المتضمن في السنة والفهم النبوي المجدد للقرآن وفق ظروف الجاهلية وحيثياتها.

تبنى هذا الفهم بعض الإسلاميين منذ بداية القرن العشرين مثل حركة الإخوان المسلمين التي أسسها الشهيد حسن البنا -رحمه الله- بمصر. كما نلقى مثيلًا لهذا التوجه لدى بعض الحركات الإسلامية في العالم العربي. وقد طرحت هذه الحركات ضرورة العودة للمصدرين الأولين القرآن والسنة للخروج بالأمة من الفتن التي تتخبط فيها، فتن كانت نتيجة الانكسار التاريخي بتراجع سلطة القرآن في مقابل هيمنة دولة بني أمية واستفرادها بالحكم، وهي اللحظة التاريخية التي افترق فيها السلطان عن القرآن وحصلت قطيعة مع المؤسسة السياسية المبنية على بيعة الاختيار لتتحول لبيعة الإكراه وملكٍ عاضٍ ثم جبري.

خلال قرون الانكسار التاريخي تحجر الفقه وانغلق باب الاجتهاد وأصبحت العلوم والممارسات الفكرية تابعة لهيمنة الدولة قائمة على شرعيتها وموافق لمصالح السلطان. فهل يعني ذلك أن جميع العلوم كانت تخدم السلطان وتعطي الشرعية للملوك الذين تعاقبوا على الحكم منذ الدولة الأموية فالعباسية والفاطمية والسلجوقية والعثمانية؟

تقيدت العلوم بالتقليد وأغلق باب الاجتهاد ولم تطرح قضايا جوهريةٍ للأمة ولم يخوضوا في قضايا شرعية الحكم ودور الأمة في مراقبة الحاكم. أصبح الفقهاء يخوضون في الفروع وغير قادرين على طرح قضية جوهرية هي الإمامة. تعرض التوجه المعارض للسلطان للاضطهاد والحبس والتصفية الدموية التي كانت على إثرها الفتن والحروب العديدة التي حصلت في القرون الأولى. اقترن التوجه المعارض تاريخيا ب "الخوارج" الذين سجلوا موقفًا واجتهدوا في مسألة التحكيم وعارضوا موقف الإمام علي رضي الله عنه. وإذا ما جردنا التاريخ الإسلامي بعد الانكسار التاريخي نجد أنَّ الحركات المناهضة لشرعية السلطان قد لقيت دومًا عنتًا وبطشًا ليس بالحجاج الكلامي ولكن بالقتال والسيوف.

وبقي حال المعارضة على هذا النحو منذ تولي السياسة من طرف الأمويين وعبر قرون العض والجبر إلى عهدنا اليوم. فلا تصفى الاختلافات السياسية والفقهية بالمحاورة والحجاج والمناظرة بل بالقمع والحصار والتصفية الدموية.

المنهاج النبوي

يقدم المرشد عبد السلام ياسين لمنهاج عمله الذي يصوغه من علم المنهاج النبوي لخصه في مؤلفه المعنون ب"المنهاج النبوي، تربية وتنظيمًا وزحفًا" بما يسميه بالوضوح ورفض العمل في السرية ودعوته بالصدع بالكلمة المسؤولة التي تتبنى منهاج عمل وتصور واضح لمنطلق الحركة الإسلامية وسيرها وأهدافها ومراحلها ومن دون كل هذا لا يمكن البناء. فهل نكتم أساليبنا في التربية والتنظيم مخافة أن يطلع عليها الأعداء فيكون الانكفاء الذي يريدونه لنا؟ يضمر الفكر في غلس التخفي فينحرف العمل في الضالات الحركية. أنكون أقل ذكاء وجرأة على الأمور من طوائف المذاهب المقاتلة للإسلام التي تخطط وتفكر وتنشر على أوسع نطاق ليعلم كل عضو في تنظيماتهم عمله بالضبط؟ أما نحن فننشر مساهمتنا في علمي التربية الإسلامية والتنظيم لما نعلم يقينًا أن قبول عملية التهميش التي تفرض علينا تخنق العمل الإسلامي من حيث لا تستطيع المؤامرات خنقه. والله من ورائهم محيط".[111]

لإعادة البناء القويم للأمة ولتجديد دينها يتطلب العمل وفق منهاج نبوي حتى تستطيع سلوك طريق الإيمان والجهاد إلى الغاية الإحسانية التي ترتبط بمصيرهم الفردي عند الله، والغاية الاستخلافية التي ندبوا إليها ووعدوا بها متى سلكوا على المنهاج. وكلمة منهاج بهذا المعنى هي مفردة قرآنية نبوية لا لتدل على وساطة المنهاج من حيث كونه جسرًا عمليا بين الحق في كتاب الله وسنة رسوله عليه الصلاة والسلام وبين حياة المسلمين فقط، بل هو ربط بين معاني التمسك بأمر الله في كتابه ومعاني اتباع سنة رسوله في السلوك الفردي والجماعي، العبادي والاجتماعي، السياسي والاقتصادي، أي الدين في كليته وشموليته. من هنا نفهم مشروع الجماعة باعتبارها محضن ومحطة تاريخية لتربية أجيال متعاقبة من المؤمنين المنتظمين في جماعة لتحقيق البشارة النبوية وهي الخلافة على منهاج النبوة بعد الحكم العاض والجبري.

نجد كلمة منهاج مقترنة بموعود رسول الله عليه الصلاة والسلام وبشارته لنا بكلمة نبوة. فهو منهاج نبوة، وهو المنهاج النبوي، منهاج تربية وتنظيم جهادي، تعرضًا واستعدادًا لإقامة الخلافة الإسلامية التي يرضى الله عز وجل عن كل منا إن بذل قصارى جهده لإقامتها على المنهاج الواضح والنموذج المنير، منهاج رسول الله الذي قال فيما رواه الإمام أحمد عنه بسند صحيح : "تكون النبوة فيكم ما شاء الله أن تكون، ثم يرفعها الله إذا شاء أن يرفعها. ثم تكون خلافة على منهاج النبوة فتكون ما شاء الله أن تكون، ثم يرفعها إذا شاء أن يرفعها. ثم تكون ملكًا عاضًا، فتكون ما شاء الله أن تكون، ثم يرفعها إذا شاء أن يرفعها. ثم تكون ملكًا جبريًا، فتكون ما شاء الله أن تكون، ثم يرفعها إذا شاء أن يرفعها. ثم تكون خلافة على منهاج النبوة. ثم سكت".

الملك العاض هو الذي يعض على الأمة بالوراثة وبيعة الإكراه قد مضى وولى. والمسلمون اليوم تحت القهر الجبري أي الديكتاتوري بلسان العصر، ولهو أفظع من العاض، لأن الجبر إن كان يلوح بشعارات الدين كما كان يفعل الملك العاض فقد أفرغ أجهزة الحكم والإعلام والتعليم وأفرغ قوانين الحكم من كل معاني الإسلام. فالأمة المغلوبة على أمرها بحاجة لمن يربي وينظم جيلًا يحرر الأمة من ربقة الجبر الملحد أو المستتر تحت شعارات الإسلام، ويقيم للأمة دولة الخلافة الموعود بها عمومًا في آيات استخلاف المؤمنين المستضعفين في القرآن، المنصوص عليها في سياق تاريخي في هذا الحديث النبوي المشرق الذي نضعه بين أعيننا رجاءً يقينيًا، ونورًا هاديًا، ونداءً غيبيًا وتاريخيًا، قد أخذت الأمة تسمع له، وتنتفض تلبية له بما يؤيد الله به عباده من نصر أخذت تباشيره تجلو عنا غسق الفتنة وظلام الجاهلية المحيط.[112]

لا يفهم المنهاج النبوي إلا بإخضاعه للواقع وهو ما تعرفه الأمة من فتن وفساد وتبال للإيمان في الفرد والجماعة ومن هذا المنطلق يفهم تجديد الدين للأمة وهذا هو المتغير وأما الثابت الذي به التجديد فهو المنهاج النبوي. تجديد الدين هو محور عمل جماعة العدل والإحسان، إذ اقترن مشروعها بتجديد الإيمان الذي بلى وخلق في النفوس، وهذا جاء معناه في حديث تجديد الإيمان، روى الإمام أحمد وحسنه السيوطي أن رسول الله قال: "إن الإيمان يخلق (أي يبلى) في القلب كما يخلق الثوب، فجددوا إيمانكم" وفي رواية : "إن الإيمان ليخلق في جوف أحدكم كما يخلق الثوب، فاسألوا الله تعالى أن يجدد الإيمان في قلوبكم".

وفي حديث الإمام أحمد والطبراني، ورجال أحمد ثقات، والحديث صححه السيوطي، عن أبي هريرة رضي الله عنه أن رسول الله قال : "جددوا إيمانكم"، قيل : "يا رسول الله وكيف نجدد إيماننا ؟" قال : "أكثروا من قول لا إله إلا الله". فهذه الأحاديث تدل على أمر تجديد الإيمان الذي يحصل بالذكر بقول الكلمة الطيبة والإكثار منها. والذكر الصادق لسانًا وقلبًا من الخصال العشر التي تبني خصال الإيمان. أما تجديد الدين للأمة فلا يكون إلا بمجدد. روى أبو داود والبيهقي والحاكم بسند صحيح عن أبي هريرة أن رسول الله قال :"إن الله يبعث لهذه الأمة على رأس كل مائة سنة من يجدد لها دينها". ليس التجديد هنا تغيير للثابت من شرع الله قرآنا وسنة، وإنما في كيفية معالجة الفتن التي توالت على الأمة خلال قرون الاستبداد ونقض العروة الوثقى للدين وهي الحكم. معالجة تلك الفتن بالرحمة والتدرج والحكمة وليس بقطع السيف بين الحق والباطل بعد أن اختلط الحق بالباطل. نفهم هذا من خلال ما يطرحه حديث مراتب الدين، إنه لا بد لنا من تصنيف الناس في مجتمعاتنا الإسلامية لنعرف أين كل واحد من هذا السلم المرتقي من إسلام لإيمان لإحسان. ثم لا بد لنا عند التربية أن ننتظر ثمرة التربية، وهي ارتقاء أصحابنا من إسلام لا يتميز عن عامة الناس، إلى إيمان يتكامل فيؤهلهم للدخول في الصف، ثم يتكامل فيؤهلهم للجهاد في الصف، ثم ترق ثالث يرفع ذوي الاستعداد من رجال الصف إلى مرتبة الإحسان.[113]

والإيمان هو سلامة القلب، الإيمان شفاء، الإيمان عافية، الإيمان بضع وسبعون شعبة. من هنا يكون فقهُ تجديد الإيمان، وتحريك الإيمان، وتربية الإيمان مِحورَ كل عمل إسلامي، وإلاَّ دارت رَحَا الناس على خواء النفوس وخراب الذمم، ونتانة الهوى، وسوء المُنقَلب في الدنيا والآخرة، نعوذ بالله. وقد أخبرنا الحبيب المصطفى صلى الله عليه وسلم أن الإيمان يتَجدد بأمرين، أولُهما صحبة "من" يبعثه الله عز وجل ليجدد الدين. وجاء في حديث رواه أبو داود والبيهقي والحاكم بسند صحيح عن أبي هريرة رضي الله عنه أن رسول الله صلى الله عليه وسلم قال: "إن الله يبعث لهذه الأمة على رأسِ كل مائة سنة من يجدد لها دينها". وصحبَة "المَنْ" لا تتقيد بزمان، فالمرء على دين خليله كما أخبر الصادق الأمين. وكل حضور صادق مع المؤمنين له روحانيته وتأثيره التجديدي كالجماعات في المسجد ومجالس الإيمان وحِلَقُ العلم وزيارة الصالحين والمشاركة في أعمال البِر. والركن الثاني من أركان تجديد الإيمان والعبادة بأنواعها، ويجمعها ذكر الله فهو اللب، وأفضل الذكر قول لا إله إلا الله. روى الإمام أحمد والطبراني، ورجال أحمد ثقات، عن أبي هريرة أن رسول الله صلى الله عليه وسلم قال : "جددوا إيمانكم" قالوا: يا رسول الله! وكيف نجدد إيماننا؟ قال: "أكثروا من قول لا إله إلا الله." [114] من لا يذكر الله كثيرًا لا أُسوَةَ له برسول الله صلى الله عليه وسلم، فهو لا يقدر على التأسي، وهو الاستناد والاتباع، ولم يؤهل له. من لا يذكر الله في صلاته وإذا تلا القرآن فلا تلاوة له ولا صلاة. له صورة الصلاة وأركانها البدنية، لكن ذكر الله، وهو الأمر الأكبر والأعظم الذي من أجله شرعت العبادات، فاته ففاته لب العبادة. من صفات المؤمنين الاطمئنان للذكر والاطمئنان بالذكر، فمن لا طمأنينة له بذكر الله لا يستكمل صفات الإيمان. "الَّذِينَ آمَنُواْ وَتَطْمَئِنُّ قُلُوبُهُم بِذِكْرِ اللهِ أَلاَ بِذِكْرِ اللهِ تَطْمَئِنُّ الْقُلُوب" (الرعد: 28).

لنا في رسول الله صلى الله عليه وسلم أسوة إن تحققت فينا ثلاثة شروط: رجاء الله، ورجاء الآخرة، وذكر الله الكثير. في كلمة (رجاء) معنى الانتظار. فالمتأسون برسول الله صلى الله عليه وسلم هم المقبلون على الله تعالى، المنتظرون لقاءه، الراجون مغفرته، اشتغلوا بذكره آناء الليل وأطراف النهار، يسبحونه ويمجدونه، عن الدنيا الهاجمة عليهم من كل المنافذ، تُغريهم وتدعوهم ليرتَموا في أحضانها. [115] وهناك ركن ضروري: صدق الرجوع إلى الله تعالى، وصدق النية، وإخلاص العبودية له اعترافًا وطاعة. وأعلى الصدق صدق طلب وجه الله عز وجل. فذلك هو التطلع إلى مقامات الإحسان والإيقان.

وما يُلَقّاها إلا ذو حظ عظيم. أُحدِّثُ طالب الحق العزيز عن الركن "الذاتي" والشرط الأول للسلوك، ألا وهو صدقه هو وطلبه ونيته. من أراد من الله حرث الدنيا آتاه منها، ومن أراد من الله حرث الآخرة زاد له في حرثه. ومن لا يدعو الله يغضب عليه الله، ومن لا يسأل الله لا يعطيه الله. وإرادة وجه الله خالصًا فوق ما يطلبه عادة المسلمون. إرادة وجه الله، والصدق في طلبه، والسير إليه مطلب تستوفيه من يد القدر على يد اللقاء المقدَّر، فِطَرُ من خصهم الله بسابقة ولايته. [116]

وجند الله الداعين المصلحين المجددين دين الأمة لا بد أن يكونوا كلهم من المؤمنين ولا يكفي أن يكونوا مسلمين، بل ينبغي أن يكون سعي كل واحد منهم لاستكمال إيمانه فالترقي إلى مرتبة الإحسان حتى تتحقق فيه معان الأسوة المربية الناصحة والمعلمة. فيجب وجوبًا أكيدًا أن يربى جند الله على لزوم باب العبودية، امتثالًا حريصًا دقيقًا لأمر الله عز وجل، ومناجـــاة له، وحضورًا قلبيًا عند ذكر اللسان وخارجه، حتى يصبح العبد المؤمن ذاكرًا ربه، قائمًا بين يديه لا يفتر. على هذا يتوقف نجاح القومة الإسلامية، وهذا القيام بين يدي الله عز وجل هو لب القومة ومغزاها وروحها.[117] ولا يُفهم عمل جند الله في تجديده دين الأمة إلا باستحضار معان اقتحام العقبة في سير الفرد المؤمن كي يستقيم على طاعة الله وجهاد مع المؤمنين الصابرين المتراحمين لإقامة دين الله في الأرض. وبالنسبة لجند الله فإن اقتحام العقبة جهاد تربوي وتنظيمي وميداني ومالي وقتالي وسياسي حتى تقوم دولة الإسلام الخليفية على منهاج النبوة. وإن من أكبر المهمات التي ينبغي أن تقوم بها الدعوة المشخصة في جند الله هو تأليف جماعة المسلمين القطرية وتربية رجالها وتنظيمهم. جماعة المسلمين أمر رسول الله الأمة بلزومها في أحاديث كثيرة منها حديث أبي ذر الذي رواه أبو داود : "من فارق الجماعة قيد شبر فقد خلع ربقة الإسلام من عنقه". ومنها من حديث صحيح رواه الترمذي عن عمر: "..عليكم بالجماعة، وإياكم والفرقة..من أراد بحبوحة الجنة فليلزم الجماعة". لكننا في وقتنا الحالي نجد عدة جماعات تزعم أنها هي "جماعة المسلمين" وقد تكفر أو تخرج من الملة ما سواها، لهذا فإن تجاوز العصبية والدعوة إلى الوحدة كعمل مستقبلي آخذ بعين الاعتبار انقسام البلدان لا بد من وضعه في الحساب. هنا تطرح ضرورة تربية الرجال القياديين تتجاوز الانتماء التعصبي، فغيرهم لن يبنوا جماعة. ولا يغتر الدعاة بأن تكثير العدد وحده يكون "جماعة المسلمين" مهما كان التنظيم في ظاهره محكمًا.

لا بد من تربية رجال يكونون مع الحق لا مع الهوى. والحق القيام بتجميع طاقات المسلمين لا بتبديدها. والهوى الباطل أن نستعبد الرجال ونربطهم فكرا وحركة بالرجال لا بالصواب.[118] ومدافعة جند الله للاستبداد القروني الذي عرفته الأمة تحت الحكم العاض والجبري ضرورة منهاجية يكون هدفه إقامة دولة إسلامية قطرية. فجند الله بعد التربية والتنظيم وأثناءهما يجب وجوبًا ملحًا أن يلجوا الميدان السياسي، ويعدوا كل القوة، ويوجهوا كل الجهد للوصول إلى الحكم في قطرهم. لا ينتظر المؤمنون أن يبدأ انتصار الإسلام في العالم بمعجزة من السماء. ليكن الهدف المباشر هو الزحف الأرضي للاستيلاء على الحكم. تكون هذه الخطوة التاريخية المنهاجية بإقامة دولة قطرية تأتي بعدها مرحلة توحيد الأمة والتي هي مطلب قرآني، فالمسلمون المجاهدون أمة واحدة عبر الحدود الفتنوية. هم الذين ندبهم الله فانتدبوا في قوله : "ولتكن منكم أمة يدعون إلى الخير ويأمرون بالمعروف وينهون عن المنكر. وأولئك هم المفلحون" (آل عمران: 104). هم أمة مجاهدة من بين الأمة العامة التي قال الله فيها: "كنتم خير أمة أخرجت للناس" (آل عمران: 110). فقبل تحرير الأقطار لا بد من

تنسيق بين الجماعات عبر العالم تنسيقًا لا يثير داخل كل قطر حساسيات الخلافات خارجه. فذلك تهييء الفكر، والاجتهاد، ومنهاج التربية والتنظيم، ومنهاج الحكم، ليوم تتحرر فيه الأقطار، فيلتقي المؤمنون ويتدرجون لوحدة الاندماج. على أن صورة الوحدة يمكن، بل يستحسن، لمزايا توزيع المسؤوليات ولمضار الحكومة المركزية، أن تكون من نوع ما يسميه العصر فيدرالية. بعد مرحلة التوحد والتوحيد يجب على المؤمنين في العالم أن ينصبوا خليفة عليهم باجتماع أولي الأمر من رجال الدعوة والدولة الإسلاميين، وانتخاب خليفة لرسول الله عليهم. وقبل الوصول إلى نظام الخلافة على منهاج النبوة الموعود، وهو النظام الشرعي، يقام إمام قطري في كل بلد تحرر.هذه الإرادة المنهاجية للتغيير وتجديد دين الأمة تسير وفق تربية اقتحامية ضمن تنظيم موحد الصف بالكلمة والجهاد للوصول للغاية الكبرى نجده مفصلًا في ثنايا "المنهاج النبوي". "إن الخلافة الثانية وعد موعود غير مخلوف، ومن سنة الله ورسوله أن تنشأ كل ناشئة على التدرج وفي ميدان التدافع بين الناس، وعلى مرأى ومسمع من العالم، وبآليات أنفسية وآفاقية تبدو مشتركة حكمها على المجتمعات غلاب".[119] يجب أن نصنع فكرًا مستقبليًا يلقي على آفاق هذا القرن الخامس عشر، قرن الإسلام بإذن الله، ومن بعده، نور القرآن ونور الهدي النبوي. يلقي على حياة البشر نورًا به يميزون ما ينفع في الدنيا والآخرة، وما يضر في الدنيا والآخرة. وإننا لفي سباق مع الثورة الصناعية التي سبقونا بهـا، ومع الثورة الإعلامية -أقصد ثورة الإلكترون وآلات العد والتنظيم والضبط- التي لا يقدر ما ستحدثه في حياة الناس من آثار إلا الله تبارك وتعالى. لا سلاح لدينا، فيجب أن نبني اقتصاد القوة لإعداده، لا وحدة ترجى بين حكام الجور ولا فائدة من وحدتهم، فيجب أن نـهييء وحدة الشعوب المسلمة بعد تربيتها وتعليمها وتحريرها.[120] ولن ينجح هذا المشروع إلا بتغيير الذهنيات الرعوية التابعة للسلطة من دون التمييز بين ما هو شرعي وغير شرعي، وبتجديد الإسلام المتوارث والمتبالي للأمة وإحياؤه بنفس الطريقة التي تجدد بها القلوب الفردية بالإكثار من قول "لا إله إلا الله". فما يطبع التجديد الذي يقوم به المرشد هو إنزاله للفكر الإسلامي على الواقع آخذًا بعين الاعتبار الظروف الحالية للمجتمع المغربي وكذا المجتمع الدولي. فالحركة التاريخة للبلد الواحد لا يمكن فهمها وتحليلها من دون المعطيات الكونية والعالمية لما يجري في الساحة العالمية اقتصاديًا وسياسيًا وثقافيًا وحضاريًا لأن التصور الممنهج يدخل في الحساب العوامل العالمية ولأن العلاقة بين ما هو وطني وعالمي أصبح جد متداخل.

والمغرب مثلًا باعتباره دولة تعرف السلم مرحليًا قد يتأثر بالأحداث الجارية ويصبح بؤرة من المتفجرات كما يذهب إلى ذلك المستقبل المهدي المنجرة. يُستخلص من أطروحة المرشد والعمل الدعوي للجماعة أنها تؤمن بتداخل الوطني والدولي، أخذًا بعين الاعتبار الاجتهاد الظرفي والمكاني للعمل بالخارج.

تفعيل المنهاج النبوي

تأسس العمل الدعوي للجماعة نظريًا على دراسة علم المنهاج وعمليًا على فهم المرشد وتأويله وتطبيقه للمنهاج على واقع الأمة المختلف عن واقع النبوة. فقد درسه المرشد ونظر له وبدأ بتقعيد المنهاج النبوي من أجل أن يطبقه في بناء اجتماعي وتاريخي مختلف عن مرحلة النبوة.

يُقرأ في مؤلف المرشد "مقدمات لمستقبل الإسلام" إرهاصات بناء دولة القرآن حيث قارب وأصل منظوره العام لتغيير الأمة وتهييئها لغد الإسلام، الأمر الذي يلزمه أن يكون موجه بعقيدة لا إله إلا الله وعقل تابع لوحي الله وماض في تنفيذ أمر الله، على خطى رسول الله. إنه انقطاع كلي ضروري ومنهجي عن تفسخ الآخرين خلقًا، وهجانتهم فكرًا، وتبعيتهم حسًا ومعنىً.

فالرابطة الكبرى التي تربط جند الله بكلمة الله وسنة الله يلزم أن تكون قوية حتى تتضاءل العقبات والتحديات خلال مدافعة الحاضر ولكي تصبح غاية جهادية متأصلة من مدافعة الظلم والاستبداد. ولا بد لهؤلاء الجند أن يكونوا متنورين بالمنهاج النبوي علمًا وعملًا فيصبح الوحي الذي هو مصدر الفكر والتكليف الإلهي هو المحفز للعمل ويكون اتباع سنة نبيه المصطفى هي الغاية.

يقدم المرشد دلالات المنهاج مأصلًا إياه من القرآن والسنة متيقنًا من نجاعته في معالجة قضايا الأمة في الحاضر. ولقد بيّن منظوره واقتناعه في رده على مواقف المعارضين الذين يعتبرون أن المنهاج النبوي منظور قديم تجاوزه التاريخ ولا يصلح لعلاج قضايا عصر الحداثة.

يؤمن المرشد بإمكانية اتباع المنهاج النبوي والعودة له رغم طول الفرقة التي أصابت الأمة تحت استبداد الحكم وقهر السلطان. "دع قِصارى الفهم، عن غباوة أو تَغَابٍ، يُسِفُّون عندما يلقنون الناس أن الإسلام رجوع لحضارة الجمل، وفكر الحيض والنفاس، استخفافًا لعقول الناس، واستهزاءً بأحكام الله، ومنها أحكام الحيض والنفاس التي تحتل مكانتها، وتبقى خالدة ما تُلي القرآن. وكل حكم من أحكام الله عز وجل جزء لا يتجزأ من المنهاج النبوي.

يرجع تأصيل مفهوم المنهاج إلى الكتاب والسنة حيث ذكر في مواطن متعددة ومنها ما ذكره الله في القرآن الحكيم، قال الله عز من قائل: "لِكُلٍّ جَعَلْنَا مِنكُمْ

شِرْعَةً وَمِنْهَاجاً"(المائدة: 48). فسر عبد الله بن عباس رضي الله عنهما الشرعة بأنها ما جاء به القرآن، والمنهاج ما جاءت به السنة.

فعلى هذا تكون الشريعة أو الشِرْعَةُ أمرَ الله المنزل الضابط للتكليف وشروطه وأحوال المكلفين. ويكون المنهاج هو التطبيقَ العملي للشريعة، وإنزالَها على أحداث التاريخ في الإطار الزماني والمكاني والاجتماعي الاقتصادي السياسي المتغير المتطور، الذي تمثل السيرة النبوية نموذجًا فذًا له، وهو نموذج حي قابل للتجدد في روحه وإن تنوع الشكل.

بهذا الفهم الواسع المتحرك للسنة يمكننا أن نتجاوز ضيق من يفهم السنة تكرارًا حرفيًا تعبديًا للشكل، تكرارًا يضيع معه ومن جرائه روح السنة وأهدافها. فما كان من السنة تعبدًا من أقوال الرسول صلى الله عليه وسلم وأفعاله وتقريراته ثوابت لا يجوز عليها التحويل. وما كان منها سلوكًا سياسيًا ومعالجةً لحياة الناس وسياسةً للمال والجهاد دخل في حيز الصناعة التي تستقي الحكمة من معين الوحي والنبوة، والحكمة العملية من خبرة التاريخ.

وهي صناعة يساعد على فهمها صيغة "مِفْعال" التي جاء عليها "منهاج" الدالة في لغة العرب على الآلة كمسمار، أو مجال الحركة كمضمار، أو أداة القسمة والعدل كميزان. سنة إذا هي المنهاج بشمولية قابلياتها في الفعل والحركة ووضع الأمور في مسارها الشرعي. وفعل "نهج" و"انتهج" في اللغة يلحق معنى كلمةِ "شرع" و"اشترع". إذ كلاهما يحمل معاني الطريق والسلوك والسير. فلننظر كيف جاءت كلمة "منهاج" في كلام النبوة لنستخلص منها مفتاح الطريق في رفقتنا هذه التي تنطلق من الإطلال على حاضرٍ مُرٍّ، وتتبع ما رسمه الوحي لتاريخنا الماضي والحاضر والمستقبل.[121]

أمّا المنهاج النبوي، وهو السنة التطبيقية العملية النموذجية، التاريخيةُ بعد البشرية المتجددة في الزمان والمكان باجتهاد أجيال الإيمان، فنجدها ونستمدها لفظًا ومحتوىً وتَوجُّها وبشرى للمومنين، وبُشرى للمحسنين، وعامِلَ ثقة في موعود الله عز وجل وبلاغِ رسوله الكريم صلى الله عليه وسلم، في هذا الحديث العظيم المُنبِئ عن العِز المستقبَل الذي ينتظر هذه الأمة المرحومة أصلا، المقهورةَ بلاءً، الصاحية اليومَ، المتيقظة المجاهدة المنتصرة بإذن الله.[122]

وليس المنهاج النبوي علم نظري يقارب به حاضر الأمة فقط بل يستشرف به مستقبلها. ويقرأ في أحاديث نبوية تأكيد على مستقبل الإسلام وتحقق الموعود

النبوي الذي هو الخلافة الثانية على منهاج النبوة. هذا الموعود النبوي الذي لا تقبله عقول مقتنعة بأن حركة التاريخ ما هي إلا نتيجة صراع طبقي وتحول موضوعي للأحداث الداخلية وطنيًا والأخرى دوليًا.

أحداث تاريخية ليس ليد القدر أي تدخل فيها، ولذلك فهي ترفض هذا الطرح وتعتبره ضربًا من التخلف والعودة للوراء والتقهقر عن فكر الحداثة. تحول هذه العقول عقبات الفكر والنظر الموضوعي المعاصر عن الإيمان بالغيب لأنهم فقدوا حاسة السماع عن الله ورسوله والإيمان بالغيب كله، ورفضوا تدخل قدرة الله في المدافعة التاريخية التي تحصل من تدافع جند الله في حركة التاريخ والذي يعقبه النصر الأكيد ما داموا تابعين للنهج القرآني النبوي.

والحديث النبوي الذي سنتدارسه هنا هو الحديث الذي يتحدث عن الخلافة الثانية على منهاج النبوة والتي ستتحقق مستقبلًا بعد انتهاء الحكم الجبري وهو الديكتاتوري بلغة العصر الذي كتم على أنفاس الأمة وأفسدها على جميع المستويات. يقف الأستاذ عبد السلام مطولًا عند هذا الحديث لأهميته القصوى في فهم ماضي وحاضر الأمة ومستقبلها. في حين غفلت عن هذا الحديث جماعات أخرى لاصطدامها بالواقع السياسي الذي بدل أن تعمل على تغييره عمل هو على محورتها وتطبيعها مع مقتضيات سياسة الوصاية المتبعة في الدول العربية. يعرض الحديث الحالات الثلاثة التي مرت بها الأمة عبر التاريخ ويتضمن المستقبل الذي ينتظر هذه الأمة الموعودة بالنصر. نقرأ الحديث كما نقله الإمام الشاطبي عن الحافظ البزار رحمهما الله برواية تشتمل على زيادة مهمة.

جاء في كتاب الموافقات عن رسول الله صلى الله عليه وسلم قال : "إن أول دينكم نبوة ورحمة. وتكون فيكم ما شاء الله أن تكون، ثم يرفعها الله جل جلاله. ثم يكون ملكًا عاضًا فيكون فيكم ما شاء الله أن يكون، ثم يرفعه الله جل جلاله. ثم يكون ملكًا جبرية فتكون ما شاء الله أن تكون، ثم يرفعها الله جـل جلاله. ثم تكون خلافة على منهاج النبوة تعمل في الناس بسنة النبي، ويُلْقِي الإسلام بِجِرَانِهِ (أي يتمكن في الأرض) في الأرض، يَرْضَى عنها ساكن السماء وساكن الأرض، لا تدع السماء من قطر إلا صبته مِدْراراً، ولا تدع الأرض من نباتها وبركاتها شيئا إلا أخرجته". حديث البزار رحمه الله يزيدنا توضيحا للخلافة الموعودة المرتقبة حيث يعرف المنهاج النبوي أنه : "عمل في الناس"، أي سياسة وحكم وتصرف اقتصادي وعدل اجتماعي، عملا بسنة النبي.

تنطلق خُطانا المنهاجية من قواعد الشِّرْعة، يستنير القلبُ بنورها، والعقل بعلمها، والنّظر بمفاهيمها، والإرادة بحافزها وداعيها وندائها، لنقتحم العقبة إلى الله عز وجل. هكذا نفكر وهكذا نعمل. والخلافة على منهاج النبوة هي الأفق. نطرح أسئلة ثلاثة في ثلاثة أبواب.

ماذا يريد الإسلاميون؟ هؤلاء الذين ترشحهم الأقدار الإلهية إيمانًا وتصديقًا، ويرشحهم حكم الواقع المُحَس الملموس لتولي زمام الحكم في بلاد المسلمين، ما هي أهدافهم؟ ما هي الشروط المنهاجية ليتربّى سِربُهم على الإيمان، ويتحلى حزبُهم بخصال الرجولة والكفاءة الذاتية لتتحول الإرادة الاقتحامية عند الفرد المؤمن العضو في جماعة المسلمين إلى قوة اقتحامية تخرق العقبات السياسية والاجتماعية والثقافية والتخلفية الاقتصادية العلمية التكنولوجية؟

تتحرك هذه القوة الإسلامية في طورتكوينها الحاضر، وستتحرك غدًا بإذن الله، في عالمٍ المسلمون فيه وَفْرةٌ عددية، لكنهم من الضعف والعجز والهزيمة الحضارية بحيث لاَ غِنَى لهم في صراعهم غير المتكافئ للبقاء من مُصانعة القوى العالمية المهيمنة. والعالَم في مخاض، تعبُره تيارات جديدة، وثورات "حريرية" لشعوب رجعت من "أمل" الشيوعية إلى حضن الهيمنة الرأسمالية. العالم في مخاض ميلاد أليم عسير حسير لفئة مستضعفة مفقرة من الإنسانية، يزدادون عَوَزًا وتخلفًا كلما ازداد الأقوياء ثراءً ونَعْمةً وقوةً. والمسلمون هم جوهر عالم المستضعفين.

العالم يعرف تطورًا مذهلًا في العلوم والاختراع، يعرف جنونًا إعلاميًا يطوق الكوكب الأرضيّ، القريَةَ الكوكبية، بطوق من التوابع الإلكترونية الحاملة لرسالة الشهوة الدوابية العارمة. العالم يعرف تلوث البيئة المهدد بخراب الكرة، يعرف أمراض الحضارة السائدة وأمراض اللاحضارة المنبوذة، فما سلوك القوة الاقتحامية الإسلامية في هذا العالم وهو عقبة ذات أبعاد تضغط وتتمنع وتقاوم وتدْحَرُ وتقتل؟ هذه القوة الاقتحامية الإسلامية التي أصبح يعترف المراقِب المسلم أنها الأمل الوحيدُ للأمة، ويصرخ العدوّ أنها الخطر الداهم المهدد للسلام في العالم، ليست وحدها الفاعل السياسي في بلاد المسلمين. وهنالك أحزاب لاييكية، ونخب مغربة، وأنظمة موروثة قائمة. هنالك الديمقراطية يطلبها الشجر والحجر بوصفها سفينة النجاة. هنالك الأمم المتحدة. هنالك حقوق الإنسان دينُ العصر المُعلَن. هنالك علاقات التبعية الاقتصادية، هنالك المديونية، قيودٌ في أرجلنا وأغلال في أعناقنا، ما العمل؟ هذه أسئلتنا، وهذا منهاجنا على الشرعة الواضحة، لَيلُها كنهارها لا يزيغ عنها إلا هالك. وعلى الله قصد السبيل.[123]

يتجاوز المشروع الكامل للأستاذ عبد السلام ياسين ما ذكرته وصنفته من المؤلفات التي أوردتها فالرجل غنيٌّ وغزير التأليف ولديه إنتاجٌ فكريٌ وتنظيرٌ منهجيٌّ للعمل الدعوي فهو شخصيةٌ متميزةٌ في التنظير للحركات الإسلامية ومستقبلها.[124] وهو محاورٌ رفيع المستوى ومجادلٌ يعرف كيف يحاور مخالفيه في الرأي والنظر.[125] والأستاذ لديه مؤلفاتٌ أخرى متعددةٌ متفردةٌ في اهتمامها ومتهممةٌ بأمر الأمة وقضاياها المعاصرة ومحللةٌ لأوضاعها وطارحة للحلول وكيفيات التعاطي للأزمات الوطنية والدولية والعالمية.[126]

أثبت الأستاذ عبد السلام ياسين من خلال مشروعه الشامل أنَّ القرآن قابلٌ للتطبيق وبأنَّ دولة الخلافة ليست مثالًا حالمًا تمخَّضت عنه الفلسفة الأرضية كما تمخَّضت عن المذاهب الفكرية يستحيل تطبيقها على أرض الواقع لما يملؤها من ثغرات لا تسد حاجات الملايين من البشر.

تبنى الأستاذ عبد السلام ياسين مبدأ التجديد في إعمال الفكر وفي فهم الدين وتبنى المنهاج النبوي لمقاربة الإرث الإسلامي ومخزونه الفكري بمنظور شامل بعد أن كان عبارة عن شتات من المؤلفات الأصولية والفروعية لا يجمعها فكر شامل ولا نظرية متكاملة. ومن ثم نقدر مجهوده الفكري في إعادة قراءة المخزون الإسلامي وبناء منظومة فكرية إسلامية جمعت شتات ذلك المخزون، وكذلك نقدر استخدامه المنهاج النبوي في مقاربة الإرث العلمي.

قام الأستاذ عبد السلام ياسين بتأصيل منظومته الفكرية ومفاهيمه المحورية من الكتاب والسنة. ويمثل جهده الفكري في التأصيل للمشروع الإسلامي المتكامل، حيث قام بدراسة العلوم الإسلامية من الأصول والفروع بمنظور منهاجي نقرؤه في كتاباته الغزيرة التي تميزت بجدة الطرح واختلافه وتميزه عما هو رائج في الفكر الإسلامي ثم في تنوع مواضيعه التي جمعت بين الاقتصاد والسياسة والفقه وطريقة طرحه لمستقبل الدعوة وعلاقتها ببناء الدولة.

يذهب الأستاذ عبد السلام ياسين إلى أن عُرى الإسلام انتقضت بعد أن انتُقضت أوثق عروةٍ للدين وهي الحكم. وعمل بذلك في وجه السلطان بالقدر الممكن مناقضًا ورافضًا لنهج الحكم العضوض المتمثل في السلطان الأموي المبنيِّ على حكم الغلبة وبيعة الإكراه. هذا التوجه الذي دار مع القرآن والبرهان ضدًا على السلطان، هو الذي عانى أصحابه من القتل والتقتيل والتعذيب والتسلط والمتابعة والحصار والحبس بسببه.

وصل الأمر إلى المنع من التواصل مع جمهور الناس في حلقات العلم التي كان بعضٌ منها يقام في المدارس التي أسست في القرن الأول الهجري بالبصرة والكوفة. كذلك العمل الفكري والتأصيل لم يكن ليتجاوز الحدود التي تضعها سلطة السلطان الممثلة في الحكم الأموي.

فلم يكن يتطرق لجميع المواضيع وخاصةً موضوع الحكم والإمامة التي اغتصبت بالقوة والسيف وفرضت على الأمة فرضًا.

كما كانت بعض الدروس الوعظية أو المتضمنة للعلم الشرعي تعطى في بعض المساجد وكان كل من يعلن رفضه أو يحاول فضح اغتصاب السلطان من طرف بني أمية يلاقي المتابعة من السلطان والحبس والتعذيب.

هكذا وُئد العلم الشرعي وتراجع مع أصحابه ولم تترك السلطة الأموية المتجبرة متنفسًا للعلماء ليقوموا بمهمتهم كممثلين عن الأمة، وضاعت معاني مهمة العلماء ووظيفتهم باعتبارهم ورثة الأنبياء واستفرد السلطان بقبضةٍ من حديدٍ على أمور الأمة. وئد العلم ولم يدع لأصحابه المجال للظهور وإظهار العلم والمعرفة التي أسَّس لها جيل الصحابة الأول مع الخلفاء الراشدين وآل البيت القائمين، ولم يعمل على تطويرها مع انحباس الفقه وإغلاق باب الاجتهاد والتجديد وسياسة الإكراه من طرف حكم بني أمية الذين جعلوا القرآن تابعًا لنزوة السلطان وقبضته الإكراهية.

ذكرتُ المسجد وأقف هنا لحظةً عند المسجد كبناءٍ أوليٍّ ليس فقط للصلاة والعبادة، بل كمؤسسةٍ تجمع بين الجانب الديني التعبدي التواصلي بين المخلوق والخالق، ثم لكونه مساحةً وحلقةً علميةً لتلقِّي العلم القرآني وعلم التأويل الذي دشَّنه المصطفى -عليه الصلاة والسلام- وكمَّله آل البيت في شخص سيدنا علي -كرم الله وجهه-، وفي شخص زوجه بنت المصطفى -عليها السلام- وذريتها وما أتى من بعدهم من آل البيت.

لا يقتصر الأمر هنا على آل البيت وإن كانوا يحظون بالتشريف الأكبر من العلم القرآني والتأويل النبوي الشريف. فقد أقام المصطفى "مدرسةً" بكل معاني المدرسة التي تقتضي الترابط والتواصل الآني المرحلي والاكتمال والاستكمال عبر التطور الزمني للخلَف من بعدهم.

لم يعمد المصطفى -عليه الصلاة والسلام- إلى حصر العلم الشرعي في آل البيت بل جعله مفتوحاً يأخذه كل مجتهدٍ عاملٍ في فهم وتأويل العلم القرآني، الفهم المتعقل المنهاجي المحمدي. إذ لم يكن محمدًا -عليه الصلاة والسلام- فقط آخر نبيٍّ ومبعوثٍ حرر الإنسان من عبودية البشر ليربطه بالحقِّ سبحانه وحرره من سلطةٍ عشيريةٍ قبليةٍ متحجرةٍ غير منفتحةٍ على ما حواليها.

بل إنَّ عمله وجهده وبناءه للمجتمع والدولة الإسلامية تأسس على تخليص وتحرير العقل العربي من بنيته المحدودة التي لم تتجاوز الخيال العربي الشعري والعقل المجسم المحسوس الذي يتعلق بالأصنام ويتقرب لها لأنه غير قادر أن يجرد القوة الإلهية التي تسير الأكوان واكتفى بالأصنام وهي لا فعل لها ولا سلطة لها.

العقل الجاهلي لم يستطع أن يمتلك النظرة الشمولية للكون والخلق والتدبير الإلهي وقبع في النظرة الساذجة التي تتعلق بالأشياء والمجسمات بدل التعلق بالقوة العظمى التي لا تدرك بالحواس ولا بالمخيلة.

العقل الجاهلي غير قادر على النظرة العلمية والتعقل والتدبر في الإنسان والأكوان ليتوصل للعلوم المرتبطة بالتعقل ويجعل الوحي والسيرة النبوية مصادر محورية لتأسيس البنية المعرفية بالوسائل العلمية التي يتعلمها من المدارسة والتدبر في متن القرآن.

قضى المصطفى عليه الصلاة والسلام مرحلة مهمة في تعليم قومه القيم الدينية الجديدة وكيفية تدبر معاني القرآن، وخلق صور جديدة للذات الإلهية بحيث لا يسقط في التجسيم الذي كان عليه في الجاهلية ولا في التجريد المطلق الذي لا يسمح بالتفكر في الذات الإلهية بالعقل. ولم يقم الرسول بمهمته كمعلم في معزل عن أصحابه الذين اتبعوه بل أشركهم في فهم وتدبر وقراءة الوحي.

وقد فتح بإشراك أصحابه وآل بيته في فهم الوحي وتأويله مجالًا واسعًا للاجتهاد وحرر العقل العربي من أي سلطةٍ دوغمائيةٍ ونظرةٍ أحاديةٍ لتلقي المعارف. فكان عمله الرسالي ونبوته الختامية دعوةً مفتوحةً لكل إنسانٍ ليتحرر من أي قيودٍ دغمائيةٍ متسلطةٍ قد تبعد العقل عن الحقّ وتقربه من الجاهلية.

كيف ذلك؟ إذا عرفت أنَّ المصطفى نبيٌّ مختارٌ ولديه المعجزة التي لم تأتِ لأحدٍ من قبله ولا لأحدٍ من بعده وأنها خالدةٌ صالحةٌ لكل زمانٍ ومكانٍ فهذا قد يتضمن أنَّ العلم الكلي قد حازته النبوة بتأويلها وقراءتها للعلم المتضمن في المتن القرآني.

لكن هل هذا هو الذي حصل فعلاً في الممارسة العملية وفي الاجتهاد والإعمال العقلي سواء في جانبه السياسي أو في جانبه العقلي المعرفي؟ وهل كانت السلطة النبوية مطلقةً لا تعترف بالمخالف ولا تسأل عن الرأي الآخر ولا تعير اهتمامًا بخصوصيات الناس والأحداث بل تفرض عليهم الوحي فرضًا جملةً وتفصيلاً سواء في فهم الوحي أو في التشريع أو في قراءة الأحداث والنوازل.

لم يحصل ذلك أبدًا فقد كان المصطفى -عليه الصلاة والسلام- يشرك آل بيته وأصحابه في الرأي وفي اتخاد القرار وفي الفهم، وإنَّ دراسة الوقائع التي تثبت ذلك كفيلةٌ أن تفهمك كيف عمل المصطفى على بناء مدرسةٍ متينةٍ تجمع بين

العلم القرآني والتأويل وأنَّه بنى بداخلها توجهاتٍ مختلفةٍ وآراء متباينةٍ ومجالاتٍ تشريعيةٍ ووضع كل أمرٍ في الموضع الذي يصلح له.
كان الصحابة لا يتحرَّجون من النقاش ومراجعة آراء المصطفى في شؤون الحرب وفي التكتيك الحربي وفي حلِّ مشاكل مرحليةٍ تعترضهم وكان الصحابة وآل بيته من حوله يحسون بأنهم أحرارٌ غير مقيدين بنظرةٍ أحاديةٍ وحيدةٍ تلك التي تمثلها الوجهة النبوية وأنَّه لا إعمال للعقل والقياس والاجتهاد بعدها.
يطول الحديث في هذا الموضوع وليس غرضي أن أسوق كل المواقف والأحداث والحيثيات التي تشهد بذلك ولكنَّ غرضي فهم التحولات البنيوية العميقة التي حدثت في الفهم والتأويل العقلي التي عمدت سلطةٌ ملكيةٌ أمويةٌ أن تغيرها وتقطعها نهائيًا عن جذورها التأسيسية السابقة. فقد عمدت هذه السلطة إلى إغلاق "المدرسة" التي أسسها المصطفى وتنور بداخلها الصحابة وآل البيت الذين توارثوا العلم للأبد وهم من تعتقد الشيعة في عصمتهم وامتلاكهم المعرفة دون غيرهم.
أما المدارس التي أسست تحت النظام الملكي الوراثي الأموي فلم تكن لتنطلق من الإرث الوحيي النبوي إلا بحدود ما تسمح به السلطة السلطانية الملكية. ولم تكن من ثم قادرةً على الفهم الحرِّ المتحرر من تلك السلطة. وبذلك فقد عمد العلماء عبر التسلسل التاريخي الزمني إلى تقليص المجال المعرفي الصرف الذي يتوخَّى المعرفة وإعمال العقل والوصول للتأويل الذي أسسه المصطفى وطوره الصحابة وآل البيت. وهم بعملهم ذلك قد اقتصروا على ما سمح به السلطان ووضعوا حدودًا لم تكن في السابق موجودةً ونشروا فهمهم الخاص الذي وافق مصالح السلطان وهيأوا لإغلاق باب الاجتهاد وحرية ممارسة العلوم وإعمال العقل.
أصبح التطور الذي عرفته العلوم الأصولية والفقهية وعلوم الحديث والتأويل يسير في خطٍ تراتبيٍ مستقيمٍ لا يعرف مراحل البلورة المفاهيمية، ولم يؤسَّس مشروعًا متكاملًا، ولم ينظر لفهم مدرسي وفقهي وتأويلي واجتهادي. وصارت تلك العلوم تتراجع معرفيًا وتتقلص، وأصبحت المعارف القرآنية والتأويلات النبوية توظف للتشريع العملي لدولة السلطان، موهمةً أنها شريعةٌ قرآنيةٌ ونبوةٌ شريفةٌ بدعمها بالآيات والأحاديث التي توظِّف حسب الغرض السياسي.
عملت المدرسة المحمدية النبوية على تقعيد الوحي الرباني وأرست قواعد التأويل العقليِ النظريِ المعرفيِ وحاولت نشر المخزون القرآنيِ المعارفيِ وفق ما اقتضته الظروف المرحلية والمعرفية والنفسية والاجتماعية لمجتمعاتها.
وترك باب الاجتهاد والقياس وإعمال العقل والنظر للصحابة ولآل البيت مفتوحًا مؤسسًا لمرحلة مهمة مطبوعة بالتجديد كضرورةٍ تاريخيةٍ وشرعيةٍ.

إنَّ عملية التطور والتطوير في تلك المدرسة المحمدية إن أكملت طريقها عبر الأزمنة اللاحقة لجعلت الكون معارفيًا وصيَّرت العقل متحررًا من شروطٍ إلزاميةٍ سجنته في مرحلةٍ معينةٍ ومذاهب اجتهادية مرحلية أغلقته دون الاجتهاد وأوصلته للباب المسدود.
لقد فصلت وبترت العلاقة التاريخية المرحلية على المستوى الفقهي والأصولي والعلمي والفكري وأحدثت قطيعة بين المراحل الأولى "النبوة المنهاجية والخلافة الراشدة" ومرحلة الحكم العاض الملكية الوراثية وحدث بذلك الانكسار في الحكم وانعدام المراقبة من طرف الأمة وبترت كل الأواصر بالمدرسة المحمدية المأصلة من القرآن والمنفتحة على الفهم والتأويل من خلال باب الاجتهاد.
السؤال المطروح الآن على العقل العربي الإسلامي هو ما العمل للنهوض بالفكر المكرر المقلد المجتر المنحصر المنحبس للمدارس الفقهية والأصولية والتأويلية التي هيمنت طوال تلك القرون ولم تعمل على تطوير المعارف وفتح المجال للاجتهاد؟ ما السبيل لتجاوز قرونٍ استبداديةٍ من الفكر والنظر في الأصول والفقه والحديث والتأويل الذي هيمن وفرض نفسه بصفته سلطةً شرعيةً عليا غير قابلةٍ للنظر وإعادة الفهم والتأويل؟ وكيف يُتجاوز النظرة الأحادية المذهبية التي تضيّق الفهم وتحصر العمل في حدودٍ جغرافيةٍ محدودةٍ وتمنع دون تحقق الشمولية القابلة لاختلاف النظر والعمل حسب الوسائل والآليات المستعملة؟

بعد هذا المدخل الجامع نقف عند التجديد الذي قام به الأستاذ عبد السلام ياسين وكيف طبق المنهاج النبوي على واقع الأمة. ويعتبر تجديده تميز في الفهم وقفزة نوعية في مقاربة الإرث الإسلامي. فالأستاذ لم يجدِّد فقط في الدين بل عمل على إحياء المنهاج النبوي بتطبيقه على وقائع مختلفةٍ بشكلٍ جذريٍ عن زمن النبوة. لقد نتج عن تجديده في المنهاج النبوي إحداث آليات لمقاربة قضايا الأمة في القرن الخامس عشر الهجري وكيفية تطبيقه هذا المنهاج على واقع مغاير لزمن النبوة. وهو عمل جاد وجهد نظري استغرق عقودًا من الزمن تمكن خلاله من جمع الإرث النبوي وإخراجه من شتاته لوضعه في نظرية تعتمد النظرة الشمولية وإخراجه من التجزيء الذي وضعه فيه علماء سابقون.
ما يمكن قوله في مشروع الإمام التجديدي هو تميزه بشمولية متكاملة على مستوى النظر الذي يظهر جليًا في مؤلفاته المتنوعة التي تعرضت لكل مناحي الحياة السياسية والاقتصادية والفقهية وقاربت تجارب من الحكم الإسلامي وغيره. أما على مستوى التطبيق فيظهر في تأسيس الأستاذ عبد السلام ياسين لجماعة المؤمنين وهي محضن تربوي وتعليمي يهييء الرواد الذين يتوغلون في المجتمع للقيام بالدعوة. وتمتلك الجماعة مقومات تنظيمية وهيكلية ولديها

واجهات مختلفة ومنها النصح والنصيحة والعمل الجمعوي ومساندة قضايا الأمة التي تمثلها الدائرة السياسية.
يدخل الجانب التربوي ضمن مشروع تهييء الأمة وتربيتها الذي يتم في محضن الجماعة بتفعيل خصال شعب الإيمان التي يلزم المؤمن تطبيقها في حياته ومعاملاته ليرتقي بنفسه من الإسلام الوراثي، حتى يدرك مراتب الإيمان ليصل لسنم الدين وهو الإحسان. ولا بد من تفعيل الجهاد الذي لا يُفهمَ بأنه يقتصرعلى جهاد الأعداء المتربصين بالإسلام، بل الجهاد بمعانيه الواسعة من جهاد النفس في ذاتها ونزواتها واتباعها للهوى والظنون وابتعادها عن التقويم والتزكية وصبرها على المؤمنين داخل الجماعة وعلى الأذى حين تتفاعل في قلب المجتمع المدني.
فالتربية في منظور الجماعة هي المحك التي تزكي النفس وتقوم السلوك في محضن الجماعة وليس في خلوة فردية، إذ ليس المطلوب الخلوة والابتعاد عن المجتمع لتزكية النفس. والقصد اتباع النهج النبوي أي التربية في "جلوة"، فقد كان الصحابة الكرام -رضوان الله عليهم- دائمًا في تزكيةٍ في المجالس النبوية وفي مواقع الجهاد وفي دعوة أقوامهم والناس كافة إلى الإسلام.
يتأسس مشروع التربية لدى الأستاذ عبد السلام ياسين على ركائز أساسية هي شروط التربية الثلاث التي هي الصحبة والصدق والذكر. ولا يفهم من اعتماده على الشروط الثلاث التي قال بها علماء التربية المسلكون من السادة الصوفية بأنها دعوةً لطريقةٍ صوفيةٍ تعتمد الاعتزال عن المجتمع المدني ولا تهتمُّ بأمر تدبير الشأن العام للأمة، أو بأنها دعوة إلى الخلوة كوسيلةٍ للتربية وتزكية النفس. بل على العكس من ذلك هي دعوةٌ للعمل في إطار جماعةٍ تعمل في قلب المجتمع المدني وتشارك في حركة مجتمعية وفكرية وسياسية بهدف التغيير وبناء مجتمعٍ عادلٍ ومحسن. فتزكية النفس وتربيتها تتم من هذا المنظور الشامل والمتكامل داخل جماعةٍ مؤمنةٍ صابرةٍ ذاكرةٍ داعيةٍ إلى الله.
من هنا جاء تميز الدعوة الذي عرفته الجماعة المؤمنة التي تسعى للإحسان، وهنا تكمن خصوصية عمل الأستاذ في كيفية بناءه وتنظيره للجماعة تنظيمًا وهيكلةً وتربيةً.
قام الإمام بتقعيد المنهاج النبوي وتجديده وجعله الأساس النظري والمنهاج الذي يطبقه على واقع الأمة متحديًا كل من يدَّعي القهرية. هذا التقعيد استفاد منه من عمل على تجديد النهج النبوي وحاول تطبيقه على أحوال الأمة وقراءة الوقائع الحالية من خلاله. والتحدي الأكبر الذي واجهه الأستاذ ظهر في تجاوزه وتخطي الصعوبات والعقبات التي واجهته أثناء تفعيل المنهاج النبوي على واقع الأمة المعاصر المختلف عن واقع النبوة.

نتبين منظور الأستاذ للدعوة وغاية التربية القصوى لديه ووسائلها بما أسماه بفقه الدعوة وعلم السلوك من خلال ما اقتبسته في هذا المقتطف من مؤلفه الذي يفصل فيه القصد من مشروعه الدعوي: "نريد أن يكون سلوكنا على بصيرةٍ واتباعٍ، ونريد أن تكون الدعوة دعوةً إلى الله، لا مجرد دعوةٍ للإسلام أو مجرد دعوةٍ للجهاد. فإن ذكر الغاية -وهي وجه الله تعالى- والتذكير بأن الأمر سير، وسلوك، ومراحل زمنية مداها عمر الفرد واستمرار الرسالة إلى يوم القيامة، يعطينا تصورًا متحركًا للإسلام. يصور لنا الإيمان مجموعة علاقاتٍ بين العبد وربه وبين العبد والناس، ثم بين جماعة المؤمنين المخاطبة بالقرآن، وبين سائر بني الإنسان، تم يصور لنا معنى كل ذلك، ومعنى المبدأ والمعاد والدنيا والآخرة. غاية التربية داخل جماعة العدل والإحسان هي الترقي في مراتب الإيمان والوصول لدرجة الإحسان والسلوك إلى الله سبحانه وتعالى-ونيل مقامات الكمال. والدخول في سنة الله التي لا يحيدون بها عن المطلب الإحساني بل يكونون لسيرهم ونهجهم أتباع طريق الرسل ونماذجهم بواجبات الجهاد مع قبول الإيمان وتصديق سنة الله، مع الاتِّباع عملًا وجهدًا وصبرًا ومكايدةً ومدافعةً وهي سنة رسل الله- عليهم صلاة الله وسلام الله". وبهذا الكلام نفهم بأن الأستاذ ياسين لا يدعو إلى طريق السادة الصوفية بل يستلهم من وسائلهم التربوية وهي اتباع المسلك والصدق والذكر، غير أن طريقة الصوفية التي تتأسس على الخروج من المجتمع والهروب إلى الخلوات كانت ولا تزال اختيار كثيرٍ من الصوفية - أكرمهم الله.

ولكن مستقبل الإسلام يتحتم حتميةً تاريخيةً تطوريةً تحوليةً ويقتضي قبول الشروط التي وضعها الله عز وجل في المجتمعات البشرية واحترام قوانينه في التاريخ والتعرض بذلك لوعده بالنصر. . نجد ذلك متضمنًا في القصص التي وردت في القرآن والتي تقرر -من خلال الأمثلةً وقصص الأمم السابقة- السنن الكونية والمحددات التاريخية لاستمرار ولانهيار الأمم.

يذهب الأستاذ ياسين إلى أنه لن يتأتى لهذه الأمة الوسطية الشاهدة تقرير أمرها في دنياها في مدافعتها للأمم إلا حين تربط مصير أعمالها في الدنيا بالآخرة . وهذا ما يضفي الأهمية على وسائل القوة التي أمرنا الله بإعدادها والتي ارتبطت في الخطاب القرآني بمواصفات الإيمان والجهاد -التي يلزم أن يتصف بها الذين يريد الله استخلافهم في الأرض ويمَكِّنهم فيها- أمام القوة المادية للذين يريدون اجتثاثهم واقتلاعهم.

إضافة جانب الغيب في طرح الأستاذ ياسين وجوهرية حضوره في منظومته الفكرية تسقط لدى الفكر المعاصر في جميع توجهاته من الفكر الملحد والفكر القومي والمسلم التراثيُّ وكل من لا يعترف بعامل الغيب ويغيبه من طرحه ولا

يعترف بأي تأثيرٍ له، ويعتقد أن لا مكان للغيب في التفاعلات المادية وأن السبيل الوحيد للتقدم والمضي قدمًا يتم بالتخلص من العقلية الغيبية لشخص الفقيه مبدلًا إياه بالعقلانية الموضوعية المحررة للعقل ولرغبات النفس.

هذا التوجه السائر على هَدْي الوعي التاريخي للحضارة الغربية العالمية هو المنصب حول الوعي بعالمية الحضارة الغربية، وهو الذي يزود الوعي بالتحليل التاريخي الأرضي الصرف. ففي هذا المنظور لا يوجد مجالٌ لفعل الله في الوجود ولا في الأرض، وتصرف الله في الكون معطلٌ وتصرفه يعدُّونه خرافةً لا تستند على نهجٍ عقليٍ. لقد جعل إسقاط الغيب من حساب الفلسفات المادية والعلوم المتقدمة الخالق منفصلًا عن المخلوقات فلا سببية تجمعهما ولا علة تربطهما ما دام الخلق كان صدفةً وتم بشكلٍ ذاتيٍ تلقائيٍ موضوعيٍ ولا دخل للخالق في ذلك بما يشمل كل الفلسفات القديمة والحديثة التي دشنها الطرح النظري الغربي وكل العلوم المتطورة الدقيقة منها والإنسانية.

أطرح هنا هذا السؤال لعلي أجيب عنه عبر ثنايًا الكتاب، أين يا ترى يكمن الخلل؟ هل في الفكر الموضوعيِ الذي يدعو للقطيعة التامة بين التحليل الماديِ للموضوعات والموجودات أم في الفكر المنهجيِ النبويِ الذي يدعو إلى إقامة الدين بإقامة نموذج دولة الخلافة باتباع النهج النبويِ التي قامت عليه الدولة المسلمة الأولى مع الإمام محمد عليه الصلاة والسلام؟

نقارب هنا منظور الحركات الإسلامية التي تنظر لمستقبل الخلافة الثانية وينظرون لقضية محورية في منظورهم وهي تأسيس دولة الخلافة وتأسيس قواعدها عبر المرحلة الانتقالية الوعرة التي يلزم المجتمعات العربية أن تمر بها. تتضمن المرحلة الانتقالية عقبات فردية وجماعية تقتضي تطوير المجتمع وتوجيهه نحو بناء دولة العدل أولًا قبل تحقيق النموذج الثاني للخلافة.

يواجه طموح الحركات الإسلامية والاجتماعية التي تسعى لتحرير الطبقات الفقيرة وهم المستضعفون عقبات موضوعية وعالمية. إذ تعاني الفئة المستضعفة من قهر النظام العالمي والفئة الباغية في مجتمعها وهذا يخلق التدافع بين قوتيين غير متكافئتين وطبقتين هما طبقة المستضعفين والطبقة الحاكمة ومن يدور في فلكها. تواجه القوة التي تدافع الظلم داخل المجتمع ظلم واستبداد الطبقة الطاغية وبموازاتها القوة العالمية التي تضغط على القوة المحلية للعالم العربي الإسلامي الذي يريد أن يبني قوة مادية وروحية وهي الآن في طور البناء والتأسيس.

من هذا المنظور، يعتبر عمل المرشد النظري ومشروعه الدعوي نموذج للحركات التغييرية في الحركات الإسلامية المغربية حيث يطرح نظريات اقتصادية وسياسية من منظور خاص يتم فيه تطبيق المنهاج النبوي ويعتمد على إعادة بناء الشخصية المسلمة وتزكيتها باتباع النهج النبوي كما نقرأه في متن

كلامه التالي: "حين يبحث المؤمنون عن المنهاج النبوي الذي ربى به رسول الله -صلى الله عليه وسلم- جيلاً قرآنيًا من المحسنين لإعادة الشخصية الجهادية إلى قيادة الأمة ولإعادة القيم الإيمانية الإحسانية إلى مكانتها في سلوك الأمة، يسعى الآخرون لتجريد الأمة من تلك القيم ولعزل الشخصية الإيمانية من تقدير المسلمين. يتمثل التخلف كله في نظر الملاحدة والتابعين للفكر الوضعي في جهةٍ هي جهة الإيمان بالله وباليوم الآخر، ويتمثل التقدم كله في جهة الكفر بالغيب، وفي مقدمة الغيب وجود الله. في قاموس هؤلاء لا معنى لعبارة "نصر الله" أو "التوكل على الله" بل نجد الهروب من الواقع وصدماته وحقائقه والارتماء في أحضان الغيبية الخرافية.
يقع صواب الإيمان بقدرة الله تعالى المطلقة والاحترام المشروط على المؤمنين لسنته في الكون والتاريخ بين طرفي إلغاء الأسباب وإلغاء الغيب من الحساب. لا يستطيع التحليل العلمي الموضوعي الوضعي والمادي إدراك "المعجزة" التاريخية التي برزت للوجود على يد رسول الله -صلى الله عليه وسلم- وأصحابه وخلفائه من بعده لأن المحلِّلين، ومعهم كلمة العصر الحاسمة: "العلم"، لا يحيون الإيمان فلا يعرفون شؤون الإيمان ومقتضياته من داخل نفوسهم الخالية الخَرِبة".[127]
يظهر عامل الإيمان بالغيب وبالنصر الموعود لهذه الأمة المغلوبة الآن والسائرة على درب التحولات الكبيرة وهي المرحلة الانتقالية التي ساقتها الثورات العربية بما سمي بالربيع العربي التي تهيئ الأمة للمرحلة القادمة التي يتحدد فيها العاملان الأساسيان هما النصر والاستخلاف:
فمن جهة هناك فاعل التدافع الذي يخضع لسنن الله في كونه وهذه عوامل مادية تاريخية وهناك عامل الإيمان بالغيب يتجلى في تثبيت الله للمؤمنين في خضم تدافعهم وحركيتهم وتربيتهم التي لا تتجزأ عن العمل الدعويّ وتقترن بالنهج المحمديِّ. من خصوصيات تاريخ هذه الأمة المباركة أنها وُعدت بالنصر والاستخلاف في الأرض متى تحققت لها شروط سنة الله.
يؤكد هذا الأمر ما جاء في متن القرآن والأحاديث وما رواه السلف. ومنه قول الله تعالى في الآية: "وَعَدَ اللَّهُ الَّذِينَ آمَنُوا مِنكُمْ وَعَمِلُوا الصَّالِحَاتِ لَيَسْتَخْلِفَنَّهُم فِي الأَرْضِ كَمَا اسْتَخْلَفَ الَّذِينَ مِن قَبْلِهِمْ وَلَيُمَكِّنَنَّ لَهُمْ دِينَهُمُ الَّذِي ارْتَضَى لَهُمْ وَلَيُبَدِّلَنَّهُم مِّن بَعْدِ خَوْفِهِمْ أَمْنًا يَعْبُدُونَنِي لا يُشْرِكُونَ بِي شَيْئًا" (النور: 55).
لو شاء ربك لآمن من في الأرض كلهم جميعًا، ولو شاء لرفع قانون الأسباب أمام رسله وأوليائه، لكنها سنته التي لا تتبدل، ووعده المشروط بالإيمان والعمل الصالح، لا استخلاف ولا تمكين إلا بتوفرهما. الآيات الكريمة هذه وعدٌ عامٌ وتأتي السنة المطهرة لتخصصه كما خصصه القرآن في قوله تعالى: "هُوَ الَّذِي

أَرْسَلَ رَسُولَهُ بِالْهُدَى وَدِينِ الْحَقِّ لِيُظْهِرَهُ عَلَى الدِّينِ كُلِّهِ وَكَفَى بِاللَّهِ شَهِيدًا" (الفتح: 28). لما يظهر الدين الإسلاميُ في الأرض ذلك الظهور، ولما يعمُّ الأرض، فنحن على موعدٍ -إن شاء الله- مع مستقبل الدين الزاهر.

لكن بناء الحضارات وتأسيس الدول أمرٌ ليس بالهين، ولا يتناسب مع الكلمات السهلة المستخدمة في التعبير عن التغيير الذي تخوضه المجتمعات العربية في المرحلة الانتقالية. فدُونَه خاض المسلمون على مدى قرونٍ صراعًا حضاريًا عاتيًا مع حضارتين عالميتين، وانتصروا على دولتيهما الطاغيتين في معاركَ ضارية، وفي النهاية كان النصر للمسلمين بانتهاء المعارك بفريقين من الناس: فريقٌ في الجنَّة وفريقٌ في السعير.[128]

يعلمنا التاريخ كيف تم النصر لمن سبقونا وذلك بإرساء مبادئ العدل ومواجهة الظلم بكل أشكاله من منظور إقران التغيير بوجهة ابتغاء مرضاة الله وربط عزائم الدنيا بنعيم الآخرة. وبذلك انتصر المسلمون الأوائل حين قرنوا عمل دنياهم في مدافعة الظلم والبغي في الدنيا بطلب الجنةَ والشهادة.

كيف هانت عليهم الدنيا فدانت لهم الأرض وانفتحت أمامهم أبواب المدن، ودخلت الشعوب في دين الله أفواجًا، ورافقهم النصر من موقعةٍ إلى أخرى، ورافقت الهزيمة أعداءَهم، فانكفأوا على أحقادهم، مُطَأْطِئي الرؤوس، منسحبين من مستعمراتهم التي حررها الإسلام، ومنتظرين فرصةً للثأر تأخرت كثيرًا. ذلك لأن فرص الثأر لم تسنح إلا بعد أن تخلى المسلمون عن جوهر الإسلام وركنوا إلى فهمٍ سقيمٍ له، يجعل من التواكل توكُّلًا، ومن الجبن ورعًا، ومن الكسل قناعةً، ومن الذلِّ تواضعًا. فابتلاهم الله بسلاطينهم المستبدين، الذين أذاقوهم الأمَرَّيْن، وعاشوا في ترفٍ وفسادٍ ومظالمَ، وعمومًا فقد المسلمون بهذا التخلي أسباب مجدهم، واستبدلوا الاجتهاد والريادة الحضارية بالتقليد والجمود والتخلف، فانقلبت دَفَّة الصراع وتحول الانتصار لمن يمتلك أكثر أسباب النصر المادية. إذ كان سقوط الدولة الأموية في الأندلس وما صاحبها ولحقها من حملاتٍ صليبيةٍ في الشرق، تعبير عسكري وواجهة للحرب الحضارية تعبر عن احتدام الصراع الحضاري بكل مقوماته الدينية والثقافية والاقتصادية. كانت النتيجة خلال تلك القرون الطويلة مجرد تحصيل حاصل للأوضاع الحضارية الآخذة في التبدل.

وما "حطين" التي نحتفل بها والتي حققت انتصاراً في سنة 1187م، أو غيرها من المعارك المتناثرة إلا جزر غريبة في محيطٍ تاريخيٍ آخذٍ في الانحطاط. لقد ازدادت الفجوة الحضارية اتساعًا، وتكدَّس التخلف في بلاد المسلمين، حتى وقعت في نهاية المطاف فريسةً للاستعمار الأوروبي، وكان ذلك تعبيرًا جديدًا عن جولةٍ أخرى للصراع الغائر الجذور، وقد سمحت نتائج هذه الجولة -مثلا-

للقائد الفرنسي الذي احتل دمشق في عشرينات هذا القرن أن يطلق على قبر بطل معركة حطين عبارته الشهيرة: "عدنا من جديدٍ يا صلاح الدين".[129]

أختم هذا الفصل بكلامٍ لأحد الرجال الصادقين والمنظِّرين لكيفية نهوض الأمة وريادتها في العالم بمراجعة أبعادٍ كثيرةٍ ومنها الاقتصاديّ باعتباره الأساس المادي الذي لا غنى عنه في أي نهضةٍ مأمولةٍ.

إذا أردنا النصر حقاً فلننصر الله فينا، في شتى المجالات، وفي كل المقومات التي تقوم عليها مجتمعاتنا المسلمة، وأولى المهمات المطلوبة الآن للخروج من أزمة المسلمين المعاصرة أن ينصروا الله سبحانه في نظمهم الاقتصادية.

أولى لَبنات الإصلاح في نظمنا الاقتصادية هي تخليصها من الربا، الذي يجر علينا حربًا لا قِبَلَ لمخلوقٍ بها، هي حرب الله -سبحانه وتعالى- القائل:"يا أيها الذين آمنوا اتقوا الله وذروا ما بقي من الربا إن كنتم مؤمنين. فإن لم تفعلوا فأْذَنوا بحربٍ من الله ورسوله. وإن تبتم فلكم رؤوس أموالكم لا تَظلِمون ولا تُظلَمون" (البقرة: 278-279).

إنَّ تخليص النظام الاقتصاديّ من الربا مقدمةٌ لا بدَّ منها قبل الشروع في تخليصه من عبء المديونية الخارجية التي تهدِّد بفوائدها الربوية الباهظة كل محاولات التنمية في العالم الإسلامي، وذلك برصد الجذور التاريخية لظاهرة لجوء المسلمين إلى الاستدانة بالربا من الخارج، ودراسة المؤامرات المُدبَّرة لدفعهم بشدة إلى هذا المنزلق القاتل، ورصد الطريقة التي اتُّبعت لتشكيل الخريطة الحضارية للعالم كما هو الآن، حيث وُضِع المسلمون ضمن الشعوب المنهوبة البائسة، المحكوم عليها بالتخلف، ويجري العمل عالميًا على تكريس هذه الحال؛ ليصبح التخلف قدرًا أبديًا لا فكاك لهم منه. وتكمن أخطر الطرق إلى تحقيق ذلك الآن في المحاصرة بالديون الربوية، وبالقوانين الدولية الجائرة في مجالات التجارة والنقد والاقتصاديات عموماً، ثم إغراقهم بالخلافات والتسَلُّح والحروب، ومناهضة دعوات العودة إلى منهج الله فيهم.[130]

زيادة على التسلط العالمي هناك التسلط المحلي الذي تمثله حكومات مستبدة التي تشمل حكومة الفرد المطلق الذي تولى بالوراثة وتشمل الحاكم المنتخب وحكومة الجمع. وأشد مراتب الاستبداد هي حكومة الفرد المطلق، الوارث للعرش، القائد للجيش، الحائز على سلطة دينية. ولا تخرج عن وصف الاستبداد أي حكومة ما لم تكن تحت المراقبة الشديدة والاحتساب الذي لا تسامح فيه.[131]

التربية المنهاجية

يركز المرشد على مبدأ التربية في العمل الدعوي ويعتبره جزءًا لا يتجزء من العمل الحركي الذي لا ينفصل عن مجالس التربية والنصيحة التي ترقي الوارد من إسلام العادة والتوارث إلى تشرب عمق معاني الإيمان وصفاته. فما هي أصول التربية التي يدعو لها المرشد ويتبناها في خط الجماعة الدعوي وما خلفياتها؟ وما هي مرجعية تأصيله للتربية؟ وهل يعتمد المرشد في تأصيله على المصدرين الأولين القرآن والسنة أم علم التربية والسلوك كما صاغه علماء التربية ويقصد بهم السادة الصوفية وطريقهم السلوكي؟

يقدم القرآن والنبوة المنهاجية الدواء الذي به تعالج أمراض النفس المعيقة عن التزكية ويعطي للمريض الترياق الذي يبدأ بالإقلاع والتوبة الصادقة للنفس اللوامة التي تندم ندمًا شديدًا على ما فرطت فيه في غفلتها وبعدها عن الله وذكر الآخرة وتتوق العودة لرحاب وحضن القرآن لتترقى في معاني الإيمان بالاشتغال على شعب الإيمان التي تزكي النفس. في المفهوم القرآني والنبوي يبدأ العمل الصالح بصدق وإخلاص النية وبموافقة العمل للشرع مع ملازمة تجديد النية والتوبة الدائمة التي تستغرق العمر كله.

فالقرآن يطرح الترياق الذي يتضمَّنه كلام الله العلي الحكيم العارف بعمق الإنسان وما تطويه نفسه من حبٍ الدنيا وتعلقها بملذاتها وشهواتها. فالنفس إن لم تزكى لا ترتقي وتبقى ملتصقة بالشهوات والأهواء التي تتجاذبها وتسوقها إلى الفواحش والمحرم. ومن لا يتبع الحق في نفسه فلن يتبعه في مجتمعه وفي تدبير الشأن العام ومن ثم تتفشي الموبقات والفواحش والمحرمات والظلم بين الناس. ويبين القرآن كيف تزكى النفس من أمراضها وموبقاتها وتبين النبوة المنهاجية بتفصيل كيف تعالج أمراض النفس من اتباع الهوى والبعد عن الحق. كما يبيِّن القرآن كيفية مدافعة الظلم والتظالم بين البشر وبين الأمم وكيف يردع تجبُّر الباطل المنكر للحق والوحي.

ويبين القرآن أيضًا عبر آياته وسوره المتنوعة حاضر الأمم ومستقبلها التي تجدها متضمنةً في الآيات التالية، فاقرأها بعقلٍ متفقهٍ وقلبٍ يقظٍ يعرف ربه ويسمع عن الوحي ويتبع النبوة أسوةً واتِّباعًا ومحبة. "أذن للذين يقاتلون بأنهم ظلموا وإن الله على نصرهم لقدير الذين أخرجوا من ديارهم بغير حق إلا أن يقولوا ربنا الله ولولا دفع الله الناس بعضهم ببعض لهدمت صوامع وبيع وصلوات ومساجد يذكر فيها اسم الله كثيرًا ولينصرن الله من ينصره إن

الله لقوي عزيز الذين إن مكناهم في الأرض أقاموا الصلاة وآتوا الزكاة وأمروا بالمعروف ونهوا عن المنكر ولله عاقبة الأمور" (الحج: 39-41).

انظر في المقدمات التي يعرضها القرآن وهي تعرُّض المؤمنين التابعين للوحي والنبوة للاضطهاد والتعذيب والظلم من طرف المجحدين الكافرين أتباع الشياطين المنكرين. هذه سنة الله الكونية منذ آدم -عليه السلام- إلى أن تقوم ساعة العرض على رب العالمين. فالباطل متقوٍ والحقُّ ضعيفٌ لكنَّه مقوَّى بنصرة الله وبقوته التي يدافع بها عن الحق وعن الوحي وبعزته التي يعز بها المؤمنين. الحق مقوًى بالإيمان الذي يزرعه الله في قلوب المؤمنين الذين يجاهدون بالنفس والمال من أجل نصرة الحق، وقبل النصرة كانت الهجرة من أجل إعلاء كلمة الله. والنتيجة هي التمكين، لكن لمن، هل لأيِّ مدافعٍ ولأيِّ مناضلٍ يظن أنَّه يضارب عن حقوق الإنسان، لكن خارج مقاصد الشريعة ومطالبها؟

إنَّ التمكين والنصر لا يكون إلا للذين يقيمون الصلاة ويؤتون الزكاة ويأمرون بالمعروف وينهون عن المنكر، هؤلاء هم الممكنون المنصورون بفضل الله العزيز القوي. نقرأ صفات أولئك الذين يمكَّن لهم في الأرض ونقرأ أوصافهم في القرآن الحكيم، إنهم الذين ينعتهم الله بعباد الرحمن، "وعباد الرحمن الذين يمشون على الأرض هوناً وإذا خاطبهم الجاهلون قالوا سلامًا. والذين يبيتون لربهم سجدًا وقيامًا والذين يقولون ربنا اصرف عنا عذاب جهنم إنَّ عذابها كان غرامًا. إنها ساءت مستقرًا ومقامًا والذين إذا أنفقوا لم يسرفوا ولم يقتروا وكان بين ذلك قوامًا" (الفرقان: 63-67).

يعطي القرآن صفات خاصة وإيجابية لما يسميهم عباد الرحمن وهم المنصورون المؤيدون، الذين يمكن لهم في الأرض وهم الوارثون. يعقب هذه الصفات بصفاتٍ سلبية ينفيها عنهم وهي خصال ليست من طبائعهم ولا مكونًا من نفوسهم ولا فكرةً علقت بعقولهم ولا اعتقاد زعزع معتقدهم أوغيرت وجهتهم. هم الذين لا يدعون مع الله إلهًا آخر، ولا يقتلون النفس التي حرم الله إلا بالحقِ ولا يزنون، يعقب هذا الإنذار بالعقاب الذي يلقاه من يفعل هذه النواهي وهو مضاعفة العذاب يوم القيامة والخلود في النار. وتبقى باب التوبة مفتوحة ولا تغلق في وجه من تاب وآمن وعمل صالحًا فجزاؤهم أن يبدل الله سيئاتهم حسنات ويغفر لهم. نقرأ الرحمة الإلهية في الاستثناء الذي يعرضه رب غفورٌ رحيمٍ الذي لا يُعرِض عن خلقه المذنبين ويبقي باب التوبة مفتوحًا حتى يغلق في الميعاد المحدد.

التوبة هي الباب التي تنقذ العاصي والقاتل للنفس ومرتكب الكبيرة ومنها الزنا التي تبدو في الآية أكبر الكبائر بعد القتل. وعواقب ارتكاب الزنا في المجتمع من

فسادٍ في الأخلاق وتفشٍ للفاحشة وزوال الحياء وما يتبعها ويسايرها من فواحش أخرى من خمرٍ ومخدراتٍ ومجونٍ وفسوقٍ وعصيانٍ وعدم العفاف والتعفف، كلها عواقب وخيمة ولا يكون الخلاص منها إلا بوسيلةٌ وحيدةٌ شرَّعها القرآن وهي التحصن داخل علاقة الزواج التي تحفظ الفطرة والنفس والأهل وتمكن من الاستقرار في حياةٍ هادئةٍ تبدأ بالمودة وتنتهي بالرحمة بين الأزواج. نتدبر الاستثناء الإلهي من رب غفور رحيم وهو الذي يفتح باب التوبــة، وهو مفتاح العودة لرب رحيم غفور حيث يفتح المسلم صفحةً جديدةً في سجل الكتاب الذي سيلقاه يوم الحساب. يدعوك الله لتفر إليه وتسرع بقلبك إلى رحمته وغفرانه فهو دومًا ينتظر عودتك ولا ييأس من توبتك وهو أحن عليك من الأمِ علــى رضيعها. يدعوك أن عد الآن قبل فوات الأوان وقبل أن تصل للهوان والضياع. عد لربٍ رحيمٍ واطلب عفوه وقف ببابه وادعوه، فالدعاء هو مخُ العبادة. "قل ما يعبأ بكم ربي لولا دعاؤكم فقد كذبتم فسوف يكون لزامًا" (الفرقان: 77).

"ومن تاب وعمل صالحًا فإنَّه يتوب إلى الله متابًا والذين لا يشهدون الزور وإذا مروا باللغو مروا كرامًا، والذين إذا ذكروا بآيات ربهم لم يخروا عليها صمًا وعميانًا والذين يقولون ربنا هب لنا من أزواجنا وذرياتنا قرة أعينٍ واجعلنا للمتقين إمامًا. أولئك يجزون الغرفة بما صبروا ويُلقَّون فيها تحيةً وسلامًا خالدين فيها حسُنَت مستقرًا ومقامًا. قل ما يعبأ بكم ربي لولا دعاؤكم فقد كذبتم فسوف يكون لزامًا" (الفرقان: 71-77).

لا يزال باب التوبة مفتوحًا أمامك وأمام العالمين جميعًا فلا تقفل قلبك ولا تصدَّ عن الرحمن فتندم وتموت حسرةً دنيا وأخرى. "قل يا عبادي الذين أسرفوا على أنفسهم لا تقنطوا من رحمة الله إنَّ الله يغفر الذنوب جميعًا إنَّه هو الغفور الرحيم وأنيبوا إلى ربكم وأسلموا له من قبل أن يأتيكم العذاب ثم لا تنصرون واتَّبعوا أحسن ما أنزل إليكم من ربكم من قبل أن يأتيكم العذاب بغتةً وأنتم لا تشعرون. أن تقول نفس يا حسرتا على ما فرطت في جنب الله وإن كنت لمن الساخرين، أو تقول لو أن الله هداني لكنت من المتقين أو تقول حين ترى العذاب لو أنَّ لي كرةً فأكون من المحسنين." (الزمر: 53-57).

كيف تتوصل لهذه الدرجة من الإيمان فتفلح في دنياك وأخراك وكيف تفتح مغاليق قلبك حتى يتلقى عن الرحمن الوحي والنور الذي يقذف في القلب فيصبح إناءً قابلًا لتلقِّي الوحي والنبوة؟ هل يحصل ذلك بقراءة الكتب والمؤلفات والاطلاع على النظريات حول الإسلام الحركيِّ الذي يتدافع من أجل الوصــول للغايات السياسية، وإقامة حكم الله في الدول الإسلامية والأرض جميعها؟ وهل هذا هو المقصود من الاستخلاف العدلي الإحساني فوق الأرض أم هناك وسائلٌ أخرى على العقل المتفقِّه أن يتوصَّل لها بالعودة الربانية للأصـل، الوحي القرآني والنبوة المنهاجية؟ كيف أصبح مؤمنًا وأترقى من الإسلام الوراثي الجاف

الخامل وكيف أُقبل على الشرع والوحي القرآني بقلبٍ حيٍّ وعقلٍ متفقهٍ وهمةٍ عاليةٍ ونفسٍ مؤمنةٍ مزكيةٍ، كيف أُقبل على النبوة المنهاجية اتباعًا وسلوكًا ومحبةً؟ الوسيلة التربوية تقدمها النبوة العطرة ويتضمنها حديث شعب الإيمان الواردة في الحديث النبوي الشريف، قال -صلى الله عليه وسلم-: "الإيمان بضعٌ وسبعون وعند البخاري: بضعٌ وستون شُعبة، أعلاها قول لا إله إلا الله، وأدناها إماطة الأذى عن الطريق، والحياء شعبةٌ من الإيمان".

تدعو التربية السلوكية النبوية لهجر السلوك الجاهلي المنفر وهجر عادات وتقاليد وفكر الجاهلية بالترقي بالنفس في معاني الإيمان التي يعلمها الله –سبحانه- في القرآن ويعرف بموطن الداء ويعطي الدواء. فهل يمكن الترقِّي في معاني الإيمان بشكلٍ فرديٍّ منعزلٍ عن الجماعة التي تبني وتؤسس للمشروع القرآني.

المشروع الذي يضع الخطوات ويعطي الوسائل والآليات لتحقيق الاستخلاف وبناء دولة القرآن المستقبلية. لم يكن المصطفى فردًا، بل كان جماعةً أسسها منذ بداياتها الأولى. فكانت دعوته للتوبة ولبناء دولة القرآن أمرًا واحدًا لا انفصال فيه بين تزكية النفس وبناء الذات المؤمنة ومشروع تأسيس جماعة تجاهد وتتحمل الأذى حتى تنشر دعوة الله. فجماعة المسلمين أمر رسول الله الأمة بلزومها في أحاديث كثيرة منها حديث أبي ذر الذي رواه أبو داود:

"من فارق الجماعة قيد شبرٍ فقد خلع ربقة الإسلام من عنقه". ومنها من حديث صحيح رواه الترمذي عن عمر: "..عليكم بالجماعة، وإياكم والفرقة..من أراد بحبوحة الجنة فليلزم الجماعة". نفهم أن الدعوة لبناء جماعةٍ مؤمنةٍ كان من أول الأوليات، جاء به الأمر القرآني وصدقته النبوة البرهانية المنهاجية "واصبر نفسك مع الذين يدعون ربهم بالغداة والعَشِيِّ يريدون وجهه" (الكهف: 28)، واقتضى الأمر بناء الذات داخل الجماعة المجاهدة المحتسبة الصابرة المرابطة التي ترجو ما عند الله لا تشغلها عن ذلك عقباتها النفسية ومحبطاتها الاجتماعية. وبذلك اقترنت التربية السلوكية للفرد وارتبطت ارتباطًا وثيقًا بمقاصد تربويةٍ منذ البداية بالخصال العشر المستنبطة من شعب الإيمان الواردة في الحديث.

وأوردها الأستاذ عبد السلام ياسين في مؤلفه "المنهاج النبوي" وغيره شارحًا ومفصلًا. "الحديث النبوي عن شعب الإيمان يعطي وسيلة التربية القلبية لا إله إلا الله، ويصف ثمرة الإيمان في خلق الحياء، ويتنزل إلى تلمس دلائل الإيمان في أسهل الأعمال وأبسطها كإماطة الأذى عن الطريق. هذه الثلاثة نماذج للسلوك الرباني النوراني: لا إله إلا الله ونورانيتها، وللتهذيب الوجداني: الحياء والخير الذي يأتي به، وللمشاركة الفعلية في الحياة العامة الجماعية: إماطة الأذى عن طريق المسلمين".[132]

الخصلة الأولى التي هي محكُّ العمل والانتماء للجماعة هي الصحبة والجماعة، وشرطها الصدق يعقبه تزكية النفس والترقي بها داخل جماعةٍ مؤمنةٍ مجاهدةٍ. "أعني بكلمة صـدق: استعداد الوارد ليتحلَّى بشعب الإيمان، ويندمج في الجماعة ويكون له من قـوة الإرادة وطول النفس ما يمكِّنه من إنجـاز المهمات حتى النهاية. لا فائدة من ضرب الحديد البارد، ولا فائدة مـن محاولة تربية من ليس له استعداد".[133] تتبعها خصلة الذكر وهو الوسيلة التربوية السلوكية التي اعتمدها السادة الصوفية في سلوكهم إلى الله. وما خصلة الذكر التي تجمع ما بين ذكر اللسان والقلب وتلاوة وتدبر معاني القرآن إلا طريق سلكه أولياء الله والعارفون للترقي بالنفس. والذكر والإكثار منه هو من صميم النبوة المنهاجية، ففي السنة أحاديثٌ تتحدث عن فضل قـــول "لا إله إلا الله" والإكثار منها في حديث الإمام أحمد وحسنه السيوطي أنَّ رسول الله قال: "إنَّ الإيمان يخلق "أي يبلى" في القلب كما يخلق الثوب، فجددوا إيمانكم" وفي رواية : "إنَّ الإيمان ليخلق في جوف أحدكم كما يخلق الثوب، فاسألوا الله -تعالى- أن يجدد الإيمان في قلوبكم". في حديث الإمام أحمد والطبراني، ورجال أحمد ثقات، والحديث صححه السيوطي، عن أبي هريرة -رضي الله عنه- أنَّ رسول الله قال: "جددوا إيمانكم"، قيل : "يا رسول الله وكيف نجدد إيماننا؟" قال : "أكثروا من قول لا إله إلا الله". ذكر قول "لا إله إلا الله" والإكثار منها قصد تجديد الإيمان الذي يبلى في القلوب بالغفلة، فتصدأ وتقسو وتهفو لاتباع الهوى وتزيغ عن الطريق المستقيم. الذكر حال لزم المؤمن الدوام عليه حتى يصبح لديه مقامًا وأمرًا يداوم عليه. الذكر أمرٌ لازمٌ لدى المؤمن في كل الأحوال حتى في المواطن الصعبة مثل التـي تكون في مواجهة العدو والزحف حتى يحصل التثبيت الإلهي والدعم وبعده النصر، نقرأ من آيات القرآن الحكيم: "يا أيها الذين آمنوا إذا لقيتم فئةً فاثبتوا واذكروا الله كثيرًا لعلكم تفلحون" (الأنفال: 45).

الذكر والإكثار منه لسانًا وقلبًا وتدبرًا يرقق القلب ويلين اللسان ويحفظ الجوارح وينير القلب المتدبر في معاني القرآن وينير العقل ويوصله للعلم الدال على الله وعلى الحياة الأخرى والمآل بعد الموت. الذكر مفتاح القلب المقبل على عالم الغيب ومعاني الإيمان بالله وملائكته وكتبه واليوم الآخر والقدر خيره وشره. ذلك القلب الخاشع حقَّ الخشوع الساكن الراحم المرحوم، المؤدي كل شيءٍ حقه وبقدره، وأول حق هو عبادة الله وإخضاع النفس حتى يتجلى القلب الذاكر المتدبر في آيات الله في النفس وفي الآفاق. ولا بد من تصحيح الوجهة والتوبة من الإسلام الوراثي المتقاعس الذي يوهم المسلم أنَّ الإسلام لا يتجاوز سجادة الصلاة والحج في أحسن الأحوال ويحصر الدين في مجموعة من العبادات لا تتجاوزها. اسمع عن الله الذي خصَّ بالوحي رسله بالكتب منذ آدم -عليه السلام- ليبلغوا للناس دين التوحيد وليعـرفهم بدين الإسلام الحق.

"يا أيها الذين آمنوا اركعوا واسجدوا واعبدوا ربكم وافعلوا الخير لعلكم تفلحون. وجاهدوا في الله حق جهاده هو اجتباكم وما جعل عليكم في الدين من حرج ملة أبيكم إبراهيم هو سماكم المسلمين من قبل وفي هذا ليكون الرسول شهيدًا عليكم وتكونوا شهداء على الناس فأقيموا الصلاة وآتوا الزكاة واعتصموا بالله هو مولاكم فنعم المولى ونعم النصير" (الحج: 77-78).

هل قرأت في متن الآية عما يعقب الركوع والسجود، من فعل الخيرات الصالحات التي لا يفلح الإنسان من دونها ثم الجهاد وهو سنم الدين وغايته التي يصل لها بعد إقامة الدين وفعل الخيرات والصالحات. فهذا هو الإسلام وإنما تسمية أبي الأنبياء سيدنا إبراهيم -عليه السلام- وحيًا من عند الرحمن. وغاية الإسلام هي أن يكون النبي عليكم شهيدًا لعل ذلك ينفعكم لتكونوا في مستوى مسؤولية الأمة الشاهدة على الناس المبلغة للناس كلمة التوحيد عن الوحي والنبوة الشريفة. وفي مقام تجديد الإيمان، قال الشيخ ابن قيم الجوزية -رحمه الله-: "وفي هذا المثل من الأسرار والعلوم والمعارف ما يليق ويقتضيه علم الذي تكلم به سبحانه وحكمته فمن ذلك أنَّ الشجرة لا بد لها من عروقٍ وساقٍ وفروعٍ وورقٍ وثمرٍ فكذلك شجرة الإيمان والإسلام ليطابق المشبَّه المشبَّه به، فعروقها العلم والمعرفة واليقين وساقها الإخلاص وفروعها الأعمال وثمرتها ما توجبه الأعمال الصالحة من الآثار الحميدة والصفات الممدوحة والأخلاق الزكية والسمت الصالح والهدى.

يستدل على غرس هذه الشجرة في القلب وثبوتها فيه بهذه الأمور فإذا كان العلم صحيحًا مطابقًا لمعلومه الذي أنزل الله كتابه به والاعتقاد مطابقًا لما أخبر به عن نفسه وأخبرت به عنه رسله -صلوات الله وسلامه عليهم، وإذا كان الإخلاص قائم في القلب والأعمال موافقة للأمر والهدى والسمت مشابهٌ لهذه الأصول مناسبٌ لها علم أنَّ شجرة الإيمان في القلب أصلها ثابتٌ وفرعها في السماء وإذا كان الأمر بالعكس علم أنَّ القائم بالقلب إنَّما هو الشجرة الخبيثة التي اجتثت من فوق الأرض مالها من قرار. ومنها أنَّ الشجرة لا تبقى حيةً إلا بمادةٍ تسقيها وتنميها فإذا انقطع عنها السقي أوشك أن تيبس فهكذا شجرة الإسلام في القلب إن لم يتعاهدها صاحبها بسقيها كل وقتٍ بالعمل النافع والعمل الصالح والعود بالتذكر على التفكر والتفكر على التذكر وإلا أوشك أن تيبس وفي مسند الإمام أحمد من حديث أبي هريرة -رضي الله عنه- قال: قال رسول الله: إنَّ الإيمان يخلق في القلب كما يخلق الثوب فجددوا إيمانكم. قالوا كيف نجدد إيماننا؟، قال : أكثروا من قول لا إله إلا الله".[134]

صنعت التربية الأولى رجال الدعوة ونساءها الذين تحملوا مشاق دعوة الناس لاتباع الدين الحق وسار المرشد على درب فقهاء التربية وأسس علم السلوك على مبادئ محورية استنبطها من الآيات التي تخاطب أعظم جزء في الإنسان

وهو النفس، النفس التي قسمها القرآن إلى النفس الأمارة بالسوء والنفس اللوامة والنفس المطمئنة.لا يحصل الترقي في مدارج الإيمان إلا بالتزكية وتقويم النفس بالمجاهدة والصحبة العارفة بأمراض النفوس وقادرة على تخليصها من ربقة النزوات والضلال وحب اللهو واتباع الهوى. في هذا الأمر التربوي السلوكي يذهب المرشد إلى أنه لتشخيص أمراض النفس من الغثائية المهلكة والغفلة والبعد عن الله ينبغي أن نحفِرَ عليها وننقِّبَ بِمِسْبَارِ الكتاب والسنة ليكون التشخيصُ أَوْثق، وليكون العلاجُ طِبًا نبويًا قرآنيًا لا يُملِّسُ على العاهة بل يستأصلها بإذن الله تعالى. إن الله عز وجل أعلم بما خلق، وإنه سبحانه أشار إلى أصل البلاء ومباءَة الداء وعش الآفة: ألا وهي النفسُ وسلطانها المانعُ العبدَ عن الهُدَى، الصارفُ له عن العبودية لربه عز وجل، التائه به في الشهوات والأنانية، وسُكْرِ الهَوَى، وضلال العقل، وأسْرِ العادة. من استيلاء سلطان النفسِ يتولد الأشَر والبطرَ، وينشأ التكاثر والتناجُشُ (وهي المُزَايدة) في الدنيا، ويكون التحاسد والتباغض والبغي. النفس تحب الدنيا وتكره الموت. وحبُّ الدنيا والحِرص عليها، على لذاتها المادية ورئاساتها، سَدٌّ حاجز للإيمان أن يدخل القلب، وسبب الغثائية المباشر بشهادة الحديث الشريف، وداعٍ أبديٌّ للفُرقةِ والتفتُّتِ والخلافِ العِدائيِّ. كان علماؤنا يُسمُّون الفِرَق الضالةَ والمبتدعة أهل أهواء. يُرجعون الظاهِرَة إلى أسبابها. [135] فالتربية السلوكية تسوق العبد سوقًا بالمجاهدة وهذا السير هو ما يسميه القرآن بمفهوم اقتحام العقبة التي تمثل مفهومًا قرآنيًا محوريًا في القضة الجهادية برمتها. واقتحام العقبة إلى الله، هو سير العبد بإرادة مشتاقة إلى الله، وسير الجماعة المجاهدة إلى موعود الله مدافعةً الجور والاستبداد للحكم الجبري. سيرها في ذلك اقتحامًا وصبرًا وجهادًا وصدقًا ودعوة وهداية لتحقيق موعود الله وهي القومة. والقومة مفهوم قرآني يبين النتائج التي يتوصل إليها سيرًا على منهاج النبوة بالاقتحام الذي يجدد الدين ويرفع الهمم للجهاد بالنفس والمال لبناء وتكوين دولة القرآن المستقبلية. واقتحام العقبة بالنسبة للفرد المؤمن جهاد لنفسه كي تستقيم على طاعة الله، وجهاد مع المؤمنين المتواصين الصابرين المتراحمين لإقامة دين الله في الأرض.

وبالنسبة لجند الله المنظمين فإن اقتحام العقبة جهاد تربوي وتنظيمي وميداني ومالي وقتالي وسياسي حتى تقوم دولة الإسلام الخليفية على منهاج النبوة. وحركة الفرد السالك والجماعة السالكة لتجديد الدين لابد لها من منهاج حتى يكون السير شرعيًا منبثقًا من قلب القرآن ومن نهج المصطفى لا سيرًا عشوائيًا. السير على منهاج النبوة هو العمل الشامل التي تقوم به جماعة العدل والإحسان بفضل رجل أفنى عمره لتجديد الدين لأمة عاشت قرونًا تحت حكم الاستبداد. تجديد يرمي لبعث إسلام تبالى تحت سطو الحكم العاض والجبري وتقاعس فيه الجهاد بعد تراجع علماء الأمة في المغرب الأقصى عن مواطن وأس مهامهم وهي النصيحة لله ورسوله وأئمة المسلمين وعامتهم. دشن الأستاذ عبد السلام ياسين مسار تجديد الدين ببناء جماعة مؤمنة بإحياء المنهاج النبوي وتأسيس

العمل الدعوي تمثلته الجماعة التي وضع أسسها التربوية والتنظيمية والجهادية في مؤلفه الذي عنونه بـ"المنهاج النبوي تربيةً وتنظيمًا وزحفًا". قام الأستاذ بوضع الأسس الأولى لبناء جماعة داعية تطمح للجهاد وتجديد الدين للأمة التي غفلت عن دينها وغفلت عن ذكر ربها لما تعرفه من فتن. أراد المرشد أن يصنع رجال ونساء الدعوة لكي يتوغلوا في المجتمع ويجددوا منهاج المسلمين وليحيوا الإيمان القابع في النفوس.

إحياء الدين في الأمة بالعودة للأصلين الكتاب والسنة حتى لا يبقى التعبد القابع في مساجد الركود منفصلًا عن الحياة العامة للأمة. كان قصده أن يكون الإقبال على الله عز وجل هو لب الجهاد لتكون كلمة الله هي العليا. فالدعوة في زمن الفتن والبعد عن الله يلزم أن تقوم بها جماعة لأن الفرد في ذاتيته لن يقدر على ذلك. لذلك أقدم على تنظيم جماعة داعية تقدر أن تتوغل في المجتمع وتدعو بالرفق والتدرج. ووضع لتيسير أمر الدعوة هيكلة منظمة للجماعة التي تبدأ من خلية صغيرة هي الأسرة وتنتهي إلى مجموعة من الشعب لتصبح دوائر كبيرة. والقصد من هذا التنظيم تيسير التربية وعمل الدعوة الذي يقتضي تنظيم مجالس تربوية وتكوينية. الانتظام سبيل من سبل النجاح في التواصل وتبليغ الدعوة وما تقتضيه من الصبر مع المؤمنين داخل تنظيم مما يخدم الوارد ويعطيه الطاقة ويحفزه على الدعوة والجهاد. يتمكن جند الله داخل التنظيم من الفاعلية بواسطة التعلق بالأسباب والسنن الكونية وإعداد القوة المؤمنة التي تتأسس على البذل بالنفس والمال والهجرة من إسلام العادة إلى عمل الجماعة ونصرتها. بفضل التزكية يصبح الوارد مؤهلا لمجاهدة النفس ومدافعة الظلم الذي تفشى في المجتمع. يبقى أن تأليف جماعة المسلمين مطلب شرعي فقد أمر رسول الله صلى الله عليه وسلم الأمة بلزومها في أحاديث كثيرة منها حديث أبي ذر الذي رواه أبو داود : "من فارق الجماعة قيد شبر فقد خلع ربقة الإسلام من عنقه". ومنها من حديث صحيح رواه الترمذي عن عمر: "عليكم بالجماعة، وإياكم والفرقة، من أراد بحبوحة الجنة فليلزم الجماعة". يحدد المرشد تصوره للخط الدعوي للجماعة الذي يبدأ على المستوى القطري ثم يكبر المشروع بالتنسيق مع باقي الجماعات في البلاد العربية حتى تتوحد جميعها في جماعة واحدة تتعاون في العمل الدعوي. يقرأ هذا في كلامه التالي : "منذ انفراط عقد الجماعة الأولى اختلفت الأمة فأصبحت لها جماعات. والآن وقد توزعت الأمة في أقطار مستقل بعضها عن بعض في شكل دويلات غثائية يطلب إلى المؤمنين أن يسعوا لإقامة جماعة المسلمين. لكن البناء لا يمكن من أعلى، فنظرًا لحصول فئات المؤمنين الموزعين في أقطار بلاد الإسلام تحت سيطرة حكام يقطعون الصلات بين الحركات الإسلامية ونظرًا لتعدد التنظيمات الإسلامية في أكثر من قطر، نرى أن أنسب إطار للتنظيم هو القطر كما صاغته الفتن التاريخية. حتى تتحرر الأقطار وتلتقي الدول الإسلامية المحررة لتعيد وحدة المسلمين بتوحيد التنظيمات القطرية في كيان عالمي

التربية الإحسانية

أصدر الأستاذ عبد السلام ياسين في مطلع شهر مايو من عام 1998م، كتابًا في غاية الأهمية يحمل عنوان "الإحسان" ويندرج هذا الإصدار في إطار المشروع التربوي التغييري المتكامل الذي يحمل لواءه مرشد جماعة العدل والإحسان منذ أزيد من ربع قرن ولا يزال متواصلا. تم الإصدار بعد سلسلة من الكتب الحوارية الموجهة إلى مختلف الهيئات السياسية بحثًا عن أرضية مشتركة في إطار ما يمكن أن يجمع الفعاليات السياسية تحت لواء الإسلام الذي طالما دعا له المرشد عبد السلام ياسين ودعت له الجماعة في شكل الميثاق ولا يزال الأمر مطروحًا للعرض. فبعد كتب: "حوار مع الفضلاء الديمقراطيين"، و"حوار الماضي والمستقبل"، و"الشورى والديمقراطية"، و"حوار مع صديق أمازيغي"، التي خاطبت الفعاليات السياسية بمنطق العقل المنفعي السياسي والفكري، يأتي كتاب "الإحسان" ليخاطب القلوب ويلامس الجانب التربوي السلوكي.

هذا الجانب الذي نادرا ما يحظى بأهمية فعلية لدى العاملين في حقل الدعوة الإسلامية رغم أهميته وخطورته، ذلك أن الهاجس السياسي والثقافي والفكري أصبح هو المسيطر على أبناء الحركة الإسلامية مما يهدد كيانها الذاتي نظرًا لغياب عنصر القوة والمنعة المتمثل في الجانب الروحي القلبي الذي هو لب الأمر ومصدر كل شيء. فالمصطفى صلى الله عليه وسلم يعتبر مجاهدة النفس بمثابة (الجهاد الأكبر) بينما مجاهدة الأعداء بمثابة (الجهاد الأصغر). وقد بدأ دعوته صلى الله عليه وسلم بإيقاظ القلوب وتزكيتها وإخضاعها للوحي. وعندما تحررت هذه القلوب من الهوى والدنيا، جاءت البشرى بالنصر والتمكين في أرض الدنيا والفوز والفلاح في الدار الآخرة.[136]

من أول الأولويات التي تركز عليها الجماعة في عملها الدعوي، المطلب الإحساني الرباني الجهادي. فالفرد داخل الجماعة يقتحم العقبة للانتقال من الإسلام المتوارث إلى معاني الإيمان من خلال الصحبة والجماعة والصدق الذي يحمل في نفسه ثم الذكر الذي عبارة عن ورد يلتزم به الوارد في كل الأحوال يكون فيها ذاكرًا لله قائمًا وصائمًا ومرتلًا ومتدبرًا للقرآن وباذلًا داخل محضن الجماعة مع إخوته يتعلم معاني المحبة في الله والنصح لله. وفي هذا الأمر يقول المرشد عبد السلام ياسين: "في عصرنا توشك العروة القلبية أن تتلاشى لذلك يكون المطلب الإحساني أسبق المطالب في سلم الأولويات، ويكون طب القلوب أهم علم، وتطبيقه أهم عمل".

جسد الأمة متداع نهب للناهبين، يستطيع المحلل السياسي والخبير الاقتصادي والباحث الاجتماعي أن يشخصوا أعراض الانحلال في جسد الأمة، وينبري

أصحاب "الحل الإسلامي" و"البديل الإسلامي" ليقترحوا علاجًا "إسلاميًا" وفقًا لذلك التشخيص وفي مستواه من المادية والعقلانية واستجابة له، وتبنيًا لما تعرفه المجتمعات البشرية من بواعث ومنازع.

ففي التشخيص النبوي وصف لداء الأمة حين تنحل وتصبح غثاء كغثاء السيل وسماه "وهنًا" وهو حب الدنيا وكراهية الموت. العلاج النبوي لهذا الفساد نستنبطه من حديث المصطفى الكريم عن الأجساد تفسد أو تصلح بفساد أو صلاح مضغة فيها تسمى القلب "صلاح التيار القلبي الإيماني الساري في أوصال الأمة يكون بصلاح قلوب المومنين وصلاح القلوب يكون بالتربية".

أفيمكن للأمة والجسد واه غثائي أن تستجمع قواها وتجاهد أعداءها وتعز على المستكبرين إن لم يصلح القلب وتتوثق عرى الإحسان؟ القلب مكمن الداء، فإن صح وسلم فهو مركز الإشعاع وهو العنصر الحاسم في معادلة وجود الأمة وانبعاثها. ما حديثنا عن مقاصد الشريعة وعن الطلب والمطالب، وعن العدل والشورى، وعن الأهداف الدنيوية وعن الغاية الأخروية إلا أحلام طائشة إن لم يشتد قلب الأمة باشتداد قلوب المؤمنين على عزمة إيمانية وإرادة إحسانية تنهد أمامها العقبات وتنفتح أبواب الأرض والسماوات".[137]

صلاح التيار القلبي الإيماني الساري في أوصال الأمة يكون بصلاح قلوب المؤمنين. وصلاح القلوب يكون بالتربية. وللتربية أصول وقواعد من كتاب الله وسنة رسوله. حفظها وحافظ عليها القوم رضي الله عنهم، واجتهدوا واجتهادهم فرع. ونحن، وإن استدللنا في طفولتنا بالفرع على وجود الأصل واقتبسنا والتمسنا نورًا من الفروع، لا نبتغي بالأصل بدًلا.

في الأصل نجد أن "أول علم يرفع من الناس الخشوع" هذا جزء من حديث شريف عند الترمذي. ونجد أن "أكثر منافقي أمتي القراء". وهذا حديث عند الإمام أحمد. فالإسلام الثقافي، إسلام العقل والقراءة، والقلوب فارغة من خشية الله، مرض آخر زائد على أمراض الأمة الكثيرة. ونجد في الأصل أن "أخوف ما أخاف عليكم كل منافق عليم اللسان" وهو حديث عند الإمام أحمد، والنفاق يعشش في القلوب إذا خلت من الإيمان أو سبق إليها النفاق فلم يدخلها الإيمان قط. في كتاب الله عز وجل: "قَالَتِ الْأَعْرَابُ آمَنَّا قُل لَّمْ تُؤْمِنُوا وَلَكِن قُولُوا أَسْلَمْنَا وَلَمَّا يَدْخُلِ الْإِيمَانُ فِي قُلُوبِكُمْ" (الحجرات: 14). وعن الإيمان والإحسان نبحث، فنجد أنهما عقد بالقلب يتبعه نطق باللسان وعمل بالجوارح. محصور الإيمان بهذا العقد القلبي. قال تعالى: "إِنَّمَا الْمُؤْمِنُونَ الَّذِينَ إِذَا ذُكِرَ اللّهُ وَجِلَتْ قُلُوبُهُمْ وَإِذَا تُلِيَتْ عَلَيْهِمْ آيَاتُهُ زَادَتْهُمْ إِيمَاناً وَعَلَى رَبِّهِمْ يَتَوَكَّلُونَ. الَّذِينَ يُقِيمُونَ الصَّلاَةَ وَمِمَّا رَزَقْنَاهُمْ يُنفِقُونَ أُوْلَـئِكَ هُمُ الْمُؤْمِنُونَ حَقّاً لَّهُمْ دَرَجَاتٌ عِندَ رَبِّهِمْ وَمَغْفِرَةٌ وَرِزْقٌ كَرِيمٌ" (الأنفال: 2-4). ذكر الله وَوَجَلُ القلب والتوكل على الله أعمال قلبية يتفرع عنها إقامة الصلاة وإيتاء الزكاة وسائر أركان الإسلام وشعب

الإيمان. قال الله تعالى: "إِنَّمَا الْمُؤْمِنُونَ الَّذِينَ آمَنُوا بِاللَّهِ وَرَسُولِهِ ثُمَّ لَمْ يَرْتَابُوا وَجَاهَدُوا بِأَمْوَالِهِمْ وَأَنفُسِهِمْ فِي سَبِيلِ اللَّهِ أُوْلَئِكَ هُمُ الصَّادِقُونَ" (الحجرات: 15). إنما في اللغة حرف حصر، فلا إيمان دون عقيدة لا ترتاب وجهاد لا ينثنى بالمال والنفس، باعثه ابتغاء مرضاة الله، طريقه سبيل الله.

قال الله تعالى: "إِنَّمَا يُؤْمِنُ بِآيَاتِنَا الَّذِينَ إِذَا ذُكِّرُوا بِهَا خَرُّوا سُجَّدًا وَسَبَّحُوا بِحَمْدِ رَبِّهِمْ وَهُمْ لاَ يَسْتَكْبِرُونَ" (السجدة: 15). فكم من ساجد بالجسد مسبح باللسان لم يحصل له الخضوع والخشوع للواحد القهار، فظل مستكبرًا في نفسه مستكبرًا على بني جنسه. قال الله تعالى: "لاَ تَجِدُ قَوْماً يُؤْمِنُونَ بِاللَّهِ وَالْيَوْمِ الْآخِرِ يُوَادُّونَ مَنْ حَادَّ اللَّهَ وَرَسُولَهُ" (المجادلة: 22).

الحب في الله والبغض في الله أوثق عرى الإيمان كما جاء في الحديث. وثاقة هاته العروة من وثاقة الولاء التام لله ولرسوله ولدينه. أفيمكن للأمة والجسد واه غثائي أن تستجمع قواها وتجاهد أعداءها وتعز على المستكبرين إن لم يصلح القلب وتتوثق عرى الإحسان؟

القلب هو مكمن الداء، فإن صح وسلم فهو مركز الإشعاع، وهو العنصر الحاسم في معادلة وجود الأمة وانبعاثها. ما حديثنا عن مقاصد الشريعة، وعن الطلب والمطالب، وعن العدل والشورى، وعن الأهداف الدنيوية، وعن الغاية الأخروية إلا أحلام طائشة إن لم يشتد قلب الأمة باشتداد قلوب المؤمنين على عزمة إيمانية وإرادة إحسانية تنهد أمامها العقبات وتنفتح أبواب الأرض والسماوات.[138]

فهل نفهم الفهم السطحي وندعي أن الدعوة إلى التربية السلوكية من تطهير النفس وتزكيتها هي دعوة إلى التصوف، وحين نقول هنا التصوف لا يُفهم من اللفظ ما يصوره بعض المتطرفين السلفيين من كون التصوف بدعة وزندقة، وحاشا لله أن نقول عن رجال التربية والسلوك إلى الله هذه النعوت المشينة، وإنما نقصد به عمل الربانيين الذين يدعون بما أمر به الله من تزكية النفس. "ونفس وما سواها فألهمها فجورها وتقواها قد أفلح من زكاها وقد خاب من دساها" (الشمس: 7-10) فعمل التربية يتركز بالأساس على تزكية النفس لترقى بها في معاني الإيمان ثم الإحسان، فهل أمر التربية يترك هكذا بلا مربي، كلا وإلا فما معنى بعث المرسلين إن لم يكن لتقويم النفوس وصقلها وتهذيبها وتعليمها كلمة التوحيد قلبًا وقالبًا إيمانًا وعملًا. وإنما العلماء ورثة الأنبياء وليس المقصود بهم العلماء الفقهاء والمحدثون فقط وإنما العلماء الربانيون المربون، علماء السلوك والتربية.
وقد أفاض الإمام الغزالي رحمه الله القول وقام بالتأليف في مسألة التربية وأبان وفصل في عمل الباطن والظاهر من العبادة الذي نلقى بعض ملامحه في مؤلفه القيم "إحياء علوم الدين". وفعل نفس الأمر آخرون من مثل ابن قيم الجوزية

رحمه الله ولا يزال دأب علماء السلوك حتى يومنا هذا لا يغفلون عن إحياء القلوب وتهذيب النفوس وتزكيتها وصقلها من صدئها.
ولا يزال إلى يومنا وفي عصر الحداثة من يقوم بالتربية وتزكية النفوس مع المرشد عبد السلام ياسين الذي جدد في علم المنهاج النبوي علمًا وعملًا، إذ لم يقتصر على السير على خطى السادة الصوفية بل جدد فيها بحيث جعل من الطريقة الصوفية دعوة إلى اقتحام العقبة، عقبات النفس للسير والترقي في مراتب الدين من الإسلام إلى الإيمان فالإحسان اتباعًا لسنة النبي محمد عليه الصلاة والسلام.
ويحصل أمر التربية الإيمانية التي تخرج الفرد المسلم من العادة الجارفة وإسلام العادة بالتوجه الصادق بفضل الصحبة ثم الدخول ضمن جماعة مؤمنة وتقوم النفس مخترقة حجب الظلم والكفر تسعى النفس المؤمنة لرضى ربها تتجاوز عقبات الهون والتكاسل فتقوم بالذكر وتقوم بالليل وتصوم بالنهار وتبذل من مالها ووقتها لنشر دعوة الله في العالمين.

وهذا القسم من علوم التصوف، كما يذهب إلى ذلك المرشد، وكما يسميه "علوم التربية والسلوك" لا شك أنه من لب الإسلام وصميمه، ولا شك أن الصوفية قد بلغوا به مرتبة من علاج النفوس ودوائها والطب لها والرقي بها، لم يبلغ إليها غيره من المربين...[139]
ويبين المرشد عبد السلام ياسين حقيقة دعوة الصوفية المربين المذكرين بالله القائمين على دينه الحق في مؤلف الإحسان الذي خصصه لهذا الأمر العظيم الذي أساء فهمه كثير من المسلمين:

"في هذا الكتاب لست أدعو الأجيال المقبلة للتصوف! وإن كانت التربية الصوفية هي التي احتفظت بجوهر الأمر كله بل أدعو إلى اقتحام العقبة التي انحدر منها الصوفية الكرام عن ذلك الأفق العالي الجهادي الذي تحرك في ذراه الصحابة المجاهدون. نالوا بالجهاد المزدوج، الجهاد الآفاقي والأنفسي درجة الكمال وجمعوا إلى نورانية القلوب المتطهرة حمل الأمانة الرسالية إلى العالم. وبذلك لحقوا بمقعد الصدق".

فليست الدعوة إلى تطهير النفس وتزكيتها هي دعوة إلى التصوف القاعد المتخلف عن ركب الجهاد، والتربية المثلى هي التي تجعل من جندي الله عارفًا بالله مجاهدًا في سبيله، فمن المتصدين للجهاد من هم في حماس إيماني دون الصدق. ومن أولياء الله من اعتزل الناس فلا يحدث نفسه بإحياء غيره فضلًا عن إحياء أمته. وكيفما كان فضل الرجل الصالح فإن الله عز وجل أعطانا معيارًا للأفضلية حيث قال:

"فضل الله المجاهدين بأموالهم وأنفسهم على القاعدين درجة وكلا وعد الله الحسنى، وفضل الله المجاهدين على القاعدين أجرا عظيما درجات منه ومغفرة ورحمة وكان الله غفورا رحيم" (النساء: 95-96).

قيادة من عامة المؤمنين تنظم جهادًا وتقوى على تنفيذ مهماته خير للأمة من محسنين قاعدين بميزان ما نرى، وقد أعلمنا الله أن لهذا الميزان شأنًا حيث قال :"وقل اعملوا فسيرى الله عملكم ورسوله والمؤمنون". (التوبة: 105). فجعل حكمنا على ما نرى من نتائج عمل بعضنا حكمًا لاحقًا بحكم الله ورسوله.

فإذا كان العدل كما قيل "أساس الملك أو الحكم" لتوفر عوامل الرخاء والاستقرار السياسي والاجتماعي ومن ثم انضباط أعضاء وأفراد المجتمع. فإن الإحسان يبقى أساس "الحكم الذاتي" أي على مستوى الفرد. فبفضله تنضبط أعضاء وجوارح الجسم وتنجمع على جادة الصواب بتوجيه مباشر من القلب المغمور بدفء الإحسان. وبكلمة مختصرة، يبقى التغيير النفسي ضروري ومقدمة للتغيير الشامل وأن هذا الأخير يتوقف عن الأول. فلا مجال لتحقيق مجتمع متراحم ومتواد إذا كان أفراد هذا المجتمع يفتقدون معاني الرحمة والمودة والسكينة في قلوبهم.[140]

فمعنى الحل الإسلامي أن يهيمن شرع الله بأحكامه، والإيمان بالله بكل شعبه، على كل حركات المجتمع وعلاقاته ونشاطاته، في القضاء، في الحكم، في الجيش، في الإدارة، في الشرطة، في التربية، في الشباب، في إنصاف المرأة، في قوامة الرجل، في الأموال والاقتصاد، في الحياة اليومية، في علاقات المسلمين مع الصديق والعدو، في الأسرة والبيت، في القطر وعبر الأقطار، حتى يتوحد المسلمون في العالم.

الذين يقترحون الحلول المستوردة لورطة المسلمين التاريخية، وتخلفهم الاقتصادي وهزيمتهم العسكرية والحضارية، يلفقون من أفكار وقيم الجاهلية، يقترحونها أو ينفذونها ويفرضونها إن تسلطوا على الحكم، فيزداد الخبال في مجتمعاتنا الضحية. وغداة الإسلام نحتاج أن تحتل القيم الإيمانية محل قيم الفتنة في كل مجال، وتملأ فراغًا كبيرًا على كل مستوى، بعد أن ينفر الشعب من رائحة كل ما ليس منا ولا من ديننا. في كل جزئية مهما صغرت من حياة الأمة لا بد أن يهيئ المجاهدون الجواب عن الأسئلة، والنشاط الإيماني ليخلف النشاط الجاهلي، والفكر الإسلامي ليسود حيث كان يسود غيره، والأخوة الإسلامية لتعود الرحمة فتغطي الكراهية، والعدل الإسلامي لينهي الاستغلال الطبقي والحقد والبؤس.[141] لكن جماعة لا تتجاوز قيادتها مستوى عامة المؤمنين جماعة كالجماعة وليست بها، ليست بها حتى يكون اللب الإحساني فقار ظهرها وسر نشأتها، وعماد بنائها، حتى يكون حب الله ورسوله حاديها، والشوق إليه عز وجل رائدها والسير إليه منهاجها. فإذا أراد الله بجماعة المؤمنين رشدًا قيض لها

من أوليائه من يشد أواصرها بالصحبة المستمدة قوتها من القلوب، الواقفة على باب الله تطرق، تسترحم، تستفتح، تتضرع، تبكي شوقًا ولهفة. كل ذلك والجوارح آخذة في تعبئة الجهود، والعقول منكبة على العلم النافع وإعداد ما أمرنا به من قوة الخبرة والتخطيط.

الجماعة المؤمنة المجاهدة تركيب عضوي كالجسد الواحد. فقيادة تمثل الرأس المفكر دون أن تكون في نفس الوقت قلب الجماعة الحي هي قيادة لا تجمع الكفاءتين الإيمانيتين : الرحمة القلبية والحكمة العقلية. وقيادة ذات رحمة في القلب ونورانية وكرامات لا تقدر على فهم الواقع والتخطيط للمستقبل والتنفيذ قيادة كسيحة بميزان ما نرى ونحكم، "وإن الله لمع المحسنين" (العنكبوت: 69) المحسنين يعبدونه سبحانه كأنهم يرونه، المحسنين في فهم مهمات الجهاد وتنفيذها، وقد كتب الله الإحسان على كل شيء، من رأس الأمر كله وهو صلاح القلب إلى ما يتبع من جليل الأمر ودقيقه.

إن شعب الإيمان، كما يدل على ذلك المعنى اللغوي لشعب، روافد يتألف منها نهر الإيمان. فإن تصورناها خيوطا إيمانية تربط العبد بربه فهي تكون، إن فتلت وأتقن تأليف رجالها حتى أصبح خلقهم القرآن، حبل الله المتين الممتد من السماء رحمة إلى الأرض، حيث تظهر عملًا حكيمًا وجهادًا مجددًا. وعندئذ فالتمسك بجماعة المسلمين في الأرض استمساك بالعروة الوثقى.[142]

حديث شعب الإيمان جامع لكلم رسول الله صلى الله عليه وسلم، يضع قدمي المسلم على بداية الطريق الصحيح نحو سلوك سليم إلى الله عز وجل ومرضاته، حديث لا غنى للمسلمين اليوم عن تدبر معانيه وتطبيق توجيهاته من أجل حياة إيمانية سعيدة دنيا وأخرى.

إن أول عائق يعترض تقدم المسلمين في الدنيا، هو غياب تصور واضح المعالم، تصور يوضح بداية الطريق، ويبين المحطات الرئيسة، رغم وجود النبع الصافي الذي لا ينضب من قرآن ربنا الكريم وسنة نبينا الطاهرة واجتهادات علمائنا الأفاضل. وهذا الحديث الشريف يبين لنا العين التي ينبع منها الإيمان، وجميع الشعب والفروع التي يحتاجها المسلم في علاقته بربه ونفسه ومجتمعه. يقول الأستاذ عبد السلام ياسين : "فنريد أن يكون سلوكنا على بصيرة واتباع، ونريد أن تكون الدعوة دعوة إلى الله، لا مجرد دعوة للإسلام أو مجرد دعوة للجهاد.

فإن ذكر الغاية -وهي وجه الله تعالى-والتذكير بأن الأمر سير، وسلوك، ومراحل زمنية مداها عمر الفرد واستمرار الرسالة إلى يوم القيامة، يعطينا تصورا متحركًا للإسلام، يصور لنا الإيمان مجموع علاقات بين العبد وربه وبين العبد والناس، ثم بين جماعة المؤمنين المخاطبة بالقرآن، وبين سائر بني الإنسان، ثم يصور لنا معنى كل ذلك، ومعنى المبدأ والمعاد والدنيا والآخرة".

مطلوب من كل مسلم أن يرتوي من كل شعبة من روافد الإيمان البضع والسبعون، وأن يكون له الحد الأدنى من كل واحدة، كما هو مطلوب منه أن يتفوق في إحداها أو مجموعة منها، وهذا ما يصطلح عليه في الفقه المنهاجي بالمجموع، يقول الأستاذ عبد السلام ياسين: "كان أصحاب رسول الله صلى الله عليه وسلم متفاضلين باعتبار المجموع، فما أجمعت عليه الأمة من تفضيل بعضهم على بعض استنادًا لتفضيل رسول الله صلى الله عليه وسلم إياهم لا يدل على أن الفاضل فاضل في كل خصال الإيمان، بل يدل على أن مجموعه الإيماني في كله أرفع عند الله درجة وأثقل في ميزان الأعمال والجهاد وزنًا. ولا يمنع فضل هذا في جزئية إيمانية أن يكون مفضولًا في مجموعه".

يعالج الأستاذ عبد السلام ياسين أحاديث شعب الإيمان عبر مستويين، إذ يربط المستويين بالفرد، فهناك المستوى الأول، بمعنى كيف ينبغي للمسلم الفرد أن يتمثل الحديث الشريف سلوكًا في حياته الفردية؟ وهناك المستوى الثاني، ويكون على صعيد الجماعة المؤمنة والأمة جمعاء، والسؤال الذي يطرح هنا، ما هو سبيل الأمة لتستفيد من أحاديث المصطفى؟ وكيف تعين هذه الأحاديث الأمة على التجديد في دينها كل مائة سنة مع مجدد أو مجموعة من المجددين. فكل حديث يتعلمه المسلم يلزمه العمل به، ومن شروط اكتمال الإسلام أن ينتمي إلى جماعة المؤمنين، وهذا ما يحث عليه الإسلام ويهدف إليه، تكوين جماعة مؤمنة.

يؤكد هذا قول الأستاذ عبد السلام ياسين: "انتماؤنا إلى الله عز وجل بوحدة السلوك الإيماني الأخلاقي لا يعني أن نتبخر من على الأرض، بل بالعكس يعني أن نلتحم في جماعة الجهاد، ثم نسعى بعد إقامة الدولة الإسلامية القطرية أن نلتحم عبر حدود الفتنة حتى النصر والخلافة والوراثة بإذن الله. وهذا يعني تحرير الإنسان، وتحرير الأرض، والجلاد على ذلك" .

فعلى مستوى الفرد، وفي الوقت الحالي زمن الدعوة، قبل قيام الدولة الإسلامية "يمثل نهر الإيمان بشعبه الثرارة وقوته الزاخرة في قلوب الإسلاميين الصاحين من غفوة، الذاكرين الله من غفلة، المتحفزين لجهاد، طاقة النهوض لموعود الله بقيام الخلافة على منهاج النبوة، ووحدة المسلمين في العالم، لموعود الله بدخول الإسلام أهل الحجر والمدر، لسيادة الحضارة الإسلامية والقيم الإيمانية على الجاهلية في الأرض".

أما في غد الإسلام، يوم يحكم الإسلام، فـ"مهمات المؤمنين يوم الإسلام كثيرة وضخمة وشاملة ودقيقة، فلا بد من تهييء الإسلام. وذلك من أول واجبات التربية والتنظيم، وشعب الإيمان بعددها الواسع وشمولها للعقيدة والعاطفة والحركة، وكل السلوك، هي المضمون الذي يتجسد فيه الإيمان طريقا إلى الله وحلًا لمشاكل المجتمع والأمة، ومنهاجًا للحكم، وتنمية، وسياسة".

أما على صعيد الجماعة فإن: "الجماعة المؤمنة التي تقوى على الجهاد بتوفر الكفاءات والفضائل في أفرادها وتكاملها. فبالنسبة للجماعة يمثل نهر الإيمان مجموع السلوك الإيماني في مجالات الحياة الاجتماعية والسياسية والاقتصادية".[143]

نستخلص من ذلك أن مبادئ الجماعة تتأسس على عشر خصال إيمانية يلزم العضو أن يتحلى بها بعد التحقق من صدقه بالهجرة التي تنقله من إسلام العادة لمجتمعه إلى إسلام المعاني الإيمانية والإحسانية داخل جماعة المؤمنين، وهذا لا يحصل إلا بالخصلة الأولى التي هي الصحبة والجماعة.

وفي هذا الأمر العظيم يقول الأستاذ عبد السلام ياسين: "كنت جمعت بحمد الله تعالى وحسن عونه، في كتاب "المنهاج النبوي" شعب الإيمان سبعًا وسبعين شعبة، تأسيت في ذلك بصنيع علماء الحديث الذين ألفوا في الموضوع، أشهرهم الإمامان البيهقي والحليمي. وكنت قسمت هذه الشعب عشر فئات، في كل فئة شعب تتناسب فيما بينها، وتكون مجالًا تربويًا سلوكيًا. فكأن الخصال العشر مراحل على الطريق، ومراحل صعود في العقبة. ألخص هنا في بضع صفحات ما بسطته هناك.

"ورضي الله عنا إذ نلتمس على أثرهم المنهاج النبوي للتربية والتنظيم والجهاد في جمع شعب الإيمان وترتيبها وتنسيقها. ألفوا شعب الإيمان وهم رجال الحديث والفقه على نسق وافق قصدهم من جمع حديث رسول الله صلى الله عليه و سلم وتقديمه -كما فعل الحليمي في كتابه الذي طبع أخيرًا والذي نقل عنه علماؤنا كثيرًا عبر الأجيال- ككل متماسك يصور حياة الإيمان في قلب المؤمن وقالبه وفي المجتمع".[144]

تكون شُعب الإيمان مضمون الإسلام ومحتوى الإيمان. ويكون ترتيبها معراجًا إحسانيًا يرتفع عليه المؤمن وجماعة المؤمنين من نقطة البداية في الحياة، في حضن الوالدين، إلى مقام الشهادة في سبيل الله في ساحة الجهاد. "الحديث النبوي عن شعب الإيمان يعطي وسيلة التربية القلبية لا إله إلا الله، ويصف ثمرة الإيمان في خلق الحياء، ويتنزل إلى تلمس دلائل الإيمان في أسهل الأعمال وأبسطها كإماطة الأذى عن الطريق. هذه الثلاثة نماذج للسلوك الرباني النوراني: لا إله إلا الله ونورانيتها، وللتهذيب الوجداني: الحياء والخير الذي يأتي به، وللمشاركة الفعلية في الحياة العامة الجماعية: إماطة الأذى عن طريق المسلمين".[145]

كنا نورد المنهاج في الصفحات الماضية مبرزين معناه وغايته، النداء من الله عز وجل والاستجابة، الرحمة القلبية وسماع العبد للهداية ثم حكمة العقل الضرورية للسلوك، تلك هي وجهة المنهاج وتلك آلاته. وهنا نفصل كنه العقبة إن شاء الله تعالى. نفصل ما أجملته آيات فك الرقبة، والإطعام في يوم ذي مسغبة، والكينونة مع المؤمنين المتواصين بالصبر المتواصين بالمرحمة. السنة

النبوية وبيانها للخصال والشعب شرح لكتاب الله تعالى. وما أتينا بشيء في ترتيبنا لشعب الإيمان إلا من قال الله وقال رسول الله.

أ- الخصلة الأولى : الصحبة والجماعة، هنا بروز العبد إلى الدنيا في حضن والديه، ثم رعاية وجوده الجسمي وكيانه المادي في الأسرة والمجتمع إلى أن ينضج وعيه بوجوده، ووعيه بانتمائه لأمة ذات رسالة، وتعلقه القلبي بصاحب الرسالة صلى الله عليه وسلم، ثم انخراطه في محضن إيماني، محضن الجماعة المجاهدة. وهكذا يتخذ وجهته ليتكون في مدرسة الجهاد.

شعب الخصلة :

1) محبة الله ورسوله.
2) التحاب في الله عز وجل.
3) صحبة المؤمنين وإكرامهم.
4) التأسي برسول الله صلى الله عليه وسلم في خلقه.
5) التأسي به صلى الله عليه وسلم في بيته.
6) الإحسان إلى الوالدين وذوي الرحم والصديق.
7) الزواج بآدابه الإسلامية وحقوقه.
8) قوامة الرجل وحافظية المرأة.
9) إكرام الجار والضيف.
10) رعاية حقوق المسلمين والإصلاح بين الناس .
11) البر وحسن الخلق.

ب- الخصلة الثانية : الذكر، في الخصلة الأولى أخذنا المسلم في منبته المسلم. فإن نبت في مجتمع غير مسلم فإلى الصحبة والمحضن الإسلامي يرجع لا بد. وفي حضن الصحبة الصالحة يبدأ توجه المسلم إلى ربه عز وجل. فتجمع خصلة الذكر أنواع العبادات المشروعة التي توقظ روحانية العبد، ويعم عبيرها الجو الذي يتنفسه جند الله ليصلح المحل، وهو القلب والعقل، للتخلق بأخلاق الجندية، وللسلوك سلوكًا جهاديًا.

شعب الخصلة :

12) قول لا إله الا الله.
13) الصلاة المفروضة.
14) النوافل.
15) تلاوة القرآن.
16) الذكر وأثره.

134

17) مجالس الإيمان.
18) التأسي بأذكار النبي صلى الله عليه وسلم .
19) الدعاء بآدابه.
20) التأسي بدعواته صلى الله عليه وسلم.
21) الصلاة على النبي صلى الله عليه وسلم.
22) التوبة والاستغفار.
23) الخوف والرجاء.
24) ذكر الموت.

ج- الخصلة الثالثة : الصدق، عتبة للتصفية، وامتحان منه يدخل لميادين التدريب والاستعداد أصلح العناصر. الأمة عشعش فيها النفاق، فعند إعادة بناء المجتمع الإسلامي لا نكتفي بالاستماع إلى من يلهج بذكر الله ويحافظ رأي العين على الصلاة. الرحمة بما هي عطاء من الله عز وجل للعبد وعلاقة بينه وبينه لا مدخل لنا فيها. نطلب من المرشح للجندية ونراقب في فئات المجتمع الإسلامي، في نشأته المتجددة، سِمَات الصدق العملية، وبراهين الصدق المعبر عنها بالإنجاز لا بمجرد الكلام. فإنما الإيمان ما وقر في القلب وصدقه العمل. ودليل الصدق في جماعة العدل والإحسان البذل وهو من الخصال فكيف نعرف الصدق من دون بذل ولا عطاء، فكيف بالقادم على الجماعة وهو بخيل لا يعطي نقيرًا ولا قطميرًا؟

شعب الخصلة :
25) الإيمان بالله تعالى وبغيبه.
26) الإيمان باليوم الآخر.
27) النية والإخلاص.
28) الصدق .
29) النصيحة.
30) الأمانة والوفاء بالعهد.
31) سلامة القلب.
32) الهجرة.
33) النصرة.
34) الشجاعة.
35) تصديق الرؤيا الصالحة وتعبيرها.

د- الخصلة الرابعة : البذل، في هذه المرحلة من تربية المؤمن وبناء المجتمع المتجدد، نترقب ذوبان الأنانيات. البذل عطاء وعدل وقسمة وإحسان. لا أقصد بذكر المراحل الترتيب الزمني. إنما هي اعتبارات لما نعهده من تقدم لقاء داع

إلى الله عز وجل على التوبة والعبادة (الخصلة الأولى تليها الثانية)، وسبق التطهر الروحي على نبذ النفاق (الخصلتان الثانية والثالثة)، وتأخر التخلق ونبذ الشح والسماح بما في اليد على تغلغل الإيمان والصدق فيه. وهكذا.

شعب الخصلة :
36) الزكاة والصدقة.
37) الكرم والنفقة في سبيل الله .
38) إيتاء ذوي القربى واليتامى والمساكين.
39) إطعام الطعام.
40) قسمة المال.

هـ الخصلة الخامسة : العلم، لابد من علم سابق، هو ذاك العلم المنصب في وعي المسلم بالمنبت أو بالتوبة من أسرته ورفقته وصحبته. لكن التعليم المنهاجي الذي يكون واسطة عقد المنهاج والشرط الأساسي لنجاح العمل هو العلم الذي يعيد في وعي المؤمن المعايير إلى وضعها الإسلامي، ويعيد في ثقافة الأمة كل معرفة كونية إلى مفصلها ومتصلها بعلم الحق، علم الوحي.
شعب الخصلة:
41) طلب العلم وبذله.
42) التعليم والتعلم بآدابهما الإسلامية.
43) تعلم القرآن وتعليمه.
44) الحديث الشريف واتباع السنة.
45) التعليم بالخطابة.
46) التعليم بالمواعظ والقصص.

و- الخصلة السادسة : العمل، "العلم إمام العمل" هذا حديث شريف. إن القدرة على إنجاز المهمات لا يعتد به إسلاميًا إن لم يكن العمل صالح الأهداف صالح الوسائل بميزان الشرع. لهذا فإن سياج الشريعة، وصوى الطريق، ضمان لحرية المؤمن وحرية الأمة في حركتها. من كانت اللذات والمنفعة المادية هدفًا له في الدنيا فسيعتبر الشريعة التي تحوط عمل المؤمن من مولده إلى مماته في كل صغيرة وكبيرة قيدًا كليًا شموليًا. أما من يعرف أن بعد الدنيا دار الجزاء وأن الإنسان خلق للسعادة الأبدية في الجنة فحريته يحدها في العمل بما يحقق غايته، بما يرضي ربه، وليس إلا اتباع الشريعة في تفاصيل أحكامها من سبيل.

شعب الخصلة :
47) التكسب والاحتراف.

48) طلب الحلال.

49) العدل.

50) إماطة الأذى عن الطريق.

51) التواصي بالحق والصبر.

52) تأييد الله عباده الصالحين بالغيب.

53) البركة في أرزاقهم.

ز- الخصلة السابعة : السمت الحسن، بالتحلي القلبي والعقلي بقيم الإيمان وأخلاق الإحسان يكتسب المجتمع الإسلامي المناعة ضد العدوى الحضارية المادية فيتقمص أشكالًا حضارية تُظهر على السطح ما في الباطن

شعب الخصلة :

54) الطهارة والنظافة.

55) آداب اللباس.

56) السمت الحسن والبشر.

57) الحياء.

58) آداب المعاشرة.

59) الجمعة والعيدان.

60) عمارة المساجد.

ح- الخصلة الثامنة : التؤدة، وهي الخصلة الخلقية السياسية الإستراتيجية التي تفصل بين العمل المرتجل الانفعالي وبين العمل المخطط المحكم : خصلة امتلاك النفس، والصبر على طول الطريق ومشقة العمل، والتريث حتى تنضج الثمار.

شعب الخصلة :

61) الصوم.

62) القيام في حدود الله عز وجل.

63) حقن الدماء والعفو عن المسلمين.

64) حفظ اللّسان والأسرار.

65) الصمت والتفكر.

66) الصبر وتحمل الأذى.

67) الرفق والأناة والحلم ورحمة الخلق.

68) التواضع.

طـ الخصلة التاسعة : الاقتصاد، الاقتصاد تجديد القصد، ونقد المراحل، والاستفادة من الأخطاء وتوفيق الأعمال الجزئية وتنسيقها. ثم إن الاقتصاد في اللغة والشرع توسط لا يقبل المغالاة ولا "حرق المراحل". ثم الاقتصاد بمعنى الإنتاج والتوزيع وتنظيم الملكية وما تحمل الكلمة من مدلولات عصرية.

شعب الخصلة :
69) حفظ المال.
70) الزهد والتقلل.
71) الخوف من غرور الدنيا.
ي- الخصلة العاشرة : الجهاد، المنهاج فهم وعلم وطريق يؤدي بالمؤمن إلى نيل الدرجات العلى عند الله عز وجل بالجهاد والاستشهاد، بعد جهاد النفس وجهاد وسط الامة. والمنهاج النبوي طريق حزب الله لإقامة دولة الإسلام على طريق الجهاد، وبالجهاد.

شعبة الخصلة :

72) الحج والعمرة.
73) الجهاد في سبيل الله عز وجل.
74) التأسي برسول الله صلى الله عليه وسلم وبأصحابه في الجهاد.
75) الخلافة والإمارة.
76) المبايعة والطاعة.
77) الدعوة الدائمة إلى الله عز وجل.

الباب الرابع
الجماعة جهادا وزحفًا

العصيان نهج سياسي

رفض العنف والاغتيال السياسي

الفعل السياسي للجماعة

مدافعة النظام المخزني

سنن التدافع

مواجهة المعارضة

مشروع الميثاق

الولاية الجامعة

العصيان نهج سياسي

تمثل الجماعة في الساحة السياسية الوطنية موقف العصيان وهو موقف له مرجعيات متعددة تبرره، كما له عدة قواعد نظرية وتوابث تؤطره. يؤسس منظر الجماعة ومرشدها الأستاذ عبد السلام ياسين كل أعماله النظرية واجتهاداته السياسية على أساس شرعي يأصله من القرآن ويركز بشكل متميز على المنهاج النبوي، وبذلك فموقف العصيان الذي تتباه الجماعة مأصل من الكتاب والسنة.

إن العصيان مأصل من مرجعية شرعية تؤسس العلاقة الشرعية بين المحكوم والحاكم والتي تخضع لضوابط شرعية من جهة الحاكم تتلخص في مبدأي الشورى والبيعة ثم من جهة المحكوم في مبدأ الطاعة لأولي الأمر ما داموا يقيمون حكم الله. قد نجد بعضًا من تلك الضوابط في الآيات الكريمة مثل: "يا أيها الذين آمنوا أطيعوا الله وأطيعوا الرسول وأولي الأمر منكم" (النساء: 59)، وكذلك:"ولا تطيعوا أمر المسرفين الذين يفسدون في الأرض ولا يصلحون" (الشعراء: 152). ويبقى السؤال الذي يطرحه الجميع وبحدة هو: ماذا تطمح له جماعة العدل والإحسان وما هدفها من حركيتها المتواصلة التي استغرقت عقودًا من الزمن؟ وماذا تسعى لتحقيقه بكل هذه الثقة والتؤدة رغم الحيف والظلم والجور الذي تمارسه السلطة في حقها؟

ولماذا هذه المواقف المعارضة بشدة تجاه السلطة، ولماذا لا تلين مواقفها وتسير مع الخط العام السياسي للأحزاب العاملة في الحقل السياسي من خلال الانتخابات حيث يتم انتخاب الأحزاب الممثلة للشعب في البرلمان؟ وهل مواقفها تلك مجرد جنونية لا تعرف كيف تزن العواقب والنتائج أم أنها سير منهجي مخطط ومنظم ومنتظم وهو ما نراه حاليا من خلال التنظيمات البسيطة والمركبة للعدل والإحسان؟

يذهب الباحثون والمهتمون بتحليل الأوضاع السياسية بالمغرب إلى أن البلد قد وصل إلى التقهقر الاقتصادي والسياسي والاجتماعي ووصل للباب المسدود وللأفق الضيق وأن السلطة الحاكمة لا ترى المخرج من الأزمات المتوالية التي تعيشها البلاد. وإن كان الإعلام يحاول أن يعطي صورة براقة لجلب السواح.

لكن ماذا مثلت العدل والإحسان بالنسبة لهذه البراكين الاجتماعية التي على فوهة الانفجار. إن السلطة الحاكمة مدينة لتحرك العدل والإحسان التي تعمل على تهدئة الفئات المفقرة والمستضعفة والقابلة للانفجار في أية لحظة. إن هذه الفئات

الاجتماعية المهمشة والمفقرة قادرة على أن تخرج للشوارع لتطالب بحقوقها المهضومة، ثم إن شبابها المتعلم والمهمش والمعطل قادر على الخروج بروحه ونفسه للشارع ليطالب بحقه في العمل والعيش بل قادر على إشعال نيران لا تقدر السلطة على إطفاءها.

أقول هذا خصوصًا إذا علمنا أن الأحزاب التي من المفروض أن تمثل تلك الفئات الاجتماعية المتمردة لم تعد تشغلها هموم تلك الفئات بل أصبحت وراء السلطة الحاكمة تتبع خطواتها وتصفق لبرامجها الخاوية ودعاويها الباطلة.

من هنا قد نفهم الدور الأساسي الذي تقوم به جماعة العدل والإحسان وهو إسكان تلك القوى المهيجة والطوفانية للفئات التي ترزح تحت وطأة الفقر والمرض والعطالة والتهميش ولم تعط لها الفرص الحقيقية لتندمج في المجتمع.

ثم لماذا تساهم العدل والإحسان في تهدئة الأوضاع المنفجرة وتقدم خدمات للسلطة الحاكمة وهي تعاني ما تعاني من الحيف والتعسف الذي تمارسه السلطة في حق العدل والإحسان وأعضائها العاملين في الدعوة؟ وكيف تساهم العدل والإحسان بهذا الشكل في تكريس الأوضاع بينما المفروض أن تعمل على تغييرها لأنها جماعة مجددة وتسعى للتغيير على المستوى الوطني والعالمي، ثم بالأساس لكونها تمثل معارضة حقيقية للسياسة المتبعة بالمغرب؟

أسئلة كثيرة تطرح في هذا الباب ولا يلقى لها الجواب الواضح ولعلك تلقى الجواب في ثنايا هذا المتن الذي يعبر فيه المرشد عن حقيقة طموحات الجماعة المستقبلية ومشروعها حيث يصرح ويبين مواقف المرشد وطموحاته السياسية.

"_ليست طموحاتنا محدودة بموعد انتخابي أو بتناوب على السلطة، لأننا نعلم أن تغيير حكومة أو دستور معين لا يكفل إلا حل أزمة عرضية إن كفل وهيهات! ولا يستطيع إلا تهوية الجو السياسي ريثما يدفع تآكل النظام فرقةً أو حزبًا معينًا إلى الانسحاب في مستراح المعارضة الحزبية ليلمع صورته. إن تغيير وجهة المجتمع الذي ننشده لا يمكن أن يقتصر على سياسة موسمية هدفها التناوب على السلطة أو على إصلاحات قصيرة المدى ينفذها تناوب ديمقراطي حقيقي أو "توافقي" مزيف يقوم على نفس نظام الفكر والقيم الذي أوصلنا هذا الدرك.

إن نظرتنا غير محدودة بنطاق الدولة القومية التي تخنق أنفاسنا، لأن غايتنا مهما طال الزمن هي وحدة الشعوب الإسلامية في كيان واحد. واجبنا توحيد الأمة. قد يبدو هذا حلما أجوف وأمنية فارغة، لكن قرآننا كلمة الله الحية يأمرنا بأن نكون أمة واحدة موحدة، والزمن يدفعنا كما تدفعنا الشرورات الاقتصادية إلى التقارب.

ثم إن هذا الذي يبدو اليوم مجرد حلم أجوف لن يلبث أن يصبح واقعًا يوم أن يأذن الله وتتفق الأمة على شكل التنظيم الوحدوي الملائم، وبعد أن تمهد السبيل جيلًا بعد جيل تربية المسجد".[146]

المسجد هو الساحة التربوية والجهادية منذ أن أسسه المصطفى عليه الصلاة والسلام، فكان المسجد هو أول مؤسسة بناها المصطفى إمام الدولة الإسلامية بقباء. وكانت حادثة وضع أساسه مقترنة بالمعجزات حيث بدأت بنزول الناقة بموضع كانت هي أرض المسجد المبارك.

مثل المسجد بالنسبة للأمة المسلمة الأولى رمزًا دينيًا قويًا يُجتمع فيه للصلاة خمس مرات في اليوم وتُلقى فيه الدروس التربوية والتعليمية في حضرة المصطفى، ومنه تخرج الصحابة الكرام مؤمنين مجاهدين، فكان البناء الأول للدولة والأمة المسلمة من قلب المسجد، فكان المسجد مدرسة، وأية مدرسة!

كانت قصة بناء المسجد الأول الذي أسس على التقوى ولا تزال ذكرى لمن أراد أن يتذكر ويتفكر في المعاني، وللمباني مكانتها إن كانت بيوت لذكر الله "في بيـوت أذن الله أن ترفع ويذكر فيها اسمه ، يسبح له فيها بالغدو والآصال رجال لا تلهيهم تجارة ولا بيع عن ذكر الله وإقام الصلاة" (النور: 36-37).

روى البخاري (266/7- فتح الباري) قصة بناء المسجد، عن أنس بن مالك رضي الله عنه وفيه أن النبي (أمر ببناء المسجد فأرسل إلى ملأ من بني النجار فجاءوا، فقال: يا بني النجار ثامِنوني بحائطكم هذا، فقالوا: لا والله لا نطلب ثمنه إلا إلى الله، قال: فكان فيه ما أقول لكم، كانت فيه قبور المشركين، وكانت فيه خِرَب، وكان فيه نخل، فأمر رسول الله بقبور المشركين فنبشت، وبالخرب فسويت، وبالنخل فقطع، قال: فصف والنخل قبلة المسجد وجعلوا عضادتيه (خشبتان مثبتتان على جانبي الباب) حجارة، قال: جعلوا ينقلون ذاك الصخر وهم يرتجزون، ورسول الله معهم يقولون: "اللهم إنه لا خير إلا خير الآخرة فانصر الأنصار والمهاجرة.").

ومسجد النبي هو المسجد الذي أسس على التقوى كما في صحيح مسلم. وفيه قال النبي: "صلاة في مسجدي هذا أفضل من ألف صلاة فيما سواه إلا المسجد الحرام" متفق عليه.[147] وفيه أيضًا قال النبي عليه الصلاة والسلام : "من غدا إلى المسجد لا يريد إلا أن يتعلم خيرًا أو يعلمه كان له كأجر حاج تامًا حجته".[148] ونزل الرسول عليه الصلاة والسلام منذ قدومه من مكة في قباء وأقام بها عدة أيام وبنى بها مسجد قباء وهو أول مسجد أسس على التقوى كما جاء وصفه في القرآن العظيم. أمر الرسول صلى الله عليه وسلم عمار بن ياسر رضي الله عنهما ببنائه، ثم توجه إلى المدينة المنورة وكان الأنصار يعترضون ناقته ويمسكون بزمامها، وكلٌ منهم يريد أن يتشرف بنزول الرسول صلى الله عليه وسلم عنده، فيقول لهم الرسول عليه الصلاة والسلام: "خلوا سبيلها فإنها

مأمورة". حتى بركت الناقة في مربد لغلامين يتيمين من الأنصار هما سهل وسهيل، فطلب رسول الله صلى الله عليه وسلم منهما أن يشتري منهم المربد ليبني فيه مسجده فقالا: "بل نهبه لك يا رسول الله". أبى عليه الصلاة والسلام إلا أن يبتاعه منهم فدفع لهم ثمن المربد عشرة دنانير. وبعدها شرع النبي صلى الله عليه وسلم في بناء مسجده، وكان في المربد نخل وشجر وخرب، فأمر أصحابه بإصلاح المكان وتجهيزه فقطع النخل وسويت الأرض، وبدأ الرسول الكريم مع أصحابه في بنائه وشرع يعمل معهم بيده الشريفة، فينقل الحجارة ويحمل اللبن بنفسه وهم يرتجزون فيرتجز معهم ويردد:

اللهم إن العيش عيش الآخرة
فارحم الأنصار والمهاجرة

نفهم من هذه الحادثة التاريخية أن بناء الدولة الإسلامية ابتدأ ببناء المسجد الذي يمثل أس المجتمع المسلم. وهكذا جمع مشروع بناء الدولة الأولى بين عامل الغيب وهي معجزات النبوة ومنها القرآن المعجزة التي جاءت لكل زمان ومكان وبين قراءة السنن الكونية وكيفية التدافع مع الظلم والاستبداد لتأسيس دولة الحق والعدل.
مشروع يجمع بين الحياة الدنيا وخبر الآخرة بفضل الأسوة الحسنة والمربي الذي يجسد معاني الإحسان حيث كان قرآنًا يمشي على الأرض. جمعت النبوة بين العدل والقسط وبين معاني الإحسان وعلى نهجه سارت الخلافة الرشيدة وكانت الدعوة والدولة كتلة واحدة ونهج واحد.
يستنتج الباحث المقارب للمراحل الأولى من تاريخ الإسلام أن معاني القرآن ليست فكرية وغارقة في التنظير أو سياسية أيديولوجية وأنها ليست مشروع محدود الأبعاد بتحقيق الحكم الإسلامي بل مشروع لبناء دولة العدل مقرون بدعوة الحق وتبليغ الدين للعالمين فتقام الحجة على المعرضين.

ومن هذه المرجعية يفهم المشروع الذي يسعى الأستاذ عبد السلام ياسين لتحقيقه، فهو يجمع بين تحقيق دولة الحق والعدل وبين بلوغ درجات الإحسان ودعوة العالمين. ولا يفهم مشروعه إلا ضمن هذه الكلية التي لا تصغر حتى إن قسمت لجزئيات المشروع بكليته بما أن الكل مترابط متواصل متلاحم بين أمرين عظيمين هما القرآن والنبوة. هذا ما نجده في عنوان مؤلف المرشد الذي صدر حديثًا رغم أن تأليفه تم قبل ثلاثة عقود. ولم تزد العقود الثلاثة، الفاصلة بين تاريخَي التسويد والإصدار، قضايا المؤلَّف إلا تقديمًا على سلم الإشكالات الكبرى التي تشغل رواد الحركة الإسلامية في العالم وتؤرقهم. وهذا البعد الإستراتيجي آية على الوظيفة التقعيدية التصورية التي تؤديها تنظيرات الرجل التي لا تفتأ تتأصَّل، وهي تزداد التحامًا بالمستقبل.[149]

ففي مضامين المكتوب تأكيد تنظيري وإستراتيجي وعملي على أن بناء دولة القرآن ليس من وهم الخيال وأن الواقع الحالي الحديث بفكره وتوجهاته المستقبلية وأيديولوجيته الليبرالية الديمقراطية لا يقبل مثل هذه الهراءات –من وجهة نظر الفكر الغربي- التي تعمل على إرجاع الفكر لمرحلته البدائية وبأنها مجرد دعوة تخلفية ورجعية. يبين المرشد أسس مشروعه الذي يرتكز على الأصلين القرآن والسنة اللذين يشكلان واجهتين أساسيتين من روح وقلب دولة القرآن نقرأه في كلامه التالي: "الذي ينفرد به الإسلام هو الشهادة التاريخية، المتمثلة في السيرة النبوية وفي الخلافة الرشيدة، ثم بعدُ في ومضات هنا وهناك، بأن القرآن قابل للتطبيق، وبأن دولة القرآن ليست مثالًا حالمًا تمخضت عنه الفلسفة الأرضية كما تمخضت عن المذاهب الفكرية، حتى إذا وقفت المذهبية على أرض التطبيق أسفرت عن ثغرات تملأها رؤوس الملايين من البشر وآلام الشعوب وأنين المقهورين وبؤس الإنسان....ينفرد الإسلام وحده بتلك الصفحة السماوية من تاريخ الأرض يحتفظ بها كل مسلم ذكرى حية. هي صفحة النبوة ثم الخلافة على منهاج النبوة".[150] فخاصية الإسلام أنْ جاء مع القرآن الشاهدُ التاريخي وهما السنةُ النبوية والخلافة الأولى.

يطرح المرشد المنهاج وهو الأساس النظري والتصور العملي للعمل الدعوي الذي بواسطته يسير العقل لينير طريق القلب في حياد عن النفس وأهوائها واضطرابها حتى يقوم العقل بوظيفته متبعًا للخط القرآني وللنهج النبوي الذي يهذب النفس ويربيها التربية التي سار عليها الصحابة الكرام وآل البيت والسلف الصالح من بعدهم في سلسلة نورانية لن تنقطع ما دام الوحي والنبوة باقيان فوق الأرض. فهو كلٌ غير منفصل يجمع بين العقل والقلب وبين المعرفة والتاريخ ويقنطر بين الدنيا والآخرة ويوحد الأمة جمعاء على الأمر الأعظم. "عقلا وعاطفة، ماضيًا وحاضرًا ومصيرًا، دينًا ودنيا وآخرةً، أفرادًا على بينة من هويتهم وعبوديتهم لله ومسؤوليتهم أمامه، وجماعة على بينة من مصيرها التاريخي فيها استعداد وقدرة على الجهاد"[151]، وأن رسالته "شاملة تستغرق الزمان إلى يوم القيامة، والمكان والأجناس والأقوام" ، وأنها "رسالة للإنسانية خالدة".[152] الشّرعة ما جاء به القرآن، والمِنهاج "بالألف بعد الهاء" هو ما جاءت به السنة كما قال حَبْر الأمة سيدنا عبدُ الله بنُ عباسٍ رضي الله عنهما.[153]

هكذا يأصل الأستاذ عبد السلام ياسين مفاهيمه المحورية التي يطرحها كبديل عن المفاهيم الفلسفية والماركسية وكل من ساروا على منوالهم بهذه التحديدات الدقيقة التي سيفصل القول فيها في مؤلفه القيم "العدل: الإسلاميون والحكم". يجعل المرجعية المطلقة لشِرْعة الله التي لا يأتيها الباطل من بين يديها ولا من خلفها، تنزيلٌ من عزيز حميد، فهي تعطينا الوِجْهة والمعنى لحركة الإنسان في هذا العالم، لحركة المؤمن الصائر إلى ربه على طريق السعادة الأبدية، وحركة الذين

آمنوا وعملوا الصالحات المكلَّفين بعد الرسل عليهم السلام بشهادة الحق وإقامة القِسط في الأرض وتبليغ رسالة الإسلام.

مرجعية موقف عصيان تاريخي ومرتبط بالاستبداد القروني الذي يفهم من خلال مفهوم الانكسار التاريخي الذي يوظفه المرشد ويفسر به كيف انتقضت أوثق عروة في الدين التي هي الحكم. كما يوظفه في مقاربة الواقع السياسي للمسلمين المطبوع بالفتن متجنبًا السقوط في آفة تكفير المسلمين بطرحه للتغيير الذي يخرج الأمة من الفتن لتتجمع على أمر واحد وهو التدافع مع الاستبداد وإعداد للمستقبل الموعود وهو الخلافة الثانية.

حصل الانكسار التاريخي مع تحول الحكم من الخلافة الراشدة إلى ملك وراثي وبذلك انتقضت دعائم الحكم الشرعي وهي الشورى والاختيار في البيعة. ومن ثم فأي نظام حكم لا يقوم على هاتين القاعدتين هو حكم مستبد وجب مواجهته ومدافعته بالعصيان. ومن هذا المنطلق يفهم العصيان الذي تتبناه جماعة العدل والإحسان بأنه مدافعة لحكم الاستبداد غير القائم على قواعد الشرع. ولا يقتصر الاحتكار السلطوي على الجانب السياسي الذي يجعل طبقة صغيرة من الأمة تتحكم في كل رقاب الأمة بتبريرات شتى تجد لها تأصيلها في القرآن والسنة عن طريق ديدان القراء الملتفين حول سلطة الملك أو الزعيم أو الأمير الذين يعطون الشرعية للحكم المستبد كما يقول المرشد: "باسم الإسلام وشمول شريعته في مسار الظلم واحتكار السلطة واستعلاء الحاكم على المحكوم واستعباد الإنسان في الداخل، والعدوان عليه في العالم....عن هذا السؤال وأمثاله يجيب هذا الكتاب إن شاء الله تعالى".[154]

ويتجاوز الأمر الاستبداد السياسي ويصبح الاستبداد حتى على المستوى الفكري حيث تمارسه السلطة العلمية التي تتحكم في الساحة المعرفية وتهمش الفكر المعارض الذي يرفض الاستبداد. جاء قول المرشد في كلامه التالي في هذا المساق عن سلطة معرفية لا يسمح فيها لباقي الفعاليات الكبرى من الأمة النظر فيها. ولا يفتح المجال لإعمال العقل الاجتهادي المجدد حتى تتمكن الأمة من الخروج من ظلامية الحكم الجبري الـذي طوقها بحكم السيف والحديد وأخرسها للأبد، سلطة الفقيه والمثقف المغترب. "طبقة لا تسمح لأحد أن يشاركها في العلم ولا تأويل النصوص المذهبية، وتُسكت كل نأمَة تَنْشُد الحق".[155]

تستند نظرية العصيان الذي تنتهجه الجماعة بالأساس على حديث نبوي شريف يلخص تاريخ الأمة وتنبؤات مستقبلها ويعتبر محور اجتهادات الأستاذ عبد السلام ياسين لبناء حكم قوامه القرآن ونهج النبوة وسيرها في معالجة الجاهلية الأولى. وقد يقول البعض معترضًا إننا الآن لا نعيش الجاهلية ومعتقداتها وسلوكاتها وفكرها وذهنيتها الساذجة البسيطة، بل عكس ذلك يعرف الفكر الإنساني عصر الازدهار والتفتح والانفتاح ودعوة إنسانية حقوقية وتطور

تكنولوجي آلياتي وعمراني فلا داعي للانتهاج بالنبوة فذاك عصر ولى ومضى وفقه واقعنا يقتضي نهجًا متجددًا يقطع نهائيًا مع عصور تبعد عن عصرنا بقرون طويلة، فيخلص إلى أن هذه الدعوة هراء وجنون ويطوي الملف وكل ما ينتج من فكر في هذا الباب. لكن المرشد يصحح هذا التصور بكلامه التالي: "جاهلية اليوم من نوع جديد على التاريخ لا مكان فيها للدين إلا في رُكْنٍ تنسحب عليه أحكام القانون. الحياة الشخصية لا بأس أن تُترَك لشرائع "الأحوال" الشخصية".156

"قد يتراءى للملاحظ السطحي أن جاهلية هذا العصر حضارة متماسكة. وقد تكبر في عينه إنجازاتها الصناعية والعلمية إذا قاس كل ذلك بمقياس الكم. لكن الإنسان تحت الهياكل الحضارية ما أصابه؟ إنسان عصرنا وثني يعبد مصنوعاته كما كان يعبدها وثني الجاهلية الأولى. يعبد شهواته كما كان يعبدها من قبله. كان للعرب هبل واللات والعزى. وهبل هذا العصر وأصنامه أكثر فتكا بأخلاق الإنسان وحياة الإنسان. هبل هذا العصر حكام متألهون. معابدهم التلفزيون والصحف وسائر وسائل الإعلام. أصنام تتكلم وتفتري وتفرض ألوهيتها على الناس. فأصنام الجاهلية الأولى أمامها هي السذاجة بعينها. أين سطو القبائل بعضها على بعض يومذاك من الهجمة الاستعمارية وضرب الشعوب بعضها ببعض نيابة عن شقي الجاهلية المعاصرة؟ أين أسلحة ذلك العصر من أسلحة الإلكترون والصواريخ؟...كانت تلك جاهلية في روحها، وهذه اليوم نفس الروح تهيمن على العالم باسم الحضارة والتقدم".[157] "عالمنا المعاصر يَلفه ظلام الجاهلية وتعتصرها يدها الأثيمة".[158]

العصيان عند الجماعة نموذج فريد على الساحة العالمية حيث نكاد نجزم أنه لا توجد أي حركة تغييرية في العالم تسلكه. بحيث أن العصيان في العلوم السياسية يحيل على العنف والاغتيال السياسي وكذا على الميلشيات المسلحة أو على الإستراتيجية الانقلابية ...وهذا ما نجده حقيقة في تصفحنا لكتاب العالم، فعلى أي أساس بنت جماعة العدل والإحسان خطها السياسي، وما هي قواعده؟ وكيف تجسده على الواقع؟ وبأي مشروع؟ وأخيرًا ما هو الثابت والمتغير فيه؟[159]

يبدو التميز في موقف الجماعة في موقفها المسؤول من النظام الحاكم في بلاد المغرب التي تتحمل تبعاته منذ عقود ولا تريد التراجع عنه رغم المساومات والإغراءات التي تلقتها من المخزن. من هنا نفهم موقف الجماعة المتميز بالعصيان ويخترق قرون الاستبداد الجبري وهذا.

الموقف الواضح يعبر عنه رائده المرشد عبد السلام ياسين في هذا المقطع من مؤلفه المنهاج النبوي، "خطنا السياسي الواضح هو أننا لا نعارض حكام الجبر معارضة الأحزاب على مستوى تدبير المعاش والاقتصاد، بل نعصيهم لأنهم خرجوا عن دائرة الإسلام إلا أن يتوبوا توبة عمر بن عبد العزيز، نعصيهم

ونعارضهم لأنهم خربوا الدين... الأمر أعمق وأشد من مجرد المعارضة السياسية".[160]

ما دامت الحكومة الحالية قد خلت من أي موقف يمثل معارضة حقيقية، فإن جماعة العدل والإحسان تشكل المعارضة الأساسية والقوية للحكم الملكي بالمغرب. وهي بالرغم من معارضتها الجذرية لنظام الحكم تلقى استجابة الجماهير الشعبية، لكنها لا تعمل في الساحة السياسية ولا تريد الدخول في اللعبة السياسية من خلال المشاركة في الانتخابات.

ترفض الجماعة الدخول في اللعبة السياسية الممارسة بالمغرب والتي ترفع شعارات واهية وتسمي نفسها بمسميات مختلفة منها الديمقراطية وتطوير البلاد وغيرها من المسميات البراقة. فكيف تتواصل الجماعة مع المتعاطفين الذين يدعمون ويتبنون أفكارها المعارضة؟

وما هي البرامج التي تقترحها الجماعة من أجل تغيير أحوال المغرب للخروج به من مستنقعات التخلف والوصاية الدولية؟ وماهي مميزات عمل الجماعة السياسي من خارج الحلبة؟ تشكل الجماعة معارضة حقيقية، لكنها ليست معارضة من أجل المعارضة. إنها لا تحصر معارضتها على مستوى تدبير المعاش، بل تمثل عصيانًا للحكام لأنهم خرجوا عن الإسلام وخربوا الدين وارتضوا أنصاف الحلول وباعوا الأمة لأعدائه.

147

رفض العنف والاغتيال السياسي

لا تدعو الجماعة للعنف وترفضه رفضًا قطعيًا لاقتناعها أن ما بني على العنف لا يجنى منه خير، ولكون الرفق والرحمة وحقن الدماء في زمن الفتنة هو المطلوب، فإن من الشعارات التي تؤمن بها وتدعو لها رفض العنف والاغتيال السياسي ذلك لسببين: "أولهما أننا أمرنا ألا نقاتل المسلمين خلال زمن الفتن، والثاني وهو سياسي أن القضايا الغريبة عن الشعب عاجزة عن الانتظار بالاقتناع والتمكن في المجتمع هي وحدها التي تلجأ إلى أساليب الإرهاب والاغتيال".[161]

هذا المخطط يبدو مثاليًا حالمًا غير واقعي لمن تشرب مبادئ الصراعية الطبقية. عند المُبْعَدين يكون الانتماء السابق للبرجوازية وصمة عار لا يمحوها إلا دماء البرجوازية تُراق، وأموالها تُصادَر. ويكتسبُ، بعد الثورة، المناضل المنتمي إلى طبقة العمال فضيلةً أبديَّةً تخوله حق ممارسته ديكتاتوريته على الأعداء الطبقيين. وفي الإسلام يَجُبُّ الإسلام ما قبله، وتجبُّ التوبة الصادقة المعلنَةُ على الملإ المراقبَةُ ما قبلها، وتطهِّر الأموال بردِّ المظالم السابقة وتجنيد ما بقي منها في المِلْكِ الخاص لبناء اقتصاد التكامل والكفاية والقوة.[162]

<u>الوضوح ورفض السرية:</u>

تؤمن الجماعة بهذا المبدأ وتعتبره محك عملها ودعوتها وفي هذا نقرأ ما كتبه مرشدها في موضوع الوضوح ورفض السرية والتعامل مع الخارج: "فمن ثم لنا معشر الإسلاميين حقوق سياسية مثلما لغيرنا فلم نتستر؟ ما دامت الديمقراطية ... تسمح لنا أن نتكلم ونجتمع وننتظم فسنعمل في وضح النهار وسنطلب بأن يكون لنا موطئ أقدام تحت الشمس".[163]

وفي كلامه التالي: "ود أعداء الإسلام والكائدون له من بني جلدتنا أن ينكفئ الإسلاميون من ميادين الفكر المتفاعل في ميدان الصراع الثقافي إلى منظومات أفكار مبرمجة متوقفة عن النمو. ذلك الانكفاء الفكري يضمن استمرار الحركة الإسلامية في هامشية الحركية السرية التي يريد أعداؤنا أن نخوض في غلسها.

ونحن أحوج ما نكون ليعرف كل مؤمن منا معايير التربية الإيمانية وطرائق تجديد الإيمان في القلب حتى يستيقظ الحافز الجهادي في النفوس ويستنير العقل المؤمن بنور العلم الذي به ندبر الجهاد. وبعد تربية جيل الإيمان والجهاد نحتاج إلى علم تنظيم جند الله في كتائب يسمو نظامها بتماسكه وقوته إلى مستوى

الإرادة الجهادية وإلى مستوى المهمات الجسام التي تتحدى الإسلام والمسلمين في مستقبل قوى العدوان على الإسلام سنزداد فيه تنظيمًا"[164].

عدم الرضى بأنصاف الحلول: ترفض الجماعة الرضى بأنصاف الحلول لأنها خصلة تنافي الصدق وهو أساس نجاح المشروع الإسلامي.

رفض كل أساليب المكر والخداع والغش: ترفض الجماعة هذه الخصال الدنيئة لأنها تناقض الصدق، والسياسة في الإسلام مرتبطة بالأخلاق ومنضبطة بضوابط الشرع والغاية لا تبرر الوسيلة. كما أن محور العمل الدعوي للجماعة هو التربية وتلقين الخصال الحسنة والسلوك الحسن فعلًا وقولًا.

المرونة : تحدثنا عن رفض السرية وعدم القبول بأنصاف الحلول، ولا يعني ذلك أن تُفهم المرونة وكأنها مسلسل من التنازلات تحت مبرر ضرورة التزام الواقعية السياسية ولكن المرونة هي الامتثال لهذه القاعدة " تدرج في قول الحق وعدم تفوه الباطل". لكن خط العصيان ليس من السهل أن يتبناه الشعب لأنه لا يعي ما معنى تأخير الحاكم للصلاة "لا يفهم العامة أن حاكمًا لا يصلي رجل يعصي الله وقد يجحده ابتداءً فإذا جحد وعصى أصبح طاغوتًا، وحكم بهواه، وحارب الله، وظلم عباده".[165]

التدرج والإيغال برفق من أهم واجبات الراجين نصر الله، الناصرين بجهادهم الصابر لله. في الصحيح: "يؤتي الله على الرفق مالا يؤتي على العنف"، وفي القرآن: "وَلَقَدْ كُذِّبَتْ رُسُلٌ مِنْ قَبْلِكَ فَصَبَرُوا عَلَى مَا كُذِّبُوا وَأُوذُوا حَتَّى أَتَاهُمْ نَصْرُنَا وَلَا مُبَدِّلَ لِكَلِمَاتِ اللَّهِ وَلَقَدْ جَاءَكَ مِنْ نَبَإِ الْمُرْسَلِينَ" (الأنعام: 34). يليها قوله تعالى لرسوله ينبهه وإيانا أن العجلة والضيق بالواقع المعاكس لا تغير من الواقع شيئًا: "وَإِنْ كَانَ كَبُرَ عَلَيْكَ إِعْرَاضُهُمْ فَإِنِ اسْتَطَعْتَ أَنْ تَبْتَغِيَ نَفَقًا فِي الْأَرْضِ أَوْ سُلَّمًا فِي السَّمَاءِ فَتَأْتِيَهُمْ بِآيَةٍ وَلَوْ شَاءَ اللَّهُ لَجَمَعَهُمْ عَلَى الْهُدَى فَلَا تَكُونَنَّ مِنَ الْجَاهِلِينَ" (الأنعام: 35).[166]

ومن الواجب علينا هنا فهم سلوك مسلك المعارضة للجماعة ومواجهة الطغاة بالحق والحركية الضرورية التي يلزم الأمة اتباعها لتجاوز محطة ما قبل الحكم الإسلامي. ويتضمن النص التالي مقترحات الجماعة للخروج بالبلاد من ورطات التخلف والتبعية للصندوق الدولي وللسياسة الإمبريالية، ويفهم ذلك بوضوح من خلال هذا المقطع من مؤلف المنهاج النبوي.

"لابد أن نشرح للشعب والشباب ماذا يعني التحول الإسلامي الذي نريده بالنسبة للظلم الطبقي، بالنسبة التبعية، بالنسبة للمستقبل الاقتصادي والاجتماعي والسياسي لبلادنا، نشرح كل ذلك في تفاصيله، فنتحدث عن الخبز اليومي، عن العامل المهضوم الحق، عن رب الأسرة المقهور تحت أعباء المعاش، عـن الفلاح الذي يستغله الثري الظالم والحاكم الجبار، عن التعليم وفساده، عن

149

القضاء ورشاه، عن الإدارة الكسيحة والسخيفة وعن مسؤولية الحكم في كل هذا".[167]

كما يشرح المرشد التكتيكات والإستراتيجيات التي يلزم الجماعة اتباعها حتى تفرض عملها ووجودها داخل الساحة السياسية والتي يوجزها المرشد عبد السلام ياسين في النقاط التالية: "ومزية أخرى للدخول في الانتخاب، وولوج ذلك الباب، وهي مزاحمة غيرنا على كسب الرأي العام والاستفادة من التسهيلات الرسمية في التحرك هي مزية التضييق على الاسلام الرسمي وإسلام الأحزاب السياسية التي أصبحت ترفع شعارات الإسلام".[168] إن دعوة الجماعة لبناء الحكم الشرعي يقوم على مبدأ الشورى واعتبار الحكم ينبغي أن يتم بداية بإقامة شرع الله والحكم بما أمر الله ورسوله، وهذا يتنافى جذريًا مع الديمقراطية الغربية التي تعتبر الحاكمية بيد الشعب والسياسة العقلية التي يتوافق عليها. في هذا الصدد يعلن المرشد موقفه من الديمقراطية بالشكل التالي: "ثم إن قبولنا المشاركة في اللعبة الديمقراطية من شأنه أن يكشف زيف دعوى الديمقراطية".[169]

مطلوب إلى كل طبقات الأمة أن تحول ولاءها إلى الله ورسوله وإلى المشروع الإسلامي الذي يعرضه جند الله. ومطلوبٌ من جند الله أن يتعلموا أن رياح الولاء الانتهازي سرعان ما تهب في اتجاه من أمسك زمام السلطة. فبعد إسقاط الأنظمة الفاسدة، لا بد للقائمين أن يرفعوا إلى مقام إخلاصهم خيارَ الأمة من الصامتين بالأمس ومن التائبين من كل الآفاق مهما كان الانتماء الطبقي السابق. يرفعونهم إلى مقام الإخلاص بالجدية والمثال الحي حتى يُعطي الأخيارُ ولاءهم للدعوة وللمشروع الإسلامي واثقين أنه يتضمن الولاء لله ورسوله وشريعته. ولمن بقي من الأصناف القرآنية من زُمَرِ المنافقين وعامة الأعراب من المسلمين وازعُ السلطان وسَيفُ الدولة الضارِبَيْنِ بالعدل والإحسان لا بالانتقام والبهتان.[170]

رفضت الجماعة أن تعمل في السر وأسس مرشدها منذ البداية جماعة تتواصل مع المجتمع المدني وتفعل فيه بالدعوة لتغيير ما بالنفس لترقى من إسلام العادة واتباع الهوى وشهوات النفس وطباعها. لذلك يعتبر دور جماعة العدل والإحسان أساسيًا في تغيير ما بالأمة من فتن وجهل وغبش. والتواصل الذي حققته من خلال التفاف الأمة المغربية من حولها ظهرت في مناسبات عديدة، وما ذلك إلا لدعم الجماعة لقضايا الأمة الجوهرية. إن المهمة الأولى للجماعات أو الحركات الإسلامية المتصدية للحكم بعد تقوية صفها وتربية رجالها وتنظيمهم، هي مغالبة الأحزاب ودول الجور على إمامة الأمة.

الفعل السياسي للجماعة

مصداقية الجماعة مشهود لها وبذلك فهي تمثل قوة سياسية محورية في البلاد. فرغم المضايقات والاعتقالات التي تطال قادتها وأعضائها ورغم الحصار الأمني ومداهمة المجالس الداخلية تظل جماعة العدل والإحسان حاضرة سياسيا وبامتياز في صلب المجتمع إذ تؤثر فيه أكثر مما تؤثر فيه الأحزاب السياسية المشاركة في الانتخابات.[171]

ما يميز جماعة العدل والإحسان أنها وضعت التصور العام والأسس المنهاجية ووسائل العمل في الدعوة وكيفيات التوغل في المجتمع قبل الانطلاق في عملها الدعوي المفتوح على المجتمع. وهذه المبادئ العامة والأسس المنهاجية تقعد بعض أصولها على مبدأ الشورى والانتخاب وتهيكل العمل المؤسساتي وآليات النقد والتقويم والمراقبة والمحاسبة. ينبغي الإشارة هنا إلى أن البناء المنهاجي النظري والتصورات العامة المترتبة عن ذلك والقوانين التنظيمية التي قعد لها المرشد في مؤلفه "المنهاج النبوي، تربيةً وتنظيمًا وزحفًا" قد عرفت تطورات كثيرة تواكب حركية وتوغل الجماعة داخل المجتمع وتوسع واجهات عملها الدعوي. كما أن هياكل الجماعة الوظيفية عرفت عدة تغييرات سواء على مستوى بنائها أو المكلفين بإدارتها والإشراف عليها.

أصبحت الجماعة بعد ثلاث عقود من التربية والحركية والجهاد والمدافعة تزخر بالكفاءات والتخصصات العالية ومستويات التعليم والمعرفة المتقدمة، وتضم مختلف الحيثيات الاجتماعية، وعاد الكل يصنفها ضمن أكبر الجماعات ليس داخل المغرب فحسب بل وفي العالم العربي الإسلامي.

يكمن التميز الحقيقي لدى الجماعة في موقفها الواضح من نظام الحكم وطريقة ممارستها للسياسة برفضها للدخول في ألعوبة النظام السياسية عبر الانتخابات. فالجماعة تؤمن إيمانًا عميقًا أن التغيير لا يمكن أن يتحقق حتى يتم تغيير الحكم والمؤسسات السياسية التابعة له وأوله نظام الحكم القائم. ونشير هنا إلى مسألة اجتهاد بعض فاعليها وما يقترحه من تحديث وتغيير الدستور والسلطة اللامشروطة لشخص الملك. وفي هذا الأمر المحوري الذي أولته الجماعة اهتمامًا خاصًا واتخذت منه مواقف جذرية حاسمة لا تقبل التوفيقية ولا التلفيقية في مواد الدستور. ففي أحدث تصريح للناطق الرسمي باسم جماعة العدل والإحسان لوكالة الأخبار الموريتانية، دعا الأستاذ فتح الله أرسلان إلى إعادة النظر في الإطار العام للدستور المغربي، تخليصًا له من ربقة "المنح الفردي" ليصبح "إنتاجًا جماعيًا" يمكن التأسيس عليه لمستقبل البلد، وتجاوزًا لمنهجية

"التعديلات الشكلية" التي تُبقي على أصول الأزمة الهوياتية والدستورية والسياسية.

طرح المتحدث الرسمي للجماعة الأستاذ فتح الله أرسلان قضايا محورية تهم حاضر ومستقبل المغرب السياسي والعمل المجدي للخروج من الورطات التي توالت على البلد حتى عاد أمام أبواب مسدودة. ومن بين المقترحات التي أوردها الأستاذ فتح الله أرسلان إعادة النظر بشكل جذري في قضية الدستور وضرورة تغييره من جذوره وإشراك الشعب في اختيار مواده.

ظلت الإصلاحات الدستورية العديدة التي عرفها المغرب محدودة التأثير وغير ذات جدوى، لأنها لم تمس عمق الأشياء. ورغم التطورات التي حصلت في الساحة السياسية الوطنية والدولية والتي دعت العديد من الأطراف السياسية للمطالبة بإصلاح دستوري، لكن الأساس في الأمر هو الرؤية والغايات التي من أجلها سيحدث هذا التغيير أو ذاك، لأن أي تعديل لا يفصل بشكل جلي بين السلط ولا يوسع من مساحات الحريات العامة ولا يضمن تداولًا شريفًا للسلطة، يبقى مجرد فصل جديد من فصول التهريج السياسي.

وطالما أن العقلية المتحكمة ما تزال هي هي حيث لا رغبة ولا استعداد لديها لتغيير دستوري حقيقي يفضي إلى تغيير سياسي جوهري فإن أي إصلاح في ظلها لا يخرج عن هدف ضمان استمرار الوضع على ما هو عليه من تركيز الاستبداد المطلق بكل السلط والثروة والشعب مما يعني مزيدًا من الانحدار والتقهقر. لكل ذلك، وللخروج من هذه الحلقة المفرغة، وتجاوز هذا العبث، وعوض تركيز الحديث حول دستور ممنوح أصلًا فُصل على مقاس الحاكمين، فإننا ندعو إلى أن نفعل مثلما فعلت كل المجتمعات والأمم التي عاشت أوضاعًا مشابهة لما نعيشه واستطاعت أن تنعتق وتنطلق في ركب الاستقرار والتطور والازدهار. السبيل هو تجاوز عقلية الدساتير الممنوحة والحريات المتكرم بها إلى دستور ينبثق من إرادة كل مكونات المجتمع بعد حوار شفاف وصريح ومتكافئ، ويحظى برضا الشعب في أجواء حريات حقيقية.[172]

يمكن فهم التميز الجذري للتصور العام للجماعة في اختلافها المتميز عن باقي الحركات الإسلامية العاملة في الساحة، والتي قبلت الدخول في اللعبة السياسية وادعاءها بأنها تمثل جماهيرها في البرلمان. فهذا الموقف والاجتهاد مختلف جذريا عن مواقف الجماعة، لكنها تحترمه وتحترم أصحابه.

وتتشبث الجماعة بتصوراتها العامة التي انطلقت منها لتؤسس العمل الدعوي في المجتمع والتي تعتبر أن الممارسة السياسية يلزم أن تتأسس من خارج اللعبة السياسة الرسمية التي يتحكم فيها المخزن وأعوانه ولا تعطي للأمة مجالًا كافيًا لممارسة حريتها والتعبير عن كينونتها وصناعة القرار في بلدها. وقد أبانت الانتخابات الأخيرة كيف انسحب الشعب من المشاركة فيها لأنها لم تعد تمثل

لديه مجالًا حيًا لممارسة الحريات وأرضية نظيفة وموضوعية لاختيار من يمثلون ويدافعون عن الحقوق المهضومة.

أصبحت العملية الانتخابية مجرد آلة مخزنية وأحزاب غير قادرة على تمثيلية الأمة وفارغة من همومها ومعاناتها وطموحاتها وغاياتها. تباعدت الهوة بين برامج الأحزاب وما تطمح الأمة بناءه في حياتها من إعادة كرامة الإنسان وحقه في ممارسة حياته وضمان حقوقه الاقتصادية والسياسية وحريته في ممارسة شريعته الدينية كمسلم حقًا. في هذه القضية أدلي الأستاذ فتح الله أرسلان بموقف الجماعة من الانتخابات التي لا تقبل الجماعة المشاركة فيها والدخول في لعبة الديمقراطية والتعددية الكاذبة. "لا بد هنا من التأكيد على أننا لسنا ضد المشاركة السياسية إنما تحفظنا على أن تحصر المشاركة السياسية في الانتخابات كيفما كانت صورتها وأوضاعها.

تتموقع جماعة العدل والإحسان في صلب العمل السياسي وتتفاعل معه والكل يشهد بتأثيرها الكبير في مجرياته. لكنها ترفض الانخراط في عملية انتخابية مفصلة على مقاييس النظام الذي يتحكم في كل الساحة فيما باقي المنخرطين تحدد لهم مربعات ضيقة لا يمكن لهم تجاوزها. والانتخابات في المغرب لا تفرز حكومة تحكم لأن الحكومة مجرد واجهة سياسية أمام الرأي العام والملك يمتلك جميع السلط وله صلاحيات مطلقة. أما الوظيفة التشريعية للبرلمان فإن إطلالة بسيطة على الدستور المفروض تكفي لمعرفة أن للبرلمان هامشًا محدودًا في التشريع. أما المجالس الجماعية والبلدية فعندنا في المغرب مجالس موازية لها في الخريطة الترابية وهي تابعة لوزارة الداخلية، ووزارة الداخلية تعتبر سيادية غير خاضعة لمنطق الانتخاب. وهذه المجالس هي من تمتلك السلط الحقيقية محليًا وتتحكم في القرار والإمكانيات، ويبقى دور المجالس المنتخبة محدودًا جدًا...إذًا هذه الحقائق لا تزيد طرحنا إلا مصداقية وشرعية، فَلِمَ علينا أن نراجع موقفا يتأكد يوما بعد يوم صوابه وحكمته؟

ثم ما الذي يغري في تجارب الذين بدلوا وراجعوا فشاركوا من غير شروط؟ نحن نعتقد أن الرابح الأكبر من المشاركة غير المشروطة في ظل الظروف الراهنة هو الاستبداد، ولك أن تجول ببصرك على امتداد الوطن العربي لتقيم تجربة المشاركة الانتخابية للإسلاميين، ستقف دون شك على حقيقة ما أقول، والأصوات المطالبة بمراجعة خيار الانخراط في منظومة الاستبداد تتعالى وتلح وتدق ناقوس الخطر. لأن مجمل ما حصدته الحركات المنخرطة بدون شروط هو تقوية وإطالة عمر الاستبداد مقابل إنهاك هذه الحركات وضرب مصداقيتها الشعبية، لأنها ببساطة اصطدمت بجو مغلق تمامًا إلا من فجوات بسيطة لا تكفي لأكثر من ترويج صورة كاذبة حول مشاركة الجميع وسيادة مزيفة للحريات والتعددية. وعوض تحقيق طموح التغيير من الداخل أصبح محتمًا

على هذه الحركات أن تساير الأوضاع وتبررها، ونحن نرجو صادقين أن تتدارك تلك الحركات الوضع وتقف وقفة حاسمة وشجاعة مع ذاتها وتراجع حساباتها لأن الحساب الحالي لا يصب إلا في مصلحة الاستبداد ويناقض مصالح الشعوب". [173]

يتوجه جهد المرشد نحو تأسيس وتنظير وتقعيد الحياة العامة للمسلمين، وما الجانب السياسي إلا وجهة من كلية التدافع للوصول للهدف الأسمى وهو السير على أثر القرآن ونهج النبوة لطرح مبدأ الجهاد، الوسيلة الوحيدة لإخراج المسلمين من تقاعسهم وغثائيتهم وعبثيتهم وتقليدهم للأمم التي تكالبت عليهم، ففي دراسة المرشد للمخزون الثقافي الإسلامي اعتمد على المنهاج النبوي الذي قارب واقع الجاهلية وسبر النفوس وربى القلوب وهيأ الرجال والنساء وخلصهما من سلوك الجاهلية.

تأسى المرشد بالمنهاج النبوي وسعى لتطبيقه في حاضر المسلمين وهنا يظهر اجتهاده في تطبيق المنهاج حيث عمد تطبيقه على واقع مختلف عن مرحلة النبوة: "ذلك المنهاج الذي كان عملًا باهر النتائج، خرج من مدرسته كبار الصحابة، عظماء الأمة، نخبة الإنسانية بعد الأنبياء عليهم الصلاة والسلام... ونتج عنه الجهاد الخالد الذي كانت ثمرته "المعجزة التاريخية" التي غيرت العالم أعمق تغيير وأوسع تغيير وأسرع تغيير... وتحول بخاصيته أفراد أنانيون... جماعة موحدة قوية تحمل هَمَّ الجماعة، وتسعى لتحقيق أهداف الجماعة، ويموت أفراد لتبقى الجماعة وتعز". [174]

ويتجلى عمل الجماعة التجديدي واجتهاده في تنظير واقع مزيف بواسطة فكر منهجي علمي مأصل وثابت وذلك قصد اختراق الواقع وتفكيكه وإعادة بناءه من أجل تخليصه من العناصر السلبية المفروضة عليه واقعًا. ومن ذلك فالمفاهيم المنهاجية التي تدور حولها مقاربة الواقع مستمدة من الوحي باعتبارها ثابتة وما هو متغير هو حوادث الواقع. فدلالات المفاهيم قرآنية نبوية أي أنها ثابتة الدلالة، ومن تم فمدلولها العلمي ثابت، وما هو متغير هو الواقع الذي تتفاعل معه هذه المفاهيم بما يكرس هيمنتها عليه من خلال الكشف عن معانيها التي لم تدرك في مرحلة سابقة. فالخصال وشعب الإيمان تحدث التغيير الجذري في النفوس وتغير أحوال الأمة بأن تنتظم في واقع علمي وفكري وإرادي وعملي، مما يقتضي أن تتولد عن هذا الانتظام قواعد كلية ومفاهيم مركزية قادرة على اختراق الواقع وتفكيكه وإعادة بنائه من خلال كل العناصر الإيجابية المقترحة والمكتشفة وتخلصه من كل العناصر السلبية الواقعية. وهو ما يعني أن كل المفاهيم، التي ينبغي أن تكون دلالتها الكلية مستمدة من الوحي، يجب أن تنجز مهمتين متكاملتين:

1- رسم التصور العلمي النظري على وضوح تام.

2- القدرة على نقد الواقع وتغييره تغييرًا جذريًا وفق منهجية الرحمة والحكمة؛ ومقتضاها الرفق والقوة والوضوح والتؤدة والتدرج في كل مراحل البناء. من هنا يذهب الباحث الخبير بعلم المنهاج النبوي ودلالته العلمية وكيف تفعل في تنظير الواقع المتغير، الأستاذ الموساوي، إلى أن ثبات تلك الدلالات العلمية والمنهاجية لا يعني بالضرورة السكون، بل إن تجربة مدرسة المنهاج النبوي أثبت أنها توفر فعالية وجدوى وكفاية هائلة لهذه الدلالات حين تخترق كل تفاصيل الواقع وتعيد ترتيبها وفق قواعد التجديد الشامل والتغيير الجذري. وهو ما يعني أن هذه الدلالات العلمية لمّا تخترق الواقع توفر خبرة كبيرة لاكتشاف باقي معانيها ودلالاتها المكنوزة فيها والمتجددة التي لا تنقطع لأن مصدرها الوحي. وهو من مقتضى قوله صلى الله عليه وسلم "لا تنقضي عجائبه"، أي القرآن الكريم الذي كان سيرته صلى الله عليه وسلم يمشي بها في الناس.[175]

وإلا فإن حركة التاريخ المرحلية تجعل تلك الحركات الإسلامية غير فاعلة في واقعها العيني لأنها تعتمد مفاهيم غير ممنهجة وغير مأصلة من المنهاج النبوي وبذلك فضغوطات الواقع تنسفها نسفًا وتصبح غير قادرة على احتواء حيثياته. فالحركة الإسلامية تصبح رقمًا من الأرقام وقد تصبح في خبر كان، حينما تستند في مرجعيتها الكلية على مفاهيم ودلالات لما تقتحم بها الواقع لتغييره تَتَغير مضامين ودلالات هذه المفاهيم فتتغير الحركة عوض تغيير الواقع ويبتلع هذا الواقع العنيد عناصرها لتصبح جزء منه أو من ماضيه.

والأصل أنه حينما تتم خبرة كبيرة بالواقع من خلال تنزيل تلك المفاهيم والدلالات عبر عقل الحكمة وقلب الرحمة تزداد درجة التحام الحركة بتلك الدلالات، لأن هذه الخبرة تكشف عن مدلولات وكنوز جديدة تحتويها هذه الدلالات فتولد مفاهيم وقواعد ودلالات جديدة منسجمة مع كل مرحلة ونوع وحجم وأفق مطالبها لخدمة الغاية العظمى المتعلقة بمصير الفرد عند الله تعالى ومصير أمته التاريخي ومصير الإنسانية في العيش الكريم والعادل.

ففي مدرسة المنهاج النبوي يحصل الوعي بالمرحلة التاريخية على صورتها الكلية، فتوفر هذه المدرسة آليات هذا الوعي وآليات العمل في هذه المرحلة بما يؤهلها للمرحلة المقبلة وهكذا، بحيث تقوم بتنزيل كلياتها على الواقع لتغييره من حيث هو مرحلة تَم الوعي بها وبتطور الأداء العلمي بها بما يستوعب ويؤطر المرحلة المقبلة اقتحامًا متكاملًا نحو المستقبل المنشود. وبهذا نفسر الغزارة العلمية التي أنتجتها هذه المدرسة على الرغم من الحصار والقمع الذي تعرضت وتتعرض له.[176]

تدعو الجماعة إلى إقامة نظام سياسي على قاعدة الإسلام، تشكل الشورى والعدل ركيزته، والإحسان روحه، والمشاركة العامة والتعددية السياسية وسلطة المؤسسات وسيادة القانون الضامن لاستمراره وحيويته، والحوار والاحتكام إلى الشعب وسيلة ترجيح الخيارات فيه. وفي هذا الإطار نفهم مقصود الكلام الذي جاء في كتاب العدل وكيف ستنتقل الجماعات الإسلامية من المعارضة إلى الحكم وكيف يمكنها أن تجعل من الأحزاب الديمقراطية حليفًا لها في مواجهة دين الانقياد. كنا في المعارضة زمانًا، وفي السرية والهامشية، وإنه لمتكأ مريح، مهما كان الاضطهاد، أن نصرخ في وجه الباطل أو تسبه في ظهره. خروجنا الوشيك إن شاء الله من المعارضة إلى الحكم يدق ساعة الحقيقة، ويبرزنا إلى حومة فيها المعارضة الديمقراطية. من هذه الأحزاب التي شاركتنا أمس في المعارضة ما هو لاييكي وربما معاد للدين. فهل هذه المعارضة التي ستكون خصمنا أو عدونا رجس من عمل الشيطان، أم هي حليف لنا ضد دين الانقياد؟

هل الديمقراطية التي تنفي كما ننفي أن يكون للحاكم حق الطاعة بدون عقد يلزم الطرفين خطوة إيجابية نحو أهدافنا، أم هو باطل نحاربه كما نحارب الظلم الموروث؟ هذه أسئلة جوهرية للسائرين في طريق الحكم الإسلاميين، نجيب عنها تباعًا بحول الله في متن الكتاب. نحتفظ هنا بهذه الحقيقة: وهي أن الوعي الديمقراطي وقاعدته "حقوق الإنسان" كفر "بدين الانقياد"، ودين الانقياد هو داؤنا العميق. [177]

أهم العوائق في كسب المعركة ضد الأنظمة القائمة المستقرة هو العائق النفسي المتمثل في الولاء الراسخ الذي تعطيه الجماهير لنظام مألوف تفضله على حدث مستجد، أو الولاء المتذبذب الشاك المتحول بسرعة مع رياح الدعاية الرسمية. إن حكم العادة وما تألفه النفوس عقبة نفسية قوية على الدعاة العاملين في الساحة مواجهتها لتحقيق الحكم الإسلامي الشرعي، وفي هذا المنحى نفهم الخط السياسي المعارض للحكم كجزء من المعارضة الكلية للجماعة من خلال كلام المرشد الذي وضح الموقف في متن كتابه "العدل".

بماذا ندخل على الساحة من جديد إن تركنا "الصبغة" الانقيادية المرضية ولم نعالجها بالتصحيح الشرعي؟ إن المسلمين اعتادوا الطاعة للحاكم، وقيل لهم كما قيل لآباءهم وأجدادهم منذ قرون: إن طاعة أولي الأمر من طاعة الله ورسوله. وانطبعت في نفوس الأجيال خطب الجمعة التي ترفع " أمير المؤمنين" و"ظل الله في الأرض" إلى مراقي العصمة، ورسخت في أذهانهم ومخيلاتهم تهاويل الحفلات "الدينية" المصنوعة لتزيين صورة الحاكم وتقديسه.

لن نكون إلا معارضة من المعارضات تنتقد الحكم وتطعن في كفاءته إن لم نتعرض لأصول الحكم الجائر باعتباره خرقًا في الدين وانتحالًا تزويريًا لقداسة الدين قبل كل شيء. ويأتي اعتراضنا على الظلم جزءًا من معارضتنا الكلية. [178]،

لمعرفة بنود الدستور الذي تقترحه الجماعة انظر في مشروع الميثاق الذي وضعه المرشد عبد السلام ياسين في الفصل القادم، وتتمثل المبادئ الأولية للجماعة بشكل عام في المحاور التالية:

التعددية السياسية: استفادت الجماعة من حكمة الديمقراطية خصوصًا في كيفية تطبيقها في الحياة العامة وهيكلتها السياسية الحديثة وآلياتها. فالجماعة تستفيد من تلك الآليات الحديثة التي أحدثها الديمقراطية وكيفية تدبيرها أمور الدولة وشؤونها ومن ثم فقد أخذت منها مسألة التعددية التي لا تكاد تعترف بها كثير من الحركات الإسلامية التي تظهر إرادتها للحكم الواحد والرأي الواحد ولا تقبل بالاختلاف.

بينما تؤمن الجماعة بقوة الاختلاف وأهميته في إثمار وإغناء العمل السياسي الذي قد يتخذ طابع الهيمنة والاحتكار والانفراد بالحكم مع الحزب الوحيد. وهي مزية تعترف الجماعة بفضلها وضرورتها في بناء عمل سياسي حر ومتحرر ومحرر للذهنيات، ولا ينازع في هذا المنحى متمدن ولا ينكرها إلا من يدافع عن السلطة العليا والحزب الوحيد. مطلب الجماعة في تمثيل مطالب الأمة، تعددية مسؤولة متعاقبة على الحكم، تعددية معبئة للجهود في قنوات منتظمة بدل الفوضى والعنف. تعددية تتراضى على الحلول المثلى وتؤطر الشعب وتنير له الطريق. إننا لا بد أن يُعارضنا المعارضون من "حزب الشيطان" ومن "حزب الله" المسلمين البريئين من الوَلاء الكفري. وسواء وصلنا إلى الحكم عن طريق ثورة كثورة إيران أو عن طريق انقلاب أو عن طريق انتخاب فلا محيد لنا عن التعامل مع الأحزاب، بالمعنى العصري للكلمة.

وليس القمعُ حلًا لخلافنا مع المخالف، ولا زعمُ وحدة الكتلة المُصمتة المتَّفقة فيما بيننا أمرًا ممكنا بالطبع أو الشرع.[179]

التداول على السلطة: وهي حكمة إنسانية استفادت منها الجماعة من هيكلة الديمقراطية التي لا تعترف بالحكم الواحد الذي يستمر أمدًا من الزمن ولا يعطي الفرصة للتيارات المختلفة للتداول على السلطة. ويعتبر التداول على السلطة كآلية ابتكرتها الديمقراطية ومارستها الأحزاب في إطار ممارسة حقها المشروع ضمن منظومة الديمقراطية والذي يعطي الأهلية لتمثيل الشعب من هو أهل لها باختيار الأغلبية. فتحديد مدة الحكم يضع المسؤولين السياسيين أمام عظم ما يتحملونه من القيام بأمر الأمة لتصبح أمانة في أعناقهم يستلمونها ويردونها لأصحابها. وهي حكمة بشرية تعصم المجتمع من الاستبداد، وتمنحه مناعة ضد التسلط الأبدي، وتمكنه من التطور وإمكانية إعادة النظر في أمور تسيير الأمة بين المرحلة والمرحلة.

سيادة الشعب: مزية مهمة يؤكد جدواها والحاجة إليها ما يعيشه المسلمون من استبداد وفتنة وسيطرة القائد الملهم الذي لا راد لقوله ولا معقب لحكمه، لا يري الناس إلا ما يرى، مزية تعطي للشعب جدوى وتأثيرًا عكس ما يعيشه اليوم من سلبية وانتظارية وقمع لحريته وسلب لإرادته وتوجيه لاختياراته. وقد كان للحكم الجبري الذي ساد الأمة قرونًا أثره على تصور العمل السياسي داخل الأحزاب السياسية الحديثة وحتى لدى بعض الحركات الإسلامية المعاصرة التي أظهرت إرادتها لاحتكار السلطة وعدم اعترافها بإرادة الشعب غافلة عن القوة المعارضة التي قد تصدر من الشعب الذي لم تهيئه للحكم الإسلامي أو لرغبتها ممارسة الرأي الواحد والوحيد.

فصل السلطة وسيادة القانون: حكمة بشرية، وميزان توزن به الدول في مجال الترقي الإنساني، وعاصم من نموذج دولة تسير بهوى الحكام ومصالح صنائعهم، وتؤسس لدولة يعرف فيها كل فرد ومؤسسة حقه وواجباته، وأسلوب حضاري لتفادي الفوضى والعشوائية.

الحريات العامة: هي نقطة لقاء بين الجماعة وبين الداعين إليها نفور من الخنق والاستبداد وتوقان إلى حرية تتعدد فيها الآراء والأساليب والوسائل. بها ينتقل الناس من رعية مسلوبة الإرادة وذهنية رعوية إلى مواطنين لهم كرامتهم وإرادتهم يستخدمونها للحفاظ على كيان مجتمعهم وحماية مصالحهم وهويتهم.

تلك هي الإستراتيجية التي تعمل من داخل منظومتها العدل والإحسان لتجاوز قضية اختلاف الرأي وتعدد الأحزاب والجماعات التي تعمل بموازاتها داخل المجتمع المدني والتي لا يمكن للديمقراطية أن تحسم فيها من خلال ما تطرحه من تقنيات وآليات لم تنجح بتحقيقها هي نفسها ضمن منظومتها الفكرية والأيديولوجية التي انبثقت منها.

هذه الأسئلة والمعضلات التي تتعلق بها تجد جوابها في منظومة العدل والإحسان من خلال ما تطرحه من برامج توصلت لوضعها قصد التربية السلوكية الذي تصنع الأعضاء والقياديين على حد سواء وهو مفهوم نبوي منهجي، الولاية التي تجمع بين المؤمنين.

هكذا يجب أن ينجمع المؤمنون، في إطار ولاية بينهم، روحها المحبة والشورى والنصيحة، مهما اختلفت الانتماءات والتحزبات، "يأمرون بالمعروف وينهون عن المنكر"، يتعاونون فيما اتفقوا عليه، ويتشاورون فيما اختلفوا فيه، مصلحة الشعب ومصلحة الأمة هي الأولى فوق أي اعتبار، وهنا لابد من صحافة قوية ومسؤولة، تعبر عن أراء الشعب، وتفضح كل منافق نصاب يسعى بين الناس بالفتنة، لابد من مجتمع يعرف ما له وما عليه، ليس مجتمع الأميات (جمع أمية) الذي تراهن عليه أنظمة الجبر، في اكتساب مشروعيتها وتدويخه بالشعارات والتغييرات...لابد من قومة تعليمية، تنور العقول وتلين القلوب للمحبة والإخاء، لابد من شعب مشارك في حركية أمته التاريخية، مسؤول عن تحقيق التنمية، نشيط في حركة جمعوية، تكون ساعد الدعوة في تحقيق التوبة الجامعة، ويد

الدولة في تطبيق البرامج التنموية. وتشترط الولاية بين أحزاب الأمة، ميثاقًا مرجعيًا يشكل ضابطًا قانونيًا، للتصرفات والسلوكات، على غرار دستور المدينة الذي كتبه رسول الله صلى الله عليه وسلم، لتنظيم العلاقات داخل المدينة ومن أبرز ما جاء فيه: "وإن المومنين المتقين على من بغى منهم أو ابتغى دسيعة ظلم أو إثم أو عدوان أو فساد بين المومنين، وإن أيديهم عليه جميعًا ولو كان ولد أحدهم...."، ولم يستثني رسول الله صلى الله عليه وسلم في هذه الوثيقة، أحدًا بل حتى اليهود أدخلهم ضمن بنودها "وإنه من تبعنا من يهود فإن له النصر والأسوة غير مظلومين ولا متناصر عليهم، لليهود دينهم، وللمسلمين دينهم، مواليهم وأنفسهم إلا من ظلم وأثم".[180]

ولا تفهم الولاية التي تطرحها الجماعة في ظل التعددية السياسية والفكرية إلا بربطها بمنظومتها المرجعية للعدل والإحسان التي تعتمد في بناءها التنظيمي وعملها الدعوي أسلوب التربية السلوكية التي تهيء الفرد بشكل متساو لا فرق بين عضو وقيادي مسؤول تجمعهم المحبة والتواد والتراحم. كما أن الجماعة تهيء الكل ليزاحم ويدافع الواقع بعقل منفتح وقلب مصفى لا يعرف الأحقاد والحسابات الحزبية الضيقة، بل قادر على أن يستوعب الاختلاف والخلاف ما دام الكل له حق التعبير والمطالبة بحقه مع الأخذ بعين الاعتبار وجود الآخر.

إن الولاية بهذا المعنى هي علاقة سامية تجمع بين المؤمنين وتسري في معاملاتهم وتدافعهم وهي دم المحبة والإخلاص والصدق، الذي يسري في جسم الأمة ويخرجها من ظلمات الخلافات التي قسمت ظهرها بعد الفتن الكبرى وقرون الاستبداد للحكم الجبري الذي منع دون اجتماعها وتوحدها حول الأمر الأعظم الذي يربطها بغاية إحسانية تتوخى منها رضا الله، وغاية أرضية وهي الاستخلاف في الأرض وتأسيس العمران الأخوي.

مدافعة النظام المخزني

أكدت الجماعة منذ البداية رفض العنف وركزت على العمل في إطار المشروعية والقوانين المعمول بها، إلا أنها قوبلت بالقمع والمطاردة والمتابعة في كل أنشطتها الحركية والتربوية وهذه حقيقة لا يمكن نكرانها على كل حال. فأعضاء من جماعة العدل والإحسان يواجهون طيفًا واسعًا من انتهاكات لحقهم في حرية تكوين الجمعيات. وعلى الرغم من أن جماعة العدل والإحسان تدعي أنها حصلت على الاعتراف القانوني في عام 1983م واحتفظت به منذ ذلك الحين، تخضع السلطات أفرادها لنظام المراقبة والمضايقات. وتعتقد المنظمة أنها أكبر حركة دينية في المغرب وأقوى قوة معارضة في البلاد تسعى إلى إعادة أسلمة المجتمع المغربي. فهي تريد الحد من سلطات الملك التنفيذية وتعترض على المادة 19 من الدستور، التي تضفي على الملك سلطة دينية بوصفه "أمير المؤمنين".

تعرض أعضاء الجماعة لمضايقات مختلفة منذ الانطلاقة الأولى، ورغم المضايقات العديدة على المنبر الإعلامي فقد قاموا بتأسيس "مجلة الجماعة" ثم جريدة "الصبح" فصحيفة "الخطاب" فلم يفتأ المخزن يصادر هذه المجلات. ولم يتوان أعضاء الجماعة عن مدافعة المخزن بالمضي في الدعوة وقاموا بمجالس اجتمع فيها رجال الدعوة وتعهدوا بحمل ثقل مسؤولية الدعوة العظمى وتجديد الدين داخل المجتمع المغربي المفتون الذي كان يعيش جميع أنواع الفتن والتخلف وظلمات الفقر والجهل. ومن تلك اللبنة الأولى تأسست الجماعة التي انبعثت من عمل جهادي منذ البدايات الأولى تركز في النصح لسلطان جائر. وبذلك قرن عمل الجماعة بالجهاد لا بالتقاعس. ومن اللبنة الأولى بدأت المجالس الأولى أول مجلس أسبوعي داوموا عليه أسموه بـ"مجلس أبي بكر الصديق رضي الله عنه" ولا يزال دأبها مع الرجال الجدد الذين صنعتهم التربية المنهاجية والأسوة الحسنة، ولا نزكي على الله أحدًا. وإنما هي شهادة نقولها في حق الرجال والنساء الذين جاهدوا بأموالهم وأنفسهم وأوقاتهم وجهودهم لحمل رسالة تبليغ دعوة الله جزاهم الله عنا خير الجزاء.

بالإضافة إلى تقييد ومضايقة جماعة العدل والإحسان وأعضائها بشكل مباشر، تطبق السلطات في جميع أنحاء البلاد أشكالًا مختلفة من الضغوطات على الجمعيات التي ليست مرتبطة رسميًا بالعدل والإحسان، ولكن قيادتها تضم أعضاء من تلك الحركة. نادرًا ما تعلن السلطات المحلية عن تبريراتها لهذه الإجراءات وغيرها التي تعوق هذه الجماعات، كما أنها نادرًا ما تعلن عن مبرراتها عندما ترفض أن تتسلم وثائق جمعيات أخرى أو إصدار وصل الإيداع.

ومع ذلك، فأعضاء الجمعيات المتضررة يقولون إنهم توصلوا لفهم أن المشكلة تكمن في اختيار الجمعيات كقادة أشخاصا ينتمون إلى جماعة العدل والإحسان. وقد وثقت الحركة محنة عشرات المنظمات التي زعزعت السلطات الإدارية المحلية استقرارها بهذه الطريقة. [181]

لاحق المخزن منبر الجماعة الإعلامي بجميع أشكاله منذ التأسيس فكان للصوت الإعلامي لجماعة العدل والإحسان النصيب الأوفر من مصادرة الحق في التعبير عبر سلسلة من المضايقات والحصار والقمع. كانت مظاهرها من خلال المنع من تغطية الأحداث، إذ يمنع المراسلون من ولوج مسرح الأحداث ويتم اعتقالهم أحيانًا واحتجاز بطاقتهم المهنية. كما تم المنع من الطباعة إذ تلجأ السلطات لتهديد مالكي المطابع لعدم طبع الجرائد وتم احتجاز ممتلكات وتجهيزات مطبعة لم تستجب لهذه التهديدات. كما تم المنع من التوزيع بامتناع شركات التوزيع عن التعامل مع إعلام الجماعة، مما دفع الجماعة إلى توزيع مطبوعاتها عبر أعضائها والمتعاطفين معها، فتم اعتقالهم ومتابعتهم قضائيًا، كما صدرت تعليمات لأصحاب الأكشاك بعدم قبول مطبوعات الجماعة.

وبذلك منعت كل المنابر التي كانت الوسيلة للتواصل بين الجماعة وجمهور الناس بدءًا من مجلة "الجماعة" التي عرفت النور في سنة 1979م وتم مصادرة أعدادها الخامس والعاشر والسادس عشر ثم تم توقيفها نهائيًا في 1985م.

ونفس المصير لحق بجريدة "الصبح" التي عرفت النور في 1983م وقد صودر عددها الثاني ثم تم توقيفها نهائيًا في نهاية 1983م. ونفس المصير جرى على جريدة "الخطاب" وجريدة "الفتوة" وبذلك تم طمس بتعسف وهمجية حرية التعبير من المنبر الإعلامي للجماعة فلجأت لوضع المواقع التي لم تسلم هي الأخرى من الحجب. ومع ذلك ظلت الجماعة تسعى بقوة للتواصل مع جمهور الناس وتبلغ مشروعها الطامح لبناء الذات المؤمنة والمجتمع على مبادئ العدل ونبذ الظلم وأصحابه من خلال اللقاء مباشرة ومجالسها المفتوحة، ومع ذلك لم تسلم مجالسها وأنشطتها المختلفة من المطاردة بجميع الأصناف من اعتقال وحجز في المخافر وتشميع للبيوت ومتابعة في الأرزاق والسرقة للممتلكات واللائحة طويلة...

تتعرض جماعة العدل والإحسان لحملة مخزنية منذ أواخر شهر مايو 2006م حيث تداخل فيها القمع البوليسي بالتشويه الإعلامي والحصار السياسي والمحاكمات والاختطافات بهدف إسكاتها ووقف توسعها وانتشارها وخاصة بعد النجاح الملحوظ الذي لقيته مبادرة "الأبواب المفتوحة" التي نظمتها آنذاك الجماعة، والتي لقيت إقبالًا كبيرًا للمواطنين على موادها وفقراتها.... تلك المبادرة التي تستدعي طرح بعض التساؤلات حول أسبابها، وأهدافها، وخلفياتها، وتستدعي، قبل ذلك، الوقوف عند علاقة السلطة بجماعة العدل

والإحسان طيلة عقود من الزمن حاولت فيها احتواءها أكثر من مرة مستعملة مختلف الوسائل وشتى الأساليب من قبيل:

القمع: تعرضت الجماعة وقيادتها وأعضاؤها لكل أنواع القمع المخزني (اختطافات، اعتقالات، مضايقات، محاكمات ...) حتى وصل عدد أفراد الجماعة الذين زاروا مخافر الشرطة وتعرضوا للتعذيب أو الاستنطاق عشرات الآلاف، ووصلت الأحكام الصادرة في حقهم إلى قرون. ولكن ذلك لم يغير رأيهم ولم يضعف عزيمتهم ولم يفتت إراداتهم وبقيت الجماعة صامدة واكتشفت السلطة فشل هذا الأسلوب ففكرت في نهج أسلوب مخالف.

التعتيم: عمدت السلطة إلى التهوين من شأن الجماعة، ومن شأن مواقفها؛ ولجأت إلى خنق حركتها التواصلية مع الغير، وحرمانها من حقها في الإعلام والتجمع والتظاهر والتعبير، ناهيك عن حقها في الإعلام العمومي الذي يمول من جيوب المواطنين، وأعضاء الجماعة جزء منهم. ولكن هذا التعتيم لم يزد الجماعة إلا انتشارًا، ولم يزد الناس إلا إقبالًا؛ والتزايد العددي لأعضاء الجماعة وأنصارها خير شاهد على فشل هذا الأسلوب. وأتيحت مناسبات كثيرة وضحت فشل هذا الأسلوب حيث لا يحيق المكر السيئ إلا بأهله.

المنع: لم يكن أمام السلطة إلا اللجوء إلى حل غير قانوني للتخلص من "الإزعاج" الذي صارت تسببه لها جماعة "العدل والإحسان"، فلم تجد من حل إلا منع كل ما له علاقة بجماعة العدل والإحسان: الجماعة ممنوعة وغير قانونية رغم أنها استوفت كل إجراءات التأسيس القانونية والإدارية، ورغم حكم القضاء، ابتدائيًا واستئنافيًا ونقضًا، بقانونيتها. أنشطة الجماعة محظورة في كل المنتديات العمومية.[182]

ولأن الدولة المغربية كغيرها من الدول النامية، التي تخلط بين حقوقها "الشرعية" وسلوكاتها السلطوية، فإنها تلجأ بشكل دائم ومستمر إلى توظيف آليات الإخضاع وأدوات التطويع بغية تركيع خصومها وإضعافهم. ولعل من ضمن، وعلى رأس، هؤلاء "الخصوم" جماعة العدل والإحسان التي عرفت بمواقفها القوية ومعارضتها الجذرية.

المتابع لتفاصيل معركة النظام السياسي المغربي مع العدل والإحسان يخلص إلى توظيف النظام المكثف والمتنوع لآليات الإخضاع السياسي سعيًا منه لتطويع الجماعة، فمن الإبعاد والتهميش، إلى الحلّ والحصار، مرورًا بالمحاكمات والاختطافات، وليس ختامًا بالقمع المباشر وتشميع المقرات والبيوت والتضييق على الأرزاق والأوراق الإدارية، غير أن آلية الاعتقال السياسي تبقى أهمها وأبرزها، لدلالتها السياسية الأوضح ولمساسها بكثير من قيادات الجماعة وقواعدها.[183] ومن المعلوم أن مجالس النصيحة عرفت مداهمات بوليسية في مختلف مناطق المغرب واعتقالات المشاركين فيها.

منذ صيف 1999م انطلقت الروابط والتجمعات التي تدوم أربعين يومًا في مختلف الشواطئ وقد عرفت إقبالًا كبيرًا وبالموازاة مع ذلك تم فتح العديد من المدارس لحفظ القرآن والاعتناء به. وفي سنة 1999م كذلك صدرت جريدة "رسالة الفتوة"، لسان حال شباب العدل والإحسان وجريدة العدل والإحسان وانطلاق مواقع بشبكة الإنترنت خاصة بالجماعة، إلا أن هذه المنابر عرفت مضايقات ومنعًا من قبل السلطات الأمنية.

وفي 28 يناير 2000م ظهرت مذكرة إلي من يهمه الأمر وتزامن ظهورها مع الذكرى العاشرة لحصار مرشد الجماعة الأستاذ عبد السلام ياسين، وهي مذكرة دعوة الملك إلي التوبة بإعادة مآل الأمة إلى الأمة وإقامة البيعة بناء على تعاقد بين الحاكم والمحكومين ودعوة إلى تطهير الإدارة من براثن الفساد لإعادة الثقة وإنقاذ البلاد.

وقد صودرت جملة من المطبوعات بسبب نشرها لتلك المذكرة، ومن ضمنها جريدة المستقبل العربية وجريدة لوكوتديان بالفرنسية ولوروبورتير بالفرنسية. وكلها جرائد حرة غير حزبية. كما توبع جملة من أعضاء الجماعة بتهمة توزيع تلك المذكرة في عدد من المدن المغربية.

وفي 15 مايو 2000م تم رفع الحصار والإقامة الإجبارية عن المرشد عبد السلام ياسين الذي عقد لقاء مع وسائل الإعلام الوطنية والأجنبية في 20 مايو أي بعد رفع الحصار. وفي نفس السنة تم منع أسرة عبد السلام ياسين من أداء فريضة الحج وقد وصل الأمر إلي إنزال بعضهم من الطائرة بدعوى أنهم ممنوعون من مغادرة التراب الوطني، إلا أن السلطة اضطرت إلي التراجع عن قرارها بعد سلسلة من الاعتصامات بوزارة الداخلية.

وفي 10 ديسمبر 2000م أعلنت جماعة العدل والإحسان تنظيم وقفات احتجاجية بمناسبة اليوم العالمي لحقوق الإنسان في عدة مدن، وقد أدى ذلك عن وقوع إصابات كثيرة كما توجت باعتقالات واسعة في صفوف أعضاء الجماعة ثم تم تقديمهم للمحاكمة ومن ضمنهم أسرة عبد السلام ياسين وبعض أعضاء مجلس الإرشاد للجماعة.

وتميزت سنة 2001م بحصار أمني شديد لأنشطة الجماعة وتضييق الخناق عليها، لاسيما في القطاع الطلابي، حيث تم اعتقال العشرات ومحاكمتهم بسبب نشاطهم النقابي. وقد اتسع مدى هذه المضايقات والاعتقالات بعد 16 مايو 2003م. ولعل أهم حدث عرفته سنة 2003م فيما يخص جماعة العدل والإحسان، أنه في ملف متابعة بعض قيادييها بالانتماء إلى جمعية غير مرخص لها، أكدت أكثر من محكمة استئناف بالمغرب، بما لا يدع أي مجال للشك على مشروعية الجماعة وقانونيتها، إلا أن هذا لم يعفها من إصرار السلطة على الاستمرار في مضايقتها.[184] ورغم ذلك عرفت الجماعة توسعًا وانتشارًا متزايدًا

وتضاعف عدد أعضائها والمتعاطفين معها، وفرضت حضورها البارز في جميع ميادين العمل المدني، وكذا في التعبير عن رأيها في القضايا الكبرى التي تهم البلاد، والأمة الإسلامية بصفة عامة.

ومن أجل خرق جدار الحصار الإعلامي المضروب على الجماعة، ومواجهة حملات التشهير والإشاعات التي تتعرض لها، نظمت الجماعة خلال الربع الثاني من سنة 2006م أيامًا تعريفية تحت شعار "الأبواب المفتوحة" في جل مدن وقرى البلاد، منظمة عدة أنشطة علنية تعريفية، وحوارية. وقد عرفت هذه الأيام نجاحًا ملحوظًا وإقبالًا لمختلف شرائح المجتمع وتواصلًا مع العديد من الهيئات. لكنها قوبلت بالهجوم والترصد والمتابعة لأعضاءها والحيلولة بينهم وبين التواصل مع شرائح الأمة.

فقد تم منع التواصل مع أطياف المجتمع التي كانت متلهفة لمعرفة ما يتضمنه خطاب الجماعة وما تدعو إليه من مقترحات لتغيير ما بالأمة. كانت قوة الأمة وإرادتها للتواصل مع ما تعرضه الجماعة من تعريف بنفسها ومقترحات حقيقية تدعو لتغيير النفوس والسمو بها من حياة الغفلة حتى يتسنى لها بناء حاضرها ومستقبلها استعدادًا للموعود الأكبر ظاهرة في كل تلك التواصلات المفتوحة.

لكنها قوبلت بتهجم عنيف من السلطات المخزنية التي كبحت أنفاسها وأرادتها مهمشة وغريبة في مجتمعها. وقد سبق للهيئة الحقوقية لجماعة العدل والإحسان أن رصدت في تقاريرها الصادرة مظاهر ومخلفات هذه الحملة التي أدت إلى اعتقال الآلاف من الأعضاء من بينهم النساء والأطفال. كما أدت إلى متابعة مئات الأشخاص أمام المحاكم، وإغلاق البيوت وتشميعها أو هدمها.

واستهدفت عمل الضحايا وموارد رزقهم. كما أدت إلى توقيف عدة أئمة ومرشدين دينيين وواعظات، وأدت إلى الاعتداء على الممتلكات. كما حاولت السلطة التضييق على المواقع الإلكترونية للجماعة. وعرفت الحملة أوجها بتعرض بعض أعضاء الجماعة للمساومة والتهديد ومحاولة تشويه السمعة والاختطاف والتعذيب.[185] كان حدث الإفراج عن المعتقلين الإثنى عشر في شهر نوفمبر لسنة 2009م حدثا بارزًا في المسار السياسي للجماعة عبر صراعها الطويل والمضني مع السلطة المخزنية لدولة المغرب.

إحدى الزوايا السياسية التي يمكن من خلالها قراءة حدث الإفراج عن معتقلي العدل والإحسان، هي الفشل الذريع الذي منيت به الدولة المغربية في توظيف آلية الاعتقال السياسي بغية إخضاع الجماعة المعارضة لنظام الحكم. هذه الآلية التي طالما استعملتها الدولة، وبنجاعة، لتطويع المعارضين والمناوئين والأعداء، غير أن حصاد تجربتها مع العدل والإحسان ينبئ أنها آلية عديمة الجدوى صفرية الفائدة، بل إنها ترتد عكسية النتائج لصالح الجماعة ومشروعها.

إن أهم التحديات السياسية المطروحة أمام الفاعلين السياسيين في ظل الأنظمة الاستبدادية هي قدرتهم على تحصين ذواتهم ضد الآليات القهرية والإخضاعية التي تملكها الدولة الحديثة، وذلك حين يوظف نظام الحكم القائم وسائل ومؤسسات وشرعيات وآليات هذه الدولة. إذ يحصل أن يقع اختلاف وتباين رؤى الفاعل السياسي ليس فقط مع الحكومة القائمة والمعنية بتدبير وتنفيذ السياسات العامة لزمن ما، بل مع نظام الحكم نفسه، في بنيته وجوهره والأساس الذي يرتكز عليه. وهنا يقع الاختلال وعدم التوازن، إذ غالبًا ما يلجأ النظام السياسي إلى عدد من آليات الإخضاع "الدولتية" رغبةً في تطويع هذا الفاعل السياسي وفت عضده وإضعاف قوته وبث الفرقة في كيانه والترهل في تنظيمه. ويزداد التحدي صعوبة حين نعلم أن عددًا من هذه الآليات يفترض فيها أنها محصنة بالإجماع المجتمعي لحظة التأسيس ومصانة بسيادة القانون وحرمة الدستور زمن التدبير، وبالتالي تتداخل سلوكات النظام/الدولة غير الشرعية التي تتجاوز فيها الأداء الطبيعي للوظائف مع تلك التي تدخل في صميم مهامها وأدوارها.

هنا ينبغي التمييز بين مبدأ حق الدولة الحصري في امتلاك العنف المشروع ولجوئها غير المقبول سياسيًا وأخلاقيًا إلى استعمال آليات الإخضاع والتطويع ضد خصومها السياسيين والمجتمعيين، لذلك فعندما منح الفكر السياسي الدولة حق استعمال العنف، وأسماه ماكس فيبر بالعنف المشروع، جعله محصنًا بإطار عام إجماعي ومصانًا بضوابط قانونية عادلة، وهي الأشياء الكفيلة بتمييزه عن الاستعمال غير الشرعي لآليات الإخضاع السياسي.

إن الواقع يقر بأن الدول، وخاصة منها الشمولية والاستبدادية في منطقتنا العربية والإفريقية، تستعمل بشكل سافر -وضدًا على مبادئ العدالة والإنصاف وحقوق الإنسان والتنافس السياسي الشريف- آليات قهرية لإخضاع الخصوم المغضوب عليهم، ولعل من أبرز هذه الآليات الاعتقال السياسي لرموز وقيادات التنظيمات السياسية المعارضة وإيداعهم السجن، بسبب أفكارهم وقناعاتهم ورؤاهم المناقضة والمخالفة لتوجهات الدولة.[186] وتعرضت الجماعة وأعضاؤها لجميع أنواع المضايقات من اعتقالات واستنطاقات وحجز في مخافر الشرطة، وبذلك فهي تعرف حالة حصار من المخزن الذي يحول دون تواصلها وتحركها في الوسط الاجتماعي والقيام بالدعوة، لا لشيء إلا أن المخزن لا يقبل الرأي المعارض والمخالف.

وفي هذا الصدد أدلى د. سلمى عضو الأمانة العامة للدائرة السياسية ومنسق الهيئة الحقوقية، حول المشهد السياسي المغربي وموقف جماعة العدل والإحسان مما يجري فيه، من خلال حوار أجرته أسبوعية المشعل، بشهادته لما تتعرض له الجماعة من مضايقة وحصار لإعلامها ودعوتها. "بالفعل نحن في حصار، فلا حق لنا في الإعلام العمومي، ولا حق لنا في الإعلام الخصوصي، ولا حق لنا في تأسيس الجمعيات أو الانخراط فيها، ولا حرمة لبيوتنا وأعراضنا، ولا

حق لنا في كثير من الوظائف العمومية والعديد من المهن الحرة، ولا حق لنا في الوعظ والإرشاد ومنابر المساجد، ولا حق لنا في الاعتكاف في المساجد، بل الاعتكاف حتى في بيوتنا، ولا حق لنا في دور القرآن. ولا حق لكثير منا في جوازات السفر، ولاحق لنا في فتح مقرات، أو تأسيس مدارس، ولاحق لنا في الاحتجاج السلمي الحضاري ضد غلاء المعيشة وفساد التعليم والإدارة وانتشار البطالة وانعدام الأمن وباقي المآسي التي يعاني منها شعبنا، ولا حق لنا في التضامن مع إخواننا في فلسطين، ولا حق لنا في الاحتفال بالمناسبات الإسلامية والاجتماعية...ولا تزال الاعتقالات مستمرة، ولم تتوقف الاعتداءات، ولا تزال البيوت تقتحم. لكن ينبغي للمخزن أن يعي جيدًا فشل مخططه العدواني. فالمقاربة البوليسية الاستئصالية التي اعتمدتها الجهات المكلفة بتدبير ملف العدل والإحسان، لم تنجح في ملفات أخرى سابقة، ولن تنجح مع هذه الجماعة. ووصل الاعتداء إلى عامة الشعب، كما حدث بتمارة يوم الجمعة 16 أكتوبر 2009م، حيث اقتحمت السلطات بيت مواطن أقام حفل عشاء لجيرانه، بعد تطويق الحي بعشرات السيارات المحملة بقوات التدخل السريع، ظنًا منها أنه تجمع لأعضاء العدل والإحسان. فحملت الضيوف إلى مخفر الشرطة لاستنطاقهم، وإعداد المحاضر لهم. ولم تطلق سراحهم إلى بعد الساعة الثالثة صباحًا وكان تحركًا بوليسيًا ضخمًا من غير مبرر، وارتكبت فيه عدة خروقات تدل على الارتجالية، والخبط، وهشاشة المؤسسات، والروح الانتقامية العدوانية المتجاوزة حتى لتعليمات بنموسى في التضييق على الجماعة."[187]

وفيما يتعلق بنهج الجماعة في توريث منصب الترشيد بعد وفاة المرشد عبد السلام ياسين حفظه الله وبارك في عمره وجعله ذخرًا للأمة الإسلامية، أجاب د. السلمي الأعمار بيد الله سبحانه، وكم كان يتوقع الذين حاصروا الأستاذ عبد السلام ياسين، بارك الله في عمره، أن يستمر الحصار إلى أن يموت الرجل "فيستريحوا منه". وشاءت الأقدار، أن يرحل بعضهم إلى الدار الآخرة قبله، والموعد الحق هناك لا هنا. وقد علم الأستاذ عبد السلام ياسين أهل العدل والإحسان أنه عضو من بين أعضاء الجماعة، وعلمهم البذل عوض الانتهازية، لتحصينهم من وباء الصراع حول الزعامة، ومهازل توريثها للأبناء بعد الآباء، فاعتبر الانكسار التاريخي الذي أصاب الأمة منذ أن دشن معاوية بن أبي سفيان وراثة الحكم، من أكبر المصائب التي أصابت الأمة في تاريخها. لهذا فأصحاب هذا الرأي مخطئون، لأنهم يحاولون إسقاط نماذج بعض الأحزاب والتنظيمات والأنظمة العربية على جماعة العدل والإحسان، ولا قياس مع وجود الفارق.[188]

سنن التدافع

الَّذِينَ أُخْرِجُوا مِنْ دِيَارِهِمْ بِغَيْرِ حَقٍ إِلَّا أَنْ يَقُولُوا رَبُّنَا اللَّهُ وَلَوْلَا دَفْعُ اللَّهِ النَّاسَ بَعْضَهُمْ بِبَعْضٍ لَهُدِّمَتْ صَوَامِعُ وَبِيَعٌ وَصَلَوَاتٌ وَمَسَاجِدُ يُذْكَرُ فِيهَا اسْمُ اللَّهِ كَثِيرًا وَلَيَنْصُرَنَّ اللَّهُ مَنْ يَنْصُرُهُ إِنَّ اللَّهَ لَقَوِيٌّ عَزِيزٌ". [189]

ابتدأت الآية بذكر الله لظلم الكفار الجاحدين الجاهلين لدين التوحيد من خلال كتابه وبرهانه القرآن، بدأت بذكر الظلم والتظالم بين الكفار والمسلمين الذين قبلوا دعوة الحق واتبعوا النبوة المنهاجية وساروا على خط الجهاد لتثبيت كلمة الله فوق البقاع لا توقفهم عقبات التهجير والإخراج من الديار. ذكر الله سبحانه الظلم وكان الكفر أكبر ظلم، وعقب ببيان كيفية التدافع بين الحق والباطل وكيفية الثبات على الحق. وجاء بذلك تفسير الآية، "وَلَوْلَا دَفْع اللَّه النَّاس بَعْضهمْ بِبَعْضٍ" أَيْ لَوْلَا أَنَّهُ يَدْفَع بِقَوْمٍ عَنْ قَوْم وَيَكُفّ شُرُور أُنَاس عَنْ غَيْرهمْ بِمَا يَخْلُقهُ وَيُقَدِّرهُ مِنْ الْأَسْبَاب لَفَسَدَتْ الْأَرْض وَلَأَهْلَكَ الْقَوِيّ الضَّعِيف.[190]

وانتهت الآية بالنتيجة التي تأتي حتمًا بعد سنة التدافع بين الحق والباطل والمجاهدة والجهاد الذي يقوم به عباد الله مخلصين الذين ينشرون كلمة الله ويقومون بما أمر الله من العدل والإحسان بين ظهراني العباد. وتنبني سنة الدفاع والمدافعة على أسباب ومسببات، والتدافع فيها ينشأ بين طرفين: أولهما مصدر الاستبداد والظلم والطرف الثاني هو المقاوم والرافض للظلم والساعي لتحقيق العدل الذي أمر عباده أن يحققوه: "إن الله يأمر بالعدل والإحسان وإيتاء ذي القربى وينهى عن الفحشاء والمنكر والبغي. يعظكم لعلكم تذكرون" (النحل: 90)، فحث الله سبحانه وتعالى عباده على إقامة العدل والإحسان والبحث عن سبل مدافعة الظلم والاستبداد وأصحابه.

وقد جعل الله سننًا كونية ينبغي فهمها من خلال ما يقصه علينا في كتابه الحكيم عن الأمم السابقة وكيف يكون الانتصار للحق إن عمل أصحابه بالأسباب لنصرة الدين وإقامته. فلولا المدافعة التي يقوم بها الناس لتثبيت الحق ودعمه والمحاربة في صفه من أجل دحض الباطل وتقويضه، ما أمكن الحياة أن تأخذ وتيرتها الطيبة لينعم المستضعف بعيدًا عن قهر الظلم والتظالم والتطاحن الذي يسري بين بني البشر. ومن بين تلك الأسباب عمارة المساجد بالذكر الكثير الذي من خلاله يتم تمرير الخطاب الإلهي للناس كافة.

وتذكريهم والرفع من هممهم لنصرة دين الله وإعلاء كلمته. فمن المقدمة الأولى التي هي الدفاع والمدافعة بين الحق والباطل ببناء الحياة العامة ومواجهة الظلم والطغيان الذي أبان الحق سلوكاته من هدم للصوامع والبيع والصلوات والمساجد التي يذكر فيها الله كثيرًا وهو يهدف من هدمها استئصال قوة الحق.

كما أنه من المطلوب عمارة المساجد التي يُذكر فيها الله كثيرًا وفي كل الأوقات، وما دامت المساجد لا تزال تحت سيطرة الدولة فإن فتح البيوت لذكر الله قد تعوضها إلى حين تحقق موعود الله، وهو نصرة الله التي أقسم بها الحق للذين ينصرون دينه الحق. إن مدافعة الباطل هنا ليست اختيارية أمام المسلم بل هي من سنن النصرة التي ربطها الله ربطًا بالمدافعة. إن سنة التدافع هي سنة تنبني على أسباب ومسببات، والتدافع فيها ينشأ بين طرفين:

- أولهما: هو مصدر الظلم والاستبداد والإفساد في الأرض، وهو، في حالتنا المغرب، وفي يومنا هذا، النظام المخزني، وسدنته المنتفعين بفساده وإفساده. فالمخزن، كما ينطق بذلك الواقع، وتشهد به وسائل الإعلام المختلفة، وتقارير المنظمات الحقوقية المتعددة، قد أمعن في ارتكاب أنواع وأشكال من الاعتداءات المقززة، والظلم الفظيع في حق الشعب المغربي الأبي. كما سعى إلى اضطهاد كل الحركات الجادة الغيورة على وطنها، وفي مقدمتها العدل والإحسان التي بالغ في إيذاء رجالها ونسائها، تارة بالزور والبهتان، والقذف والتشويه، وتارة بالتعذيب والحصار والاعتقال، وغيرها من صور القمع والطغيان.

- والطرف الثاني: وهو مصدر لكل خير، و أمل الأمة ومستقبلها، فهو كل معارض للظلم والاستبداد، مطالب باحترام دين الأمة وهويتها، مناصر لقيم العدل والحرية والكرامة. وبحسب شهادة الواقع فإن أبناء العدل والإحسان يقفون في الصف الأول لهذا الفريق.

ونحن أيضًا بما تعرضنا له من ظلم وأذى واعتقال دام ثمان عشرة سنة ننتمي إلى هذا الطرف المظلوم بسبب مبادئه ومواقفه ومطالبه، إذ لا نعدو أن نكون مشهدًا من مشاهد الاضطهاد الذي تتعرض له العدل والإحسان في شخص رجالها ونسائها الذين يقابلون ما يتعرضون له من سوء وأذى بالتحمل والصبر والاحتساب والثبات. فهم لا يتنازلون ولا يتراجعون، مستحضرين مواساة رسول الله صلى الله عليه وسلم لأصحابه وأتباعه:

"صبرًا يا آل ياسر فإن موعدكم الجنة"، ومتعظين بسير أهل العزيمة والصبر. هذه العبارة التي جاءت على لسان رسول الله صلى الله عليه وسلم حيث قال: "كان الرجل من قبلكم يؤخذ فيوضع المنشار على مفرق رأسه فيشق باثنتين ما يصرفه ذلك عن دينه، ويمشط بأمشاط الحديد ما دون عظمه من لحم أو عصب، ولينصرن الله هذا الدين حتى يسير الراكب من صنعاء إلى حضرموت لا يخاف إلا الله أو الذئب على غنمه، ولكنكم تستعجلون". ولأن الدولة المغربية كغيرها من الدول النامية، التي تخلط بين حقوقها "الشرعية" وسلوكاتها السلطوية، فإنها تلجأ بشكل دائم ومستمر إلى توظيف آليات الإخضاع وأدوات التطويع بغية تركيع خصومها وإضعافهم. ولعل من ضمن، وعلى رأس، هؤلاء "الخصوم" جماعة العدل والإحسان التي عرفت بمواقفها القوية ومعارضتها الجذرية.[191]

هذا التدافع بين أهل الحق وأهل الباطل، وبين المصلحين والمفسدين، وبين المخزن ومعارضيه، وبالأخص العدل والإحسان لا يكتفي فيه المخزن بالقمع والقوة والإرهاب فحسب، بل إنه يعمد فيه إلى الأساليب المشينة من تشويه وإغراء وغواية جهارًا نهارًا دون خجل ولا حياء. هذه هي الصورة الواقعية لجزء من التدافع الحاصل في مغرب اليوم، ولعل صمودنا وثباتنا داخل زنازن مغرب الحرية والديمقراطية كما يزعمون، بعد كل هذه السنوات الطويلة من الاعتقال التي أراد الله تعالى أن تكون ثمنا ندفعه ونسدده بين يدي النصر والتمكين، هو بمثابة رسالة ناطقة وصورة حية تعكس طبيعة هذا التدافع وأهله وأحواله ومآله.[192]

إن المهمة الأولى للجماعة أو الجماعات الإسلامية المتصدية للحكم بعد تقوية صفها وتربية رجالها وتنظيمهم، هي مغالبة الأحزاب ودول الجور على إمامة الأمة.[193] تبدأ مدافعة الدعوة في عملها الاجتهادي لإنهاض همم الأمة ومحاولتها بناء جند مهيئين لنشر الدعوة منتظمين داخل خلية منفتحة وقابلة لاحتواء الغير، بملاقاة كل أساليب التهميش والحيف والغربة عن الأمة. إن منظومة الاستبداد تدفع تنظيمات الدعوة المجاهدة نحو غربة العمل الهامشي، فلا اعتراف بوجودها، وإنما أصل التعامل معها هو الملاحقة والاضطهاد، لذلك يكون الاجتهاد المطلوب للدعوة قبل الوصول إلى الحكم متميزًا، حسب المرشد عبد السلام ياسين، بخصائص من أهمها أن: اجتهاد الدعوة يجب أن يكون "اجتهاد كليات، ويجيء تقنين الاجتهاد في الفروع عندما نكون مسؤولين عن تطبيق الشريعة إن شاء الله تعالى.

نهيئ الأجوبة الإجمالية عن كل ذلك منذ الآن لكي لا نفاجأ". فالاجتهاد الذي تحتاج الدعوة إليه وهي في غربة العمل الهامشي، "هو الاجتهاد في كيفية تربية جند الله، في كيفية تنظيمهم، ثم في وسائل وأساليب زحفهم لتسلم إمامة الأمة فالوصول إلى الحكم".[194] "يكون أب الاجتهاد وأمه هو اجتهاد يوصلنا إلى الحكم. إذ على كوننا حكامًا يترتب حقنا في الاجتهاد، وتترتب إمكانية تطبيق ما نجتهد ونستنبط". إن أمر نشر الدعوة وإنهاض الهمم وإعدادها للقومة يتطلب طول صبر وتحمل للأذى الشديد من طرف الحكام.

يفصل المرشد في قضية المدافعة مع الاستبداد ويبين طبيعة وشروط المقاومة التي يفرضها موقف معارض يريد التغيير في لب المجتمع المصاب بالفتن: "من يحاول تغيير المجتمعات المفتونة لا بد له أن يتقدم إلى الميدان وله من القدرة على مواجهة الواقع المكروه، ومن قوة ضبط النفس، وقوة الصبر والتحمل، وقوة الصمود والثبات على خط الجهاد مهما كانت القوة المعادية متألبة".[195]. نستنتج الآن سبب رفض العنف والاغتيال أسلوبًا للعمل، ولعله اتضح أن اللجوء إليه لا يكون إلا في حالة الدفاع عن النفس بعد طول اضطهاد، وآنذاك نتحدث عن القوة وهي شيء آخر غير العنف "لا يعني هذا أن نستكين إذا هوجمنا، بل ندفع عن أنفسنا ونفرض هيبتنا في الساحة".[196].

حين تجعل الدعوة الإسلامية لها مرجعًا وهو الوحي من خلال صياغة علمية جامعة تورث فقهًا جامعًا ويصنع نظام تفكير قوي وله إستراتيجياته في اختراق الواقع وإعادة بنائه، ويصبح العقل الإسلامي قادرًا على التصدي ومعالجة كل مستجدات الواقع جزئية كانت أم كلية. بذلك فالدعوة إلى الله تصبح قوة مهيمنة بكل معاني الرحمة والحكمة والرفق والحلم والقوة، أي من خلال حركة الخصال وشعب الإيمان.

وهكذا يكون العلم إمامًا للعمل ويكون العمل عامل نماء هذا العلم واستمرار شجرته الممتدة في الزمان والمكان من خلال رجال التجديد والجهاد. لقد مثلت حادثة الإفراج عن معتقلي العدل والإحسان الإثني عشر طالبًا بعد مدة عشرين سنة قضوها ما وراء قضبان سجون دولة القهر والقمع والاستبداد وانتهاك الحريات حدثًا عظيمًا في تاريخ الجماعة السياسي. وقد تمت حملة إعلامية مهمة غطت الحدث على موقع الجماعة وأعطت للحدث حقه التاريخي باعتباره جهادًا حقيقيًا لمدافعة الاستبداد المخزني. كانت قراءة الأخ عبد الرحمن أحمد خزيران من بين القراءات التي قاربت الحدث سياسيًا باعتباره مواجهة مع آلية الإخضاع الفاشلة.

أما فيما يخص الجماعة التي من محضنها تخرج المعتقلون وإليه رجعوا، فقد خرجت منتصرة من هذه الجولة ولم تخسر شيئًا، ليس فقط على مستوى قيادتها ومواقفها الرسمية، بل وأيضًا على مستوى أعضائها وقواعدها الذين تمثل لهم الاعتقال وتجسد أمام أعينهم السجن فما تخوفوا ولا تهيبوا أو تراجعوا، بل لعلك تجد منهم من يغبط المعتقلين على ما أنعم الله به عليهم من لطف عميم نزل مع الابتلاء والاختبار. وفيما يلي عرض لما حققته الجماعة من نجاح في المقابل ما خسره النظام من عمله الشنيع المناقض لحقوق المواطنة:

حافظت جماعة العدل والإحسان على موقفها السياسي ومنهجها الحركي ولم تتراجع عنهما بسبب هذا الملف، فموقفها من النظام الحاكم معروف ورفضها للعنف وسيلة لتدبير العلاقة مع الخصوم أشهر من أن يذكر. وتمكنت الجماعة من التعايش مع تبعات الاعتقال السياسي لطلبتها واستطاعت أن تدبر ملفهم بما زاد من خبرتها السياسية والتنظيمية والتواصلية والاجتماعية. كسبت الجماعة طاقات وأطرًا كفأة تخرجت من مدرسة يوسف عليه السلام، وعادت لتشتغل من مواقعها التنظيمية بهمة ونشاط واحترافية وإحسان. واستطاعت الجماعة أن تربي أعضاءها، من خلال ملف المعتقلين، على توقع الابتلاء دون طلبه والسعي له، فتلقنت الأجيال الجديدة التي التحقت بصفها خلال هذين العقدين أن هذه الطريق محفوفة بالمكاره، في المقابل خسرت الدولة حقوقيًا ولم تحقق أهدافها سياسيًا، وكان الاعتقال السياسي لطلبة العدل والإحسان خطوة خاسرة على جميع الأصعدة.

أمام هذا الفشل الذريع للنظام في توظيف إحدى آليات الإخضاع السياسي، والصمود الصلب للجماعة في وجه الاعتقال السياسي، وغيره من الآليات القهرية، لا شك أن الدولة تملك، ولو نظريًا على الأقل، عددا من الآليات التي ما زلت في جعبتها، كالنفي خارج الوطن أو الاغتيال السياسي أو اعتماد سياسية الأرض المحروقة، والتي بإمكان الدولة توظيف بعضها أو جميعها إذا ما أصبح هدف إخضاع الجماعة مستحيلًا وعنَّ لصناع القرار هدف التصفية. [197]

مواجهة المعارضة

هناك خصوم داخليون يجب على الربانية المنبعثة أن تحافظ عليهم وترفق بهم حتى تنكفئ الفتنة، ويجب أن تربيهم ولا تيأس من أن ينصر الله الإسلام بأبي جهل بن هشام جلاد الصحابة وعدو الله ورسوله. وخصوم خارجيون هم اليهود الصهاينة أهل المسخ والخزي وهم المستحوذون على الفكر الجاهلي ومساربه الإعلامية وهم المحركون للدمى الجاهلية بالكيد القديم، وهم سحر ثقافي أبلغ أثرًا وشر عملًا من سحرهم القديم، وهو تحريف للقول ورثوه عن جدودهم الملعونين الكافرين الذين اشتروا بآيات الله ثمنًا قليلًا. الخصوم الخارجيون هم العالم كله، فغن وعينا هذا العداء بقلوب حية فلن يزيدنا عداء العالم إلا مضاءً واستشهادًا في سبيل الله. أما إن صعدنا فيه النظر من موطن الذلة وبعقلية التبعية فنظرنا فشل يهيء فشلًا.[198]

نشرت مجلة "النهار العربي والدولي" التحليل التالي تبرر به مطلبها في تمكين المعارضة العلمانية من تأدية دور أكبر في المعارضة، لمواجهة المعارضة الإسلامية. تقول المجلة المعروفة باتصالها مع دول الغرب: "المعارضة الحالية، تقصد الحزبين الاشتراكي والشيوعي، ليست راديكالية، أي ليست جادة ولا قوية في معارضتها للحكم ولا مخالفة له".

إنها الكارثة فالغرب لا يعترف رأيه العام إلا بالديمقراطيات التي في بنيتها التعددية معارضة حقيقية. وقد اكتشف العالم أن المعارضة عندنا تُصنع للإبقاء على وهم التعددية. والكارثة الأخرى أن الشعب عرف من خلف الوعود ومن نهب صنائع الحكم لأموال الأمة ومن فساد الحكام والساسة وتساندهم أن أولئك قوم ليسوا منه ولا يمثلون إلا مصالح طبقية. الثغرتان كبيرتان وعورة الديمقراطية مكشوفة قد تأدي إلى تذمر الشعب.

وصرح محرر النهار عن موقفه من المعارضة في كلامه التالي: "ووجودها ضروري، فهي تساهم إلى حد كبير في امتصاص التذمر الشعبي، لا سيما منه تذمر الطبقة المتوسطة التي تضررت أكثر من غيرها على إثر البطالة والجفاف وارتفاع أسعار المواد الغذائية والنفطية". بينما عبر المرشد عن موقفه من التحليل المادي إذ يرى أنه غير قادر على فهم الصحوة وبواعثها جميعها ولم يقدر أن يستوعب جوانبها الروحية العميقة التي تبين بكل بساطة أن الأمة مسلمة وتبحث عن دينها في زمن الفتنة وأنها تريد الارتقاء في معاني الإيمان والإحسان لأنها لم تنس آخرتها واللقاء بالديان والحساب والموت والجزاء فإما الجنة المأوى الأخير أو النار، وأنى له أن يستحضر هم الآخرة وهو في غفلته يردد التحاليل المادية التي لا تفهم غير الصراعات الطبقية وجدلية الفكر.

172

في طريق الحركة الإسلامية الصاعدة، الغادية الرائحة من نصر إلى نصر بإذن الله، تمثِّل هذه الذهنية المغربة العلمانية عقبةً في سبيل بناء النموذج الإسلامي في الحكم على أساس الفِطرة وإسلام الوجه لله عز وجل. تتوسط هذه "الفلسفة الأنوارية"، أمِّ الإلحاد وأمِّ الليبرالية وجدة الماركسية وسائر الفلسفات المادية، بين الدعوة الإسلامية وبين الفطرة المقبورة في كيان مَن نوَدُّ أن نبلغهم عن الدين، وعن الله عز وجل، وعن الآخرة.

نودُّ مع ورثة الفلسفات المادية إجراء حوارًا هادئا يتناول جوهر الموضوع في قضية الإسلاميين والحكم إبقاءً على فلول المنهزمين من أنصار الأيديولوجية، البائدة منها والمنبعثة، لكنهم، وهم مطية الشيطان الإلحاديِّ، يأبونه إلا صراعًا، يأبونها إلا عداوة سافرة أو مقنعة للإسلام، يأبونها إلا حربًا تنعَتُ الإسلام بأنه ظلام، وتتأسف على ما يفْجَعُ قلبَها من انتصارات "الأيديولوجية الغيبية" في زمان ماتت فيه وتموت أيديولوجياتهم المرجعية، فهم يكابرون ويتسوَّقون من تلك السوق البائرة في بلدها موسكو وفي أوربا الشرقية وفي كل مكان مصداقيةً تُبارز مصداقية الإسلام. وهيهات أن تغتر الأمة بعد اليوم بِناعقهم بعد أن عرفت من هم بالحق حماةُ الدين وبُناة الشخصية الأصيلة الحرة من قيود التبعية الفكرية، لا تلك الشخصية المهجّنة التي برهنت أنها حليفة الاستعمار، جاهرة بعداوتها للإسلام أو متلبسة منافقة تزعم أنها نصيرة الوطن وباعثة العزة القومية![199]

تصرح المجلة بصدد هذا الموضوع : "ومن المؤكد أن الحركة الإسلامية ستكون هي المستفيد الرئيسي في حال غياب المعارضة عن مسرح السياسة في المغرب. وقد أصبح أنصار هذه الحركة في الآونة الأخيرة نشيطين على نحو مثير، مما أدى إلى اصطدامات عنيفة بينهم وبين قوات الأمن في بعض المدن، خصوصًا الدار البيضاء التي تحاول السلطات حاليًا تثبيث الأوضاع الأمنية فيها ... وأصبحت هذه الحركة موضع اهتمام متزايد لدى الأوساط السياسية التي ترى أن المخرج الوحيد من الأزمة الحالية هو رفع أسعار الفوسفاط ومزيد من الاستثمارات كي يستعيد الاقتصاد المغربي أنفاسه". ويعقب المرشد على ما جاء به المقال من تحليل: "خلاصة ما يرمي إليه المقال هو البحث عن كيفية قطع الطريق على الإسلاميين. وهو بحث ساهم ويساهم فيه بيغن والمخابرات الأمريكية كما رأينا المساهمة الرئيسية. وما المحللون المساكين إلا بلداء تلامذة ذلك الكيد". تقول المجلة : "لذا يجب تمكين المعارضة العلمانية نوعًا ما، أي الاتحاد الاشتراكي وغيره من الأحزاب، من تأدية دور أكبر في تنظيم المواطنين لقطع الطريق عما تصفه هذه الأوساط بالتطرف الديني".

نرى جليًا كيف أن النظام العالمي الرأسمالي يهيمن على كل البلاد الإسلامية عبر الحكام الذين يسوسون هذه البلاد، وأن هم ظهور الصحوة في تلك البلاد قد غدت منذ مطلع القرن من همومها الخاصة وتذهب من أجل التخلص منها

والقضاء عليها في مهدها بمخططات تشارك فيها جميع القوى الغربية والحكام التابعين لهم. نقرأ عبر ثنايا هذه المقالة خساسة ورجز من خلال الوثائق التي استهدفت الحركات الإسلامية عبر الأقطار العربية وكيف تم زرع الأحزاب العلمانية واليسارية لكي تمثل المعارضة وتواجه الحركات الإسلامية من جذورها وتقتلعها من اهتمام الشعب والتفافه حولها. كانت تلك الخطة الأولى التي تم العمل بها لمواجهة الحركات الإسلامية في محضنها.

كيف نواجه هذه التعددية المفتعلة والتي لم تنبثق من إرادة الشعب ولم يخترها لتمثله وإنما تم استيرادها من الغرب وزجها في نظام تدبير الدولة. وهذا الواقع هو نفسه التي تواجهه الحركات الإسلامية اليوم، إذا كانت الأمة الإسلامية اليوم في حضيض تدهور تاريخي متخلفة اقتصاديًا وعلميًا، مستعمرة سياسيًا وعسكريًا وثقافيًا، تابعة ممسوخة ماديًا وحضاريًا . فمن المسؤول عن هذا التدهور؟

يذهب أصحاب التحليل المادي إلى أن الأمة في مرحلة تاريخية تسودها طبقية مستغلة على شكل إقطاعية أو برجوازية طفيلية عاجزة عن أداء دورها التاريخي. ويصف هؤلاء الحل الثوري لبدء صراع طبقي يحل العقدة التاريخية ويقفز بنا لغد تقدمي. وقوم لا تتفتح أذهانهم لفهم الديناميكية التاريخية ولإدراك أن الأمر صراع وطبقات. هؤلاء لا تحدثهم أنفسهم أن يهبوا ليصنعوا تاريخًا محررًا. يعتبر أصحاب التحليل المادي أن الحل يتم على شكل مزيد من الاستثمارات ومزيد من التوزيع الناهب لفرص الاستغناء.

ومن كان منهم أكثر إبصارًا أو أقل بلادة أو أنقى ضميرًا، ومن كل الطوائف شرفاء معهم نريد الحوار، يصف مشاريع إصلاحية. إن ذلك الركب الجاهلي، اشتراكيًا كان أو ليبراليًا، لن نكون إلا عربة من عرباته إن لم نتمسك بهويتنا ورسالتنا في العالمين. إن كنا متخلفين عنه حضاريًا ووعن إنجازاته الأرضيةً والعلميةً فلا يُنْسينا هذا التخلف أننا حملةُ رسالة، نؤمن بالله واليوم الآخر وهم يكفرون. ثم لا ينسينا إسلامنا الموروث وتفاخرنا بحضارتنا المتألقة عصرًا ما في التاريخ أنه كان فينا ظُلْم، وأن جراثيم الفساد سرت إلينا من ميزابِ فسادِ الحكم وانتقاضِ عروته بعد عهد الخلافة الراشدة الأولى، وأن هذا الفساد وصلَ الآن إلى أحطِّ دَرَكٍ. ولا يَحْمِلْنا إنكارُنا على اليساريين من ذرارينا استمدادهم من الأيديولوجية المادية الملحدة محامِل الجهل أو التجاهل بأن الطبقية داؤُنا الوبيل. لا يمكن ولا يجوز أن نُسَمِّيَ أنفسنا قائمين إن لم يكن عدل الحكم بالشورى والعدل الاجتماعي بالقِسمة الرشيدة أبرَزَ بَنْدَيْن في برنامجنا.

فرق ما بيننا وبين المتياسرين أنهم يعادون البرجوازية وأجهزة الحكم العشائرية انطلاقًا من غضبٍ على الظلم، وهو غضب إنساني محترم على صعيد المروآت. بينما نعادي نحن الكفر والإلحاد وما يمت إلى الكفر والإلحاد بصلة. والإلحاد في دين الله عندنا أفظع وأشد سوادًا من فروعه الظُّلمية. فإذا رجعنا إلى التصنيف القرآني، وهو مرجعنا الوحيد، وجدنا أن المنافقين في الدَّرك الأسفل

من النار، وأن الشرك هو الظلم الكبير، يصغر معه كل ظلم خلا من النفاق والشرك. وعلى هذا فاليساري الذي يقترح علاج الوباء الطبقي بديكتاتورية البروليتاريا يريدنا أن نستبدل بالظلم الصغير الذي نكرهه كما يكرهه كل ذي مروءة، بل نكرهه أشد من كراهتيهم، ظلمًا كبيرًا هم يحبونه ويتدينون به، وهو عندنا الموت الزؤام.[200]

أما العامة الآخرين، وهم سواد الشعب، يعيشون الأزمة في بطونهم الجائعة وأجسامهم المريضة وأفكارهم المضللة بالإعلام الرسمي. هؤلاء يترقبون غدًا أفضل، لا يحللون ولا يتاح لهم أن يعبروا عن رأيهم. هم الأغلبية الصامتة من الشعب، على ذمتهم يساوم الحكم وتساوم الأحزاب ما بين التقدمية منها والأخرى. أصحاب التحليل الطبقي يكونون طبقة فوق الشعب. مثقفون آمنون في وظائفهم وثرواتهم وعاداتهم الاستهلاكية، تنخر فيهم أمراض الخلاف، ويهدد فيهم صراع الأشخاص على الزعامة، ورفض الشباب المتحمس المخدر بالتقدمية التمادي في طاعة قيادات اليسار الأمريكي أو الروسي. وأصحاب البراغماتية الليبرالية ومن معهم من حشود الانتهازيين يزداد نهمهم للمال والجاه كلما شعروا، والكل يشعر بوضوح، أن السفينة في لجة الطوفان أو تكاد.[201]

يواجه الإسلاميون في محاولاتهم تأسيس دولة إسلامية نمطين من المؤسسات السياسية الفاعلة في المجتمعات العربية:

أولاهما الخطاب السياسي العلماني الذي يرفض رفضًا كليًا التواصل مع الحركات الإسلامية ويتهمها بالرجعية والتخلف لرفضها الديمقراطية الغربية وجعلها الدين قوة فاعلة في الحياة السياسية بينما ترى العلمانية أن الدين يظل قابع ومنزو في المسـجد بعيدًا عن الساحة السياسية. أما الخطاب الثاني الذي تواجهه الحركات الإسلامية فهو الخطاب السياسي التقدمي والإشتراكي وقد أبان هذا الأخير فشله في استقطاب الشعوب العربية لتراجعها عن تحقيق برامجها الفارغة وابتعادها عن تطبيق الدين كأسلوب للحياة وكنظام حكم. هنا لا بد من ذكر التحولات المجتمعية السريعة التي عرفها المجتمع العربي الإسلامي بعد بداية الستينيات للقرن العشرين. تجلت تلك التحولات في استقطاب الحركات الإسلامية لجمهور عريض من المجتمع بعد أن سحبت المصداقية والشفافية من الخطاب السياسي العلماني واليساري والقومي على حد سواء ولم تجد فيه حلًا لا لمشاكل دنياهم من الفقر والظلم والتبعية ولا تلقى نفحة من الكلام عن آخرتهم التي تمتد في أعماق حياتهم.

فبعد الحياة لا بد من الموت ولقاء الديان والحساب والعرض وتلقي الصحف والقرار النهائي إما مع السعداء أو الأشقياء. فماذا كانت مقترحات الصحوة وما هي مقترحاتها؟ نسوق هذه العبارة لأنها تمثل موقفًا لتلك الحقبة التاريخية من بداية الصحوة الإسلامية والذي جاء في الرد على "رسالة القرن".

إن الصحوة الإسلامية ليست فكرًا يتأمل ويحلل فقط. إنما هي، تحمل الفكر وتزيده مصداقية، يقظة عامة فـي صعود لا يمكن صده عن طريقه ولا قطعها عليه. ربما لا يتضح لخفافيش الحكم والسياسة أن البديل الإسلامي هو الملجأ، وقد أخذت ضرورات التاريخ تطرق الباب بعنف على لصوص البيت ومع الضرورة التاريخية الغالبة القوية صاحب البيت المهضوم الحق تنتصر له ليرجع إلى بيته يعيد ترتيبه وتدبيره. يد الله القوية بعد أن تفرغ من إغراق القوم المجرمين تعطف إن شاء الله بالرحمة بعد النقمة، بالطهر الإسلامي يكنس رجز الفساد ويطيب بأنفاسه الزمان.

نرى بكل وضوح الفرق بين المرجعيتين، فبينما تكون المرجعية الشرعية للخطاب الإسلامي القرآن والسنة، فإن المرجعية التي تعتمدها الأحزاب العلمانية الدساتير المتبالية التي لا تجدد رغم صيرورة وسيرورة الحياة الاجتماعية والتحولات التي تحدث بسرعة فائقة وبذلك تحصل فوارق وشرخات عميقة بين التحولات التي تعرفها المجتمعات والدساتير المتبالية المفروضة من طرف الأنظمة العربية. حكم يؤسس نظامًا اقتصاديًا سياسيًا أخلاقيًا إيمانيًا متجددًا بتجديد إيمان المسلمين، ويكون أساسًا فاعلًا وناجعًا في إقامة صرح الإسلام من ركام الخراب الديني والمادي والنفسي الذي يُعانيه المسلمون من جراء هزيمتهم التاريخية أمام الغزو الجاهلي الشامل الذي تتمثل صيغته الحالية في حقائق العولمة.

تطرح الحركات الإسلامية البديل في الحكم وترفض وتعارض الحكم القائم فهي بموقفها المعارض تدخل في صراع مع الحكومات الرسمية التي تستهدف تلك الحركات الإسلامية وتحد من فاعليتها وتقف حاجزًا دون التواصل بينها وبين جميع شرائح مجتمع. وهكذا يفترق القرآن والسلطان وتستمر الانتكاسة التاريخية القرونية ويبدو الأمر غريبًا وغير معقول ولا منطقي في بلاد تدعي الديمقراطية والقانون وحرية الرأي والتعددية الحزبية والانتخابات النزيهة. وبذلك يسجل التاريخ للقرن الواحد والعشرين أصنافًا من الانتهاكات والتجاوزات والاعتقالات والتعسفات في الأحكام، وعدم السماح للحركات الإسلامية بالتواصل مع الشعب بإقصاءها من الحركة الاجتماعية. نأخذ كمثال لهذه الحركات جماعة العدل والإحسان بالمغرب والتي لاقت منذ عقود تضييقًا على أعمالها وبرامجها التربوية والتعليمية وجمعياتها وأعمالها التطوعية.

كما أن أعضاءها عانوا من المتابعة في المحاكم بتهم ملفقة وحجزوا في المخافر وشمعت بيوتهم وسلبت ممتلاكتهم وصودرت صحفهم ومجلاتهم ومنعوا من التعبير عن الرأي والفعل في الحياة الاجتماعية وعانوا من انتهاكات متعددة لا تعد ولا تحصى. فما عساه يكون الدافع لمثل هذه السلوكات اللاديمقراطية في إطار العهد الجديد الذي يدعيه النظام السياسي المغربي؟

وتجد الحركات الإسلامية نفسها في مواجهة مع التيارات السياسية اللائكية والقومية والديمقراطية واليسارية، وكل هؤلاء على رغم توحيدهم واعتقادهم في "لا إله إلا الله محمد رسول الله" فإنهم يعتبرون الدين حقلًا غريبًا ولا دخل له في أمور السياسة والاقتصاد والاجتماع ويلزم انزواؤه هو وأهله وأن لا يتعدى الدين حدود المسجد وأن لا دخل للدين في السياسة ولا بالشؤون العامة للمجتمع. بالنسبة لهؤلاء فإن الإسلاميين الملتحين يريدون الوصول للحكم بإقحامهم الدين في السياسة وما السياسة إلا مرادف للديمقراطية العقلانية الأوروبية الأمريكية. إنهم لا يستوعبون غيرها ولا يعترفون بغيرها خصوصًا إذا كان ذا مرجعية إسلامية، فالديمقراطية هي النموذج للرقي والتطور والحداثة وذروة في القيم السياسية الحديثة وكل المسميات البراقة.

مع أن الديمقراطية التي يتغنى بها هؤلاء لم تحقق لا العدالة الاجتماعية ولا فتحت الفرص لكل الفعاليات الاجتماعية فلا تزال فعاليات متعددة مهمشة مقصاة من العمل والمبادرة ولم تحقق حقوق الشعوب النامية التي ترضخ تحت الفقر والتخلف والمرض والجهل والحروب والاحتلال. في هذا الصدد يصرح مرشد الجماعة عبد السلام ياسين في مؤلفه "الشورى والديمقراطية" في المقدمة في تحديده للمفهوم "الديمقراطية كلمة مرادفة للذكاء، والحرية، والعقلانية، والحداثة، والتقدم، ولكل القيم الرائجة في العالم المتحضر. فما ذكرُ الموت والآخرةِ ولقاءِ الله فــي الموضوع." فالإسلاميون الصحويون والمستقطبون لأغلبية الجماهير المسلمة والحاملون لواء الدين والتوحيد ومشروع العودة للأصول وتغيير ما بالإنسان المسلم والمجتمع من فتن لحقت به جراء قرون الاستبداد بالحكم، ما هم إلا مخرفون جهلة متطرفون ومتأخرون متخلفون وغير مطلعين على فكر الحداثة وثقافتها. والإسلاميون يريدون التراجع بالأمة نحو عهد قديم ولى ومضى وتجاوزته الحداثة وتخلف عن الركب الحضاري.

اللاييكية دينٌ، اللاييكية شريعةٌ، اللاييكية ملةُ "المجتمع المدني". لا يمكن للديمقراطية أن تُستَنْبَتَ دون اجتثاث هذه النباتاتِ الضارَّة الطفيلية الظلامية التطرفية الرجعية التي تسمى إيمانًا، وتسمى اللهَ، وتسمى رسولَ الله، وتسمَّى الوحي، وتُسمى الآخرةَ، وتسمى الغيبَ.لاَ نهرُبُ مِن الواقِع المأْسَاوِيِّ لعقُولِ أبنائنا وبناتنا الذين غُرِّبوا عن دينِهم فتغَرّبوا، وجُهِّلُوهُ فجهِلوا. ولا نلعَبُ بالكلمات لنُلقِيَ جِسرًا وهميًا نعبر عليه ويعبرون لنلتقي على أرضية "عقلانية" مشترَكة، ولا نطرحُ بمقتضى آداب العقلانية لُغَةَ السِّجالِ لنُلاطِف حتى نُستلطَف.

إن الخروج من سراديب التعتيم "الثقافي"، ومن شعوذة السُّلطة المتمسلمة بالإسلام الرسمي، ومن جحور التعاطف والتآلف والتحالف في الظلام بين المعَتّمين والمشعوذين، يقتضي منا الوضوح والتوضيح. خَلُّونا من الهالة المصطَنعة حول هامة الديمقراطية المزيَّفة الرسمية، وخلّونا من أحلام الديمقراطيين المخلصين لصريح الديمقراطية، ذلك الصريحِ المليحِ في عين عُشاقه، المرغوبَ المطلوب، الممتنِع بعدُ في بلادنا، وتعالوا نطرحْ في صفحات هذا الكتاب أسئلةَ الصدق على الشورى والديمقراطية، ونتأملْ ونحتكمْ إلى العقل المنصف. تعالوا نُنصفْ الديمقراطية. لا نغْمِطُها حقّها ولا نستهينُ بمزاياها. تعالوا ننظُرْ في حقيقة الشورى المطلوبة المرغوبة أيضًا، الممتنِعة أيضا في بلادنا. أيُهما أشبهُ أن يتبناها المسلمون والمسلمات في هذا البلد، وأيهما أجدر أن يتعبّأ لها وبها المسلمون والمسلمات؟

متى يفهم بعضهم أن التصنيعَ، والتنمية، والحداثة، والعدل، والعلومَ، والقوة، وتماسُك المجتمع، وعزةَ المسلمين، ونجاح الأمة، ووحدةَ الأمة وفلاحَ الأمة في زمَن "عَوْلمة" السوق، وسيطرةِ الفكرِ التطبيعي مع اليهود الصهاينة، لن ينبُتَ شيء منها في بلاد المسلمين ما لم يتبَنَّ المسلمون والمسلمات هذه المطلوباتِ المرغوباتِ الممتنعةَ بوصفِها مقوّماتٍ تخدُم الإسلام، وبوصفِها وسائلَ لغاية الإسلام، مطلوباتٌ للأمةِ هذا شرطُ فلاحها ونجاحها وبقائها وعزتها، مطلوباتٌ لا سبيل إليها إلا بتحولات عميقة في عقلِ المسلمين والمسلمات، وفي الذهنيات، وفي العادات، وفي الهيكلة الاجتماعية، وفي أنظمةِ الحكم والتعليم والقضاءِ، والعَمَلِ، وقسمةِ الأرزاق، وإنتاجِ الأرزاق، والمنافسة في السوق العالمية على الأرزاق، والتحرُّرِ من التبعية لدهاقنة العالم وفراعنتِه وقاروناته .[202]

نريد في قومتنا عدْلا بالإسلام والإيمان والإحسان لا بالكَشْطِ الثوري تمارسه طبقة اجتماعية اقتصادية على طبقة عدوة.

في التصنيف القرآني يفترق الناس ثروة وفقرًا، فيدفع الإثراءُ الظالمُ الاستغلالي إلى الترف الذي لا يحبه الله، ويدفع التفقيرُ الظالمُ الفقراءَ إلى ما يشبه الكفر، مصداقًا للأثر "كاد الفقر أن يكون كُفرًا". وفي التصنيف القرآني يقترن الظلم السياسي الاقتصادي الاجتماعي الطبقي، وهو الظلم الأصغر، بالظلم الأكبر وهو الشركُ، فيكون المستكبرون طبقيًّا هم المُضطهِدون للمستضعفين في المعاش والدين معًا. والدين عدل وإحسان! لا يقبل الدين الظلمَ الصغيرَ لكونه مطيَّة للظلم الكبير، ويقاتل المومنون بالله ورسوله واليوم الآخر في سبيل الله وفي سبيل

المستضعفين ببواعث تختلف اختلافًا جوهريًا عن بواعث الملحدين والمنافقين.

على هدي التصنيف القرآني لا على الاعتبار الطبقي الاجتماعي جاهد الإمام علي كرم الله وجهه الذي يجعله الناظرون بمنظار الجدلية المادية زعيمًا لليسار الإسلامي. وكلامه رضي الله عنه يكذب ترهاتهم. روى ابن كثير في تفسيره لسورة التوبة أن الإمام عليًا رضي الله عنه قال: "بعث رسول الله صلى الله عليه وسلم بأربعة أسياف: سيفٍ للمشركين "فَإِذَا انسَلَخَ الأَشْهُرُ الْحُرُمُ فَاقْتُلُواْ الْمُشْرِكِينَ" (التوبة: 5)، وسيف للكفار أهل الكتاب "قَاتِلُواْ الَّذِينَ لاَ يُؤْمِنُونَ بِاللّهِ وَلاَ بِالْيَوْمِ الآخِرِ وَلاَ يُحَرِّمُونَ مَا حَرَّمَ اللّهُ وَرَسُولُهُ وَلاَ يَدِينُونَ دِينَ الْحَقِّ مِنَ الَّذِينَ أُوتُواْ الْكِتَابَ حَتَّى يُعْطُواْ الْجِزْيَةَ عَن يَدٍ وَهُمْ صَاغِرُونَ" (التوبة: 29)، وسيف للمنافقين "جَاهِدِ الْكُفَّارَ وَالْمُنَافِقِينَ" (التوبة: 73)، وسيف للبغاة "فَقَاتِلُوا الَّتِي تَبْغِي حَتَّى تَفِيءَ إِلَى أَمْرِ اللَّهِ" (الحجرات: 9)".

جاهد رسول الله صلى الله عليه وسلم المستكبرين في الأرض، وجاهد أصحابهُ في سبيل الله والمستضعفين. كانوا في غنى عن سيف خامس لأن المستكبرين في الأرض هم في الجملة الأغنياءُ المترفون المستبدون الجاحدون للدين. وبسيف الإسلام لا بغيره يجب أن نقوم لنقطع دابر هذا التحالف الظالم الكفري بين الترف والاستبداد والكفر. لا خبر عند المحللين الأيديولوجيين بهذا التحالف الذي يأمر الإسلام بقتاله لأنه لا خبر عندهم بالدين. 203

مشروع الميثاق

يعيد المرشد عبد السلام ياسين النظر في فقه القطيعة الذي يقسم العالم إلى دار إسلام ودار حرب ويصحح الفهم، هذا الفهم الذي حصل على إثر الحكم الاستبدادي القروني الذي ساد عبر الحكم العاض والجبري الاستبدادي والذي يتأسس على بيعة الإكراه والإخضاع لحكم السيف ويخلق الفتن مما يؤدي إلى التطاحن بين إمارات مستولية بعضها في صراع مع بعض.

أدى هذا التصور الذي ساد قرونًا من الاستبداد إلى نشوء فقه التكفير والهجرة الذي ظهرت أماراته فيما عرفته حركة الإخوان المسلمين واجتهاد بعض دعاتها وتطرفهم في تقسيم العالم إلى معسكرين لا ثالث لهما فهو إما مسلم أو جاهلي وهذا ما سمي بالفكر المفاصلاتي كما نجده لدى الإمام الشهيد سيد قطب رحمه الله. حصل هذا التطرف مع فكر الإخوان بمصر نظرًا لمعاناتهم في سجون الاستبداد مع عبد الناصر وما تعرضوا له من محن قادتهم للشدد والمفاصلة معها على مدى النكبة... ولم يروا في العالم إلا جاهلية وإسلامًا بينهما خط فاصل واضح.

فقه القطيعة هذا يخيم على العقل الإسلامي، وينبغي أن نتحرر من هذا الفقه التاريخي لنؤسس على قواعد التبليغ النبوي ونحمل للناس الدعوة في أسواقهم ومنتدياتهم وقبائلهم وبواديهم وحواضرهم كما كان يفعل محمد صلى الله عليه وسلم. ففقهنا يقسم العالم إلى أمة استجابة هم المسلمون اليوم، وإلى أمة دعوة هم سائر الناس والأجناس.[204] فالداعية أمام صنفان من البشر المسلمين وما فيهم من فتن، والكفار وما فيهم من العداوة، لكن الدعوة بالموعظة والحكمة الحسنة اقتضت أن تسبق الدعوة والتبليغ ومجادلة الناس بالتي هي أحسن الجهاد بالسيف. والفجوة الكبيرة التي تبعد الهوة هي التي بين دعاة الديموقراطية العقلاء المثقفون وبين الحركات الإسلامية، فالتخوف الكبير الذي يجثم على دعاة الديموقراطية هو مسألة العنف السياسي.

إذ تنهج بعض الحركات الإسلامية هذا النهج للوصول للحكم، مما دفع دعاة الديموقراطية إلى الحكم على كل الحركات الإسلامية بانها داعية للعنف وكارهة للأسلوب الديموقراطي المتحضر والمتضمن لمبادئ التعددية واختلاف الرأي ونبذ العنف، وتبقى هذه التخوفات مقبولة نظريًا إذا راجعنا التجارب الإسلامية وكيفية وصولها للحكم. وإن هذه الفوبيا التي يعاني منها دعاة الديموقراطية تجاه الحركات الإسلامية إنما منبعها هذه الشعبية الكبيرة التي تحظى بها تلك الحركات.

وما يرى من تعلق جماهير الشعوب الإسلامية بمقترحاتها ومشاريعها التغييرية في الإنسان والمجتمع، فالعزلة التي يعاني منها دعاة الديموقراطية جعلتهم يعيشون في قبتهم الفكرية مستعلين عن هموم الجماهير الإسلامية وقضاياهم الأساسية.

فمن داخل هذه القطيعة بين ما تدعو له الحركات الإسلامية من الدعوة إلى الله وبين ما يدعو له دعاة الديموقراطية، وضع المرشد عبد السلام ياسين مقترحًا يدعو فيه الديموقراطيين إلى قاعدة يكون الإسلام هو أساسها، مقترحًا وداعيًا باقي الفعاليات إلى الاتفاق والانطلاق من ميثاق يكون الإسلام هو شرطه الأول لبناء باقي البنود والشروط :

"ندعوكم أن تدخلوا معنا الميدان على شرطنا وهو شرط الإسلام. هذه الوسيلة الوحيدة للتفاهم، حتى لا تكون فتنة ويكون الدين كله لله. حتى لا يزور هاجس العنف ربوعنا. والعنف باسط جناحيه في أفق الفشل الذريع الذي جره على الأمة تنازعكم ما بين ليبراليين يمينيين وقوميين يساريين اشتراكيين وحدويين. ولا نحب العنف ولا نقول به. ونعوذ بالله العلي العظيم من خصلة العنف وهي ملمح من ملامح الجاهلية، ولازمة من لوازمها، ومعنى من معانيها....

ندعوكم إلى ميثاق نطرحه على الأمة للنقاش الواسع، تقبله الأمة أو ترفضه، تدخلون فيه أنتم معنا أو نترككم أحرارًا في انقساماتكم. هذا الميثاق يقترح على الأمة أن يكون لها، أن يكون منها، قاعدة سياسية متعددة التنظيمات الحزبية والنقابية والمهنية إلخ. قاعدة تسمى "جماعة المسلمين" تكون لنا فيها رابطتنا الإسلامية تظم تنظيمات الإسلاميين في جبهة إسلامية، وتكون لكم فيها وبمقتضى ميثاقها وبالتزامكم ببنوده أحزابكم وتنظيماتكم.

وربما تدعونا الضرورة وتدعوكم يوما لتشكيل حكومة "وفاق وطني" نعمل فيه نحن وأنتم جنبا إلى جنب، ونحمل معا عبء الحمل الثقيل الموروث مما أفسده السلطان العاض والجبري ومما أفسدتم. نعمل نحن وأنتم ونحمل ونصلح على بساط المروءة وفي ظل الميثاق. أو تختارون عدم الدخول في ميثاق "جماعة المسلمين". وذلك إليكم، لا تضارون فيه ولا تخشون منا عنفًا.

شرطنا الوحيد أن تعلنوا رفضكم لذلك الميثاق، وأن تنتقدوه ليعرف الشعب، وليهلك من هلك عن بينة ويحيى من يحيى عن بينة. وإن الله لسميع عليم.[205]

على قاعدة ميثاق "جماعة المسلمين" يكون القرآن دستورًا وركيزة أبدية وقاعدة مع اتباع المنهاج النبوي وسنة المصطفى عليه الصلاة والسلام ومراعاة حرمة الإجماع مع فتح المجال للاجتهاد حتى يتم أسلمة العصر والحداثة، لا لكي يطور الإسلام. وفي هذا يفترق الإسلاميون والديمقراطيين الذين كل همهم تثبيت نظام الديموقراطية في البلاد الإسلامية وتحقيق حكم الأحزاب بينما يمثل هم

الإسلاميين بناء حكم الخلافة والشورى وإعداد الرجال الذين يكونون القاعدة العريضة ويحملون الدعوة، ويقومون بأمانة الخلافة وأعباء الشورى.

وهذه الخصال لا تتأتى إلا لمن خشي الله وخاف حسابه وآثر الآخرة على الحياة الدنيا وسعى لنشر دعوة الله في الأرض وتحقيق العدل والإحسان في المجتمعات الإسلامية المفتونة وصبر على مصاعب الدعوة ومشاقها وعقباتها.

وضع المرشد عبد السلام ياسين بنودًا أساسية لميثاق "جماعة المسلمين" التي يلزم تطبيقها في الحكم الإسلامي والتي صاغها في أربعة عشر بندًا وعلى الشكل التالي:

- أساس الحكم وسنده العبودية لله وحده لا شريك له، والمسؤولية بمعيار الشرع.
- كل القوانين الصادرة عن الدولة لا وزن لها إن خالفت الكتاب والسنة. ويحدد برنامج عمل للتدرج إلى إلغاء ما كان نافذًا من القوانين الموروثة المخالفة للشرع.

- على الدولة أن تقيم المعروف وتزيل المنكر في كل مرافق الحياة بميزان الشرع.

- عليها أن ترفع شعائر الدين ليسود الدين في التعليم والإعلام والأمن وكل ما أمر الله به ورسوله من قضايا المجتمع.

- عليها أن تبني الحكومة على قواعد العدل والشورى والأمر بالمعروف والنهي عن المنكر.

- عليها أن تسعى لوحدة المسلمين في الأرض بأخذ خطوات تدريجية جادة لهدم الجواجز التجزيئية.

- يتمتع أهل البلاد بجميع الحقوق التي يخولها لهم الإسلام من حفظ الدين والنفس والمال والعرض والعقل. وحرية العبادة مضمونة لمن بقي على دينه لا لمن ارتد عن الإسلام. والحرية الشخصية مضمونة، وحرية إبداء الرأي، وحرية التنقل، وحرية المبادرة للكسب، مع مراقبة الدولة لكيلا يكون المال دولة بين الأغنياء، ولكي ينصف العامل ويسير الاقتصاد في اتجاه قسمة عادلة للأرزاق. وللجميع المساواة في فرص الترقي والاستفادة من المؤسسات العمومية.

- لا يُسلب أحد حقًا من هذه الحقوق إلا إذا كان له مساغ من الشريعة الإسلامية.

- تحافظ الدولة على ما نبرمه من عهود ومواثيق دولية، وتفاوض لإعادة النظر في العهود السابقة وتعديلها لرفع ما بها من حيف أو مخالفة للشريعة.

- لا يعاقب أحد بتهمة حتى يسمح له بالدفاع عن نفسه ويحاكم ويدان. والتعذيب والإهانة جريمة يسأل عنها ويعاقب أمام القضاء كل موظف تجاوز حدوده.

-رئيس الدولة لا يكون إلا الجامع بين القوة والأمانة، بين الدين والمروءة، وكذلك وزراء الحكومة وكبار الدولة.

على علماء الدين الأتقياء الذين يخشون الله ويتوبون إليه مع التائبين مسؤولية خاصة: أن ينشدوا باتحادهم على الحق وبجمع كلمة الصادقين من المؤمنين والمؤمنات إقامة الدين وقيامه بسيادة الدعوة على الدولة. تطهرًا وإنابة إلى الله من أنظمة العض والجبر التي كان فيها سيف السلطان وجبروته متسلطًا على القرآن وأهل القرآن.

تبدأ المسيرة بوضع دستور موافق لروح الإسلام وشرعه، تضعه جمعية منتخبة انتخابًا حرًا. يعيد بناء هياكل الحكم على أساس سيادة الدعوة وتفرغ رجال الدولة لتسيير الشؤون العامة وتدبيرها.

من البنود الرئيسية في الدستور تساوي الرئيس والمرؤوس -ابتداءًا من رئيس الدولة- أمام القضاء، ووحدة القانون، وفصل السلط، وإقامة العدل، والتناوب على السلطة، وحرية النشر إلا في ترويج الإلحاد والدعارة. هذا نحو مما يمكن أن يتضمنه ميثاق "جماعة المسلمين" -تنقصه الصياغة القانونية والتدقيق-، ننزل به للساحة متى قدرنا لتنطلق كل مكونات الأمة وخلاياها الحية في منافسة شريفة آمنة داخل سياج الإسلام.[206]

اعتبر مقترح جماعة العدل والإحسان "جميعًا من أجل الخلاص" الذي اتسمت به سنة 2007م بمثابة تحديد للمسؤولية وفتح للآفاق السياسية لحركة الميثاق.

ففي يوم 8 ديسمبر 2007م، أصدر المجلس القطري للدائرة السياسية لجماعة العدل والإحسان خلال دورته الثانية عشرة وثيقة تحت عنوان: "جميعا من أجل الخلاص". ضمنها تشخيصًا مرقمًا لأوضاع البلاد في شتى الميادين تميزت كالعادة بالوضوح في المواقف والصدق في النصيحة. وهناك خصائص ومميزات لم يفت الوثيقة التصريح بها: "إن جماعة العدل والإحسان تتوجه في هذه الظروف بهذه الرسالة إلى الشعب المغربي المسلم وإلى مختلف قواه الحية، ترسيخًا لمبدأ الجماعة في الصدق والوضوح والصدع بالحق مهما كانت تبعاته - لأن من ديننا أن نقول كلمة الحق لا تأخذنا في الله لومة لائم- وتحديدًا مباشرًا للمسؤوليات فيما جرى ويجري، وتسليطًا للأضواء على بؤر الانحرافات الكبرى التي تنخر كيان هذا الوطن، وتريد أن تهده هدًا.."[207]

في البداية كانت الجماعة تدعو الفرقاء الإسلاميين الى الحوار الإسلامي وبعد ذلك طورت تصورها لتدعو إلى حوار وطني شامل وجامع على أرضية الإسلام. ثم أصبحت دعوة إلى الحوار دون رهنه بشرط أرضية الإسلام، أي حوار تشارك فيه مختلف الأطراف بدون استثناء، وذلك من أجل بلورة ووضع ميثاق شامل يجمع الشتات ويوحد الجهود.

علمًا أن هناك إجماعًا في الساحة السياسية بالمغرب على المرجعية الإسلامية إلا أن هناك تسطيرًا واضحًا على رفض أي احتكار للحديث باسم الإسلام. وهذا يعتبر بمثابة دفع بالحوار إلى الأمام. وطرح الحوار في هذا الظرف بالذات يكتسي أهمية حيوية، ما دام ليس هناك جهة سياسية وصية على المجتمع يمكنها إنقاذ البلاد.

إن الاتفاق على المبدأ، أي فتح الحوار مع باقي الفعاليات لا يعني بالضرورة اتفاق على التفاصيل، فمن الأشياء التي تثير اختلافًا كبيرًا في الساحة الفكرية والسياسية أرضية اللقاء أو الحوار، ولهذا يرفض كل أرضية سوى الإسلام سواء كانت أرضية وطنية أو غير ذلك.

ففي مؤلفه "حوار مع الفضلاء الديمقراطيين" ينبه المرشد أنه لا يلزم الاغترار بمواقف الوطنيين: "قد يحاول أحدهم أن يتفلت مما يلزمه به اعترافه أنه مسلم فيجرنا إلى أرضية وطنية وبساط المصلحة العامة. وماهي إلا اللائكية تدافع عن موقعها". أو يجر البعض الآخر إلى أرضية عقلانية فإنه يصرح قائلا: "لا نلعب بالكلمات لنلقي جسرًا وهميًا نعبر عليه ويعبرون لنلتقي على أرضية عقلانية مشتركة، ولا نطرح بمقتضى آداب العقلانية لغة السجال لنلاطف حتى نستلطف".[208]

يقترح بالمقابل أرضية إسلامية: "تعالوا إلى كلمة سواء جامعة ! تعال! لفظة الكلمة السواء ومعناها أن لا نعبد إلا الله ولا نشرك به شيئًا. سماء الكلمة السواء ما بين العبد وربه توبة واستجابة وإيمان وعمل صالح. أرض الكلمة السواء ما بيني وبين أرباب مستكبرين في الأرض واجب علي أن أكفر بهم وأقاتل بغيهم. ولا قدرة لي على قتالهم لأفرد الله ربيب العبادة إلا بتحزب لله يبني قوة سياسية قوامها المستجيبون لله".[209]

يرى المرشد عبد السلام ياسين أن الميثاق هو حل لاختلاف الرؤى بين الفعاليات السياسية ويعطي مجالًا لمشاركة باقي الفعاليات السياسية من أجل إخراج البلد من أزماتها السياسية والاقتصادية، كما يطرح مقترحه في صيغة ميثاق إسلامي تشارك فيه جميع الفعاليات السياسية وتجتمع حول بنوده تدارسها وتتفق عليها.

فالميثاق مشروع وجهد ومبادرة تقدم بها المرشد للتوافق حول بنود تدفع بالمجتمع لتطوير أدواته في السياسة والاقتصاد ويشارك فيه الكل مدارسة

ونقاشًا: "صياغة ميثاق على عين الشعب وتحت سمعه وبصره، والله عز وجل رقيب والأمة شاهدة. صياغة ميثاق، ومناقشة ميثاق، وإشراك الشعب في النقاش لتستنير الطريق، وينكشف الزيف، ويعرف الحق وتختار الأمة وينفضح الدخيل ويخزى المنافق".[210]

لقد أماطت الوثيقة اللثام عن واقع مرير، وكشفت حجم الكارثة التي تتهدد العباد والبلاد، ولم يسع المطلعين على الوثيقة إلا الإقرار بنتائج التشخيص، لا سيما والأرقام المستشهد بها والحقائق المدلى بها مستقاة من مصادر رسمية، فاتضح بما لا يدع مجالًا للشك أن الخطر كبير والخطب جسيم، يتطلب استنفار جهود الغيورين وذوي المروءات من فضلاء البلد للاصطفاف ضد الفساد والإفساد الممنهجين في سائر المجالات:

أولا، تعليم لا يجارى في حصد المراتب الذيلية رغم ما ينفق عليه من أموال الشعب، فالمجلس الأعلى الذي "بشر" بتجاوز إخفاقات المنظومة التعليمية غدا جزءً من الكارثة، فالهدر الدراسي آخذ في التفاقم، والمدرسة العمومية المسكينة لا يثق في فعاليتها مصدروا القرارت وصانعوا شعارات الدخول المدرسي.

فكيف بمن اكتوى بلسعها من أهالي حملة الشهادات العليا المرابطين أمام مجلس ممثلي الشعب تنهش جسومهم الهزيلة وتكسر عظامهم هروات المخزن المستوردة بالعملة الصعبة. سياسة تعليمية فشلت حتى في جدولة العطل وغاب عن مهندسي الوزارة أن عيد الأضحى لا تفصله إلا أيام عن عطلة بينية يهل هلال شهر محرم بعدها مباشرة، فعلى أي تخطيط وبرمجة وتحكم في الإيقاعات المدرسية يتحدث المسؤولون عن الشأن التعليمي؟

ثانيا، وارتباطًا بالتعليم تناولت الوثيقة الشأن الشبابي ووقفت عند ما يستهدف هذه الشريحة الحيوية في كل مجتمع، شباب حُرم من حقه في التعليم النافع والتربية السليمة ورصدت لطمس فطرته إمكانيات مهولة: مهرجانات ميوعة ومخدرات وكحول ومهلوسات غزت المدارس وبأثمان زهيدة، وحرب ممنهجة أجهزت على ما بقي من مسكة حياء اقتحمت البيوت والأسر، وتشجيع باسم الحريات الفردية على الشذوذ والفواحش. واقع حذرت منه الوثيقة: "والأخطر من كل ما سبق الانهيار الخطير للمستوى التعليمي والخلقي للتلميذ في كل الأسلاك،.. جحافل من الأطفال المشردين الذين أصبحوا يؤرقون كل من له أدنى حس أو أبسط تطلع لمستقبل البلاد: شرود خطير، وانحراف أخطر، وإجرام لا يتوقف. وثالثة الأثافي المخدرات في صفوف أطفالنا وشبابنا، ذكورًا وإناثًا، في صفوف المتمدرسين وغيرهم..".

"يتزامن ذلك مع حملة... لم يسبق لها مثيل في تاريخ المغرب...من أجل التطبيع مع الفاحشة على نطاق واسع، خصوصًا في مدينتي مراكش وأكادير القلاع التاريخية للعلم والرباط والعفة، حيث تحولتا إلى أوكار دولية سيئة الذكر في

185

ممارسة الفاحشة... وترويج للفساد على الهواء مباشرة في غارة جديدة من الإعلام "الوطني" في نذالة وسوء حياء غير مسبوقة.".[211]

أما في الشأنين الاجتماعي والاقتصادي فقد استنكرت الوثيقة الواقع المرير للبلاد: "إن مغربنا الحبيب يتعرض لحملة غاية في الضراوة والوحشية، تضرب في كل اتجاه من نهب للمال العام والتضييق على القوت اليومي لعموم الشعب، ومن تفويت للمؤسسات العمومية خاصة الإستراتيجية منها، وتفويت للأراضي، واستنزاف للفرشة المائية، وتهريب للأموال".[212]

أوضاع اجتماعية بعناوين كارثية: بطالة مستشرية وارتفاع صاروخي للأسعار مقابل استحواذ بشع لثروات الشعب يغذيه نظام الامتيازات. "وهذا ما كان ليحدث لولا انعدام العدل، والحيف الكبير في توزيع الثروة الوطنية...ملايين كثيرة من المغاربة يعيشون تحت عتبة الفقر، والعدد في تصاعد".[213]

وضع اجتماعي واقتصادي هش استلزم إنشاء المجلس الاقتصادي والاجتماعي الذي يجري في الكواليس توزيع كراسيه ومناصبه لينضاف إلى المجالس العليا للماء والقضاء والتعليم والبيئة التي تكلف ميزانياتها ثروات هائلة، حبذا إنفاقها لتوفير مناصب الشغل للألوف المؤلفة من العاطلين. أما المشهد السياسي فقد بلغ أرذل العمر، ووهن منه العظم وشاخت رموزه، واستسلم لداء المخزن العضال، وبعد تسونامي 7 سبتمبر 2007م جاء زلزال 12 يونيو 2009م ليدق في نعشه المسمار الأخير: عزوف شعبي عن التصويت ومهازل التحالفات والتحالفات المضادة لتكوين مجالس الجماعات تعطي البرهان القاطع على أن المصلحة العامة آخر ما يمكن أن يفكر فيه. "لقد اتضح الأمر بكل قتامته للجميع في الداخل والخارج: لأصحاب القرار، وللجماهير المغلوبة على أمرها، ولقواها وضمائرها الحية، و"للفاعلين السياسيين". وكم يؤسفنا أن نضع هؤلاء الفاعلين بين مزدوجتين، لا تشفيًا ولا ازدراء، لكن لنحاول أن نصف بعض جوانب الحقيقة المرة التي تَكَشَّفَتْ في أبشع الصور: فلا فاعلية ولا سياسة، وإنما هو الاستبداد المطلق..".[214]

تجاوزت جماعة العدل والإحسان من خلال الوثيقة عملية تشخيص واقع البلد المتردي والمأزوم مقترحة البدائل وطامحة إلى أن يكون المغرب مغربًا حرًا وديمقراطيًا وناميًا وآمنًا وحقوقيًا ومتصالحًا مع ذاته وكل مكوناته. فمصلحة الجميع، في الداخل والخارج ضد التوترات الإقليمية وضد التطرف..تعهدت الجماعة تضامنها غير المشروط مع الشعب ومع مختلف فاعليه بالثبات على المبادئ المشروعة دون استكانة أو جبن أو ركون إلى ظالم. وعاهدت بالوفاء لدين الإسلام وللمطالب المشروعة للشعب وإقرار مجتمع العدل والحريات العامة والأخلاق الفاضلة وحقوق الإنسان والديمقراطية الفعلية، والتنمية الاقتصادية الحقيقية والكرامة الوطنية. "وعدت

بأن تدافع عن قضايا مثل الانتفاع الإيجابي والشراكة المنصفة والشريفة وذات المصالح المتبادلة وتأمين الحاجات الأساسية في الأمن والغذاء والاستقرار والصحة والمعرفة، وبلوغ عهد التواصل الوطني والاستعداد الصادق والجدي للعمل إلى جانب كـــل المكونات المخلصة في البلد." الميثاق، ص.10.

سجلت الوثيقة بهذا المعنى وقفة تاريخية وبيانًا تحليليًا عميق لأحوال البلد المتردية والمتأزمة، محاولة بفضل جهد المنظرين والعاملين طرح البدائل التي قد تخرج البلد من ورطاته وأزماته. وبذلك جاءت وثيقة "جميعا من أجل الخلاص" لتدق ناقوس الخطر وتنبه إلى أخطار محدقة بالبلاد توشك أن تهدد أمنها واستقرارها ما لم تتضافر جهود الصادقين لتكوين جبهة ممانعة لأخطبوط الفساد وشراء الذمم توسيعًا لقاعدة الملإ المخزني، وإلا ستتسع الهوة وتستفحل الأزمة وتستعصي عن الحل؛ عندها لا يفيد الصياح والنياح.[215]

انتقد المرشد تركيز عدد من الحركات الإسلامية على القضايا السياسية ومشاريعها الجاهزة لبناء الدولة وتركيز جهودها على ذلك كهدف في حد ذاته مقابل إهمال البعد التربوي الذي يعتبره المرشد ياسين مهمًا وأساسيًا. وقد فهم البعض من ذلك تركيز المرشد عبد السلام ياسين على الجانب التربوي وربطه ربطًا بالخلفيه التاريخية للمرشد كمريد تربى على يد شيخه الحاج العباس رحمه الله الصوفي المشهور بالمغرب والتي أصبحت طريقته جد معروفة لدى المثقفين وتدعى بالبوتشيشية. هكذا فهم البعض بأن التربية لدى المرشد تشكل غاية دعوته ولا يشكل الحكم سوى وسيلة لتحقيق الغاية. كما انتقد المرشد في تصريح له بعض تجارب الحركات الإسلامية التي وصلت إلى الحكم بطريقة أو بأخرى وقصد بذلك التجربتين السودانية والتركية، وصرح بأن بعض الحركات الإسلامية انسلت للحكم عن طريق التناوب والانتخابات وحملت شعار "البديل السياسي". لكنهم دخلوا في دوامة التناوب على الحكم صعودًا وهبوطًا، معتبرًا هذا الوضع "حالة سرابية" لن يجني منها الإسلاميون أي شيء، "لأنه مجرد تناوب بين أشخاص على كرسي الحكم وليس خدمة للأهداف الإسلامية والمصلحة العامة". تضمنت دعوة المرشد عبد السلام ياسين للقوى السياسية اعتماد الميثاق الاسلامي شروطًا تقر القوى السياسية بقواعد "الدستور الإسلامي". الذي اقترحه المرشد والذي يقوم على 14 قاعدة ضمنها قاعدة التدرج في تطبيق الشريعة، وألا تكون القوانين التي يسنها البرلمان مخالفة للشريعة.

الولاية الجامعة

الولاية الجامعة هي التي تجمع أفراد الجماعة الصادقة التي تسعى حقًا علمًا وعملًا إلى نشر دعائم الدين تربطهم صحبة ومودة لازمة، تعلو بهممهم من حضيض التباغض والتنافس والصراعات الحزبية الدنيوية لترقى بهم لتحقيق أسمى معاني الدعوة. فيسود الصفاء وتسود المحبة وتنمحي عقد الرئاسة لتصبح الطاعة متضمنة للمحبة والنصيحة والتعاون والدعاء بظهر الغيب.

من المعاني اللغوية للولاية بفتح الواو وكسرها معاني المحبة والقرب والنصرة والتدبير والقدرة والفعل والصداقة والاعتقاد. فالولاء الذي يجمع بين المؤمنين داخل الجماعة هو الولاية بمعنى القرب والنصرة والجهاد. والجهاد يقتضي سياسية قلوب المؤمنين وعقولهم وجهودهم بما يضمن لكل منهم نيل رضى الله عز وجل، ويضمن للأمة العزة بالله ورسوله، ويضمن لدين الله وكلمته الظهور على الدين كله._إذا كان المؤمنون جواهر نفيسة كل منهم على حدة فإنهم إن انتظموا في عقد ازدادوا نفاسة. وتسمَّى الروابط المعنوية التي تكون روح التنظيم نواظم لقرب المبنى بين كلمة تنظيم وكلمة نواظم. فلا تنظيم إلا بنواظم.

وإن عمدنا -ومن هنا نبدأ وإليه نعود- إلى قول رسول الله صلى الله عليه وسلم وعمله وتربيته نجد أن تنظيمه صلى الله عليه وسلم وتربيته لم تكن ربط الرجال بروابط خارجية فقط، بل كان أصحابه جماعة عضوية، يألم بعضهم لألم بعض، وينصر بعضهم بعضًا على الحق، في جادة الجهاد الطويلة الصاعدة عبر العقبة إلى الله._قال صلى الله عليه وسلم: "مثل المؤمنين في توادهم وتراحمهم وتعاطفهم مثل الجسم إذا اشتكى منه عضو تداعى له سائر الجسد بالسهر والحمى" رواه الإمام أحمد ومسلم عن النعمان بن بشير. فجماعة المسلمين بناء عضوي، ظهر في هذا الحديث الشريف خاصية من خصائصه وهي المحبة في الله والتعاون والتراحم. وفي كتاب الله عز وجل وسنة رسوله خاصيتان أخريان تضافان إلى هذه. فيكتمل البناء العضوي القادر على التعاطف والتفاهم والعمل الجهادي الجماعي. هي ثلاث نواظم: الحب في الله، والتناصح والتشاور في الله والطاعة لله ولرسوله ولأولي الأمر.

ثلاث نواظم لا تقوم إحداها مقام الأخرى، ولا يقوى جسم إسلامي على جهاد إسلامي إلا بها. فالمحبة في الله في نظرنا لحم الجسد ودمه. وهو بها وحدها جسم رخو لا يقوم لجهاد. والهيكل العظمي هو التناصح والتشاور لما فيهما من صلابة في الحق تشبه صلابة العظم في الجسم. والتناصح والتشاور بلا محبة تغطي العيب، وتتجاوز عن الهفوة، هو قعقعة آراء، وأنانيات، وتأجيج خلاف. ثم لا يكون الجسد حيًا إلا برئيس يقوده، وأجهزة تنفذ أوامر الرئيس، فالرئيس في جسد اللحم والدم والعظم العقل الآمر.

والرئيس في جسم الجماعة المؤمنة العضوية الأمير ومعه سلم الإمارة بمثابة أجهزة الجسد. الولاية قرب بين المؤمنين وتناصر وأخوة ووحدة الأمر الجامع بينهم. معنى هذا من حيث تأليف وتنظيم جماعة المسلمين، المخاطبة بالقرآن، المسؤولة عن إبطال الباطل وإحقاق الحق، عن تغيير المنكر وإحلال المعروف محله، أن المؤمنين الذين قطعوا حبال الجاهلية، وأبلوا البلاء الحسن في نصرة دين الله وإيواء القضية الإسلامية هم وحدهم دون غيرهم من أعراب المسلمين أهل الولاية والحل والعقد.

ونذكر أن لكمة "أعراب" مدلولًا قرآنيا تبين معانيه سورة التوبة. لا تحسبن أن الهجرة والنصرة معنيان قاما بجماعة الصحابة ثم ذهبا، كلا! فإن معاني القرآن الكريم خالدة، فعلينا أن نبحث عن مناط حكمي الهجرة والنصرة في واقعنا الفتنوي، فإذا حددنا من هو المهاجر، وما هي الهجرة والجهاد، وحددنا ما هي النصرة والإيواء، اتضح لنا كيف ننزل تلك الأحكام على مجتمعاتنا وفئات الناس فيها.

ليست الهجرة والنصرة حركتين تاريخيتين انتهتا، المهاجر من هاجر ما حرم الله كما جاء في الحديث، والهجرة قطع لما بينك وبين ماض بعيد عن الالتزام بالجهاد، والنصرة بذل وعطاء وانتصار لقضية الإسلام. "لا هجرة بعد الفتح، لكن جهاد ونية" هذا حديث شريف، ورواية البخاري: "لا هجرة بعد فتح مكة". معنى هذا الحديث في الآية الكريمة: "لا يستوي منكم من أنفق من قبل الفتح وقاتل، أولئك أعظم درجة من الذين أنفقوا من بعد وقاتلوا" (الحديد: 10)، فالجهاد في سبيل الله والهجرة إلى الله، والنصرة لدينه، أعمال مطلوبة مأجورة أساسية في الدين، في كل عصر وحين.

وإنما فاز أهل السابقة في الإسلام، وأهل الغناء في الإسلام، وأصحاب الحظ من الله بالدرجة العظمى، لأن جهادهم وهجرتهم ونصرتهم كانت والإسلام محاصر محارب، وكلما وجد الإسلام في حصار، كما هو الأمر في عصرنا، فأهل السابقة والغناء والحظ من الله هم أهل الولاية، ومن لحق بالجماعة من بعد الفتح أو أثناءه -والفتح في عصرنا قيام الدولة الإسلامية- فيعمه قول الله تعالى فيما مر معنا في سورة الأنفال: "والذين آمنوا من بعد وهاجروا وجاهدوا معكم فأولئك منكم". [216] أمام تنوع الجماعات في البلاد الإسلامية واختلاف المذاهب والمشارب وتفرق الأوطان فإنه لا بد من إقامة "جماعة المسلمين" التي تمكن من التعايش بين فصائل الإسلاميين من أهل الصدق والإيمان والتي ينبغي أن تؤسس عقوده وعهوده على الولاية الواجبة بين المؤمنين بشرط أن لا ينتصب بعض المؤمنين وفي يده سوء ظنه بالناس يتخذه مقرعة يحشر بها المسلمين في قفص الاتهام، ويعتبر كل من لا يقول مقالته فهو زائغ العقيدة. فمن خصال الأعضاء للدخول في رابطة جامعة أن يكونوا المؤمنين المتمتعين بمغناطيسية المحبة التي تجلب وتيسر وتحبب. وبذلك أمرنا الحبيب صلى الله عليه وسلم حين قال : "والذي نفسي بيده، لا تدخلوا الجنة حتى تؤمنوا، ولا تؤمنوا حتى تحابوا، ألا أدلكم على شيء إذا فعلتموه تحاببتم؟ أفشوا السلام بينكم". أخرجه مسلم وأبو داود والترمذي عن أبي هريرة رضي الله عنه. [217]

إن ضرورة تأليف "جماعة المسلمين" في كل قطر تحت إمرة رابطة إسلامية يتوحد فيها المؤمنون تحت رابطة الولاء الجامع من أجل الدعوة والنصرة في ظل التسامح والأمر بالمعروف والنهي عن المنكر ضرورية للعمل المنتظم الهادف والمجاهد ببذل النفس والمال لتحقيق موعود الله وتهيىء الأمة لذاك الأمر. "جماعة المسلمين" التي من خرج عنها خلع ربقة الإسلام من عنقه ليست هذا الفرع أو ذاك من هذه الفروع المباركة المنتظمة في جماعات عاملة مجاهدة. بل هي تكوين جماعي يقرب من المطلوب شرعًا كلما كان أقرب إلى توحيد الأمة في القطر، ثم توحيدها في الأرض. إن كانت نية هذه الفروع المترابطة المتعاقدة جمع الأمة على الصفاء والقوة فهي، على تنوعها، حاملة لمعنى "جماعة المسلمين"، يكون الدخول فيها هجرة، ويكون التعاهد معها عوضًا عن البيعة المنجية.

وإن بعض الجماعات تستبق المراحل فتسمي بيعة أول كلمة موافقة و"التزام" ينطق بها الداخل. وما البيعة حقًا وشرعًا إلا بيعة مختار الأمة حين تجتمع وتتوحد وتكون لها دولة واحدة. إذًا تحت لواء الولاية العامة الواجب بين المؤمنين يمكن أن تنطوي ولايات خاصة متعددة. لا مانع من ذلك شرعًا. وقد كان بين المهاجرين والأنصار رضي الله عنهم هذه الولاية الخاصة التي تفردهم من المؤمنين الذين لم يهاجروا. ويمكن أن نقيس على ذلك "هجرة" الإسلاميين إلى هذه الجماعة أو تلك، وهذه الولاية الخاصة هي التي تربط المرء بجماعته بروابط خاصة. لا تكون هذه الروابط قادحة في أهليته، بل بالعكس، إن كانت هذه الولاية الخاصة لا تحجب عنه الولاية العامة ولا تمنعه من التعاون الواجب. قال الله تعالى: "إن الذين آمنوا وهاجروا وجاهدوا بأموالهم وأنفسهم في سبيل الله والذين آووا ونصروا أولئك بعضهم أولياء بعض" (الأنفال: 72). هذه ولاية خاصة يخرج منها من قال الله عز وجل فيهم : "والذين آمنوا ولم يهاجروا ما لكم من ولايتهم من شيء حتى يهاجروا" (الأنفال: 72).

لا تناقض في كتاب الله عز وجل فعموم الولاية سار بين المؤمنين بمقتضى قوله تعالى، وبشرط قوله تعالى: "والمؤمنون والمؤمنات بعضهم أولياء بعض يأمرون بالمعروف وينهون عن المنكر ويقيمون الصلاة ويؤتون الزكاة ويطيعون الله ورسوله" (التوبة: 71).[218] فلم يكن شرطا الأمر بالمعروف والنهي عن المنكر وسائر الشروط لتخرجهم من الولاية العامة الواجبة ولكنها لم تكن كافية لتأهيلهم للولاية الخاصة التي شرطها الهجرة والنصرة والبذل بالمال والنفس. وتبقى أن المرحلة الأولى للبناء والتي ينبغي تركيز الجهد فيها على الجمع بين الجماعات المختلفة في القطر الواحد للتوحد حول الولاية العامة للجماعات المترابطة بالهجرة والتنظيم وكذا الفعاليات المحنكة من الأتقياء الصالحين.

تصبح تلك الرابطة الممثل العام لعمل الدعوة بذاك القطر والرائدة للوجه السياسي، لكن هذا لا يمنع من التعددية والتعاقب على الحكم. وفي ظل الضروف الحالية التي تعرفها الأمة من الشتات والمعارضة للحركة الإسلامية من طرف الاحزاب العلمانية والقوى الخارجية فإن وحدة الصف ضرورة مرحلية وضرورة شرعية لضم الجهود والإمكانيات بعضها إلى بعض في وجه العدو والخصم.

الباب الخـــــامس

إقامة الحكم العادل

تأصيل الاستخلاف

المفهوم النبوي للانتقاض

تحول الخلافة إلى الملك

انكسار الحكم وبيعة الإكراه

تأصيل الاستخلاف

قال تعالى: "وعد الله الذين آمنوا منكم وعملوا الصالحات ليستخلفنهم في الأرض كما استخلف الذين من قبلهم، وليمكنن لهم دينهم الذي ارتضى لهم، وليبدلنهم من بعد خوفهم أمنا. يعبدونني لا يشركون بي شيئا. ومن كفر بعد ذلك فأولئك هم الفاسقون".[219]

في قراءاتنا لنصوص المرشد عبد السلام ياسين المكتوبة نجد لديه تحديدًا للمستضعفين ولاستخلافهم والوراثة التي وعدهم بها الحق سبحانه وتعالى. فمن هم المستضعفون الوارثون؟

الاستضعاف فعل واقع على المستضعفين، إنه ظلم الغني بالجاه أو المال لمن لا سند له في مجتمعاتنا الغثائية التي لا تقيم وزنًا للمسكين ولا تعرف له قيمة ولا ترعى فيه ذمة... وبهذا الاعتبار فليس التقسيم بين ظالم ومظلوم وساخر ومسخور منه تقسيمًا طبقيًا بالمعنى الاقتصادي الاجتماعي على خط العمل وتوزيع نتاج العمل وما يلي ذلك في منطق الجدلية الماركسية.

إنه تقسيم مذهبي بين المسلمين على إسلامهم وبين الغاوين من ضحايا الفتنة الجاهلية. وإن كان هذا التقسيم يمشي إلى حد كبير على خط التمايز الطبقي الماركسي، نظرًا لأن المترفين منا والملحدين هم الذين خولهم جاههم ومالهم أن يحتكوا بالكفار ويعايشوهم، ويتعلموا في مدارسهم الفكر الذي يمسخ قلوبهم والتقنية التي بها يستعبدون المساكين.

أما الوراثة فهي وراثة بالقوة لا بالفعل كما يقول المتكلمون. إن هذه الوراثة موعود الله المدخور لمن آمنوا وعملوا الصالحات. فما يكون المستضعفون وارثين من كونهم مظلومين محقورين: لكن تجيئهم الوراثة جزاء قيامهم بأمر الله وتنفيذهم لإرادته. وإن الله جعل حكمة قدره معلقة بأسباب هذا العالم وبسعي الإنسان، فهو سبحانه محرك كل ساكن، لكن للحركة أسباب يدركها المنطق وتتسلسل عليها الأحداث في نسق منطقي.[220]

هذه الوراثة لن تتم بالدماء والعنف والثورة كما يذهب إلى ذلك أصحاب الفكر الثوري، ولكن بالسلم والانتقال من حال الفتنة بالدعوة والإقناع والجهاد والقيام بالقسط، من هنا فهي دعوة إلى قومة بعد أن يتم تهييء المستضعفين وإخراجهم من فتن مجتمعاتهم وبث الإيمان في النفوس المريضة والحث على الجهاد

والخروج من التقاعس والتخاذل التي يسم المستضعفين. وتتجاور في معجم الألفاظ القرآنية كلمة "الاستخلاف" في الأرض الذي وعد الله به عباده المؤمنين.

وكلمة "التخلف" التي تصف الجبناء القاعدين عن الجهاد البخلاء بأموالهم وأنفسهم عنه. في سورة التوبة وسورة الفتح ذكر المتخلفين من الأعراب، يتجلى من آياتهما البينات أن الأعرابية المتخلفة عن الجهاد تقترن بأخلاق النفاق، والتربص، والشك في نصر الله ووعده، والبخل في النفقة، وإيثار الراحة، والاشتغال باللذات والأهل والولد عن الأمر العام، والخوف من العدو ذي البأس الشديد، والتولي عن الله ورسوله وطاعة غيرهما، والتلهف على الغنيمة الباردة.

قال الله عز وجل في حق المخلفين المنافقين الأنانيين الجبناء البخلاء العاجزين : "رضوا بأن يكونوا مع الخوالف، وطبع الله على قلوبهم فهم لا يفقهون" (التوبة: 87)، وقال عز من قائل في حق الموعودين بوراثة الأرض: "وعد الله الذين آمنوا منكم وعملوا الصالحات ليستخلفنهم في الأرض كما استخلف الذين من قبلهم وليمكنن لهم دينهم الذي ارتضى لهم وليبدلنهم من بعد خوفهم أمنا. يعبدونني لا يشركون بي شيئا" (النور: 55).

فكل صفة وعمل وخلق وفكر وموقف يلحقنا بالخوالف المطبوع على قلوبهم هو باطل. وكل إيمان وصفة وعمل صالح وخلق وفكر وموقف وحركة تؤهلنا للاستخلاف في الأرض هو حق. بهذا المعيار نقيس، وإليه نرد، وعنه نصدر. وبه يكون للتخلف معنى زائد على كونه سعيًا ضعيفًا في الأرض، وللتقدم معنى زائد على كم الإنتاج ووفرة العلوم والصناعة وإحكام النظام السياسي. بالمعيار القرآني الإيماني يكون للتخلف والتقدم مغزى سماوي يعلق الحكم على مبدئهما، ومعادهما، وكلياتهما، وجزئياتهما، بصلاحياتهما الغائية. [221]

وبذلك تكون القومة التي تخلص الأمة من استضعافها، وهي حركة إنسانية منظمة ومنتظمة من طرف جماعة مؤمنة تعمل على تخليص وخلاص ما بالأمة من غبش وفتن، هذه الحركة الإرادية التي تتطلب التكوين والسعي مع إخلاص النية لتحقيق الهدف الجهادي، لا تتم عشوائيًا بل بواسطة منهاج مدروس ومحدد الخطوط هو المنهاج النبوي الذي قام المرشد عبد السلام ياسين بتجديده وإعادة إحياء النهج النبوي الصافي علمًا وعملًا وتطبيقًا في واقع الاستبداد السياسي والحكم الجبري. وإن أول خطوة في المنهاج النبوي بعد الصحبة والجماعة التي تمثل أس الاتباع للمنهاج نظرًا وعملًا هي اقتحام العقبة. ومعناها هنا الانضواء تحت جماعة مؤمنة عاملة صابرة مجاهدة ومدافعة للظلم الواقع على المستضعفين، والتي يمكن تلخيصها في مبدأ قرآني جعله المرشد محوريًا في حركة العبد المؤمن والجماعة المؤمنة نحو الخلاص وتخليص الأمة من أمراض علقت بها عبر قرون استبدادية. واقتحام العقبة هو اقتحام من طرف الفرد الذي

194

تحركه إرادته لتغيير ما به من شوائب الفتن والعزم على السلوك القويم داخل جماعة مؤمنة عاملة.

وبذلك يتحقق شرط الجماعة والصحبة، إذ لا سلوك ولا تربية من دون صحبة موجهة نحو الغاية القصوى التي هي الإحسان ورضا الله سبحانه وتعالى.

القومة حركة إرادية فردية وجماعية، إذ لا بد من إرادة قوية لتغيير ما بالنفس وإخراجها من إسلام وراثي إلى معاني الإيمان والإحسان. وهي حركة جماعية تقيمها جماعة المسلمين الصادق رجالها لتغيير مظاهر الفساد والفتن التي طغت في المجتمع بالحكمة والتدرج حتى تصبح الأمة مهيأة للتجنيد والجهاد في سبيل الله. من هذا نفهم أن دعوة جماعة العدل والإحسان للقومة هي دعوة في هذا السياق النبوي الذي يرفض أن يحمل السلاح بعض المسلمين على بعض حتى لا تزهق الأرواح وتسفك الدماء. فما معنى القومة وما مكانة هذا المفهوم الذي يمثل محورًا أساسيًا ومقولة جوهريـــة متضمنة في خطاب مرشد جماعة العدل والإحسان والذي تتبنى الجماعة العمل به في دعوتها؟ يُعتبر المفهوم جوهريًا في إقامة الدين وإقامة الحكم الإسلامي المرتكز على الشورى. فما دلالة المفهوم لغةً وشرعًا مقاصديًا؟

القومة مفهوم قرآني مأصل من كتاب الله وقد اقترنت في التاريخ السياسي بالقائمين بالله من أهل البيت والتي تبنها التوجه الشيعي في رفضهم الخضوع لحكام العض والجبر لاعتبارهم إياه حكمًا غير شرعي وأن أمر الحكم لا بد أن يرجع للأئمة المهديين من آل سيدنا علي كرم الله وجهه ومن تبعهم من الأئمة.

فتولي الحكم من طرف يزيد بن معاوية يعتبر اغتصابًا للحكم وأخذًا بالسيف لحق سيدنا الحسين الذي حرمه الأمويون من تولي إمامة الأمة، بل قتلوا الروح الزكية في مجزرة كربلاء. فمنذ تلك المرحلة بدأ يتكون الفكر الشيعي الذي يعتمد أساسًا على فقه غيبة الإمام. بحيث انصرف فقهاء الشيعة إلى الاهتمام بموضوع وحيد وهو إثبات حق أئمة آل البيت الشرعي في تقلد منصب الإمامة والخلافة، والطعن في شرعية حكم الغصب والجور الذي أقامه بنو أمية بحد السيف وتبنوا فكرة إقامة الحكم بفعل القومة التي دشنها سيدنا الحسين عليه السلام.

والقومة معناها اللغوي مأصل من فعل قام وأقام وإقامة الدين ومنها القائمين بالله وإقامة السلطان على شريعة القرآن وإرجاع حق الحكم لمن هم أهل له من آل البيت. وتحقيق القومة كما هي في اصطلاح المرشد عبد السلام ياسين تتخذ معنى التغيير الكلي العميق بغير عنف، لبها الدعوة إلى الله وتغيير ما في النفوس حتى تقوى على فهم الخطاب الإلهي الداعي لتحرير رقاب الناس من ربقة الاستبداد الممارس من قبل السياسات الغير الشرعية. فالمطلوب هو إيقاظ النفوس واستنهاض الهمم لطلب الكمال الإيماني، أي أن تعود الأمة راشدة تقرر

مصيرها بإرادتها الحرة، وتفرض قرارها بقوة الساعد المنتج، وتدبر العقل المتحرر من الخرافة وفلسفة الإلحاد، وتنظم الطاقات البشرية والاقتصادية.

تهيأ الأمة للقومة حتى يتحقق أكبر معان القومة والتي تحدد أهم معانيها في قوله التالي : "القومة أن يصبح أمرنا شورى بيننا، أن تحمل الأمة عبء الحاضر والمستقبل". لكنه قبل أن يتحقق ذلك في الفعل السياسي لا بد من إحداث تغييرات جذرية في النفوس التي تنبعث من ضعف الاستبداد الممارس في حقها لتصبح فاعلة في الحياة العامة مغيرة وساعية لتغيير الحكم غير الشرعي الكاتم على الأنفاس. ويبقى السؤال المحوري التي لا تزال تتخبط فيه أكثر الحركات الإسلامية هو ما المطلوب من المسلم أن يقوم به حتى تتحقق القومة المنشودة؟ وكيف يكون التغيير، هل أفقيًا أم عموديًا أم بكلا التوجهين؟

وإذا كانت الحركات الإسلامية الجادة تسعى بقوة وثبات لإقامة الدين بالسلطان وهي في سعيها تواجه نظامًا مترسبًا قويًا يحاول أن يخضعها لأمر الواقع والاندماج في حركيته التاريخية باعتباره الأوحد والمستبد ففي هذه الحركة والمواجهة ما بين قوتين غير متكافئتين يكون التركيز على تأييد الشعب لها هو الأمل الذي يفتح الطريق المسدود للتغيير المنشود. إذا كان ما تبتغيه هذه الحركة الإسلامية هو إقامة الدولة بموازاة مع الدعوة، إقامة دولة إسلامية يتأسس الحكم فيها على مبدأي البيعة والشورى وذاك هو الحكم الشرعي. فالقومة بهذا المعنى تغيير تحتي وفوقي في نفس الآن، فهي بقدر ما تهدف لتغيير النفوس وإيقاظها من غفلتها عن رب العباد لتحيي فيها معان تجديدية للدين فهي تهدف أيضًا إلى تغيير فوقي يسعى لتطبيق مبدأ الشورى الذي لا يتحقق إلا في تلك الجماعة التي غيرت ما بها واختارت لنفسها من يتولى أمرها بناءً على معايير قرآنية محددة من الإيمان والتقوى والحفاظ على شأن الأمة وأسبقية مصالحها على المصالح الشخصية.

كلمة قومة أخذناها من تاريخنا. فقد كان علماؤنا يسمون جند الله الناهضين في وجه الظلمة قائمين. عرف تاريخنا قائمين من آل البيت كالإمام الحسين بن علي، وزيد، ومحمد النفس الزكية، ويحيى، وإبراهيم. يدقق المرشد عبد السلام ياسين مفهوم القومة ويقدم كيفية استعمال المفهوم في المنظومة العدلية الإحسانية التي تميزها عن باقي التنظيمات السياسية التي تعمل في الساحة، فتبني مفردة قومة جاء من ضرورة منهجية وتفاديًا لاستعمال كلمة ثورة التي تقترن بالنضال بينما اقترنت مفردة قومة

بالجهاد. فمفهوم "ثورة" ذو حمولة نضالية وفيه تضمين للعنف بينما المنشود في عمل الجماعة هو القوة المتئدة.

يعتبر المرشد عبد السلام ياسين أن القوة تضع مشاريع التغيير التي يتم تنفيذها في مواضعها الشرعية، بينما يتميز وضع العنف بميزان الهوى والغضب. استعملت كلمة "ثورة" لوصف الحركات الاجتماعية الجاهلية، "جاهلية اليوم من نوع جديد على التاريخ لا مكان فيها للدين إلا في رُكْنٍ تنسحب عليه أحكام القانون. الحياة الشخصية لا بأس أن تُترَك لشرائع "الأحوال" الشخصية".[222] وتريد جماعة العدل والإحسان أن تتميز في التعبير ليكون جهادها نسجًا على المنوال النبوي، لا يتلوث بتقليد الكافر. "لا يمكن أن نجمع بين المنهاج النبوي ومذاهب العصر في أية نقطة. ومن يريد أن يبني إسلامًا على منوال مستعار كمن يروم أن تلد له الفأرة غزالًا".[223]

"قد يتراءى للملاحظ السطحي أن جاهلية هذا العصر حضارة متماسكة. وقد تكبر في عينه إنجازاتها الصناعية والعلمية إذا قاس كل ذلك بمقياس الكم. لكن الإنسان تحت الهياكل الحضارية ما أصابه؟ إنسان عصرنا وثني يعبد مصنوعاته كما كان يعبدها وثني الجاهلية الأولى. يعبد شهواته كما كان يعبدها من قبله. كان للعرب هبل واللات والعزى. وهبل هذا العصر وأصنامه أكثر فتكا بأخلاق الإنسان وحياة الإنسان. هبل هذا العصر حكام متألهون. معابدهم التلفزيون والصحف وسائر وسائل الإعلام. أصنام تتكلم وتفتري وتفرض ألوهيتها على الناس. فأصنام الجاهلية الأولى أمامها هي السذاجة بعينها. أين سطو القبائل بعضها على بعض يومذاك من الهجمة الاستعمارية وضرب الشعوب بعضها ببعض نيابة عن شقي الجاهلية المعاصرة؟ أين أسلحة ذلك العصر من أسلحة الإلكترون والصواريخ؟... كانت تلك جاهلية في روحها، وهذه اليوم نفس الروح تهيمن على العالم باسم الحضارة والتقدم".[224]

على أن الجماعة تريدها قومة جذرية تنقل المجتمع من بناء الفتنة ونظامها، وأجواء الجاهلية ونطاقها، إلى مكان الأمن والقوة في ظل الإسلام، وإلى مكانة العزة بالله ورسوله، ولا بد لهذا من هدم ما فسد هدمًا لا يظلم ولا يحيف، هدمًا بشريعة الله، لا عنفًا أعمى على الإنسان كالعنف المعهود عندهم في ثوراتهم. ولسنا نتنقل بين الكلمات لمجرد التميز في اللفظ. فللكلمة والتعبير وأسلوب التخاطب انعكاس مباشر على العمل.

ولئن لم نستغن عن العبارات التي نشأت في تاريخ غير تاريخنا، وأرض غير أرضنا، وصدرت عن ذهنية مخالفة لفكرنا، ووظفت في وظائف لا علاقة لها بأهدافنا، نوشك أن يجْرفنا التعبير المنحرف عن قصدنا، إلى انحراف في جهادنا.[225] فتربيتنا الإيمانية وتنظيمنا الجهادي ينبغي أن يرصدَا طاقاتنا ويوجهاها لقومة أعمق أصلًا، وأرفع وأوسع منبسطًا، من حروب التحرر من الاستعمار وثورات ما بعد التحرر، تلك "الثورات" التي نقلت شعوبنا المغلوبة على أمرها من نظام جاهلي يميني إلى آخر يساري، ثم عودًا على بدء في حمى الاضطراب التي تعصف بنا على يد حكام الجبر فينا.[226]

يجمل المرشد عبد السلام ياسين مضمون "القومة" ومنهاجها ويؤسس لذلك نظريًا وعمليًا من النهج النبوي وصنيعه في الفترة الأولى التي أسس فيها الدولة الإسلامية المبنية على القرآن والسنة.

يلخص ذلك المرشد في سبع نقط أصلها في لفظ القرآن ومعناه ثابت، وتستقي المادة العملية من النموذج النبوي صلى الله على محمد وآله وصحبه وسلم. فمنطلق التنظير للقومة يتم انطلاقًا من تجربة المصطفى فيما أسماه المرشد بقومة الداعي التي ابتدأت بقومة الرسول في قومه يخاطبهم بلسانهم على الرفق لا على العنف.

من ثم تكون قومة الداعي هي النموذج الذي يبتغيه كل داعية من بعده. وكل داع بعد الرسول لم يبدأ ميسرًا لا معسرًا، مبشرًا لا منفرًا، جامعًا لجهد الصادقين لا مشتتًا فما هو من القوة في شيء. ومن شأن القائم بالدعوة أن تعترضه عقبة المعارضة ممن ألفوا ماضي الجاهلية وتربوا على ذهنيتها وأشربوا في قلوبهم أنانيتها والعبودية للهوى. هذا النموذج من القومة نجده متضمنا في مفهوم قومة الشاهد التي يدعو إليها القرآن الكريم في قوله تعالى: "كونوا قوامين لله شهداء بالقسط" (المائدة: 9)، "كونوا قوامين بالقسط شهداء لله" (النساء: 134)، "والذين هم بشهادتهم قائمون" (المعارج: 33)، "وأقيموا الوزن بالقسط" (الرحمن: 7). وهي قومة لإحلال العدل محل الجور. عدلية نموذجية تخاطب الإنسان من قبل همومه الدنيوية من حيث تخاطبه دعوة القائم العبد الرسول أو التابع "المبعوث" المبلغ من قبل روحانيته.

كما أن مفهوم القومة جاء مقترنًا في القرآن بمعنى القومة إلى الصلاة وإقامة الصلاة وما أمر الله عز وجل بالصلاة أو مدح المصلين إلا جاءت كلمة الإقامة. فالصلاة عمود الدين وهي العمود الفقري للدين، وأداؤها في

المسجد والجماعة أساس بناء النفسي للمؤمن. ومعنى آخر للقومة مقترن بمرتبة الإحسان وهي التي تزيح عن وجه الفطرة وعن صفحة القلب ما علق بها في الماضي وما يعلق بها في المعافسات اليومية من غين الذنب وملاحاة الخلق ومغريات الشهوات. "فأقم وجهك للدين حنيفًا فطرة الله التي فطر الناس عليها لا تبديل لخلق الله. ذلك الدين القيم" (الروم: 30).

جاء لفظ القومة في القرآن بصيغة إقامة حدود الله. وذلك هو السياج الصائن لبناء الدين. ليس معنى إقامة الحدود تنزيل العقوبات على الناس في فراغ من المسؤولية عن هداية الناس، وتربية الناس، وتوفير الضروريات للناس، وتأمين حياتهم. إقامة حدود الله لا معنى لها إلا في سياقها التربوي العدلي العمراني الأخوي الدالة عليه آياته تعالى: "التائبون العابدون الحامدون السائحون الراكعون الساجدون الآمرون بالمعروف والناهون عن المنكر والحافظون لحدود الله" (التوبة: 113).

القيام بأمر الله، هو قيام الدعوة على الدولة. على الشورى لا على العض والجبر. قيام أولي الأمر منا، العلماء الذين يخشون الله ولا يخافون في الله لومة لائم. إقامة الوحدة. وهي القاعدة الضرورية لإقامة دين الفرد ودين الأمة للانطلاق في تبليغ الرسالة الرحيمة للعالمين، تأبيدًا مبعوثيًا تبليغيًا لرسالة الأنبياء والرسل عليهم السلام، وائتمارًا بأمره تعالى: "شرع لكم من الدين ما وصى به نوحًا والذي أوحينا إليك وما وصينا به إبراهيم وموسى وعيسى أن أقيموا الدين ولا تتفرقوا" (الشورى: 11).[227]

جمع المرشد عبد السلام ياسين كل معاني القومة فهمًا وتدبرًا وتوظيفًا منهاجيًا من الشرعة النبوية فوقف عند كل معانيها الغنية والتي تدعو لإقامة دين الله بالرفق والتؤدة ودعوة خلق الله تيسيرًا لا تعسيرًا ترغيبًا لا ترهيبًا. يقول في حديثه عن الخلافة، بأن الله سيأتي بقائد مجاهد ترشحه يد العزة والقدرة لخلافة رسول الله عليه الصلاة والسلام. وهو لن يهبط علينا من سماء الأرض، بل سينبت من بيننا كما فطر الله أنبياءه الوارثين، فكل شيء من حالنا يناديه، وكل عويصة من أمراضنا تنتظره.

ولتشتت الامة في أقطار قومياتها فسيمضي وقت قبل أن يحق للقائد المجاهد صدارة الأمة بكاملها واحتلال مجلس الخلافة. في زمننا هذا بعد أن مرت عقود على كتابة هذه السطور فإن الكلام عن الخلافة لم يعد من المعجزات ولا من الأحلام، فقد تحققت الثورة الإيرانية وأطاحت بالنظام الاستبدادي المستكبر للشاه شاه وتسير دول أخرى نحو بناء دولة إسلامية وإن كان يكنفها التعثر وعقبات بناء الحكم الإسلامي. نقول أن القائد

المجاهد المنتظر في زماننا لم يعد أسطورة، بل سيتم اختياره من طرف الجماعة العاملة والمتغلغلة في المجتمع والخادمة للشرائح الاجتماعية المستضعفة.

سيتم اختيار أمير القطر من طرف الجماعة الممثلة لأغلب شرائح المجتمع وسيقول الشعب كلمته في الاختيار وسيمضي الركب بإذن الله لتحقيق الخلافة الموعودة ويأخذ الشعب بزمام الأمور وتتحقق الإمارة القطرية إلى حين تحقق القومات في البلاد الأخرى لتصبح الامة موحدة وتختار خليفة لها.

وتبقى الإمارات القطرية قائمة بأمر المجتمع الصغير حتى يسهل تسيير أمور الحكم ولا نسقط في المركزية المطلقة. وقد خاض علماؤنا في مسألة صفات الإمام وأفردوا لها أبوابًا في كتبهم واختلفوا حول النسب القرشي ولم يقدروا الحسم فيه، وفي هذا ذكر أبو يعلى أحاديث في إمامة قريش وما منها إلا يؤيد أن النص على قريش إخبار بواقع زمني لا تكليف وتشريع.

ويورد ابن تيمية رحمه الله في سياسته الشرعية، حول الشرطين القرآنيين في من يلي الأمر العام. في القرآن اقتراح ابنة شعيب عليه السلام على أبيها: "قالت إحداهما يا أبت استاجره، إن خير من استأجرت القوي الأمين" (القصص: 26)، فالقوة والأمانة من الصفات التي تؤهل للوفاء بالذمة. واقترح سيدنا يوسف عليه السلام على عزيز مصر أن يستعمله، قال: "اجعلني على خزائن الأرض إني حفيظ عليم" (يوسف: 55).
من هنا نستخلص أن أخذ الوظيفة بالأمانة اقتضت صفتي الحافظية والعلم. ويبقى أن الصفات التي تأهل للإمامة عند جماعة العدل والإحسان تتمركز في الكفايات بالهدف والمقصد والغاية، ولن يطابق هذا المعيار إلا بالسعي إلى الاكتمال، باقتحام العقبة صادقين على السمت والتؤدة والاقتصاد.[228]

المفهوم النبوي للانتقاض

"لتنقضن عرى الإسلام عروة عروة، فكلما انتقضت عروة تشبث الناس بالتي تليها وأولها نقضًا الحكم وآخرهن الصلاة". هذا الحديث رواه الإمام أحمد والطبراني عن أبي أمامة رضي الله عنه قال رسول الله صلى الله عليه وسلم: "لتنقضن عرى الإسلام عروة عروة، فكلما انتقضت عروة تشبث الناس بالتي تليها وأولها نقضًا الحكم وآخرهن الصلاة".

كان الأستاذ عبد السلام ياسين من الأوائل الذين قاربوا الإرث الفكري الإسلامي ووضعوا له أساس نظري ارتكز على تأصيل المفاهيم الجوهرية من مصدري الدين وهما القرآن والنبوة. فقد تمثل النبوة في المنهاج النبوي علمًا وعملًا. ولفهم موقفه المأصل للفكر الإسلامي نقرأ دعوته بضرورة العودة لدراسة مرحلة مهمة من تاريخ المسلمين هي مرحلة النبوة. وفي هذا النص يبين الأستاذ كيف تم انتقاض الحكم الشرعي كما أخبر عن ذلك الرسول صلى الله عليه وسلم وهو الصادق المصدوق: "نتحدث إن شاء الله عن نقطة مهمة، وعن مرحلة خطيرة من مراحل تاريخ المسلمـين. وهي مرحلة انتقاض الأمر وتحوله من الخلافة على منهاج النبوة إلى الملك العاض. لا بد لنا من هذه الوقفة، ولا بد لنا أن نتدبر طويلًا، وأن نتدبر تدبرًا عميقا هذه النقطة، إذا أردنا لمستقبل الإسلام أن يكون صورة للخلافة الراشدة الأولى، وقد بشرنا في الحديث النبوي العظيم بالخلافة الثانية بعد مراحل الملك العاض والملك الجبري".[229]

في دراسة الأستاذ عبد السلام ياسين للتاريخ الإسلامي وقف مطولًا وبعمق عند ما تعانيه الأمة من أمراض تاريخية لم تستطع الأمة تجاوزها وهي أمراض مرتبطة بالنفوس والقلوب والعقول. واعتبر أن العودة للتاريخ الإسلامي هو بمثابة مراجعة ومواجهة ومقاربة يلزم المفكرين القيام بها لأن الوقوف عند الإرث الإسلامي ضروري حتى يتمكن من الفهم الصحيح للتاريخ الذي نجتره دون أن نستوعبه وهذه العودة هي بداية للمضي في بناء صرح مستقبل الأمة كما بشر بذلك الرسول محمد عليه الصلاة والسلام. وكما أسماه بتحقق الموعود وهو الخلافة الثانية على منهاج النبوة، أي الحكم العادل بعد تاريخ من الاستبداد والصراعات المذهبية والطائفية والحزبية والفكرية وغيرها.

استندت في مقاربتي لمواقف الأستاذ عبد السلام ياسين على ما صرح به من أقوال سمعتها عنه شفهيًا ولم أكتف بالمكتوب فقط. والحق أن كلام الرجل لا يُفهم الفهم الصحيح من خلال المكتوب وحده، بل من خلال أقواله التي تخرج حية وقوية من قلب يطمح أن يعلم ويربي أمة، ولاعتقادي أن العلم يلقى شفهيًا من الفيه للسمع ومن القلب للقلب، وذاك علم الرجال. جاء هذا الحديث في مجالس أحاديث العدل والإحسان، وهو حديث يتضمن التدبر في الحالة التي آل إليها المسلمون بعد عهد الفتنة الكبرى. مثلت هذه المرحلة بالنسبة للسنة ماض لا يراد الخوض فيه. ومثلت بالنسبة للشيعة النكسة الكبرى وضياع حق آل البيت في الحكم وتلك هي المرجعية العقلية والمشاعرية التي ينطلقون منها ويؤسسون لها تاريخيًا فقد تسببت هذه النكسة في ضياع حق آل البيت في الإمامة.

ففيما كان الانتقاض، انتقاض العروة الوثقى؟ هذا السؤال الجوهري الكبير الذي يطبع التاريخ السياسي للحكم يمثل الأساس النظري الذي ينطلق منه المرشد والذي يطرحه للحاور بشكل عقلاني متنور يحاول أن يتجاوز الشقاقات النظرية بين السنة والشيعة من أجل المضي قدما لبناء الخلافة الثانية على منهاج النبوة.

فأين منبع الانتقاض كما حدده الأستاذ عبد السلام ياسين؟ لقد كان الانتقاض في العقل الشرعي الذي يمثل الأساس الذي ينبني عليه الحكم الإسلامي الشرعي. فقد انتقض الحكم القائم على الشورى والاختيار وهو اجتهاد قام الصحابة الأوائل على تأسيسه ومارسوه في السقيفة، وهو الذي تم انتقاضه بالحكم العاض مع بني أمية ونظام حكمهم الوراثي الذي فرضوه فرضًا على الأمة لقرون طويلة. فما المقصود بمفهوم العاض أو العضوض وما دلالته اللغوية والفقهية؟ إنه إكراه يقع من جانب الحاكم على المحكوم وانتقاض لأكبر ميثاق وعقد يربط الراعي بالرعية أو الحاكم بالمحكوم وهو ما يسمى في السياسة الشرعية: البيعة.

حدثت الصدمة الكبرى والانتكاسة والانكسار التاريخي حين أخذ الحكم بالسيف والقوة وتجبر الملوك على الرعية، وغيب العلماء من الساحة ومنعوا من الفعل في الحياة السياسية للدولة. وتوبع العلماء في مواقفهم وتم قطع رؤوسهم على يد الملوك الجبابرة ولم تعد للشورى من مكان في تدبير أمور المسلمين وأصبحت عبارة عن ملك يتورث. يعتبر انتقاض الحكم أعظم عروة انتقاضًا في التاريخ السياسي للدولة الإسلامية التي أسسها النبي المصطفى عليه الصلاة والسلام وسار على دربه الخلفاء المجتهدون الراشدون الأربعة الأول.

وهي انتقاض عروة الحكم الشرعي الذي بينه الحديث النبوي في انتقاض عرى الدين. وكان من نتائج ذلك أن استبيحت دماء العلماء وأهل بيت المصطفى والقراء ولم يوقر السلطان أحدًا وقطع رأس من خالفه الرأي.

سمي الملك العاض في البداية لأنه عض على الأمة بالوراثة وبيعة الإكراه وفي هذا تغييب للشورى وهي ركيزة من ركائز منهاج النبوة، ولهذا كان الصحابة يرفضون تولي أمر المسلمين دون شورى. فكان من انتقاض الحكم الشرعي أن أقبرت الشورى وأصبح الاحتكام للسيف لا لله ولرسوله، فكيف ذهبت الشورى؟ وكيف انتقضت عروة الحكم؟ وكيف توالى ذلك وتسلسل؟. معرفة هذا الأمر هو ما يشكل العلم النبوي وهو فقه ضروري لمن أراد إعادة الفتل من جديد. بعد ثلاثين سنة من موته صلى الله عليه وسلم حين أعلنها معاوية صريحة واضحة : "أنا أول ملك! تحسب له صراحته هذه وما كان له أن يقول غير ما قال".[230] ذهبت الشورى، وهي العقد الشرعي الذي ينبني عليه نظام الحكم في الإسلام، وبدأ الأمر يتفاقم يومًا بعد يوم وخاصةً عندما عزم معاوية على مبايعة يزيد المعروف بفسقه وسفهه وفي الأمة الأخيار من أمثال عبد الله بن عمر، والحسين بن علي، وعبد الله بن الزبير، وعبد الرحمن بن أبي بكر، رضي الله عنهم وعن الصحابة أجمعين. ولما عارضه هؤلاء الأربعة "شرطوا عليه أن يجعل الأمر شورى بين المسلمين وكانوا في جمع حاشد. فخطب معاوية في الناس، بعد أن أمر رئيس حرسه قائلا: "أقم على رأس كل واحد من هؤلاء (الأربعة المعارضين) رجلين، ومع كل واحد منهما سيف. فإن ذهب منهم رجل يرد علي كلمة بتصديق أو تكذيب فليضرباه بالسيف (...) هكذا روى المشهد بن الأثير رحمه الله (...) فقطعت الخطبة السيفية ما بين عهدين، واستوت الملكية الوراثية على عرشها، وبايع الناس معاوية والسيف يتكلم، والأربعة الأحرار على رأس كل واحد منهم سيفان وأمر بالقتل ناجز".[231]

حاول معاوية استعمال أساليب أخرى لتثبيت عهد الملك: "كان في الكوفة عشرة رجال هم شيوخ العشائر وقادة الرأي العام كما نعبر في زماننا. اشترى ضمائرهم المغيرة (هو المغيرة بن شعبة) بثلاثين ألف درهم وبعثهم مع ابنه موسى إلى معاوية ليقترحوا عليه تولية يزيد ابنه العهد من بعده (...) فسأل معاوية موسى: بكم اشترى أبوك من هؤلاء دينهم؟ قال موسى: بثلاثين ألف درهم. قال معاوية: لقد هان عليهم دينهم. أرسل معاوية إلى عبد الله بن عمر مائة ألف درهم ليبايع يزيدًا. قال عبد الله: إن ديني عندي إذا لرخيص".[232]

يبين الأستاذ عبد السلام ياسين أهمية وضرورة الوقوف عند هذه اللحظات التاريخية للأسباب التي يشرحها في هذا المتن: "يتورع بعض علماء المسلمين عن التعرض لما فعله معاوية وحاشيته مخافة الوقوع في أعراض الصحابة(...) لا بد للمسلمين من الوقوف عند هذه المحطة التاريخية التي انكسرت فيها وحدة المسلمين، بل كسرت وانتهكت ومزقت ذلك أدنى أن يعتبروا بتاريخهم". [233]

واستمر الحكم الشرعي المبني على الشورى والاختيار والمحاسبة منذ أن عقدت بيعة أبي بكر رضي الله عنه وذلك بتاريخ 12 ربيع الأول سنة 11هـ. وكان انتهاء هذا الحكم الراشد مع تنازل الحسن رضي الله عنه وهو سبط الرسول عليه الصلاة والسلام لمعاوية في 25 ربيع الأول من سنة 41هـ. وهكذا اكتملت مرحلة الخلافة، وبدأ عهد الملك، واستبداده استفحل يومًا بعد آخر، والصحابة كانوا يدركون هذا جيدًا، فهذا سعد بن أبي وقاص يخاطب معاوية بكلام يدل على فهم لحديث رسول الله صلى الله عليه وسلم. [234] وسمي معاوية بالملك ولم يسميه بأمير المؤمنين لأنها أصبحت ملكًا عاضًا أخذت عنوة بالسيف والقوة ولم تأخذ بمشورة من المسلمين. هكذا نقضت أوثق عروة للدين وهي الحكم الشرعي، أي الحكم بما أمر الله ورسوله، وأصبحت ملكًا وراثيًا ضرب بعرض الحائط حكم الله ورسوله وأخل بمبدأي الشورى والبيعة واستبد بالحكم. وقد خصص المودودي مؤلفًا قيمًا خصصه للحديث بتفصيل وتحليل للدواعي والأسباب التي أدت إلى زوال الخلافة وصنف ذلك إلى مراحل مهمة شرح فيها الحوادث التاريخية التي أدت إلى انتقاض عروة الحكم.

وبين كيف تم تحولها من خلافة راشدة إلى ملك وراثي عضوض ثم حكم جبري مستبد متحكم في رقاب المسلمين إلى يومنا هذا. فقد ورد في مؤلف المودودي في "الخلافة والملك" بأن أمر الخلافة لدى الصحابة الكرام كانت تتم انتخابيًا وكان لا بد من الفصل فيها برضا المسلمين ومشورتهم فيما بينهم. وأما الوراثة أو اغتصاب الحكم عنوة فلم يكن لديهم "خلافة" بل "ملكًا". وتوضيح هذا الأمر الجلل نقرأه في مكتوب الإمام المودودي في العبارة التالية. يقول: "إن الإمارة ما أتمر فيها وإن الملك ما غلب عليه بالسيف". [235]

204

تحول الخلافة إلى الملك

لم تكن مرحلة الخلافة الراشدة للصحابة الكرام تمثل بالنسبة للتاريخ السياسي الإسلامي حكومة سياسية فقط، وإنما كانت نيابة تامة كاملة عن النبوة. يعني ذلك أن مهمتها لم تكن قاصرة على تسيير نظم الدولة وتحقيق الأمن وحماية حدود الدولة وإنما كانت إلى جانب هذا، تقوم بواجبات المرشد والمعلم والمربي وهي نفس الواجبات التي كان يقوم بها الرسول عليه الصلاة والسلام في حياته الطاهرة.

كانت الخلافة الراشدة تحمل على عاتقها مسؤولية تسيير نظام "دين الحق" في دار الإسلام كاملًا متكاملًا بشكله الحقيقي وروحه الأصيلة وتجنيد كل قوى المسلمين في العالم وطاقاتهم وقدراتهم الجماعية لإعلاء كلمة الله ومن ثم لم تكن، على الأصح، فلم تكن خلافة راشدة فحسب بل خلافة مرشدة أيضا وتسميتها "خلافة على منهاج النبوة" تبرز خاصيتيها هاتين راشدة ومرشدة، وأي إنسان يفهم الدين ويعي معناه لا يجهل أن الدولة التي يطلبها الإسلام هي دولة من هذا النوع وليست مجرد حكومة سياسية.[236]

فإذا كان هذا حال الحكم القائم على الخلافة الأولى على منهاج النبوة الذي تحقق كتجربة فعلية في العهد الأول الإسلامي، فإن الحكم الذي عقبه بعد ذلك لم يعد خلافة بل ملكًا عضوضًا أخذ بالسيف والقوة وقهر العباد ولم يدع مجالًا للشورى والبيعة اللذان دعمهما الرسول عليه الصلاة والسلام والخلفاء الراشدون من بعده. هكذا نقضت أوثق عروة للدين وهي الحكم الشرعي، أي الحكم بما أمر الله ورسوله، وأصبحت ملكًا وراثيًا ضرب بعرض الحائط حكم الله ورسوله وأخل بمبدأي الشورى والبيعة واستبد بالحكم. وقد خص المودودي في مؤلفه القيم الحديث بتفصيل وتحليل للدواعي والأسباب التي أدت إلى زوال الخلافة حيث صنف الوقائع إلى مراحل مهمة شرح فيها الحوادث التاريخية التي أدت إلى انتقاض عروة الحكم. وفي هذا الامر الخطير الذي قسم التاريخ الإسلامي نقرأ عن سيدنا أبو موسى الأشعري حيث يبين لنا تصور الصحابة الكرام للفرق بين الخلافة والملك، وكان عندهم تصور واضح لا التباس حوله كما حصل في التاريخ الاستبدادي القروني إلى الآن. وتوضيح هذا الأمر الجلل نقرأه في مكتوب الإمام المودودي في العبارة التالية.

يقول: "إن الإمارة ما أتمر فيها وإن الملك ما غلب عليه بالسيف".[237] نفهم من الجملة التعريفية لكلا الحالتين والوضعيتين اللتين عرفتهما الأمة في تاريخها السياسي تحديدًا وفهمًا دقيقًا لمعنى الإمارة أو ما اصطلح عليه الخلافة، وهو هنا ما اجتمع عليه رأي الأمة من خلال التأمير، أي باختيارها الحر لمن يأتمر على أمر دنياها ودينها. في هذا الأمر نقرأ لدى الأستاذ عبد السلام ياسين عبارته الدقيقة التي ترفع كل لبس حول الاختلاف المنهجي بين نظاميين ونهجيين مختلفين لتسيير الشأن العام للأمة.

فلإن كنا في عصرنا وعبر التاريخ القروني الاستبدادي نلقى كثيرًا من المؤرخين والكتاب والمفكرين يتساهلون في إطلاق لفظ "الخلافة" لوصف الدول التي تعاقبت على حكم المسلمين في فترات تاريخية معينة /الخلافة الأموية العباسية العثمانية/ ولإن كان هذا الأمر قد يكون مفهومًا ومقبولًا من طرف بعض الدارسين والباحثين من غير المسلمين لأنهم يتحدثون من نسق معرفي مغاير ومنظومة فكرية مختلفة. فالأمر غير مقبول من المفكرين الإسلاميين لأن مصطلح الخلافة ليس هو مصطلح الملك شرعًا وتاريخًا واصطلاحًا.

وإن ذهب البعض إلى القول بأنه لا مشاحة في اللفظ ما دام المعنى واحدًا، فإن الأستاذ عبد السلام ياسين ينظر إلى هذا الأمر بمنظور مختلف وذلك لاعتبارات عديدة، أولها كون هذا التمييز ليس جديدًا أو سبقًا ادعاه بل هو تمييز جرى به العمل على عهد الصحابة رضي الله عنهم والتابعين لهم بإحسان فيما بعد. والسبب هو قرون من سطوة الحكم بالملكية الأموية والعباسية مما أدى إلى الخلط أو لنقل التزوير في تاريخ الأمة. نقرأ هذا التوضيح فيما كتبه الأستاذ عبد السلام ياسين في مؤلفه "نظرات في الفقه والتاريخ" حيث فصل ونظر بشكل ممنهج منظوره من القضية. "ذهبت الشورى مع ذهاب الخلافة الراشدة، ذهب العدل، ذهب الإحسان، جاء الاستبداد مع بني أمية ومع القرون استفحل واحتل الأرض واحتل العقول واعتاد الناس أن يسمعوا عن الخلافة الأموية والعباسية وهلم جرا وعاشوا على سراب الأسماء دون فحص ناقد للمسميات سماها رسول الله صلى الله عليه وسلم ملكًا عاضًا وملكًا جبريًا وسماها المؤرخون الرسميون خلافة فانطلت الكِذبة على الأجيال وتسلينا ولا نزال بأمجاد هذه "الخلافة".[238]

إنه لما أخل العمل بالقاعدة الأساسية للتنصيب والولاية على المسلمين بشروط التولية من طرف جمهور الناس ورضاهم واختيارهم، فإن الحكم أصبح ملكًا عضوضًا يأخذ بالسيف والقوة.

وقد تغيرت القاعدة مع تولي الصحابي معاوية رضي الله عنه فلم تكن خلافته عن رضا من المسلمين ولم يختره الناس اختيارًا حرًا إنما تأمر عليهم بقوته وسيفه. ولقد كان معاوية نفسه يعرف موقفه ذلك خير المعرفة فقال في خطبة له بالمدينة في بداية عهده :"أما بعد فإني والله ما وليت أمركم حين وليته وأنا أعلم أنكم لا تسرون بولايتي ولا تحبونها وإني لعالم بما في نفوسكم من ذلك ولكني خالستكم بسيفي هذا مخالسة....وإن لم تجدوني أقوم بحقكم كله فارضوا مني ببعضه".[239]

كان لزوال عهد الخلافة القائمة على اختيار الأمة وفاعليتها في تسيير الأمر العام آثار جسيمة على الحياة العامة للمسلمين منها ما ذكرت من زوال العمل بقاعدة البيعة والشورى، ومنها ما هو متعلق بالملوك الذين جعلوا بيت مال المسلمين ملكهم وملك أهاليهم وقوادهم وأمراءهم في الأمصار. وبذلك تزعزعت الحياة الاقتصادية للمسلمين بعد أن تغير وضع بيت مال المسلمين الذي لم يكن يأخذ منه إلا بحق ولا يوضع فيه إلا بحق. أما مع تدبير الملوك لأمر المسلمين فقد أصبح بيت المال ملكًا لهم واستحلوا أموال المسلمين وفرضوا عليهم جبايات غير شرعية ولم يدعوا لهم فرصة المحاسبة. ومع تراجع علماء الأمة وخيارها مع قهر السلطان اختفت حرية الرأي نهائيًا من حياة المسلمين. وبذلك ضاع أهم ركن في الإسلام وهو الأمر بالمعروف والنهي عن المنكر وأصبح القول الفصل للسلطان ولا معارضة جائزة في حقه بعد أن استعلى على القوانين الإلهية واستباح دماء الصحابة والعلماء والقراء.

يشير المودودي إلى مسألة محورية والتي يدور حولها بناء الدولة المتحررة وهي حرية القضاء التي كانت من المبادئ الأساسية في الدولة الإسلامية في عهد الخلفاء الراشدين. فقد كانت مصلحة القضاء مستقلة ولم يكن حتى الخليفة نفسه يتدخل في عمل المحكمة وقرارات القاضي. لكن لما انقلبت الخلافة ملكًا أخذ هذا المبدأ يتكسر ويتلاشى فالأمور التي كان يرغبها أولئك الملوك غير المتوجين لأسباب سياسية أو علل شخصية لم تكن المحاكم حرة في القضاء فيها قضاءً منصفًا عادلًا. حتى صار العدل في القضايا المرفوعة ضد الأمراء والولاة والقادة بل وجلاوزة السلطان ومتزلفي القصور الملكية أمرًا عسيرًا فكان هذا سببا أساسيًا في رفض جملة العلماء الصالحين قبول منصب القضاء...ولقد وصل إفراط الهيئة التنفيذية وتعديها على الهيئة القضائية إلى حد أن كان في سلطة الولاة عزل القضاة. في حين أن هذه السلطة لم تكن في يد أحد في عهد الخلافة الراشدة سوى الخليفة.[240]

كما أن ظهور العصبيات القومية بعودة سائر العصبيات الجاهلية والقومية والجنسية والقبلية تجلت في الحياة العامة بعد أن كان الإسلام قد أخمدها بما يدعو له من تآخ ومساواة بين الناس وإلغاءه للفروق واعترافه بفارق التقوى والجهاد والهجرة والسابقة في الإسلام. في هذا الأمر يذهب المودودي إلى أن حكومة بني أمية قد اصطبغت منذ البداية باللون العربي وتشددت له حتى كاد التساوي في الحقوق بين المسلمين العرب والمسلمين من غير العرب يضيع ويتلاشى ففي ظل دولتهم فرضت الجزية على المسلمين الجدد مخالفين في ذلك أحكام الإسلام مخالفة صريحة، فكان ذلك عقبة كبرى في سبيل انتشار الإسلام.

ليس ذلك فحسب بل تولد لدى العجم إحساس بأن الفتوحات الإسلامية قد جعلتهم عبيدًا أرقاء للعرب وها هم -حتى بعد قبولهم الإسلام- لم يتساووا بهم....ولم يسلك بنو أمية هذا التفريق بين العرب والعجم فحسب بل لعبوا نفس اللعبة بين قبائل العرب أنفسهم فأحييوا في عهدهم كافة المعارك والضغائن والنزاعات القبلية القديمة التي كانت بين العدنانيين والقحطانيين وبين العرب اليمانية والعرب المضرية وبين أزد وتميم وكلب وقيس وكانت الحكومة ذاتها تضرب هذه بتلك وهؤلاء بأولئك. وكان الولاة العرب يميلون إلى أبناء قبائلهم في أمصارهم ويتعصبون لهم ويجورون على من سواهم فحمى وطيس الصراع بين القبائل اليمنية والمضرية في خرسان فجعلها أبو مسلم الخراساني- الداعية العباسي- تقتتل فيما بينها إلى أن تمكن من قلب نظام الحكم الأموي والإطاحة به.[241]

كان لهذه الفتن الكبرى التي توالت على الأمة أثرها السيئ في ظهور الاختلافات المذهبية التي كانت في البداية ذات أساس سياسي ثم تطورت لتصبح ذات أساس عقائدي مذهبي ونظري والتي على إثرها كانت الفرق الكلامية من الشيعة إلى الخوارج إلى المرجئة والمعتزلة والأشاعرة وغيره. تقعد الفقه الشرعي كما تقعد نظام الحكم دولة عاضة كما أخبر الرسول الكريم صلى الله عليه وسلم وذهبت معاني الخلافة النبوية وحلت محلها ملكية وراثية تتسمى بالاسم وتحمل الرموز وتتمرد في قصورها على شرع الله. وتوسعت الدولة في الأرض فقل المؤمنون وتحولت الجماعة مجتمعًا وعز الصاحب المحسن وعزت التربية الإسلامية، وانزوى المؤمنون أهل القرآن والسنة الكاملة فسموهم صوفية وعبادًا. أما الدولة المقعدة فكان لا بد لها من عقيدة مقعدة. ومن هنا نشأ "علم التوحيد" ومن هنا نشأ "علم الكلام". وذهب الفيض النوراني الذي عاش في ظله الصحابة الكرام من الحياة العامة وانزوى في المساجد والرباطات، وبرز العلم الشرعي في ميادين

القضاء وصرف شؤون الدولة. وتشعب العلم النبوي المورث شعبتين، علم ظاهر هو علم السلوك العبادي والمعاملات وعلم إيماني تروي سمي أصحابه صوفية. فأما علماء الظاهر فاختلفوا في جزئيات الشريعة وانتهى الأمر في انتصار المذاهب الأربعة، واختلفوا في الاستدلال على الكليات فظهر المعتزلة وانتهى الأمر إلى انتصار عقيدة الأشعرية. وأما أصحاب علم الباطن فكان منهم الشيعة الذين رفضوا كل ولاء إلا الولاء لأهل البيت من الأئمة المطهرين، وظهرت علوم الصوفية أصحاب التزكية والذكر يأخذ الناس علمهم ميتًا عن ميت ويأخذون علمهم عن الحي الذي لا يموت كما يقول إمامهم الجنيد رضي الله عنه....ومن بين أنصار الشيعة النبوية الصادقين وأهل الطريق نشأت رؤوس الفتنة الباطنية من المعطلة أعداء الدين ومن أصحاب التأويل. ما منهم إلا من يلتصق بأهل الحق ويظهر بمظهره. أما الفلاسفة فقد اتخذوا لهم إمامًا جاهليًا هو أرسطو، أعظموه لما رأوا آلاته العقلانية اللماعة في نظرهم.

ومارس الفلسفة رجال مؤمنون فتفعلوا تفعلًا شديدًا في محاولة الصلح بين العقل والغيب، ومارسها آخرون في قلوبهم مرض فدسوا الكفر والإلحاد في صيغهم وأشكالهم الجاهلية، وبثوا في المسلمين بذور الوثنية العقلانية حتى منهم مجدد القرن الخامس الإمام الغزالي رحمه الله، أما غناؤه في الإسلام وأثره في إحياء الأمة وبعثها من ركام الفتنة فغاية حاول بلوغها بوسائله وفي حدوده ظروفه، فإن كان لم يبلغ أن يجدد الإسلام فينقل عمل المسلمين من المشروع الفردي للمشروع الجماعي فمرد ذلك لانفراد الدعوة التي قام بها ولغياب الوازع السلطاني.[242]

وكتب حجة الإسلام كتبًا منها "إحياء علوم الدين" الذي ضمنه نقدًا لأحوال العامة والخاصة، ونقد الملوك والأمراء ونعى عليهم ظلمهم. وعرف الداء الذي كانت تعيشه الأمة واعتبر العلماء أطباء من وظائفهم علاج المرض الخفي التي تطويه النفوس تحت ظاهر السلوك وبذلك فضح فضحًا صريحًا أعمال العباد حين تعرض لبواطنهم. لكن دعوته لم تكن مدعمة من الأمة لأنها اقتصرت على انتقاد السلوك ودعت للتربية السلوكية الفردية، ولم يتجاوز موقف أبي حامد الغزالي من السلطان النصيحة الظاهرة وبقي يأمل من السلطان تغيير ما به من الفساد الذي استفحل عبر قرون الاستبداد. فلم يكن موقفه من السلطان موقف المعارض لطريقة تسيير البلاد وتدبير أمور العباد. وبقي هذا الأمر أشبه بالحلم إذ لم يأمر الغزالي بالخروج عن السلطان وبقي متمسكًا بالنصح ويضارب عن السلطان الذي ظن أنه سيدعمه في محاربة المبدعين من أمثال الباطنية وبقي يولي الحكم

ويعطي الشرعية للمستظهر العباسي ويدعو لطاعته. فلم يكن مشروعه يمثل دعوة صريحة للتجديد العام ولم يظهر موقفه المعارض للسلطان وبقي معترفًا بشرعيته ويحمل لواء سياسته ويسير تحت ظله ويعمل لصالحه. بقي أبو حامد الغزالي على حاله تلك حتى غادر السلطان ورحل عن المدينة التي عرف فيها شأنه وظهر فيها علمه وفقهه والتي منها اشتهر في الأمصار وراح يبحث عن شيخ يربيه ويخلصه من شوائب نفسه ويطهر باطنه الذي أولاه الغزالي أهمية قصوى في اختلاف مع فقهاء زمانه الذين ركزوا على عبادة الظاهر. وبين كيف أن ظاهر العبادة قد لا يوافق باطنها وأن توافق الظاهر والباطن ضروري لاكتمال العبادة. لكن الأمر لديه اقتصر على التأليف ولم يتجاوزه لدعوة حقيقية داخل مجتمع الناس لعمل التغيير فلم يكن له مريدين ولا أسس جماعة المؤمنين وبقي أمره مقتصرًا على نفسه.

جاء في مؤلف الأستاذ عبد السلام ياسين "الخلافة والملك" تمييز دقيق لكل من معاني وأبعاد مفهومي الملك والخلافة ساقه من سيرة الخلفاء الراشدين وعبرهم التي كانت تنتهج نهج المصطفى وتتحرى الشرعية في كل الأمور الدنيوية والمعاشية. ففي طرحه لهذه القضية ينطلق المرشد من مسألة جوهرية وهي أن الصحابة رضوان الله عليهم لم يكن ليتخيلوا أن الخيانة لدى السلاطين يمكن أن تتجاوز التعسف في الأموال إلى اللعب بمسائل الدين. لذلك أعطوا هذا المعيار الساذج الذي يقتصر في تحديد انحراف الأمر العام بالتعسف في المال العام.

ولإن كانت مسألة المال العام من الأمور الحساسة التي على إثرها ينتفى الحكم العادل والمقسط، فهم بذلك أي الصحابة الكرام قد وضعوا أيديهم على الحقيقة وهي درايتهم بمواطن الضعف في البشر، وهي حبّهم للمال. كان خلفاء النبوة عدولًا في الأموال من جملة ما حازوا من فضل الأسوة الحسنة بالمصطفى الذي ربى تلك النفوس ووجهها الوجهة الصحيحة لتقيم دين الله في الأمصار. فقد أحيوا الدين روحًا وجسمًا، عدلًا واقتصادًا، دعوةً وجهادًا. نفهم من ذلك أن التلاعب بالأموال العامة من بين الصفات التي يتسم به الملك المستبد والذي لا يعبأ إن كان يبذر بأموال الأمة وأنه سيسأل عن حصيلة عمله في دنياه لأن الأمة ولا بد أن تحاسبه يومًا، ثم أمام مولاه حين يعرض على رب الأرباب وملك الملوك. قال القاضي الماوردي: "إن الخلفاء الراشدين كانوا لا يرون الخلافة إلا لإحياء الدين ولا الإمارة إلا لصالح المسلمين. وكانوا أهل رأفة بالمومنين. سيرتُهم العدلُ، وقولهم الفصل. وقضاؤهم الحق. وكلامهم الصدقُ. وقد لبسوا المُسوح والصوف. وجردوا السيوف، يضربون بها وجوه الكفار. وأخذوا

السياط، يقمعون بها رؤوس الفُجّار. حتى فتحوا الفتوح، وهزموا الجيوش، وقهروا الجبابرة، وقتلوا الفراعنة. وأظهروا نور الحق في الغرب والشرق. ظاهرهم الخشوع، وباطنهم الخضوع لله، وبغيتهم الآخرة، والاستخفاف بالدنيا. جعلوها تحت أقدامهم، إذ عرفوها حق معرفتها. ووضعوها في منـزلتها".[243]

أخرج ابن سعيد في الطبقات عن عمر أنه قال: "والله ما أدري أخليفة أنا أم ملك! فإن كنت ملكًا فهذا أمر عظيم! قال قائل: يا أمير المومنين! إنَّ بينهما فرقًا، قال: ما هو؟ قال: الخليفة لا يأخذ إلا حقًا، ولا يضعه إلا في حق. وأنت بحمد الله كذلك، والملك يعْسِف الناس فيأخذ من هذا ويعطي هذا".

وقف الأستاذ عبد السلام ياسين مطولًا عند هذا الأمر، أمر الخلافة للدين والدنيا من خلال أحوال الخلفاء الراشدين وكيفية تطبيقهم الحق للمنهاج النبوي في أمور الدنيا وفي تسيير شؤون المسلمين بما يصلح أمر معاشهم. إذ "كان هم الآخرة وخوف الله يملأ جوانح الخلفاء الراشدين، وكانو يدركون أن الملك فساد، فيخافون أن يقترفوا ما يقترفه الملوك. كانوا يعلمون أن خلافتهم للنبوة تقتضي منهم إصلاح الدين، فلا يكون إصلاح الدنيا بالتعفف عن أموال المسلمين إلا وسيلة لتلك الغاية. جعلوا الدنيا تحت أقدامهم، فملكوا الشهوة والكبرياء، وهما الداءان الفاتكان، يخربان المجتمع إن أطلق لهما العنان. ولا شك أن رأس السلطان إما أنزمهما فتصلح الأمة، أو يرديانه فيفشو الفساد في من حوله، الأقرب فالأقرب.[244]

وفيما ورد عن ابن خلدون في مؤلفه "المقدمة" تحديد واضح لكل من معاني الملك والخلافة والاختلاف الجوهري بينهما، فإن كان الملك هو أحكام سياسية تدبر أمور الدنيا ومصالحها فحسب، فإن الخلافة هي سياسة شرعية همها حمل الناس على العمل بالشريعة حتى تصلح حياتهم الدنيوية والأخروية. لما كانت حقيقة الملك أنه الاجتماع الضروري للبشر ومقتضاه التغلب والقهر اللذان هما من آثار الغضب والحيوانية كانت أحكام صاحبه في الغالب جائرة عن الحق مجحفة بمن تحت يده من الخلق في أحوال دنياهم لحمله إياهم في الغالب على ما ليس في طوقهم من أغراضه وشهواته ويختلف في ذلك باختلاف المقاصد من الخلف والسلف منهم متعسر طاعته لذلك وتجيء العصبية المفضية إلى الهرج والقتل. فوجب أن يرجع في ذلك إلى قوانين سياسية مفروضة يسلمها الكافة وينقادون إلى أحكامها كما كان ذلك للفرس وغيرهم من الأمم. وإذا خلت الدولة من مثل هذه السياسة لم يستتب أمرها ولم يتم استيلاؤها، سنة الله في الذين خلوا من قبل..، وأحكام السياسة إنما تطلع على مصالح الدنيا فقط، يعلمون ظاهرًا من

الحياة الدنيا، ومقصود الشارع بالناس صلاح آخرتهم فوجب بمقتضى الشرائع حمل الكافة على الأحكام الشرعية في أحوال دنياهم وآخرتهم وكان هذا الحكم لأهل الشريعة وهم الأنبياء ومن قام فيه مقامهم وهم الخلفاء فقد تبين لك من ذلك معنى الخلافة وأن الملك الطبيعي هو حمل الكافة على مقتضى النظر العقلي في جلب المصالح الدنيوية ودفع المضار. والخلافة هي حمل الكافة على مقتضى النظر الشرعي في مصالحهم الأخروية والدنيوية الراجعة إليها إذ أحوال الدنيا ترجع كلها عند الشارع إلى اعتبارها بمصالح الآخرة فهي في الحقيقة خلافة عن صاحب الشرع في حراسة الدين وسياسة الدنيا به فأفهم ذلك واعتبره فيما نورده عليك من بعد والله الحكيم العليم.[245]

تحتل ثنائية الخلافة والملك أهمية خاصة في نظرية المنهاج النبوي وسلوك الجماعة، فعلى ضوء هذين المفهومين المتقابلين تتحدد اختيارات الجماعة التغييرية الإستراتيجية ويقوم تصورها لصيرورة التاريخ ولحركية المجتمع، فالجماعة من خلال حركتها في الواقع "الملوكي" تستشرف غد الخلافة الثانية على منهاج النبوة. على أن الخلافة لا ينبغي اختزالها في شكل نظام الحكم السياسي كما يتصور البعض، وإن كان الجانب السياسي طاغيًا لكونه الجانب الأكثر تغييبًا في تاريخ الأمة والأكثر، أيضا، تضررًا في تجربتها السياسية، فالخلافة نظام حياة شامل للأمة ابتداءً والإنسانية جميعًا انتهاءً، ينتظم الإيمان بالله واليوم الآخر وإقامة الصلاة والشورى والعدل في سياق واحد، بمعنى أن الخلافة نظام أخلاقي روحي اجتماعي سياسي واقتصادي. وهنا يكمن تناقضه الكامل إلى حد المفاصلة، كما يقول سيد قطب رحمه الله تعالى، مع نظام الملك الذي ولو فرضنا جدلًا أنه استطاع أن يحقق العدل السياسي والرخاء الاقتصادي في بلد ما أو عصر ما فلا يمكن أن يحظى بالشرعية أو لا يمكن أن نزيل عنه وصمة "الملوكية" ما دام لا ينطلق من قاعدة القرآن. وبهذا الفهم لا يبقى للموقف من الملك معنى جغرافيًا فالملك مرفوض في كل أرجاء الأمة الإسلامية ولا معنى تاريخيًا باعتباره حقبة مضت من تاريخ الأمة الإسلامية.[246] من هذا المنطلق التحليلي ومن كيفية النظر التي ميزت بين حكمين مختلفين جذريا هما الحكم بما أمر الله الممثل في دولة الخلافة والحكم الملوكي الممثل في الحكم العاض والجبري، نفهم جليًا الفرق بين إقامة الدولة على منهاج النبوة التي تطمح جماعة العدل والإحسان تحقيقه في الواقع السياسي للمسلمين الذين يعانون القهر والاستعباد تحت غطاء الحكم الجبري.

لكن الخلافة النبوية لم تكن تجربة سياسية محضة بل وحي إلهي فيه من العلم النظري والعملي والجهاد والاستعداد الدائم للآخرة. فكانت الهموم العلمية القياسية لاستنباط الأحكام الشرعية والحياة العامة تسير سيرًا واحدًا توافق مقاصدها العلم الموصل لعبادة الله الأوحد. وتبعًا لذلك وسيرًا على خطى المصطفى وإحياءً للمنهاج النبوي عمل المرشد عبد السلام ياسين على أن يجعل من علم المنهاج النبوي موضع نظر وعمل في نفس الوقت. فجعل الحكم بما أنزل الله في الحياة العامة للأمة يسير مترابطًا وفقًا لحياة الأفراد ومصيرهم الأخروي. يلزم العودة إلى أصل الداء وهو الاستبداد بالحكم وتوليته بشكل غير شرعي يفهم منه أنه تم الإخلال بالأمر الأعظم في الدين وهو ما أسس له الخلفاء الراشدون والفقهاء المنظرون من بعدهم من تلازم العلم والعمل. فمنذ الانكسار السياسي التاريخي أصبح العلم المستنبط من طرف الفقهاء يسير نحو وجهة مسدودة لا يمكن تطبيقها في الحياة العامة للأمة وبذلك كانت أزمة الحكم غير الشرعي مأزقًا نظريًا لم يستطع الفقهاء إلا تبريره وبشكل غير مأصل من مصدري العلم القرآن والسنة. فإذا كان أس وقلب الحياة العامة للأمة قد هدم من جذوره فما بالك بسلوكيات الناس وأخلاقياتهم إذ لم يعد الحاكم الأسوة الحسنة للناس بل انحلال وتلاعب بالدين وبمصالح العباد. أصبح العلم الشرعي النظري منزويًا عن الحياة العامة وبذلك لم يعد للفقيه دوره في إسداء النصح للحاكم وفي بناء عماد دولة الإسلام وأصبح خطابه منصبًا على بعض الفروع التي فصلوا فيها بشكل مبالغ فيه. فبعد أن كانت خلافة راشدة تسير بالأمة وفق منهاج نبوي واضح وسياسة شرعية تطبق الشورى والاختيار، عادت ملكًا عاضًا وأصبح الحكم يأخذ بقوة السيف لا يوقر فيه شرع الله ولا نهج نبيه وبذلك عاد النظام بمثابة ربقة حول عنق الأمة. فلا هي استطاعت تحت قهر السيف أن تتخلص من الاستبداد، ولا استطاع أن يخلصها منه أفاضل الملوك الذين يعبرون المجال ويبقى النظام بعدهم مستمرًا لا فكاك منه. وما حدث من ثورات فإنما استبدل أسرة بأسرة، وسلالة بسلالة، وعصبية بعصبية.[247] فكذا أصبح الدين مقصوص الجناح مكتوف الأيدي. وأصبحت السياسة مطلقة اليد، حرة التصرف، نافذة الكلمة، صاحبة الأمر والنهي. ومن ثم أصبح رجال العلم طبقة متميزة، ورجال الدين طبقة متميزة. والشقة بينهما شاسعة، وفي بعض الأحيان بينهما عداء وتنافس".[248] هكذا افترق السلطان عن القرآن ولا يجد له من بد للصلح بينهما أو التقارب والتعاون، بل أعلن السلطان عداءه الفادح للعلم وأصحابه ورفض النصيحة التي كانت من مهمات العلماء العاملين والقائمين بأمر الأمة. وصار العلم ورجاله مكتفين تحت ضغط حكم السيف، خاضعين لأهواء السلاطين يسيرون حيثما ساروا. وفقد العلم هيبته وسلطانه وكلمته وتراجع في ركن

الفتاوى، بينما استبد الحكم برقاب الناس واستعبدهم. فقدت الأمة قوتها ووحدتها الإيمانية وأصبحت نيرانًا من الفتن والمروق والخروج عن الدين، ضاعت الأمة في حركة تاريخية الحضارات التي تسابقتها وتنافستها وتجاوزتها. نخرت الأمة الغثائية والتكاثر والتناجش في الدنيا، والتباغض والتحاسد. فلم يعد للعلم دوره الوظيفي الموصل حتمًا للعمل الفردي والجماعي عندما استغنى الحاكم عن دور العالم الفقيه واستفرد بالحكم وجعلها حكمًا كسرويًا. لم يعد الفقيه هو الرادع للحاكم وله قول في تسيير شؤون الأمة، بل أصبح الحاكم هو الذي يردع العالم الفقيه ويخرجه من دائرة الحكم ولم يعد الفقيه قادر على تمثيل الأمة التي عرفت تدهورًا وتراجعًا بعد انتقاض الحكم الشرعي وتلاعب الملوك والأمراء بالدين وبأموال المسلمين. فبدل أن يتجه العلم نحو القضايا الكلية الجامعة التي تنتظم بشكل قادر وقابل لاحتواء الواقع، أصبح العلم جزئيًا لا يتجاوز القضايا الفرعية من فقه للعبادات والمعاملات التي لم تكن تمارس من طرف الحكام. كما أن ضياع حقوق المسلمين بتسلط الظلم وأعوانه واستذلال الحكام للعباد جعل أمر تطبيق العلم الشرعي في الحياة العامة للمسلمين تسير في طريق مسدود. من هذا المنظور التاريخي المرجعي نطرح قضية إحياء المنهاج النبوي من طرف المرشد عبد السلام ياسين المؤسس لمدرسة المنهاج النبوي التي تريد فك قبضة الواقع التاريخي الاستبدادي الذي يهيمن على عقولنا وقلوبنا وتحول دون الرؤية الشمولية للدين. فهم المرشد هذه التجربة وفهم مضامينها وما تطرحه من ضرورة العودة للعلم القرآني النبوي وجعله طريقًا موصلًا للعمل. ولا شك أن فهم هذه التجربة المجددة من نظر منحبس منحسر للدين باعتباره غير قادر على مواكبة الواقع المعاصر يأتي من تبعات قرون من الاستبداد وافتراق السلطان والقرآن. كيف يمكن إعادة انجماع السلطان والقرآن في الحية العامة للأمة وفي منظومتنا الفكرية التي استغربت هو ما يطرحه الفكر المنهاجي لمدرسة المنهاج النبوي. فقد عملت مدرسة المنهاج النبوي على تجديد عمل العقل وأعادت النظر في بنية تركيبته وبنيته حتى يخرج من التقليد والركود ويصبح قادرًا على صياغة الواقع بجزئياته وكلياته بشكل يصبح فيه العلم النظري إحياءً لمعان الإيمان وشخصية المسلم القويمة وللأمة الإسلامية. فعلم المنهاج النبوي يبني الشخصية الفردية والجماعية في مواكبة مع الدعوة إلى الله عز وجل المتبنية لمعان الرحمة والحكمة والسائرة نحو تحقق الخصال وشعب الإيمان. من هذا المنظور المجدد يأخذ العلم مكانًا محوريًا فهو إمام العمل الفردي والجماعي لأن هذين أمرين غير منفصلين فلا يصلح الفرد دون صلاح لجماعة ولا تصلح الجماعة دون صلاح الأفرا

انكسار الحكم وبيعة الإكراه

جعل معاوية من الخلافة مؤسسةً سلطوية فوقية، ذات كيان خاص بها، مفصولةٍ عن الارتباطات القبلية، واعية لنفسها، لها مصالحها الخاصة، مستقلة في قرارها ومالكة لجميع الأدوات اللازمة لتحقيقها بغض النظر عن التوازنات والمصالح القبلية؛ هذه المصالح القبلية التي أخذت تعبّر عن سلوكية جديدة بعيدة عن أطر ومعايير النسب المحض، إذ كانت إفرازًا مباشرًا للفتوحات ونتائجها من جانب. إضافة إلى أنها لعبت دورًا لا يُستهان به في تقرير مصير الحركات السياسية والمواقف الحزبية لهذه المرحلة من جانبٍ آخر.

فضلًا عن ذلك فإن سياسة معاوية هذه كان لها خطرٌ كبير، إذ لأول مرة في التاريخ الإسلامي يتم نسخ الجماعة أو الأمة عن كونها المصدر الأول لشرعية الحاكم والحكم، فمعاوية كان لا ينظر إلى نفسه على أنه خليفةٌ للمسلمين، بل على أنه خليفة الله على الأرض في عباده، وبذلك فقد كفّت الأمّة في عهد معاوية عن أن تكون الحامل والرافع لشرعية الحكم من خلال إجماعها وإرادتها العامة.

إن فهم الانكسار التاريخي الذي حدث بعد الفتنة الكبرى ومقتل ثالث الخلفاء الراشدين ذي النورين عثمان رضي الله عنه ضروري لمن يحمل مشروع العمل لإعادة البناء على الأساس الأول. فهم طبيعة هذا الانكسار، ومغزاه بالنسبة لتسلسل الأحداث وتدهورها بنا إلى الدرك الذي نجد الآن فيه أنفسنا، فهم الذهنية التقليدية التي تدين بالولاء غير المشروط للسلطان، كيف نشأت، وكيف توارثها الخلف عن السلف، وكيف صنعت أجيالًا يسوقها الحاكم المستبد سوق القطيع. فهم الذهنية الأخرى التي رفضت الاستسلام وتشيعت لآل البيت. فهم كيف تغلغلت القومة الشيعية على الحكم حتى انفجرت في عصرنا، فهم كيف تحجرت الذهنية الشيعية على عقيدة إفراد علي كرم الله وجهه وبنيه بالإمامة، وراثة تقابل توارث الملوك العاضين شؤون الأمة. فهم كيف شجرت الخلافات واشتجرت بين فرق النظار والفقهاء، وكيف برزت العقائد المتطرفة من قدرية وجبرية وخوارج ومرجئة. [249]

تضعنا الحركات الإسلامية أمام ضرورة تاريخية تؤمن بالتنبؤ النبوي بقدوم دولة العدل وحقوق المواطنة حيث تطرح هذه الحركات مشاريع لبناء دول حديثة تستلهم روحها من منهاج النبوة الذي يفهم من المقولة النبوية الصادقة التي قرأت المستقبل منذ ما يزيد عن أربعة عشر قرنا، "ثم تكون خلافة على منهاج النبوة". وأمام الوقوف عند البعد الاستشرافي المستقبلي القادر على قراءة التاريخ

والخطاب السياسي النبوي الذي يتأسس على شرعية الحكم الذي يتمثل في التعاقد بين الحاكم والمحكوم كما كان الحال بين النبي كإمام للدولة المسلمة والأنصار.

بهذا الفهم نقارب البنية النظرية والسياسية لبناء الدولة الإسلامية الأولى وكيف تم تثبيتها لمبادئ الاختيار والشورى ورضا الأمة بالإمام، تعاقد رضا وتراض وليس تعاقد إكراه وتعسف واستبداد بالسلطة. هذا هو الأساس النظري والسياسي لتدبير دولة تطرح مبادئ الحرية والعدل والكرامة وحقوق المواطنة وهو البرنامج الذي ينبغي أن تنبعث منه الحركات والأحزاب السياسية التي تطمح لبناء دولة إسلامية. فالوصول للحكم الشرعي الذي سيتحقق حتمًا في المستقبل بعد أن تتهيء الأمة وتصبح في مستوى المسؤولية لتقرر من يحكمها وتتعاقد معه بالرضا والتراضي لإقامة دولة الحرية والعدل وحقوق المواطنة. ولكي تتحقق النتيجة التالية يلزم بناء مكين ومتين ومنهجي للأسس النظرية حتى نستطيع العودة للمخزون التاريخي الذي يؤسس للهوية وحتى ننظر المنظور الواضح الذي يقارب الحاضر ويتجاوز مناطق الضعف والانكسار والخلل في التاريخ الإسلامي بشكل موضوعي ولا يسعى لتضخيم وتمجيد تاريخ موهم يغطي حقيقة الأحداث ودموية الصراعات.

يفهم التحول الذي حصل في التاريخ السياسي للأمة الإسلامية مع تجربة المرشد التنظيرية في طرحه لمفهوم محوري لقراءة التاريخ الفكري والسياسي. وقد صاغه في مفهوم الانكسار التاريخي الذي عرفه الحكم بعد الخلافة الراشدة بعد أن صودر حق الأمة في اختيار الإمام وتحولت مؤسسة الحكم من الشورى إلى الوراثة وسحب بساط القوة والقرار من الأمة وانتهك حقها في اختيار من يحكمها وترتب عن ذلك انتهاك باقي الحقوق من مراقبة مال الدولة ومحاسبة الحكام. هناك انتهت مرحلة تاريخية تم فيها مصادرة حق الأمة في المشاركة والشورى وبدأت مرحلة الإكراه والتعسف والاستبداد في الحكم والسياسة والفكر.

بدأ الاستبداد السياسي حين سطت السيوف الأموية تسعين عامًا حتى أزاحتها عن سد الحكم السيوف الخراسانية التي مكنت لدولة بني العباس. ثم تلى الجيوشَ العربيةَ الفارسيةَ التي خدمت "الخلفاء" العباسيين مدى قرن من الزمان جيوشُ الترك ثم أصناف الأقوام من ديلم وسلاجقة كان "الخليفة معهم مجرّدَ رمز لا أمر له ولا نهي". فقد عمد علماء السلاطين الذين شرعوا لما كان كائنًا في زمنهم يلتمسون له الشرعية ولو كانت مفقودة. وإن كانت نظرية الاستخلاف قد وجدت لها سندًا شرعيًا مؤولًا حتى أصبحت طريقًا مشروعًا لتوريث الإمامة للأبناء، بدعوى جواز العهد لهم كغيرهم، فإن نظرية الاستيلاء بالقوة قد وجدت طريقها أيضًا بعد عبد الملك بن مروان لتصبح الطريقة الثالثة عند كثير من الفقهاء التي تنعقد بها الإمامة، إلا أن هذه الطريقة إنما أجازوها من باب الضرورة، مع إجماعهم على حرمتها مراعاة لمصالح الأمة وحفاظًا على وحدتها؟![250] وهكذا حكم "الأمراء المستولون" من بني بويه وبني سلجوق، ومن شاهات وأتابكة، إلى

أن هجم التتار وخربوا بغداد. ثم حكم المسلمين أصنـاف من المتغلبين الوراثيين من سلاطين وملوك عرب ومماليك عجم.

ولذلك نجد علماء الأمة خاضوا مطولًا في التشريع لما أسموه بالطريق الثالث وهو القهر والاستيلاء، فإذا مات الإمام فتصدى للإمامة من جميع شرائطها من غير استخلاف ولا بيعة، وقهر الناس بشوكته وجنوده، انعقدت خلافته، لينتظم شمل المسلمين، فإن لم يكن جامعًا للشرائط بأن كان فاسقًا أو جاهلًا، فوجهان: أصحهما انعقادها لما ذكرناه وإن كان عاصيًا بفعله.[251]

هكذا أصبح الواقع يفرض مفاهيمه على الفقه والفقهاء، وصارت الضرورة والمصلحة العامة تقتضي تسويغ مثل هذه الطرق دون إدراك خطورتها مستقبلًا، وأن الاستبداد والاستيلاء على حق الأمة بالقوة، وإن كان قد يحقق مصلحة آنية إلا أنه قد يفضي إلى ضعف الامة مستقبلًا وتدمير قوتها وتمزيق وحدتها، كما هو شأن الاستبداد في جميع الأعصار والأمصار، وأن ما يخشى من افتراق المسلمين بالشورى خير من وحدتهم بالاستبداد على المدى البعيد، وهذا ما تحقق اليوم! ولهذا جعل النبي صلى الله عليه وسلم الانحراف في موضوع الإمامة من خلافة راشدة إلى ملك عضوض، واعتبره بداية الانحراف عن السنة والابتداع في الدين وظهور الفتن، لخطورة موضوع الإمامة والأئمة. لقد تصدى الصحابة رضي الله عنهم لهذا الانحراف، وأعلنوا رفضهم له في أكبر حركة احتجاجية في تاريخهم، حيث خرج الحسين بأهل العراق، وابن الزبير بأهل مكة، وابن الغسيل في أهل المدينة، وكانت دعوتهم إلى "الشورى والرضا"، ولم يكن حدث آنذاك أي انحراف عقائدي في فكر الدولة، وإنما كان الانحراف في باب السياسة الشرعية، وكان هذا وحده كافيًا للخروج والقتال كما قال عبد الرحمن بن أبي بكر لمعاوية: "والله لتعيدن الأمر شورى بين المسلمين أو لنعيدنها عليك جذعة" أي الحرب.[252]

ورغم أن طريقة الاستيلاء والتوريث بدعوى الاستخلاف قد فرضت نفسها منذ عصر بني أمية، إلا أن الفقهاء ظلوا ينظرون ويفصلون القول في الطريقة الأولى، وهي البيعة عن طريق اختيار أهل الحل والعقد وشروطها. وفي عملهم التنظيري لحكم الاستيلاء فإنهم ينطلقون من شروط الطريقة الاختيارية ليطبقوها على حكم الاستيلاء. وبذلك وجد العلماء أنفسهم في عملية تبريرية للتحول السياسي الجاري في دولة المسلمين، فهم في عملهم التبريري التشريعي مقهورين تحت وطأة واقعهم، كل ذلك مستكينين طوعًا وكرهًا إلى تساكن مع الحكم العاض والجبري. وقد وجدوا لأنفسهم ذرائع شتى تارة كانت الحفاظ على حوزة الأمة ووحدتها وتركوا أمور الخلافة والإمامة إلا ما اضطروا إلى تشريعه فقهيًا بعقلية تبريرية غير مأصلة من أصولها الأولى.

يذهب الأستاذ عبد السلام ياسين في مؤلفه الخلافة والملك في أمر الاستخلاف مستندًا على القول الذي ساقه الحافظ في "الفتح الباري" بأن ولاية العهد الملكية بدأت وكأنها امتداد للاستخلاف الذي سنه أبو بكر الصدِّيقُ رضي الله عنه عندما استخلف من بعده عمرَ.

كانت ولاية العهد الملكية شكلا أُفْرِغَ من معناه، لأن الخليفةَ الراشد اجتهد للأمة فاختار لها أقدر الرجال، والملوك ما دفعهم لتوريث أبنائهم إلا الحرصُ على بقاء السلطان في السلالة. وشتان بين استخلاف لا يتعدى أن يكون إشارة لراعي المصلحة العامة الخبير بالرجال، ثم ترضى الأمة فتبايعُ أو تختارُ لنفسها، وبين وراثة الملك العاض الناشِبِ أظفارَه في الفريسة، تتعاقب على افتراسها الأجيالُ المترفة! استندوا إلى الدين فجعلوا البيعة ربقة في عنق المتقين. وما فطِن الأخيار، بل تغاضوا، أن بيعة ولي العهد عُقْدَةٌ باطلةٌ لأنَّ أحَد الطرفين غشَّ في النية، وغش في دعوى الكفاءة والعلم والتقوى، وكلها شروط ضرورية لصحة البيعة. نقل الحافظ في الفتح عن الإمام النووي وغيره قالوا: "أجمعوا على انعقاد الخلافة بالاستخلاف، وعلى انعقادها لعقد أهل الحل والعقد لإنسان حيث لا يكون هناك استخلافٌ غيرِه. وعلى جعل الخليفة الأمرَ شورى بين عدد محصور أو غيره".[253] بينما انفتح لباقي العلماء واجهةٌ لمقاومة عدو متسلل إلى العقول والعقيدة فتفرغوا لجمع الحديث وتفريع الفقه وتأصيله، وانبرَوا لتعليم الأمة ودفع التيارات الفلسفية الإلحادية المنحرفة تاركين لِحمَلَةِ السيف مهمة قتال العدو الخارجي، ومهمة إطفاء نار الفتن التي ما فتئ يؤججها في أنحاء المملكة المسلمة المتواسعة طوائف البغاة وأهلُ الأهواء من خوارج وزط وزنج ومزدكية زنادقة وخُرّمية وغير ذلك. ومنذ انكسار عقد البيعة الذي يربط الأمة بالإمام ويخضعه لإرادتها، أصبح الحكم لا يخضع لمبدأ الرضا والشورى ولا يستند على الأحكام الشرعية التي دعمتها التجربة النبوية وطورتها الخلافة الراشدة، وانقسمت الأمة فرقًا وأحزابًا خصوصًا بعد واقعة التحكيم. فكان هذا الاختلاف الذي كان منبعه سياسي لما سمحت به المرحلة الاولى من الدولة الإسلامية من حرية الرأي وحق المعارضة، ولكن الاختلاف السياسي سيتحول لدى بعض الفرق ليصبح اختلافًا عقائديًا. وظهرت بذلك مذاهب فكرية وفلسفية بعد أن توسعت رقعة البلاد الإسلامية ودخل فيها شعوب عجمية نقلوا معهم أفكارًا يحملونها من رواسب الفلسفة والديانة والثقافة التي نشأوا عليها قبل إسلامهم.

كان لتفاعل العامل السياسي مع العامل الفكري العقَدي نشأة مذاهب شتى هي صدْعٌ في معنى الإسلام وفهمه كما كان الصدع في الحكم وفرقة السلطان عن القرآن تشتيتًا لجسم الإسلام. وكان لا بد لعلماء المسلمين من الذب عن حوزة الدين بالحجة والبرهان تاركين للحكام شؤون السيف والسنان. من موقف أئمة الفقه الذين قرأناه في الفقرة الأخيرة وكيف كانوا متحفزين لإصلاح الحكم، تطور الأمر إلى موقفٍ لأتباع مذاهبهم بَنى على قاعدة الأمر الواقع، معترفين بما هو قائم، شاعرين بحدود قدراتهم. وما انتهى القرن الرابع حتى كانت قضية

الاعتراف بحكم السيف الغالب مسألة فقهية مفروغًا منها، وضرورةً لا محيدَ عنها، يُعَرفها الماورديُّ الفقيه الشافعي فيقول: "وأما إمارة الاستيلاء التي تُعقد عن اضطرار، فهي أن يستولي الأمير بالقوة على بلاد يقلده الخليفة إمارتها (...) لوقوع الفرق بين المُكنةِ والعجز."

يعني هذا أن الأمير المستولي بالقوة والمستولي المستبد على "الخليفة" في زمان الماوردي هم بنو بويه ليس في إمكان السلطان "الشرعي" أن ينحيه عن مواقعه، فلا مناصَ من إعطائه "تقليدًا" بمقتضاه تُحفظ لمنصب الإمامة حرمته، ويتم ظهور الطاعة الدينية التي يزول معها حكم العناد فيه، وينتفي بها إثم المباينة له. قال: "لوقوع الفرق بين المُكنة والعجز". بعد الماوردي رحمه الله بثلاثة قرون نجدُ تحت كلمة "العجز" عندما يكتبها علماؤنا نفس الحسرة المكبوتة ونفس الرضوخ "لوقوع الفرق بين الممكن والواجب".

يذهب شيخ الإسلام ابن تيمية رحمه الله في تصنيف ذلك: "وأولو الأمر صنفان: الأمراء والعلماء. وهم الذين إذا صلُحوا صلح الناس. فعلى كل منهما أن يتحرى ما يقوله ويفعله طاعة لله ورسوله واتباع كتاب الله. ومتى أمكن في الحوادث المشكلة معرفة ما دل عليه الكتاب والسنة كان هو الواجب. وإن لم يمكن ذلك لضيق الوقت أو عجز الطالب (...) فله أن يقلد من يرتضي علمه ودينه (...). وكذلك ما يشرك في القضاة والولاة من الشروط يجب فعله بحسب الإمكان"، مُكنة انعدمت، وطالب عجز، وتاريخ السيف "لوقوع الفرق بين المكنة والعجز"، قال رحمه الله: "ومن كان عاجزًا عن إقامة الدين بالسلطان والجهاد ففعل ما يقدر عليه من النصيحة بقلبه والدعاء للأمة ومحبة الخير وفعل ما يقدر عليه من الخير لم يُكلف ما يعجز عنه". من يقرأ ما بين السطور يدركْ تحت كلمات "المكنة" و"العجز" و"القدرة" و"حسب الإمكان" طلبًا دائمًا للحق لم يستقِلْ علماؤُنا عنه، لكنْ أوقفهم عنه واقع حكم عاض له عصبية بها يقوى وليس مع العلماء قوة منظمة. نجد التفرغَ الكامِلَ لواجهة حماية العقيدة والدفاع عنها عند أتباع الإمام أحمد بن حنبل رحمه الله. وما ابن تيمية إلا النموذج الكامل للحنبلي المشتبك مع البِدع والأهواء بلا هوادة. تخَلى ظاهرًا عن مخاصمة السلطان ليتأتى له تحت ظل شوكة حامية الجهادُ لحماية العقيدة. لم يصطفَّ الإمام أحمد رحمه الله مع القائمين على السلطان كما فعل أبو حنيفة ومالك والشافعي. لكنه تصدى وحده لبدعة جارفة قاتلة واجه فيها السلطانَ وكابد وعانى الأذى. وسُجن في الظلام وعليه أربع قيود، وجلَده المعتصم العباسي، وطرحه على ظهره ورفسوه، وعلقوه على خشبتين حتى تخلعت يده. رحمه الله ورضي عنه.

من فرق أهل الأهواء الذين ظهروا بعد الخوارج المُرجئة المتربصون الذين لَم يصوِّبوا رأي الشيعة ولا رأي الخوارج، ومنهم الجهمية والمجسمة ومنهم الزنادقة. وتصدى المعتزلة لمحاجة هذه الطوائف جميعا بكفاءة وحسن نية.

لكن المعتزلة ما لبثوا أن انزلقوا مع التيار الخِصامي، فرجع عليهم السلاح العقلاني الذي استعملوه، وتكلموا في العقائد كلامًا ما عرفه السلف الصالح ولا ارتضاه أهل الحديث من معاصريهم. واحتدم صراع شديد بين المعتزلة والفقهاء والمحدثين، خاصة في قضيتي رؤية الله تعالى في الآخرة ينفونها مخالَفَةً للنص الصريح، والقرآنُ يقولون بمخلوقيته بدعةً ابتدعوها.

كان الإمام أحمد رضي الله عنه بالمرصاد، رد عليهم رَدًّا قويًا، فاستظهروا عليه بالمأمون العباسي وكان من "أصحابهم"، فآذى الإمام وأوصى ولي عهده المعتصم به فآذاه من بعده، وأوصى المعتصم الواثق. واستمر الإيذاء على الإمام الصامد رحمه الله ثمانية وعشرين شهرًا. هكذا نرى مما عرضه المرشد عبد السلام ياسين كيف آل موقف العلماء الذين كانوا في عهد الخلافة الراشدة يعطون الشرعية ولهم القول الفصل في مسألة الخلافة، يقومون وينصحون ويتفقهون في الدين ويواكبون السلطان بما جاء به القرآن، كيف آل هؤلاء مع الحكم العاض إلى العجز التام عن زحزحة الملكية العاضة عن مواقعها وكيف خضعوا لأمر الواقع، بل آل الأمر إلى إضفاء المشروعية على ما كان ولا يزال في ميزان الحق باطلًا!

إن الجور والظلم والعدوان والاستذلال الذي عرفته الأمة الإسلامية العربية كان من طرف السلاطين والملوك خلال تاريخها السياسي، وهي تعرفها منذ مدة مع الحكام الجدد في شكل ملوك وأمراء وسلاطين ورؤساء حاليًا. وهؤلاء الحكام هم سبب ما تعانيه الأمة العربية الإسلامية من الاستكبار من القوى العالمية المستعمرة والمحتكرة للخيرات في تحالف مع الحكومات العربية التابعة المخلصة لمشاريعها بما أن المصالح تتوافق.

لا يفهم هذا الواقع إلا بالعمل على تغييره ولذلك فمن الضرورة في الظرف التاريخي والسياسي للقرن الحالي طرح البديل للحكومات التي زاغت عن تطبيق الحكم الإسلامي كمطلب شرعي أولًا ثم كمطلب تاريخي أتى كرد فعل على الظلم والاستكبار العالمي المذل للعباد المستعمر للبلاد وفشل السياسة الرأسمالية التي انفردت بتسيير العالم في تواطئ مع الحكام المستبدين. فخطاب المرشد يتضمن بشكل عام مشروعًا واضحًا لما ينبغي أن يكون عليه الحكم الشرعي انطلاقًا من سند شرعي وهو المشروع الذي يطرح الشورى والبيعة في الحكم وذلك من خلال العودة للمرجعية الشرعية التي انبنى عليها الحكم الإسلامي والعودة لما كان عليه نظام الخلافة بعد وفاة الرسول صلى الله عليه وسلم الذي كان اختياريًا وعقد تراضٍ بين الخليفة ومن يمثل الأمة. فلم يترك عليه الصلاة والسلام وصية بمن يخلفه من بعده، حسب المنظور السني وهو الغالب، بل فقط الوصية الجامعة التي رواها عن ابن مسعود كل من البزار والطبراني في الاوسط وابن سعد وابن أبي الدنيا، قال ابن مسعود: "دخلنا على رسول الله صلى الله عليه وسلم في بيت أمنا عائشة رضي الله عنها حين دنا الفراق. فنظر إلينا

فدمعت عيناه صلى الله عليه وسلم ثم قال: مرحبا بكم! حياكم الله! آواكم الله! وأوصيكم بتقوى الله. وأوصي بكم الله، إني لكم منه نذير مبين، ألا لا تعلوا على الله في بلاده وعباده. وقد دنا المنقلب والمرجع إلى الله، وإلى سدرة المنتهى، وإلى جنة المأوى، وإلى الكأس الأوفى. فاقرأوا على أنفسكم وعلى من دخل في دينكم بعدي السلام ورحمة الله".[254]

نفهم من هذا الحديث كيف أن العلو في الأرض والاستكبار على العباد كان أهم ما حذر منه المصطفى في وصيته الأخيرة وما كان ذلك إلا حثًا منه لإقامة العدل والإحسان الذي أمر الرحمن إقامتهما في حياة الناس، "إن الله يأمر بالعدل والإحسان وإيتاء ذي القربى وينهى عن الفحشاء والمنكر والبغي يعظكم لعلكم تذكرون" (النحل: 90)، وما حذر منه الأمة في وصيته في عبارته "نذير مبين" يتضمن تحذيرًا ودعوة حقيقية لإقامة العدل والإحسان بإلقاء السلام الذي أمر صحابته أن يقرؤوه على أنفسهم وعلى من دخل في الدين بعدهم، وما السلام إلا صورة من صور إقامة الدين الذي لا يكتمل إلا بإقامة الخلافة الإسلامية على منهاج النبوة.

إن مشروع بعض الحركات الإسلامية في حركيتها لبناء القواعد الأساسية لإقامة الحكم الشرعي تنطلق من أرضية شرعية أصولها القرآن والسنة والخلافة الراشدة واجتهاد كل بطريقته لإقامة دولة الشورى والبيعة بعيدًا عن الجور والتسلط والاستعلاء الذي ظهر بعد ذلك في أصناف الحكم العاض والجبري. إن أساس هذا اليقين والاعتقاد يبينه الحديث النبوي الحامل ببشرى إقامة خلافة ثانية على منهاج النبوة بعد الحكم العضوض والجبري. وبأنه يلزم تكوين وتهيئ الأمة حتى تتحقق البشارة في كل بقاع المسلمين وتتوحد الأمة حول كلمة واحدة ودعوة العالمين لعبادة الله. فإقامة هذا الدين لا يتأتى إلا بمنهاج تربية وتنظيم جهادي تعرضًا واستعدادًا لإقامة دولة العدل التي يرضى الله عز وجل عن كل منا إن بذل قصارى جهده لإقامتها على المنهاج الواضح والنموذج المنير، منهاج رسول الله صلى الله عليه وسلم. فالملك العاض الذي يعض على الأمة بالوراثة وبيعة الإكراه مضى وولى. والمسلمون اليوم تحت القهر الجبري أي الديكتاتوري بلسان العصر، ولهو أفظع من العاض. فالجبر إن كان يلوح بشعارات الدين كما كان يفعل الملك العاض فقد أفرغ أجهزة الحكم والإعلام والتعليم وأفرغ قوانين الحكم من كل معاني الإسلام. وإن هذه الأمة المغلوبة على أمرها بحاجة لمن يربي وينظم جيلًا يحرر الأمة من ربقة الجبر الملحد أو المستتر تحت شعارات الإسلام.

ويقيم للأمة دولة الخلافة الموعود بها عمومًا في آيات استخلاف المؤمنين المستضعفين في القرآن، المنصوص عليها في سياق تاريخي في هذا الحديث النبوي المشرق الذي نضعه بين أعيننا رجاءً يقينيًا، ونورًا هاديًا، ونداءً غيبيًا وتاريخيًا، قد أخذت الأمة تسمع له، وتنتفض تلبية له بما يؤيد الله به عباده من نصر أخذت تباشيره تجلو عنا غسق الفتنة وظلام الجاهلية المحيط.[255]

نستخلص التباين في الفهم لدى الخلفاء الراشدين الأول لمفهوم الاستخلاف وكيف كانوا حريصين على موقف الأمة قبل البت في أمر من يحكمهم من بعدهم والاستخلاف عليهم. فأمر الحكم والخلافة كان دومًا في يد الأمة لتختار الخليفة الذي يصلح أمرها وكان الاستخلاف من طرف الأمة عن طواعية وحرية لا عن استبداد بالحكم وأخذه بالقوة. فكان الفهمان مختلفين متناقضين في عمقهما ولكنه قد يبدو في شكله متشابها. وما تم تأسيسه من فقهيات الاستخلاف لنظام الحكم الملكي العاض بعد حكم الاختيار إلا ومرجعيته التشبيه والعودة بالاستخلاف إلى صنيع الخلفاء الراشدين. ولكن كيف يحق تشبيه ما أخذ بالغصب والقوة والسيف بما أخذ بالحرية والطواعية ورغبة من الأمة.

كان الصحابة رضي الله عنهم يرون في صنيع أبي بكر عندما استخلف إجْراءً رشيدًا. فقد جاء عند الشيخين وغيرهما حديث عن عبد الله بن عمر أنه تجادل مع أم المومنين أُخْتِهِ حفصةَ، هل يستخلفُ والدهما أو لا؟ فذهبت حفصة إلى عمر فقالت: "زعموا أنك غيرُ مستخلف! وأنه لو كان لك راعي إبل أو راعي غنم ثم جاءك وتركها لرأيت أنه قد ضيع. فرعايةُ الناس أشد". وذكر ابن قتيبة في كتاب "الإمامة والسياسة" أن أبا بكر خطب الناس عند احتضاره، وخيَّرَهم بين أن يترك لهم أمرهم يأتمرون ويتشاورون فيه، وبين أن يختار لهم. فقالوا: "يا خليفة رسول الله! أنت خيرُنا وأعلمنا، فاختر لنا".

نستخلص من هذا أن الاستخلاف قد يكون توجيها لاختيار الأمة يساعد على الاستقرار. لكنه إن تم استبدادًا من الإمام يوشك أن يصبح مزلقة نحو الكارثة. والأصل الشورى. روى الحاكم عن علي أن رسول الله صلى لله عليه وسلم قال: "لو كنت مستخلفًا أحدًا من غير مشورة لاستخلفت ابن أم عبد". كان عثمان رضي الله عنه أقربَ المستشارين لعمر، وكانوا يُسَمُّونه رديفًا. فكرة الرديف هذه يمكن أنْ تنفعنا في غد الخلافة لأنها تسد فجوة بعد غياب الإمام ريثما تأتمر الأمة.[256] تمثل العودة لهذه المرحلة من التاريخ الإسلامي ضرورة تاريخية وأساسية لبناء منظور واضح لمستقبل دولة القرآن التي تنتهج بالمنهاج النبوي من أجل تحقيق الموعود النبوي أي الخلافة الثانية على منهاج النبوة. تؤصل هذه العودة بقصد فهم حيثيات تلك الفتن التي تأصلت من نقض العروة الوثقى للدين وهي الحكم. تطرح ضرورة العودة من أجل فهم الانتكاسة التاريخية التي قسمت جسم الأمة وتوزعته فرقًا ومذاهب وأممًا وأقوامًا ولم تبق على الأصل واللب وهو السير على النهج النبوي القويم الذي يجمع بين معجزة القرآن والاجتهاد وفقا لمجريات الأحداث.

من هنا لزم حدوث عودة للأصلين ترفض للقبوع والتقاعس عن المسير والجهاد المطلوب لبناء دولة القرآن وأيضًا لتتجاوز الانتكاسة أو الانتكاسات للانطلاق بقوة وعزم وإرادة صادقة مخلصة الوجهة نحو بناء صرح دولة إسلامية جديدة تقوم أركانها على منهاج النبوة اعتبارًا بقوله عليه الصلاة والسلام، "ثم تكون خلافة على منهاج النبوة".

"تكون"، نلمس ظهورا لمعنى كلمة جوهرية في العبارة وهي فعل "تكون"، فما فحوى هذا التكوين وما ماهيته وما غايته وما المقصود من فعل التكوين هذا، وكيف سيحصل هذا التكوين، ومن سيقوم به؟ إن التكوين هنا لا يمكن أن يترك للقدر بشكل مطلق، كما قد يفهمه بعض العاملين في الدعوة الإسلامية أو القاعدين عن الجهاد متغافلين عن النذارة التي وردت في بداية الحديث المنبهة للحكم العاض والجبري من بعده. تلك النذارة التي سبقت البشارة حتى نعد ونستعد لمواجهة المنظومة السياسية والفكرية القهرية للحكم الجبري التي لا بد من مدافعتها بقوة إيمانية تكتسب بالتربية السلوكية ومجاهدة النفس حتى تستطيع مواجهة الحكم الجبري القاهر للعباد بالجهاد من قلب جماعة المؤمنين المتآخين الصابرين على دعوة الله الذاكرين له في كل الأوقات والأحوال.

فالتكوين الذي يسبق البشارة فيه دعوة إلزامية لفعل التكوين الذي يقصد به هنا التغيير الجذري، إذ كيف يمكن الانتقال من حالة الحكم الجبري الديكتاتوري القمعي الذي ينفي نهائيًا قوة الأمة وحقها في اختيار من يسوسها ليتحول الأمر ويصبح بيد الأمة يوكل إليها أمر اختيار من يسوسها ويكون لها القول الفصل فيه تسييرًا ومراقبةً؟ لن يحصل هذا الأمر إلا أن تقوم الأمة به بأن تخرج نفسها من حالة الانفعال والسلبية والخضوع والخنوع لحكام الجبر لتصبح فاعلة ساعية للعدل والقسط متشبثة بدينها بأن تصير من جديد الأمة الشاهدة الوسطية المجاهدة. معاني كثيرة تتضمن هذا التحول من التجديد في الدين الذي سيخرج الأمة من أمراضها وغثائيتها لتقوم وتكون الأمر العظيم الذي هو البشارة النبوية.

وبهذا المعنى يفهم التجديد في الدين كضرورة تاريخية يقوم بها مجدد يكون قادرًا على إخراج الأمة غثائيتها وتقهقرها وتبعيتها ويوجهها الوجهة الصحيحة حتى تغير ما بها وتدافع النظام الديكتاتوري الظالم. يتضمن التكوين هنا معنى مدافعة الاستبداد الذي يمثله الحكم الجبري ويقصد به بلغة العصر الديكتاتوري ولن يتحول النظام الديكتاتوري إلى خلافة منهاجية إلا بعد أن تحصل مدافعة شديدة تقوم بها الشعوب. لحصول التغيير يلزم الأمة فردًا وجماعة مدافعة الاستبداد ونقضه من جذوره حتى تقبل على بناء ما هي مقبلة عليه وهو الموعود النبوي بشكل منهجي مجدد حتى يكون التكوين والاستعداد على جميع المستويات التربوية والدعوية والتكوينية. وهذا لن يتأتى من دون الفهم الصحيح للثغرات الكبرى التي عرفها التاريخ الإسلامي بعد عهد الخلافة الراشدة.

الباب السادس

العدل مقصد شرعي

تطبيق العدل في المجتمع

مقترحات لبناء العدل

تحرير التعليم

بناء اقتصاد إسلامي

تنظير الاقتصاد

التخلف والتطور

التحرر من ذهنية المغلوب

تطبيق العدل في المجتمع

"إن الله يــأمر بالعـدل والإحســان وإيتاء ذي القربى وينهاكم عن الفحشاء والمنكر والبغي يعظكم لعلكم تذكرون" (النحل: 90).

كان العدل في القضاء والمساواة في العطاء من أهم المبادئ التي أرساها المصطفى عليه الصلاة والسلام في السياسة الشرعية التي هي أساس الحكم والاقتصاد والفكر والحياة الاجتماعية. وكان بيت مال المسلمين يضع فيه بحقه ويأخذ منه بحقه ويستفيد منه المحتاجين والفقراء والمستضعفين بشكل عام. وعلى نفس المسار سار ودعم الخلفاء الراشدون رضي الله عنهم السياسة الشرعية الشورية التي ترعى مصالح الرعية وتجعلها الغاية في كل أعمال السياسة. كان بيت المال ملك الأمة يعطى منه لمن هو محتاج، وللمولود والمرأة والشيخ العاجز وصاحب العيال وغيره. وقد أكد النبي صلى الله عليه وسلم مبدأ العطاء بمقولته القائل فيها: "ما أعطيكم ولا أمنعكم، إنما أنا قاسم أضع حيث أمرت". فإذا كانت الدولة الإسلامية الأولى قد تأسست على مبدأ العدل في القسمة والعطاء ولم تجعل المال دولة بين الأغنياء كما نهى عن ذلك القرآن الكريم، فإن أول مظاهر العدل هي في قسمة المال على المستضعفين والمحتاجين ويصبح مال الدولة من حق الشعب ولا تنفرد فئة صغيرة بالتنعم به بينما الشعب مقهور مغتصب المال والحق.

العدل هو نظام الحكم الإسلامي تسييرًا وسياسةً واقتصادًا، والعدل هو لب السياسة الشرعية التي تقتضي حكم الأمة باختيارها لإمامها ثم بتقويمها له بعد ذلك، فإن كان أهلًا لها كان عليهم السمع والطاعة، وإن انتقض شروط البيعة أقالوه وجعلوا بدلًا له. فمن مقتضيات العدل الشورى والحرية التي تتجلى في الحق في الكلمة الحرة وفي القضاء العادل وفي بيت المال وفي الحياة الشريفة الكريمة. قام الإسلام على هذه المبادئ التي ينبغي تطبيقها في الدول المسلمة حتى تصبح أممها قادرة أن تصبح الأمة العادلة الشاهدة بالقسط والوسطية الداعية للحق. ولن يتحقق العدل في العالم حتى يعم العدل في البلاد الإسلامية عملًا بقول الله عز وجل في الآية الآمرة بإقامة العدل. حينذاك تصبح بعض الأمة قادرة على التفرغ لنشر مبادئ العدل الإسلامي في العالمين. إن الأمر الإلهي بإقامة العدل في المجتمعات المسلمة خاصة والإنسانية كافة ينبغي أن يكون هم الحركات الإسلامية وأن يتصدر مطالبها وبرامجها استعدادًا لإقامة

الموعود وهو الخلافة الثانية على منهاج النبوة والذي نسميه بالحكم الإسلامي الشرعي والنظام الذي يتأسس على الشورى والبيعة.

يذهب مرشد جماعة العدل والإحسان عبد السلام ياسين في مؤلفه "العدل : الإسلاميون والحكم" إلى أن العدل مطلب يتصدر كل المطالب في البرامج السياسية الجادة. والعدل الذي أمر الله به، إقامتُه والتهييء لقيامه، أهم ما تتطلع إليه الأمة المسلمة وتشرئب إلى تحقيقه طوائف الأمة المستضعفة في الأرض، أمة الإسلام. فالعدل بين الناس في الحكم، والعدل في الأرزاق حين تُنتَجُ وحين تُقسم، والعدل تنشُده أمة الإسلام اقتضاءً من النظام العالمي العولمي الطاغي في الأرض، والعدل بين الناس جميعًا أبيضِهم وأسودهم مطالب أساسية ينبغي أن تتصدر برامج الإسلاميين وهم على عَتبَةِ المسؤولية عن الحكم. وإن الوسيلة لاكتساب جُند الله القائمين بالقسط في هذا العصر وما بعده تكمن في القدرة والفهم لإقامة حكم إسلامي قاعدته العدل وجماله الإحسان. حكم يؤسس نظامًا اقتصاديًا سياسيًا أخلاقيًا إيمانيًا متجددًا بتجدد إيمان المسلمين، فاعلًا ناجعًا في إقامة صرح الإسلام من ركام الخراب الديني والمادي والنفسي الذي يُعانيه المسلمون من جراء هزيمتهم التاريخية أمام الغزو الجاهلي لشامل الذي تتمثل صيغته الحالية في حقائق العولمة. [257]

إن أكبر تحد أمام الحركات الإسلامية يتمثل في كيفية تصرفهم العملي المنتج المعطي في ملكية الدنيا التي جعل المولى سبحانه عباده مستخلفين فيها. فإن كان المنطلق أنه مال الله وأنه وضعه في تصرف العباد للامتحان والاختبار في كيفية تصرفهم وصنيعهم مع عيال الله الفقراء والمستضعفين، فذاك.

يذهب الدكتور حاكم المطيري في كتابه تحرير الإنسان وتجريد الطغيان بأن الله عز وجل أرسل رسوله صلى الله عليه وسلم بالكتاب والميزان، رحمة للعالمين، ليقوم الناس بالعدل والقسط، بل لقد جعل الله الغاية من خلق الخلق تحقيق العدل، كما قال تعالى: "الرحمن علم القرآن. خلق الإنسان. علمه البيان......والسماء رفعها ووضع الميزان. أن لا تطغوا في الميزان. وأقيموا الوزن بالقسط ولا تخسروا الميزان." فهذه سورة مكية، افتتحها الله باسمه الرحمن، وذكر الغاية التي من أجلها خلق الإنسان، ومن أجلها رفع السماء، وهي أن يتحقق العدل والقسط، ثم دعا عباده إلى إقامة العدل والقسط فيما بينهم وبين ربهم بتوحيده، وإقامة القسط فيما بينهم بالتناصف وعدم التظالم.

وقد سبقت دعوة إقامة العدل في القرآن المكي الدعوة للتوحيد وعدم الإشراك بالله وهو من أشد أنواع الظلم، كما جاء في قوله تعالى: "قل أمر ربي بالقسط وأقيموا وجوهكم عند كل مسجد وادعوه مخلصين له الدين" (الأعراف: 29)، أكد النبي صلى الله عليه وسلم أن الغاية من بعثه رفع الظلم وإقامة القسط بين الناس. ومما يؤكد أن القسط والعدل مقدمان على ما سواهما هو إقرار الإسلام وقبوله في دولته وسلطانه بقاء أهل الأديان الأخرى على أديانهم وعدم إكراههم على تركها، إذ المقصود إقامة العدل والقسط فيهم، كما قال تعالى على لسان رسوله صلى الله عليه وسلم "أمرت لأعدل بينكم".[258]

وإن كان الله سبحانه قد أمر بالعدل والقسط فإنه حرم الظلم بين العباد بعد أن حرمه على ذاته العظيمة وذلك في الحديث القدسي الصحيح، "ياعبادي إني حرمت الظلم على نفسي وجعلته بينكم محرمًا فلا تظالموا". وإذا كان المال مال الله والإنسان مستخلف فيه ومأمور بإنفاق الخير، يبقى هذا القول فكرة مجردة وكلمة تلوكها الألسن الغافلة، لها جاذبيتها إلى سماء الأحلام. أو تتحول على يد أبناء الآخرة مواطني الإيمان عقيدة راسخة وقاعدة عملية تطبيقية تعري الملكية الشحية الأنانية عن القداسة التي تضفيها عليها الرأسمالية.

من سماء الوحي والأمر الإلهي، وعلى أرض الإسلام، وفي أركان المسجد وصف الصلاة ومجالس الإيمان وحلق العلم، تنزل حقائق الاستخلاف ومسؤولية المؤمن المشرف بأمر "وأنفقوا مما جعلكم مستخلفين فيه" (الحديد: 7)، إلى أداء الأمانة لأهل الأرض وإيتائهم من مال الله في مزاحمة شديدة لأبناء الدنيا الفاعلين الناجحين الرأسماليين، وفي قيادة المستضعفين في الأرض المنتظرين لعدل وإحسان، دلاهم الوعد الشيوعي الاشتراكي بغرور ولم يف بشيء.[259]

وفي حاضرنا الحالي وبعد انهيار النظام الشيوعي وأفوله من الحياة العامة وتخلفه عن تحقيق العدالة الاجتماعية التي تغنى بها لمدة طويلة، يجد الإسلاميون أنفسهم أمام الرأسمالية المتوحشة التي تهدد التوازن الإنساني خالقة بذلك غنىً فاحشًا لدى طبقة صغيرة من المجتمع العالمي التي تتحكم استثمار الأموال بالربا المحرمة مما يجعل المال في حوزة فئة قليلة من المحتكرين بينما باقي الأمم تخضع للفوائد الثقيلة التي تخضع لها وللمجاعة والفقر والمرض والتخلف والاستعمار. الإسلاميون إذًا أمام هذا الخلل العميق، أمام تحد كبير وحاسم لتحقيق طموح هذه الصحوة المتطلعة لحكم إسلامي.

إذ تعتبره المخرج ودواء للداء الذي زرعته الرأسمالية من الظلم الاجتماعي والاستكبار الدولي والعالمي. فما الثمرات الخبيثة التي تولدت عن الرأسمالية المنتجة للمظالم إلا أعراض للتشوهات الملازمة لاقتصاد السوق.

مهما نددنا إذًا بالسارق، فلن نمسك به أبدًا ما دمنا لم نتمكن من تشخيص العاهة الوراثية المخزية للرأسمالية، عاهة أصبحت بادية لعين كل محلل بصير: الربا وعبادة العجل الذهبي. ففي عرف الرأسمالية لا تعتبر الفائدة ربوية إلا إذا تجاوزت النسب القانونية، لأن القوانين المالية للبنوك المركزية الرأسمالية وللمؤسسات المالية الدولية تعين للمال حدًا معينًا لا يجوز لنسبة الفائدة تجاوزه حتى تحقق توازن الموازين الاقتصادية الكلية، وذلك يجعل المال يستفيد من المردود الثابت في مأمن تام. لذلك يضطر العامل والمقاول إلى الكدح لأداء الفائدة وتحمل الخسائر المحتملة وحدهما.[260] من أرض البأساء تتطلع الإنسانية الأسيرة في قبضة أبناء الدنيا الفاعلين المؤثرين المتمكنين في الأرض وأرزاقها وخيراتها وأهلها. فما هي الشروط السياسية العملية لتحويل مجرى الأحداث في مصلحة المستضعفين بقيادة أبناء الآخرة المستخلفين؟[261]

لا إحسان بدون عدل، ولا عدل في العالم إلا على يد المحسنين. ففي تهيؤ الإسلاميين لإقامة دولة القرآن لا بد من أسبقية الدعوة على الدولة اعتبارا ومنزلة. فلا قاعدة لدولة القرآن إلا دعوة القرآن. لكن العدل المعتبر هنا من أولويات عمل الدولة الإلزامي ولقوتها في تطبيق الشريعة طوعًا وكرهًا ببيان القرآن وبأس السلطان. فالعدل هو عماد العمران وركن ركين للسلطان.

إن إقامة العدل والقسط ركن ركين في صرح الدولة الإسلامية، وعلى إقامتهما مدار صلاح الحكم، والاقتصاد، والشورى، والإدارة، والأمر كله. فإن مجتمعا تكون مقاليد الثروة فيه في يد طائفة من الناس لن يلبث أن تعكس قوانينه مصالح هذه الطائفة وأن يستولوا بواسطة قوانين الجور، أو تحريف الكلم عن مواضعه، على السلطان. فإذا كان السلطان والمال، ومن شأنهما أن يتآلفا، مجتمعين في يد طبقة فإن أجهزة الدولة ومحاكمها تدين لقانون الغالب. فباختلال القسط يختل العدل. إن سيطرة الاحتكار الاقتصادي على مصير الشعوب المجوعة البائسة يتجلى في جور طائفة أو طبقة ملكت أزمة المال والأقوات والوسائل المادية، فأتاح لها ذلك التحكم في التوجيه، والقرار، والإعلام، والتربية، وسائر مناحى النشاط السياسي والاجتماعي. فإن صعب على الطبقة الاحتكارية أن تجهر بجورها فإن ما لديها من وسائل مادية وثقافية وسياسية يمكنها من تزوير

228

ديمقراطية تشترى فيها الأصوات من الناخبين وتزور بها واجهة قانونية ظاهرها الحرية والعدل والقسط وباطنها من قبله العذاب.[262]

وإذا كان العدل هو المطلب الذي تسعى إلى تطبيقه في المجتمع الإسلامي جماعة العدل والإحسان من حيث الطروحات التي جاءت في مؤلفات المرشد حول كيفية نشر العدل والقسط، فإن الظلم هو أول ما تواجهه هذه الجماعة وتتبذه وتدافعه تدافعًا متئدا بزرع الوعي المجتمعي بالظلم الممارس عليه والتسلط في حقوقه والتخلخل الاجتماعي وانهيار طاقته الشرائية والبطالة والفقر وغيرها من مظاهر الظلم الاجتماعي الذي يعيشه المجتمع وما ترتب عنه من هجرة عقوله نحو الخارج والشباب الذي لم يلق له المجال ليثبت ذاته ويحقق طموحاته في بلده. إن في إمكان الدولة، ومن واجبها، أن تحل العدل في القسمة محل احتكار الأغنياء، وظلم الحكام، وتبذير السفهاء، والعدل يضمن الحد الأدنى الضروري، يتناول مجال الضروريات والحاجيات حسب التقسيم الشاطبي. والزكاة عماد من أعمدة هذه القسمة العادلة. أما المكمل المحسن للقسمة فهو الإحسان بعد العدل، الذي يغطي مجال التحسينيات.

والإحسان لا تستطيع الدولة الوفاء به، لأنه من دقائق الأرفاق، يتعلق بذمم المؤمنين، ويكون اللحمة المادية للولاية بين المسلمين. أمر الله عز وجل بالعدل والإحسان، ليسد الإحسان التطوعي ثغرات العدل الإلزامي. فإن الدولة لا تستطيع أن تزور المريض، وتواسي الحزين، وتهرع إلى إغاثة الملهوف، وحمل الكل، والإعانة على نوائب الحق. إنما يستطيع ذلك ذو القربى، والجار، والصديق، والشفيق. روى الإمام أحمدوالطبراني والحاكم بسند صحيح أن رسول الله صلى الله عليه وسلم قال: "قال الله تعالى : وجبت محبتي للمتحابين في والمتجالسين في، والمتزاورين في".[263]

وما دامت الدولة غير قادرة على القيام بالإحسان تجاه مواطنيها الذين لا يمثلون همًا أساسيًا من همومها، فإن هذا الأمر منوط إلى عمل الدعوة التي لا يفهم منها عمل وسط الساحة الدعوية فكرية أو سياسية فقط، بل القيام على خدمة المستضعفين والمحتاجين والمعوقين والتائهين والمشردين وضحايا الفياضانات والكوارث الطبيعية المهملين من طرف الدولة الراعية على مصالحها ولا تعبأ بهم إلا من حيث هم رعية خاضعة لأمرهم.

مقترحات لبناء العدل

"بهر العالم عدلُ المؤمنين وعفتُهم ورحمتهم بالخلق بعد وحشية المستكبرين وجشعهم وظلمهم. يكتب ميكائيل السوري، نصراني من ذلك العصر، ما يلي: "إن الرب المنتقم(...) لما رأى شر الروم الذين كانوا يبتزون كنائسنا وأديرتنا ويسوموننا العذاب بلا رحمة، جاء بأولاد إسماعيل من الجنوب ليحررنا منهم.(...) ليس من الفضل الهيّن أن نتحرر من وحشية الروم وشرهم وغضبهم وجشعهم العنيف وأنْ نرتاح من كل ذلك".

وحرر حملة الرسالة أممًا أخرى من الرِّق الاجتماعي والاضطهاد الديني. كان حملة الرسالة قلةً عددًا، لكن عظمة رسالتهم فتحت لهم نفوس الشعوب فسهل عليهم دَحْرَ العدو بحد السيف، سيف قرين القرآن وخادمه... خرجت الرسالة العظيمة من صحراء العرب القاحلة بعد أن أخصبت قلوب البدو الجُفاة، فإذا هم بنعمة الله إخوان. ثم انطلقوا بها يُخَصِّبُون المجتمعات البشرية، يخرجون الناس من عبودية العباد لعبادة الله، يعلمون الإنسانية نَمطًا جديدًا عاليًا من الأخلاق والرحمة والعدل والسياسة... والمستضعفون في الأرض تحت ظلم الجاهلية المعاصرة وضيقها واستعبادها ينتظرون حملة الرسالة جندَ الله ليحرروهم ويؤاخوهم".[264] قال الرسول عليه الصلاة والسلام في الحديث الحسن عن معقل بن يسار المزني: "لا يلبث الجور بعدي إلا قليلا حتى يطلع فكلما جاء من الجور شيء ذهب من العدل مثله حتى يولد في الجور من لا يعرف غيره ثم يأتي الله تبارك وتعالى بالعدل فكلما جاء من العدل شيء ذهب من الجور مثله حتى يولد في العدل من لا يعرف غيره".

في مراحل زحف الإسلاميين إلى الحكم تعترض إرادتهم عوارض العقائد العلمانية الدنيوية، ويثبط عزائمهم قعود السواد الغثائي، ويقلل من فاعليتهم قلة التجربة وضخامة الإرث الخرابي النفسي الأخلاقي الاقتصادي الذي خلفه ذرية الفتنة. وتمضي وفقًا لسنة الله في الكون والأنفس فترة تطول أم تقصر قبل أن يقبل الكافة حكم الشريعة الإسلامية، وقبل أن يستقر السلطان في يد أهل القرآن، وقبل أن تكون الشورى هي القاعدة المقررة المعروفة المعززة لنظام الحكم. هذا هو الشرط الأساسي لإحلال العمران الأخوي، بل بدايته، محل "الحضارة" الغابوية: الاستقرار على الشورى. ثم يأتي شرط المشاركة العامة في تنظيم الجهود لبناء القاعدة الاقتصادية الضرورية ليكون لنا، في يدنا، من مال الله ما ننفق ونؤتي. فإنه إن عمنا الفقر، وجرتنا التبعية في ذيل قطار الرأسمالية، وأرغمت أنوفنا المديونية، وخاننا العجز العلمي التكنولوجي، وتسربت من بين

أصابعنا رؤوس أموالنا، لن نستطيع العيش مع أبناء الدنيا الناجحين، قانونهم التنافسية بلا حدود.

شرط ثالث يمليه الاستقرار الشوري وتمليه بداية نجاح الجهود وتنظيمها، هو شرط اتضاح الأهداف. إن كانت الشريعة ومقاصدها وأوامر الله عز وجل وأمثلة السنة آلة معارضة على لساننا قبل وصولنا إلى الحكم واستقرارنا فيه، فهي بعد ذلك قواعد ملزمة وتكليف وحمل، يرى الله عملنا ورسوله والمومنون، والمسلمون والناس أجمعون، وينتظر الكل ويتربص الكل.

ما كان في الصحف مسطورًا، وفي الصدور أملًا مطمورًا، وفي العقول خطة سابحة في المثالية، يجب أن يصبح برامج حكيمة، قابلة للتطبيق، آخذة في التطبيق، جارية تفرض نفسها بوجودها في عالم الكم والعدد. وهذا يتكامل مع الشرط الرابع، وهو شرط ملاءمة الوسائل المتاحة للأهداف الإسلامية العمرانية الأخوية. العالم يعج بالوسائل المالية المادية العلمية الصناعية. هي في معظمها رهينة في يد أبناء الدنيا. وما فضل منها فوقع في حوزة المسلمين فهو مسخر لأهداف المستكبرين في الأرض.

فعدتنا لأسلمة العلوم والخبرات ورأس المال الشارد منا توازي أو تكاد في الأهمية عدتنا لفرض الأهداف الإسلامية وتحبيبها وإنجاحها. وكل ما نحققه إن شاء الله من نجاح في هذه الميادين يكون للمسلمين والمستضعفين عربون أخوة، وعطاء تأليفيا.[265]

فتحقيق العدل كمبدأ جوهري في نظام الحكم في الإسلام قد اقترن بفعل إمام الأمة المصطفى عليه الصلاة والسلام الذي ألف حوله القبائل والخلائق بالعطاء تأليفًا للقلوب وتجميعًا للقوة الموحدة الناصرة لدين الله. فلما تولى عمر بن الخطاب رضي الله عنه الإمامة عطل في زمانه عطاء المؤلفة قلوبهم لاجتهاده في المسألة بتقديره انتفاء العلة. فلم ير أن يعطى أحدًا شيئا ليحبب الإسلام. لكن العلة في زمننا واقعة بالناس، قائمة بهم فما يحقق للكافة من خير هو دعوة واجبة. وبما أن العدل أمر قرآني فإن تثبيته والعمل به من الضروريات في الدين، فعلى الفقهاء والعلماء والأصوليين والفروعيين والحركيين الخوض فيه وبناء فكر متنور حوله بما أن الأمر يتطلب الاجتهاد وفقا لمطالب المرحلة وليس هناك نظريات جاهزة لكل زمان ومكان.

تمثل الأطروحة التي تتبنى تحقيق العدل في الحياة العامة من السياسة للاقتصاد للحياة الاجتماعية التي تؤطر علاقات الناس، جوهر المشروع العدلي الذي تعمل الجماعة لتحقيقه داخل الأمة. فمن تحقيقه داخل العضو إلى تسريب المفهوم للمجتمع الصغير المغربي إلى الأمة الإسلامية إلى المجتمع العالمي. وإنه من دون تحقيق العدل لا يمكن للمجتمعات الإنسانية أن تسير قدمًا في ظل الظلم

وعدم توازن القوى الاقتصادية والسياسية والحروب والصراعات التي يعرفها العالم حاليًا والتي أغلبها مشنة ضد العالم الإسلامي.

شرطان ضروريان لضمان الاستقرار الاجتماعي في دولة القانون، هما العمل والحق المضمون لكل فرد. لذا لا بد لأمة الإيمان أن تُؤَمِّنَ الحد الأدنى من العدل حتى لا يتضرر أحد، وحتى يتمكن كل فرد من المساهمة بكل اطمئنان في الجهد المشترك. فالظلم الذي سلط علينا من الخارج ليس سوى العقاب العادل للظلم الذي يمارسه بعضنا على بعض. الإيمان بالله مع ما ينبثق منه من تعظيم لشرعه قادر على إيقاظ هممنا وتثبيت خططنا، لأن الإيمان بالله عز وجل لا ينفك عن احترام شرعيته. بهذين الرباطين المقدسين -اللذين تكفلهما تربية المسجد- ستتراص صفوفنا من جديد يدعمها التضامن والثقة، وينير طريقها ويدعم جهودها ثقتها بالله وبموعود الله. بذاك سنتقدم واثقين بربنا، مصطلحين مع أنفسنا، مستهدين بالكَلِمِ الرباني الذي سيمنعنا من التولي أمام زحف العولمة وغيرها من المصائب العظمى الحديثة.[266]

هكذا فبناء هذه المنظومة العدلية تمثل مقترحًا عامًا للإنسانية جمعاء حتى تقدر أن تخرج من المآزق المتنوعة التي تعيش فيها البشرية والتي لا مخرج منها إلا بالعودة الحقيقية للعدل وبذلك فالعدل ليس مشروعًا خاصًا بالمسلمين لأنهم يمثلون الآن جزءًا كبيرًا من الإنسانية، بل يلزم أن يكون مشروع الإنسانية جمعاء وإذا أردت أن تطلع أيها القارئ البصير على مقترحاتي في هذا الباب فارجع لمؤلفي التالي[267].

تتحقق العدالة الفردية من منظور العدل والإحسان بواسطة المنهاج التربوي الذي يقترحه المنظر والمرشد عبد السلام ياسين، فهو يقدم مقترحات إسلامية أسسها وبناها من خلال قراءة متفحصة للثرات النبوي والإسلامي عامة. لكن هذا لا يعني أن التهيئ الفردي لتحقيق العدالة يسبق تحقيقه في المجتمع الصغير ثم في الأمة الإسلامية جمعاء، بل يسيران في موازاة مع بعضهما البعض. فالجماعة تعمل على تهييء الفرد ولكنها في نفس الوقت تقوم بتهييء المجتمع من خلال مؤسساتها المتنوعة والمتخصصة في السياسة والتنظيم للقيام بأمر الأمة من المدافعة عن المستضعفين من إخراجهم من الظلم الاجتماعي والاقتصادي والسياسي. ولكن وقبل كل ذلك كله بإخراجهم من الغفلة وإعدادهم للآخرة حتى يتحقق الموعود الأعظم، ولن يتم ذلك حتى يتحقق التغيير الحقيقي لما بالنفوس من وهن وغثائية ليصبح الجميع مجندًا خادمًا لدعوة الله وداعيًا إليها. انطلاقا من الأمر الإلهي بنشر دعوة العدل في العالمين ونصرة المستضعفين، يجد الإسلاميون العاملون أنفسهم أمام عالم الرأسمالية الفردانية الذي قتل كل معاني التعاون والتآخي في بناء العمران. يلزم خوض غمار عالم الرأسمالية المستبد والقاهر للكينونة الإنسانية والمنافسة فيه ومقاومة آلياته

العمياء، واعتبار الشرع والحكمة والبصيرة العارفة بكيفية مدافعة الأمم والدخول في مخاض العالم أمر لا مفر منه.

فمن سيرورة العالم المتناقضة بين عالم له إنتاجية مهيكلة ونظام اقتصادي متطور بمؤسساته الربوية البنكية وشبكاته التجارية المتحكمة في رقعة الأرض، وبين عالم تابع مفقر غير منتج يطرح التحدي الأكبر لبناء وتحقيق العدل. وإن تحقيق الأمن والاستقرار لدولة القومة ينبغي أن تكون من الأوليات لدى القائمين عليها ومن تم فإنه لزم جمع الأموال الكافية من خلال مبدأي البر والبذل بجميع الأشكال من الزكاة إلى غيرها من الضرائب المفروضة على الأفراد حسب وضعهم المالي حتى يتكون الرصيد المالي الكاف في خزينة الدولة أو "بيت مال المسلمين" حتى تستطيع الدولة تحقيق الأمن وتدعيم أركانها ضد أي اعتداء من الداخل أو الخارج. وإن تم لها ذلك، أي الاستقرار، فإن المال سيوظف في خلق مشاريع تنموية تستفيد منها الفئة المستضعفة والعقول المعطلة وأن توظف لفتح مجال للأبحاث العلمية. الزكاة في ظل الخلافة الثانية إن شاء الله ينبغي أن تتجدد حيويتها، ويتوسع نطاقها، وأن تستخلص من خصوصية الفريضة الفردية الاختيارية التي يؤتيها أو يمنعها من يشاء لتصبح واجبًا عامًا، وسياسة للدولة، ومصدرًا قارًا.

إن اقتصاد المسلمين، في ظل التبعية للاقتصادات القوية الفاعلة في العالم، يشكو من جملة ما يشكو النقص في رأس المال، وكسل الرساميل الموجودة، وعجزها عن المشاركة في التنمية، وهروبها من بلاد المسلمين إلى حيث يغدوها الربا ويسمنها. يسمنها رأي العين، وهي المنفوخة الممحوقة. فإلى جانب وظيفة الزكاة الضمانية التوزيعية حيث يصيب منها الفقير والمسكين وسائر الأصناف الثمانية المذكورة المفصلة في القرآن، ينبغي أن تقوم الزكاة بوظيفة التوفير والتجميع والاستثمار والتنمية. ففي أصل فرضيتها على المال النامي حافز على استثمار المال مخافة أن تأكله الزكاة. وفي فقه إغناء الممنوح مدرجة للتوفير والتنمية وقد قال فقهاؤنا رضي الله عنهم بأن صاحب الحرفة يعطى من الزكاة ما يجهز به حرفته كائنًا ما كان.[268]

الحكم الشوري من سياقه الإنفاق.. فأهل الشورى من مؤهلاتهم فرادى أن ينفقوا، ومن وظائفهم المؤسساتية أن ينظموا الإنفاق لتكفل الدولة حاجات الناس الأساسية من موارد الزكاة، -الزكاة هذا الدين المعطلّ-ولتُموَّل التعويضات الضرورية، والصحة، والسكن، والتعليم من ضرائبَ تُفرض على الناس مساهَمَةً في النفقات العامة التي لا قيام لدولة حديثة بدونها. لا يقوم التطوع الفردي، ولا المنتظم في جمعيات إحسانية، مقام ترتيب الدولة. والزكاة الركْنُ الاجتماعي من أركان الإسلام صِلة أخرى بين العباد وربِّ العباد. صِلَة ماديةٌ لها مقاديرُ ومواقيتُ ومستحقون. عبادةٌ هي، وشرط هي في صحة إسلام المسلمين، لكنها لا تُؤدّى إلاّ في المسلمين، وبين ظُهْرَانيْهم، لتساعد الفقير، وتَرْفِد المسكين، وتنظِم

التكافل الاجتماعي، وتحبِّبَ إلى الناس الإسلام لما في البذل والعطاء الإسلاميّيْنِ من حفظ كرامة وضمانِ عيش، ولتحرر الرِّقابَ من العبوديات لغير الله، ولتفُكَّ ذِمّةَ المَدِينِ الغارمِ، ولتُبَلِّغَ المُنقطع الغريبَ مأمنه، ولتجهِّز الجماعة المسلمة بلوازم الجهاد في سبيل الله.[269]

الزكاة عبادة جماعية بوسائلَ مادية اقتصادية كما هي الصلاة عبادة ترفع الجماعية في أدائها قيمتها الروحية، ونورانيتها التربوية، وثوابها عند الله أضعافًا كثيرة. والزكاة قد اقترن ذكرها في القرآن دومًا بإقامة الصلاة فهما متلاحمتان لا تنفصلان عن عمل المسلم الساعي لبناء مجتمع مسلم متآخي باذل ومتعاون ولذلك الأمر العظيم قام أمير المؤمنين الخليفة الأول للدولة الإسلامية بمحاربة مانعي الزكاة لأنها من الدين وبها يكون التكافل الاجتماعي.

يدعو المرشد إلى مجتمع لا طبقي يرفض الفوارق الطبقية التي تجعل فئة صغيرة من المجتمع تستحوذ على خيرات البلاد بينما السواد الأعظم يتخبط في الفقر والحرمان والتهميش والظلم الاجتماعي، ولذلك فمن مقترحاته في إقامة العدل تبنيه للمفهوم الإسلامي ودعوته لللاطبقية. عندما نقول "لا طبقية في الإسلام" نعني بالضبط أن محو الطبقية هدف إسلامي. فليستقر في ذهننا أن فتنة هذا الزمان أضافت إلى العصبيات القبلية القومية العتيقة، وهي تقسيمات عمودية عتيقة، تقسيمًا آخرًا أفقيًا يرفع الشرسين، والحاذقين، والماكرين، والوصوليين، والأوباش أعلى السلم الإجتماعي، ويضع المحرومين من العاملين، والفلاحين والعجزة والعاطلين، أسفل السلم الفتنوي. هذا واقع ردئ ويزداد رداءة. والإسلام مع المستضعفين دائمًا حتى يفئ الناس إلى أمر الله، وهو العدل والإحسان. لكن الإنتقال من سلم الظلم وفئة الإستكبار إلى ميزان الإيمان والإسلام ممكن في كل وقت لكل تائب. وإن الإسلام لا يطبع على جباه الناس انتماءهم الطبقي يلاحقهم لعنة أبد الدهر، ويحاسبون على أنهم بنو فلان أو من أسرة علان.[270]

كان هم الطبقة المستضعفة في عهد الخلافة الإسلامية الأولى حاضر لدى جميع الخلفاء الراشدين وكانوا حريصين على إعطاءها حقوقها من الزكاة وغيرها من العطايا المخصصة للفئات المحرومة. وقد عرف أبو بكر الصديق رضي الله عنه بهذا الحرص على حقوق المستضعفين، ولذلك فإنه حارب من رفضوا دفع الزكاة وهي مورد أساسي من موارد بيت مال المسلمين. ولا ننسى ما عرف به الخليفة عمر بن الخطاب رضي الله عنه بعدله وسهره على الأمة والمستضعفين منها، يتفقد الجائع والمحروم والمعدم ولا ينام حتى يتفقد رعيته. كما نجده رضي الله عنه أيضا يفهم من قوله تعالى: إِنَّمَا الصَّدَقَاتُ لِلْفُقَرَاء وَالْمَسَاكِينِ. أن لفظي الفقراء والمساكين عامان يشملان كل من يتصف بهذه الصفة حتى إنه أدخل فيها فقراء أهل الكتاب، فأعطاهم جزءًا من الزكاة. فقد رأى ذات مرة ذميًا ضرير البصر على باب المدينة، فسأله مالك؟ فقال: استكرهوني في هذه الجزية حتى إذا كف بصري تركوني وليس لي أحد يعول علي بشيء. فقال عمر: ما أنصفت إذًا،

فأمر له بقوته وما يصلحه، ثم قال: هذا من الذين قال الله فيهم، إنما الصدقات للفقراء والمساكين.[271]

فأدخل في هذين اللفظين كل من تحقق فيه شرط الحاجة والعوز من غير تمييز بين مسلم وذمي، لهذا قال القرطبي: "ولفظ الفقراء لا يقتضي الاختصاص بالمسلمين دون أهل الذمة، ولكن تظاهرت الأخبار أن الصدقات تؤخذ من أغنياء المسلمين فترد على فقرائهم. وقال عكرمة: الفقراء فقراء المسلمين والمساكين فقراء أهل الكتاب".[272] عرف سيدنا علي كرم الله وجهه بنفس الخصلة فهو في نهج البلاغة لا ينفك يتحدث ويوصي بالطبقة المستضعفة ويحرص على حقوقها التي قد يغفل عنها الوالي. وقد كتب رضي الله عنه في عهده للأشتر رحمه الله يوصي بالطبقة المستضعفة، قال: "ثُم اللهَ اللهَ في الطبقة السُّفْلَى من الذين لا حيلةَ لهم، والمساكين، والمحتاجين، وأهلِ البُؤْسَي والزَّمْنَى ! فإن في هذه الطبقةِ قانعًا ومُعْتَرًّا -السائلُ باللسان والمحتاج الذي يستحيي أن يتسول. واحفظ لله ما استحفظك من حقه فيهم. واجعل لهم قِسما من بيت مالك، وقِسما من غلات صوافي الإسلام في كل بلد -الصوافي هي أراضي الدولة. فإن للأقصى منهم مثل الذي للأدْنَى. وكلٌّ قد استُرْعِيتَ حقَّه، فلا يَشْغَلَنَّكَ عنهم بَطَرٌ طغيان وترف. فإنك لا تُعْذَر بتضييعك التافِهَ لإحكامك الكثيرَ المُهِمَّ،لا تعذر إن اعتبرتَ إنصافَ الفقراءِ وتخصيصَهم بأراضي الدولة من التوافِه، وأهملت تلك الحقوق معتمدًا أن غيرَها أهم. فلا تُشْخِصْ همَّك عنهم، -أي لا تصرف اهتمامك عنهم، ولا تصَعِّر خدَّك لهم -لا تتكبر عليهم. وتَفَقَّدْ أمورَ من لا يصل إليك منهم ممن تقتحمه العيونُ تحتقره، وتَحقِرُهُ الرجال. ففرِّغْ لأولئك ثِقَتَكَ -أهل ثقتك- من أهل الخشية والتواضُع...فإنَّ هؤلاء من بين الرعية أحوجُ إلى الإنصاف من غيرهم.... وتعهَّدْ أهل اليُتْمِ وذوي الرِّقَّة -الضعف- في السنِّ ممن لا حيلةَ له، ولا يَنْصِبُ للمسألة نفسَه وهو المعتر".[273]

في حساب المومنين، وفي ميزان الحق، ليس رد المظالم، وإقامة القسط، وإنصاف المغصوبة حقوقهم جورًا. لكن شعور القوم بأن كل ذلك يهددهم، وما ينتج عن هذا الشعور من خيفة، وقعود عن الكسب جملة، وكساد في الاقتصاد من جراء ذلك، يدخل على القومة الإسلامية أسباب الشدة من كل أبوابها. فإما يداهن رجال القومة في الحق، ويُسوفون اتخاذ القرارات اللازمة، وإما يبادرون إلى ما ليس منه بد. والآمال من القاعدة المنتظرة عِراض في أن يفد عليهم الرخاء في حلله الزاهية، واليد قصيرة، والضغوط من كل جانب. هنا يحتاج من جند الله إلى خصلتين عظيمتين تلتقي بهما جهود الأمة لتقاوم جيوش خيبة الآمال وفساد الثقة.

أولاهما وأهمهما: وجود كتلة قيادية مجندة واعية بما تعنيه القومة من صعاب. ألا وهي الجماعة الإسلامية المتصدية أو رابطة الجماعات المتحالفة، ومن حولها الشعب ملتفًا واثقًا باذلًا الثمن من تضحيات يومه ليؤمِّن بعد محنة الشدة

رخاء الغد. والأسلم أن تصارح دولة الإسلام في مهدها، ولدى أول خطواتها ودائمًا الأمة بحقائق ما يجري، وحقائق ما يتوقع.

وإن أساليب الخداع والوعود الكاذبة أخس خلقًا وأفدح بلادةً من أن تليق بالصادقين. على أن التضحيات اللازمة يجب أن توزع توزيعًا عادلًا، ينال منها حظه من لهم شحم ولحم قبل الحفاة العراة. ورحم الله أمير المؤمنين عمر بن الخطاب الذي امتنع عن أكل السمن عام الرمادة، وهو عام مجاعة، يواسي المسلمين بنفسه، ويتساءل عندما سألوه لم لا يأكل السمن مع جدته إياه : "أكُلُّ المسلمين يجد ؟".يلزم الأمة الواثقة بقيادتها أن تنفق أيام التحول من مراتع الظلم إلى غد العدل من كنوز الصبر. ويعطي جند الله المثال. فلو صدقوا الله لكان خيرًا لهم.

الخصلة الثانية، تلحق بالأولى في كونها من نعوت الصبر : ألا وهي التدرج إذا كانت الأهداف واضحة أمام القيادة، فإن عدم وضوح الطريق إليها، والوسائل، وضرورة الاستفادة من عامل الزمن، قد يدفع القيادة للتسرع، وقد ينطق ناطق ثرثار بما يهول الموقف على رجال الاقتصاد المتسمعين من وراء الباب، وقد تصور لهم حساسيتهم البالغة كل إجراء للدولة اعتداء عليهم فينقبضون.

لا مندوحة عن اتخاذ الإجراءات لتحويل مجرى الأحداث من أول يوم. لكن بين هذا وبين كسر الآلة الاقتصادية فرق. لابد من البداية في إنصاف المحرومين من أول يوم، لكن وعد الناس بالرخاء العاجل تغرير. ولن يأتي الرخاء بدون ثمن، كما أن القومة نفسها لن تبرز من عالم الآمال لعالم الأحداث بدون ثمن. في ركب واحد، في موكب الفضل، يتحلى الشهداء بدمائهم والصابرون في البأساء والضراء وحين البأس بصدقهم. وإنها لمعركة شديدة نحو الرخاء لابد للأمة جميعًا من خوضها. وإنها لعقبة وعرة، من جملة أخطارها أن يستدرج التساهل وحب السلامة....هل يمكن التحول من الظلم ومخازيه إلى العدل ورخائه بدون حرب طبقية، وبدون كسر آلة الاقتصاد الموروثة، وبدون قطع الأعضاء المريضة من الأمة، وبدون التراجع عن هدف التغيير الجذري اكتفاء بالطلاء الإصلاحي؟ حكمة نرجو الله جلت عظمته أن يؤتيها أحبابه، وتؤدة لا يعرفها الثوار الجاهليون نرجو من فضله أن يلهمها الصادقين، وسنة نبوية ما يلقاها إلا الذين صبروا، وما يلقاها إلا ذو حظ عظيم.[274] إن كان غضبُنا من جانب العدل على شيوخ النفط وملوك العض وسلاطين أمريكا مشروعًا مفهومًا، فإن غضبنا من جانب الإحسان على السكتة المُريبة عن حقائق الآخرة أكثر مشروعية. وكيف تُعَبّرُ كلمة "أكثر" الكَمِيَّةُ عن تفاوت ما بين الدنيا والآخرة؟

شيوخ النفط ورؤساء الدولة -العشيرة ينهبون منا يدًا بيد مع اللصوص العالميين مادة عيشنا. وهو ظلم شنيع، وأَثَرَةٌ مؤذية، وهضم لحق ثابت من حقوق الأمة في أموالها، وتنكر لحقوق الإنسان في العدل. وتلك معركة لا نهرُب منها لنجد في الحديث عن الآخرة سُلْوانًا. كلا! وإنما هي معركة واحدة متصلة متكاملة في ضمير المؤمن وعقله وطموحه وجهاده.

فالدنيا ومقوماتها وخيراتها وعلاقاتها وعدلها وحرمانُها وسياستها واقتصادها طريق ووسيلة سفر. والآخرة وما عند الله عز وجل فيها من جزاء ونعيم وعقاب وعذاب وجنة ونار خالدين فيها هي المستقر.

فمتى سكتنا عن البلاغ الأخروي، وانشغلنا بمناوشة أعداء الدنيا عن الآخرة فقد انقطعنا وانجرَرنا مع تيار الدنيا وانسقنا مع منطقها. وعندئذ فلا قيمة لنا عند الناس لأننا لم نبلغهم رسالة الله العزيزة، ولا قيمة لنا عند الله لأننا خنا أمانة الله. قال الله تعالى: "إنا عرضنا الأمانة على السماوات والأرض والجبال فأبين أن يحملنها وأشفقن منها. وحملها الإنسان إنه كان ظلوما جَهولا. ليعذب الله المنافقين والمنافقات والمشركين والمشركات ويتوب الله على المومنين والمومنات" (الأحزاب: 72-73).

قال ابن عباس رضي الله عنهما: "الأمانة: الطاعة والفرائض". وقال: "عُرِضت على آدم فقيل له: خذها بما فيها: فإن أطعتَ غَفَرْتُ لك، وإن عصيت عذبتك". هذا هو حق الإنسان الخالد السامي الأسمَى: أن يكون عبدًا لله عز وجل، عاملًا للقائه، آملًا في جزائه وجنته، خائفًا من عقابه وناره. هذه هي كرامته الآدمية، كل حق يطالِبُ به ما دون ذلك من حقوق الدنيا فهو له حقٌّ شرعي إن كان نيلُه يقربه من غايته الأخروية. ومن حقه أن يجاهد عليه مَانعَه. وكل "حق" من "حقوق الإنسان" يُلهيه عن آخرته فهو حظ من حظوظ النفس، لا يبالي به أهل الإيمان إلا من حيثُ كونُه مستضعفًا في الأرض تجب نُصرتُه. ينصره الإسلام ليُسمعَه في مَأْمنهِ بَلاغَ الإسلام.[275]

وما جاء دين الإسلام وما نزل الوحي الإلهي على النبي القرشي عليه الصلاة والسلام، وهي ضمن المستكبرين المتألهين من القبائل العربية الجاهلين والمتعنتين إلا ليعيد موازين القوة التي احتكرها الأسياد المتسلطون على رقاب الناس المستضعفين ويخرجهم من جاهلية الكفر أولًا ومن ظلم الظلمة القاهرين. فالترفِ والاستكبار في مدلوله القرآني له أبعاد لم تتوصل لها التحليلات البشرية من حيث كون المترفين المستكبرين يصُدون عن سبيل الله ويحاربون دينَ الله ويقاتلون أنبياء الله. فدين الله يقصد دومًا تحرير الإنسان من عبودية البشر وتخليصه من عبادة الأوثان والكفر بالله وهو أعظم الظلم.

والمستضعفون في اللفظ القرآني ليسوا طبقة محرومة اقتصاديًا، مقهورة سياسيًا، محتقرة اجتماعيًا فقط، بل هم طبقة ممنوعون أيضًا من التكتل ومقاومة الظلم تحت لواء الإيمان بأن لا إله إلا الله. الإسلام دعوة للعدل وهي تتضمن مطالبة قوية مدافعة لاستيراد حقوق المستضعفين حتى يقدروا على عبادة الله طاعمون وآمنون وذاك حقهم في معاشهم ودنياهم الفانية التي هي قنطرة ضرورية للآخرة. "فليعبدوا رب هذا البيت الذي أطعمهم من جوع وآمنهم من خوف" (قريش: 3-4). إنه هو المطعم والمؤمن سبحانه وما أسباب التدافع الإنسانية إلا من تقديره وقدره الرحيم بعباده.

تحرير التعليم

"بسم الله الرحمن الرحيم، اقرأ باسم ربك الذي خلق، خلق الإنسان من علق، اقرأ وربك الأكرم، الذي علم بالقلم، علم الإنسان ما لم يعلم" (العلق: 1-5).

يبدأ هنا بالسؤال عن السر وراء ابتداء الوحي بعبارة "اقرأ" ولماذا كان أول ما بدأ به الوحي الإلهي هو الأمر بالقراءة بالتشديد، إذ جعل الله سبحانه وتعالى من القراءة والعلم والتعلم أولَى لأولويات. لكن لمن ترجع هذه المسؤولية التي تقضي تعليم المسلم القراءة، وأين هي الدول والحكام من هذه المسؤولية، فنسبة الأمية في العالم المسلم تتجاوز ما يمكن يتصوره.

وهل إذا غفلت هذه الحكومات عن مسؤولية التعليم وهي من مسؤولياتها العظمى تجاه الشعوب وإن قصرت في هذه المسؤولية ستجني من وراءها نهايتها وأفولها إذ التعليم مكون أساسي للتنمية البشرية ضمن أية حضارة. فإن غفلت الحكومات فهل يغفل عنها الأفرادا في المجتمع والجماعات ؟

نتعلم من هذه الآية أنه على الإنسان أن يحرص على تعلم القراءة واكتسابها لأنها وسيلة تحصيل المعلومة والمعرفة. وهي حق أولي لا يتنازل عنه إذ يكون السعي لتعلم القراءة من أولى الأولويات في حياة الإنسان منذ الصغر. فالقراءة وسيلة للمعلومة والتعلم، والعلم هو الطريق للاعتقاد الصحيح والعبادة التي تكون عن علم وليس عن جهل وتلك هي العبادة الموافقة للشرع.

هكذا يفهم افتتاح القرآن وابتداء الوحي بالعبارة الآمرة اقرأ التي تُعلم الرسول صلى الله عليه وسلم ويحث الأمة جمعاء لتعلم القراءة التي هي وسيلة لتعلم العلم اللازم الموصل للمعرفة. التعلم يقود للمعارف ويحرر عقل الإنسان من الجهل والاتباع الزائف غيرالمبني على العقل والتقليد المتواتر بدون اجتهاد. وبافتقاد الإنسان للعلم لا يتوصل لمعرفة الخالق ولا تتحقق العبادة الصحيحة، ولا ترتقي من قيمة الإنسان وتحرره من الخضوع لسلطة لا تحترم آدميته وعقله وإمكانياته لتعلم المعارف ولا تبرز قدرته على استقبالها بواسطة ملكاته وعقله. يفهم من الأمر الإلهي أنه جعل من القراءة وسيلة للتعلم وبين أن القصد من تنزيل النص القرآني هو أن يصبح منبعًا ومصدرًا للمعارف الثاوية في الكتاب للتعلم منها. فالذي بعث الكتاب هو الله سبحانه وتعالى وهو أول معلم للنبي محمد عليه

الصلاة والسلام وللأمة جمعاء. والذي جاء بالوحي هو الملك جِبْرِيل عليه السلام الذي كان عونًا على حمل الرسالة وقراءتها وفهمها. وإنه لتشريف للتعليم والقراءة إذ ابتدأ التعليم الإلهي والتعلم النبوي بعبارة جليلة هي "اقرأ باسم ربك الذي خلق"، هذه العبارة التي تضمنت معاني العلم الموصل للربوبية والعلاقة التي تجمع الإنسان برب خالق. هكذا افتتح الله سبحانه بأحد أعظم أسمائه الذي قرنه بالربوبية وبالخلق وهي صفة من صفات الذات الإلهية التي تلزمه وحده دون غيره. يقرن الله سبحانه بذاته أحد الصفات التي لا تكون إلا له وهي الخلق. فهو وحده الخالق بمعنى إخراج الخلق من العدم إلى الوجود وهو الذي إذا قال للشيء "كن فيكون". تتضمن الآية شرح لخلق الله سبحانه وكيف يتم الخلق الإنساني الذي يكون نسله وسلالته من أول الأمر من علق وهو ما يعلق بجدار رحم المرأة بعد عملية الإخصاب. ثم يبين الحق نعمته التي أنعم بها على الإنسان وهي نعمة العلم. فقد خص الحق سبحانه الإنسان دون باقي المخلوقات بالمعرفة والقدرة على التعلم فيتنور عقله ويستعمل حواسه للملاحظة ويسخر عقله في تدبير حياته. يبين الحق سبحانه أنه أنعم على الإنسان بالعلم لكنه بذكر صفة الخلق التي خص نفسه بها من دون خلقه، تذكير منه للإنسان الذي قد يستعلي ويتكبر ويتأله ويدعي الخلق وامتلاك السلطة التي بها يستبد ويطغى. هو تذكير من الله سبحانه منذ بداية الوحي بأنه قد وهب العلم للإنسان، العلم الذي يخرجه من الجهل إلى العلم ولكنه ليس بمقدوره أن يخلق فهو مخلوق ويسري عليه قانون السنن الكونية. فالإنسان غير قادر على الخلق لأن الخلق من صفات الله وحده فهو الذي أبرز الخلق من العدم إلى الوجود وجعل أصل سلالة الإنسان من ماء مهين وفي الآية علق، وجعل منه شعوبًا وقبائل وأصنافًا وأممًا. قد يقدر الإنسان على الابتكار والإبداع لكن هيهات أن يخلق من العدم وإن ادعى ذلك فهو بهتان وكذب وادعاء.

وإذا تصفحنا القرآن الكريم فإن مفردة "علم" وردت فيه مقترنة بآدم عليه السلام حيث بينت الآية كيف علم الله آدم الأسماء كلها والمسميات وهو العلم الذي يمتلكه الإنسان منذ خلقه الأول مع آدم عليه السلام إلى أن تقوم الساعة فهي سنن الله في خلق الإنسان.. فالاسماء دليل على المسميات وهذا يدخل في اللغة التي هي آلة التعلم. فبدون الأسماء الدالة على الموجودات والأفكار يصعب التلقين والتعلم والتواصل الخبراتي. فالعلم بهذا المعنى عطاء الله للإنسان حتى يفهم أسرار الخلق من حوله ويساءل عن هويتها ومعنى وجودها ودلالة أسمائها ومدلولاتها ويبحث عن خالقها وبذلك يصل لمعرفة الخالق ويعرف حقيقة مخلوقاته. وفي النهاية يعطيه الخالق حق الاختيار، أي أن يختار بين أن يعبده

ويخضع له أو أن يتنكر له ويجهله، ويتحمل في ذلك مسؤوليته. وما خلق الإنسان إلا لهذا الأمر الجلل الذي هو عبادة الله والتواصل معه وعبر مخلوقاته.

ولا تكون العبادة عن جهل بل عن علم وقصد واختيار. ولا بد من العلم ولا بد من تحصيله فهو الطريق الموصل لمعرفة الله ولعبادته. وبذلك يستنبط أن تحصيل العلم واجب والواجب لا يستثنى منه أحد فهو فرض عين على كل مسلم ومسلمة والمسؤولية كبيرة على من فرط فيه، وتقع المسؤولية ويتحملها كل راع وحاكم. في أمر التعلم والعلم يقول الحسن البصري "العامل على غير علم، كالسالك على غير طريق، والعامل على غير علم ما يفسده أكثر مما يصلحه، فاطلبوا العلم طلبًا لا يضر بالعبادة، واطلبوا العبادة طلبًا لا يضر بالعلم، فإن قومًا طلبوا العبادة وتركوا العلم، حتى خرجوا بأسيافهم على أمة محمد صلى الله عليه وسلم ولو طلبوا العلم لم يدلهم على ما فعلوا".

من هذا المنطلق نقول إن من شؤون الدولة -التي تدبر أمر المجتمع- أن تعمل على تطوير مناهجها وتيسر للناس كافة من دون تمييز جنسي ولا طبقي ولا ديني، تعلم العلم الموصل لمعرفة المخلوقات ويتم ذلك بدراسة العلوم الدقيقة وكذلك العلم الذي به تكون حياته ميسرة حتى يسهل عليه البقاء والعيش ويأمن رزقه حتى يقدر على اكتساب المعارف. فالتعليم من أولى الأولويات التي يلزم أن يقوم بها القائمون على أمر الدولة. ولذلك كان مجال التعليم من القطاعات الحساسة والمهمة في كل مجتمع وفي المجتمع الإسلامي خاصة وهو بمثابة مرآة لمعرفة مدى تقدم حضارة أو تدهورها وظلاميتها.

فلنقف وقفة جادة مع التعليم ببلد المغرب ونرى حصيلته ونساءل مدى نجاحه في نشر العلم وتيسير التعلم لدى مختلف الفئات المجتمعية وكيف كان صنيعه مع الاستثمار البشري. ونلفت النظر هنا أن من مهام التعليم بناء شخصية الإنسان منذ المرحلة الأولى التي لا يزال فيها على الفطرة الخالصة. فيعجنه المعلم كيفما شاء ويملأ دماغه بالبرامج التي تهيؤها وزارة التربية، وهذه أمور لا يستهان بها. ولذلك لزم الحرص على تنقيح ما يدرج في برامج التعليم وما يتم تعليمه للأطفال لأنها تشكل شخصيتهم وتكونها وتحدد مصير الفرد في المجتمع. كما أن التعليم يمثل بالنسبة لليافع فرصة لتغيير ما بنفسه وعقله فالمتعلم بعد أن أصبح يميز بين المبادئ الكبرى والخلق والخبرات والمعارف فقد أمكنه أن يتعمق في المادة التي يتلقاها بشكل ممنهج. ويخلق لديه التعلم واكتساب المعارف الرقي في ذهنه والقدرة على التقييم وتغيير ما بنفسه للرقي بقيمه وسلوكه ومعارفه. وإذا كان التعليم بصفة عامة هو المجال للتغيير، فقد لزم مراعاة البرامج والمناهج

والمواد التي يتم تلقينها للمتعلم بشكل يسمح له ببناء شخصية منفتحة على العلم والمعرفة وقادرة على تغيير ما بنفسها ومحيطها .

لا مجال في مشروع التغيير الإسلامي للتردد في أيهما يسبق ويؤثر: هل الإنسان الجديد يصنع الظروف المقصودة أم هي تصنعه. فإن آية: "إن الله لا يغير ما بقوم حتى يغيروا ما بأنفسهم" في سورة الرعد:11، تشير في عموم إطلاقها إلى أن المسلم التائب عندما يتغير موقفه من نفسه، ومن خالقه، ومن الكون، وعندما تتغير علاقاته تبعًا لذلك الموقف، وأخلاقه، وتصوره، يتغير ما به من رذيلة، وظلم اجتماعي واستبداد سياسي، وعجز اقتصادي، وخمول فكري، وتبعية للجاهلية.

إن مشروع التغيير هو هم كل إنسان وبذلك نفهم الآيات الكريمة التي ساقها المرشد والتي تتحدث عن التغيير بمجتمع من الناس وهذا تغيير شمولي ولكنه مع ذلك يقتضي تغيير ما بالنفوس إذ بدون صلاح النفوس لا يمكن أن تصلح المجتمعات. وإن التغيير في بنيات التعليم ومناهج التربية والتعليم به، يقتضي تغييرًا هيكليًا أفقيًا وعموديًا ومراجعة جذرية للمقررات والمناهج التي يدرس بها، لأنها كلها مستوردة من الغرب الحريص على دمج الأجيال وشحنها بفلسفته المادية الشيوعية أو الرأسمالية الليبرالية. ولا نستبعد هنا حتى القومية التي استحوذت على الشباب لمدة طويلة والتي ينبغي استئصالها من مقررات التعليم لأنها تخرج الدين نهائيًا من حياة التلميذ وتركنه جانبًا ولا تلقي بالًا لأمر الآخرة.

أبانت السياسة التعليمة في بلادنا فشلها الذريع فقد عرفت بالعشوائية وتغييرت المقررات وتجددت مناهج التعليم منذ أكثر من خمسين سنة ولا تزال، بدون حصيلة ترجى منها. عملوا على تغيير المناهج والمواد المدرسة قصد تخريج موظفين يشغلون مناصب وهمية بعد أن توزعت المناصب المهمة بين الحزب الحاكم والأحزاب الأخرى وباقي المسؤولين ولم يدعوا للشعب الفقير المحروم وشبابه إلا العطالة والتسويف. تدهورت وضعية التعليم والمعلم حتى أصبحوا يسوقون خريجي الكليات للتعليم الابتدائي ويعينونهم بالمناطق النائية التي تغيب فيها متطلبات الحياة من الماء والكهرباء. وما أزمة التعليم هذه إلا مرآة تبدي ما وصلت إليه السياسة الفاشلة في تدبير الشأن العام وما آلت إليه أوضاع البلد من تقهقر وتدهور وتراجع وعشوائية في التسيير وغياب مخططات حقيقية تهدف إلى النهوض بالتعليم، وما نهضة التعليم إلا نهضة للبلاد بأكمله. إذا كانت الأحزاب المهيمنة في الساحة السياسية بالمغرب لا تقيم أهمية للرأسمال البشري في عملية التغيير والبناء، إذ يسام الرأسمال البشري الخسف والذل ويواجه

بالقمع والظلم، ويوجه بسياسات الارتجال والتفسيق والتمييع الدالين على غياب مشروع حقيقي للتغيير. وفي خضم الأزمات التي تتوالى واحدة تلو الأخرى جاء التقرير الذي يبين تخلف التعليم والوضع المتدني للتعليم بالمغرب فهو يرتب في قائمة متدنية حتى على الدول التي تعرف الحرب أو الحصار مثل غزة. جاء هذا التقرير ليدق آخر مسمار في نعش ميثاق "مزيان بلفقيه" وهكذا يجد المغرب نفسه بعد مرور سنوات على خطاب رسمي مبشر بعهد جديد ومستقبل زاهر يجد نفسه ما يزال يراوح مكانه في ذيل التخلف.. جاء التقرير وقبله تقارير واضحة فاضحة لتعري حقيقة الميثاق وواضعي الميثاق ومنظري الميثاق. إن هذه الفضيحة الجديدة تفرض أن يقف عندها المرء وقفة صارمة قبل فوات الأوان، وأن يستمع الناس لما تقترحه الأصوات العاقلة اللبيبة الصادحة بالحق ومن ذلك ما اقترحته جماعة العدل والإحسان في هذا الصدد من خلال وثيقتها الأخيرة "جميعا من أجل الخلاص".

وصفت الوثيقة التي أصدرتها جماعة العدل والإحسان وضعية التعليم في المغرب بـ"الكارثة الوطنية" واعتبرت الحديث عن تلكم الوضعية "كربًا شديدًا"، بل وتحدثت عن كونها حربًا شرسة تشن على أغلى ما يمكن أن تمتلكه أمة من الأمم: أطفالها وشبابها. كانت الوثيقة في بعض فقراتها بيانًا صارخًا ضد الوضع الكارثي المأزوم لقطاع التعليم: "كان الله لكم بناتنا وأبناءنا الأعزاء! وكان الله لآبائكم وأمهاتكم وأمتكم! لو خرج الشعب كله في صعيد واحد يشكو ويجأر لهذه الكارثة الوطنية ما وَفَّى الأمرَ بعضَ حقه. ولا حول ولا قوة إلابالله" ص 11.

إن دولة تنفق الملايين دون محاسبة أو مراقبة على المظاهر الفلكلورية الاستعراضية لتلميع صورتها أمام العالم الخارجي وتشح بمال الأمة على ميدان حيوي كميدان التعليم، لهي دولة فاقدة لأي حس تدبيري في عالم متوحش لا مكان فيه لمن لا يحسن تدبير موارده البشرية. أكدت الوثيقة تبذير مال الأمة على مظاهر فارغة وعلى نفقات وتعويضات القائمين بالأمر لما يغذي الوضع الكارثي للتعليم، إذ عوض الزيادة في الميزانية المخصصة للتعليم يتم الشح والبخل على قطاع حيوي في التنمية لصالح استجداء أنشطة كبرى وترشيحات عظمى نحن بعيدون كل البعد عن الاحتياج إليها في ظل هذه الظروف العصيبة التي نحياها. وتنبهت الوثيقة إلى أن قطاع التعليم هو القاطرة الحقيقية لأي تنمية بشرية واعتبرته قطاعا إستراتيجيًا بانيًا للمعرفة وللأطر والكفاءات والطاقات الفاعلة في كل مشروع نهضوي. وأوضحت الوثيقة أهمية الرأسمال البشري في التغيير والبناء. تم وضع حلول نظرية وتطبيقية قصد إخراج التعليم وأزمته

ووضعيته الكارثية التي تجثم على كل مرافق الحياة العامة والخاصة وتم وضع مقترحات قصد تجاوز الأزمة التي يمر بها البلد بالدعوة أولًا إلى، النظرة الشمولية لا التجزيئية ذلك أن وضعية التعليم، الكارثة والمأساة ليست إلا جزءًا من الوضعية الكارثية التي يتخبط فيها المجتمع على مختلف الأصعدة وفي جميع مناحي حياته المجتمعية. وإن إصلاح التعليم من دون إصلاح سياسي يكون مدخله الرئيسي القطع مع الاستبداد لهو وهم وسراب. فامتلاك نظرة شمولية تفرض أن ننظر إلى وضعية التعليم ووضعية باقي المناحي المجتمعية باعتبارها نتائج للسياسات التدبيرية المتعاقبة للنظام الحاكم المفتقد لأية رؤية مجتمعية واضحة إلا رؤية ما يضمن استمراره واستغلاله لثروات البلاد والعباد.

يلزم القطع مع الاستبداد، ذلك أن سبب مصائبنا –لا نمل من ذكر ذلك وتكراره- هو الاستبداد والانفراد بالسلطة من طرف النظام الحاكم الذي لا يعرف إلا منطق ما أريكم إلا ما أرى وما أهديكم إلا سبيل الرشاد، منطق وعرف المستبدين في كل الأزمنة والأمكنة. وإن عقلية حاكمة محتقرة للطاقات، لاهية عابثة بالثروات، لا تستطيع أبدًا أن تتجرأ على فعل تاريخي يقطع مع الممارسات الاستبدادية من أجل انطلاقة حقيقية لتلمس مداخل التغيير. إن النظرة الدونية للشعب ولطاقات الشعب وقمع إراداته والاستخفاف بعقلائه لن تؤدي إلا إلى أن نطلب أن يعود الاحتلال مرة أخرى عسانا نتقدم في حل قضايانا. نسأل الله العفو والعافية.

إن حالنا لا يسر، وإن وضعنا يدمي القلب، وإن القطع مع هذه الممارسات الاستبدادية وما تجره من فساد وإفساد لهو السبيل الأوحد لتأسيس أرضية جديدة لبناء مشروع مجتمعي واضح المعالم. من هنا جاء مقترح الحل الجماعي. وهو المقترح لفتح حوار وطني واسع وواضح تشارك فيه كل الفعاليات المجتمعية قصد إيجاد حل جماعي يخرج البلد من أزماتها ويعمل على نهضة عامة بالبلاد. فحواه كالتالي، إننا في حاجة اليوم أكثر من أي وقت مضى إلى أن نفتح حوارًا وطنيًا واسعًا أمام الشعب وتحت أعينه وبمشاركته، وأن ندشن نقاشًا وطنيًا صريحًا وواضحًا وعامًا من أجل التفكير في حل جماعي لنهضة شاملة تنقذنا من المصائب التي تقع على رؤوسنا.

بلغ واقعنا من الأزمة درجة ما عاد بوسع أحد أن يدعي أن بقدرته وحده أن يحل خيوطها المتشابكة، من هنا جاءت ضرورة التفكير الجماعي والتخطيط الجماعي لبناء حل جماعي. ولعل الميثاق الذي دعت إليه جماعة العدل والإحسان يكون مدخلًا ملائمًا للتفكير الجدي فيوضع حل جذري لمآسينا: "دَعَوْنَا منذ أزيد من ربع قرن إلى ميثاق، وكررنا الدعوة مرات ولم نمل. ولا تزيدنا الأيام إلا إدراكًا

أن الخرق أوسع من أوهام الرَّاقعين، وأن الأمر يحتاج إلى كل يد نظيفة. ولم نشك قط أن البلد يزخر بالأيادي النظيفة والنفوس العفيفة رغم مظاهر الخراب التي مهما علت وطغت لن تنسي هذا الشعب المؤمن أن الله على كل شيء قدير" ص.27.

أورد هنا من موقع مغاير مقاربة تحليلية لواقع التعليم بالمغرب والكارثة بالإحصائيات والأرقام التي وردت في هذا المقال، أكثر من ذلك وهي من قبيل ترتيب المغرب في الدرجة 126 من أصل 177 دولة في تقرير التنمية البشرية الصادر عن الأمم المتحدة برسم 2007م و 2008م، ونسب الهدر المدرسي ما زالت مرتفعة، فأزيد من 400 ألف تلميذ يغادرون أقسام الدراسة سنويًا، كما نجد مليونين ونصف المليون طفل خارج الزمن المدرسي. ونسبة الأمية ما زالت تلتهم 38% من الأطفال في سن العاشرة فما فوق حسب دراسة للسوسيولوجي المغربي عبد الرحيم العطري. يكشف ذلك عن نية مبيتة لثبات الوضع واستمراره، إذ كيف يعقل أن تكون هذه الأرقام في دولة تزعم أنها تشتغل على ورش التعليم منذ أزيد من نصف قرن.

"إن ما سمي بالإصلاح الجامعي في نظري كارثة وطنية لأن تبعاتها ستمتد على الأقل من 10 إلى 15 سنة قادمة"، تعود مقولة الدكتور المهدي المنجرة هذه لخمس سنوات مضت لكنها تكشف عن ما سبق وأكدناه. تعد الجامعة قمة نظم التعليم الرسمي ما يجعلها في طليعة المؤسسات التي ستقود حملة تحسين قدرات الإنسان ورفع مستواه. ولكنها تحجم عن القيام بهذا الدور القيادي بالنظر لجملة من العراقيل التي تتخبط فيها من قبيل مشاكل التشارك الانتقائي، التخصص الضيق، إهمال قضايا الحيوية، هشاشة البرامج والمقررات الدراسية، اعتبارها حقلًا لتخريج جحافل المعطلين، انغلاق الجامعة على محيطها الخارجي، أزمة البحث العلمي التي لا تتجاوز استنساخ ما سلف من البحوث، اعتماد الترقية بمعيار الأقدمية بدل معيار الإنتاج العلمي والمعرفي مما يشجع الأساتذة على الكسل والخمول.

هذا ما يخص الشق الأول من المعادلة أما عن الشق الثاني فالواقع أدهى وأمر إذ وصل مستوى الوعي الطلابي بواقع الأزمة إلى الحضيض، فإذا كانت الحركات الطلابية بالجامعات الغربية قد زعزعت وبشدة العالم المتقدم، فإن انعدام الوعي من جهة وواجبات "الأمن الوطني" من جهة أخرى قد ساهمتا جنبًا إلى جنب في تجميد كل تغيير باسم الاستقرار والحفاظ على الأوضاع.

نختم بما جاء به الدكتور فزازي عن وضعية التعليم في العالم العربي والمنزلة الوضيعة التي هو عليها ويجد فيه القارئ وصفًا لوضعية التعليم بشكل مقارن، يتضح الوضع المزري للتعليم في العالم العربي من تقرير التنمية البشرية للأمم المتحدة والذي قام بدارسة نوعية المؤسسات التعليمية وعددها في الدول الاثنتين وعشرين الأعضاء في جامعة الدول العربية. نتيجة البحث كانت مُرة، فالعالم العربي لا ينفق سوى 0,2 في المائة من ناتج الدخل القومي على البحث العلمي "تبلغ النسبة في إسرائيل مثلاً 2,3 في المائة وفي ألمانيا 2,5 في المائة".

كما أن عدد براءات الاختراع المسجلة ضئيل للغاية، أما نسبة الأمية فهي عالية بدرجة مخيفة في الترتيب الدولي لأفضل خمسمائة جامعة لا نجد سوى جامعتين من بين جامعات الدول السبع والخمسين الأعضاء في منظمة المؤتمرالإسلامي، وكلا الجامعتين في تركيا. بالإضافة إلى ذلك تشهد المنطقة العربية ظاهرة ذات عواقب جسيمة، وهي هجرة العقول. من بين كل أربعة يتخرجون في الجامعة يهاجر شخص من وطنه، في الأغلب في اتجاه أوروبا أو الولايات المتحدة.

من كل ما ورد من الأرقام والحقائق والوقائع والتغطيات التي تبين هول الواقع التعليمي ببلد المغرب. جاءت شرعية الدعوة بتحرير التعليم وإنقاذه من براثين العشوائية والإصلاحات الفاشلة والسياسات المرتجلة وبكلمة مختصرة تحريره من براثين حكم الاستبداد والتبعية للغرب. ومن بين المقترحات لتحرير التعليم وإخراجه من ظلامية الجهل والتبعية للغرب إلى أن يصبح محضنًا لتربية قوامها الدين الإسلامي وتمرير معان الإيمان وتربية الأجيال على أخلاق الإسلام وتدريسهم علوم التاريخ بشكل مخالف للنهج الرسمي الذي يطمس حقائق تبعًا لأيديولوجيته ومواقفه السياسية. وتعليم القرآن الكريم والحديث بشكل يرقي من الشخصية المسلمة ويتبث هويتها ويحثها على العمل الذي يعقب العلم.

أسوق مقترح الأستاذ عبد السلام ياسين باعتبار الرجل كان عاملًا وفاعلًا قويًا في وزارة التعليم حيث تقلد مناصب المسؤولية فيها وله مواقف من قضية التعليم التي ينبني عليها عمله الدعوي نفسه، نقرؤه هنا في مؤلفه "إمامة الأمة" الذي يطرح فيه تصور الجماعة ومنظورها لمهمة التعليم مقترنة بالعمل الدعوي كما يتصوره وكما ينظر لمنهاجية التعليم حاضرًا ومستقبلًا. "يجب إدخالُ الجامعة والمعهد والمدرسة إلى الإسلام، بكلمة شهادة تُثْبِتُ هُوِيَّتَها الإسلامية. يجب أن تكون أجهزةُ التربية والتعليم محاضِنَ للتربية الإيمانية في الاعتبار الأول، وأن تُبْسَط يدُ الدعوة فيها بسطًا كاملًا على مستوى وضع البرامج، وتأليف الكتب، والإدارة، والتفتيش، ورعايةِ النشء، وضمِّه لأُسَرِ الجماعة، وتهييئه لقيادة الأمة.

ينبغي أن نسير إلى هدف تطهير أجهزة التربية والتعليم من جراثيم الإلحاد، وإلى اعتبار الإيمان مؤهلًا أساسيًا في اختيار المعلمين والأساتذة ورجال الإدارة. هدفٌ نرمي عليه عبر مراحل لا نستطيع فيها الاستغناء عن ذوي الكفاءات العلمية من الأجانب لحمًا ودمًا وجنسيةً، أو الأجانب عقيدةً وفكرًا من بني جلدتنا المتفرنجين". تحرير التعليم يعني تحريره من الهيمنة الفكرية والقيمية من الثقافة القومية التي هيمنت على وزارات التعليم العربية والمغربية على حد سواء، تحرير التعليم من الفلسفة الشيوعية التي هيمنت على العقول لمدة عقود، تحرير التعليم يعني بعث القلوب والعقول من رواسب القيم التي لا تضع الدين الإسلامي كمنهج للحياة.

تحرير التعليم يقتضي تعليم الطفل والتلميذ والطالب وتقريب علاقته بالله الواحد حتى يعبده عن علم لا عن جهل. التعليم من مهامه تربية النفوس وتثبيت القيم الإسلامية في النفوس والعقول وهي لا تزال في نشأتها. تحرير التعليم يعني تبليغ عن الله ومعاني القرآن، تعليم من خلال مدارسة سيرة المصطفى العطرة والصحابة وخيار الرجال. فالتعليم أساس ضروري لبناء شخصية المسلم القويمة ودفع به للرقي في مراتب الدين، حتى يصبح العلم نورًا ينهج به حياته الخاصة والعامة. التعليم عليه أن يوفر الوسائل والإمكانيات أمام الطالب ليتلقى العلم العام ويجرب ويبني النظريات ويختبر ويشارك في الحركة العامة للعلوم في العالم. تحرير التعليم يعني مواكبة الركب الحضاري بمقومات عربية إسلامية وفتح الآفاق أمام العقول الشابة الطموحة في مجالات الاختراع والاكتشاف، من هنا على الدولة أن تخصص مقدارًا مهمًا من ميزانيتها للأبحاث العلمية والدراسات الفكرية والثقافية. وتحرير التعليم يعني فتح علاقات تعاون مع وزارات التعليم في البلدان العربية والغربية والاستفادة من تجاربها وتبادل الخبرات وتوظيف الكفاءات التي تعرف العطالة والتهميش اليوم. تحرير التعليم يعني تغيير العلاقة التقليدية بين المعلم والطفل والأستاذ والطالب بتحسيس المدرسين بأن مهمتهم ومسؤوليتهم في عملية التعليم عامة ولا تتوقف عند كونه موظفًا مأجورًا بل مربيًا يساهم في إنشاء الأجيال ويكفينا هنا التذكير بالبيت الشعري الذي يرفع من قيمة مهمة المعلم والأستاذ: "قم للمعلم وفه التبجيل كاد المعلم أن يكون رسولًا". يجب اختيار الطاقات المهيأة للقيام بوظيفة التعليم عن حب وإخلاص في أداء مهمة التربية والتعليم وفي هذا على الدولة أن تحترم وظيفة المعلم والأستاذ وعليها إعطاؤه استحقاقاته وإجابة حاجاته ومقتضياته والوسائل الكافية ليقوم بمهمته على أكمل وجه. كما يجب معالجة العلاقة بين المعلم والمتعلم وإعادة

النظر في الجانب الأخلاقي الذي انعدم وتحرير التعليم من التفسخ الأخلاقي بالقيام بدورات خاصة.

دورات تربي الهيئة التعليمية وتشرف على متابعة سلوكيات المعلمين تجاه المتعلمين، حتى يبقى المعلم النموذج الصالح في المجتمع والذي يسعى لتربية النشء حتى حين يتدهور المجتمع وتنهار القيم. وإن أحوج ما نحتاجه هو النموذج الإسلامي النابض بالحياة، إنه الرمز الذي يشخصه في الحياة اليومية نماذج إنسانية وتعبيرات فنية وقيم ثقافية. فالرمز والنموذج الرباني الجامع لهمة الأمة عند إرادتها للنهضة به هو الرجل الذي ينفصل عن قافلة الفتنة فيقول ربي الله، وينطق بقوة ويريد بقوة من موقف قوة يكتسبه من صدقه ببرهان صدقه. لكن وسيلة التربية والتعليم هي الاتصال الإنساني بين النموذج وموضوع التغيير.

ولا يكفي في الاتصال مثول جماعة الربانيين وشهادتهم بالقسط، بل لا بد من هيمنة الرمز والنموذج على حياة الناس اليومية، بحيث لا يسمعون إلا ما يذكرهم بالله والجهاد في سبيله، ولا يرون إلا ما يحرضهم على المحبة والطاعة والنصيحة. وبحيث تكون لهم حياة نموذجية رائدة في كل الميادين تعلم حياتهم العادية وتوقظها وتدفعها لتحقيق المستحيل. ويمكن في هذا الصدد توظيف وسائل الإعلام للنهوض بوظيفة التعليم حتى تصبح وسائل الإعلام أداة للتربية والتعليم المستمر المتكامل وإن أدمجنا وسائل الإعلام العامة في الجهاز التعليمي المدرسي حتى يصبح في يدنا أداة موحدة للتربية لنحصل على مقاليد العقول والأفئدة.....والنظرة الناقدة التي تستخلص الحق من الباطل، والقوة والرجولة من الغثاثة والانحطاط، وهذه نلقنها الإيمان بالنموذج الحي الواصل بين المؤمنين، ونلقنها القرآن حياة مجسمة لا مجرد رد متغنج.

بناء اقتصاد إسلامي

"وكل تغيير في السياسة والاقتصاد فإنما هو تبع لهذا التغيير الكلي الجوهري للإنسان ونفسيته وعقيدته، وأخلاقه، وإرادته وحركته كلها على الأرض، لتكون حركة لها غاية، ومعنى، وارتباط بمصيره بعد الموت، وبمصير أمته في التاريخ". ولبناء دولة العدل لا بد لها من أركان مادية قويمة وبناء عمراني متكامل حتى تهيئ لمواطنيها الحياة الكريمة ووسائل العيش المختلفة كي تستطيع تحقيق الاستقلال الذاتي، وهذا يلزمه بناء اقتصاد متين. ومع ما تعرفه الدول المسلمة من مشاكل التعليم غير الموجه الذي لم يستطع بعد أن يكون خبرات عملية، فإن البلاد المسلمة تعاني التبعية للغرب الرأسمالي وتضطر لاستيراد الخبرات الأجنبية فتظل خاضعة للدول الإمبريالية وتابعة لسياستها بدل أن تسعى لتحقيق استقلالها الذاتي وهو المطلوب.

الاقتصاد والمال يمثل مكونا أساسيًا في بناء الدولة القويمة القوية، وهو من بين أهم المظاهر التي تبرز التخلف والتبعية أو التقدم والتطور والاستقلال المادي، فالقوة المادية من العوامل الأساسية في تمكين دولة من الدول والدفع بها للرفع من مستوى العيش وازدهار العلوم والفنون والبحث العلمي بها. لكن بناء اقتصاد القوة ينبغي أن توجهه فكرة إسلامية. فبناء اقتصاد قوة أو قوة اقتصادية لا يجعل الأمة من خلال منظريها واقتصادييها يسعون فقط للبناء المادي دون مراعاة الخصوصية الإسلامية التي يلزم أن تراقب عملتي الإنتاج والاستهلاك والتوزيع وفق متطلبات وحاجيات المجتمع المسلم.

ينبغي أن يرتبط في وعي الأمة هدف الاقتصاد بالمقاصد الإيمانية، فإذا عمل العاملون الجاهليون ليكون لهم اقتصاد يخرجهم من القلة إلى الوفرة، فنحن اقتصادنا نريد أن يتجاوز بنا القلة والوفرة معًا ليكون ما نعده من درع حديدية وما نقتنيه من طعام وسلاح قوة للمؤمنين في الأرض جميعا....ولا بد بعد هذا أن نربط المقاصد الإيمانية بغاية الإحسان فإذا قلنا : اقتصاد من أجل القوة فإن هذه القوة يمكن أن تسخر في وجه غير الوجه الذي يخدم غاية الأمة في حمل رسالة رب العالمين إلى خلقه أجمعين. فنحن ننشد القوة لنرهب عدو الله وعدونا ونطرده من طريقنا إلى الناس لنبلغهم بشرى الإسلام ونحررهم من طاغوت الكفر. السؤال المطروح على الاقتصادي والمخرج من التبعية الاقتصادية لدول الغرب وعدم التكافؤ بين فئات المجتمع ما بين فئة متخمة غارقة في البذخ والإسراف وفئات محرومة غير قادرة على تلبية حاجياتها الضرورية، هذا مأزق عميق لن تستطيع دولة العدل النهوض والنهضة بدون تجاوزه وحله عمليًا وماديًا بإعادة النظر في توزيع الأرزاق وتحقيق العدل الاجتماعي.

وإذا نظرنا إلى وضعية البلاد المسلمة فإنه قد تقرر أن هذه البلاد لم تقدر حتى على تغطية حاجاتها الغذائية و تضطر لاستيرادها من الخارج، علما بأن الساكنة المسلمة تمثل 3.6 بالمائة من سكان العالم ويملكون الأراضي الزراعية عشرة بالمائة من أراضي العالم. حصة كفيلة أن تضمن الكفاية الغذائية ثلاثة أضعاف لو استعملت الأموال العربية الوافرة، والطاقات البشرية، ومصادر المياه استعمالًا حكيمًا منتجًا.

نخلص مع الدارس الغربي جون نيف في مؤلفه "الأسس الثقافية للحضارة الصناعية" إلى كيفية ارتباط عالم الاقتصاد بالقيم الحضارية ارتباطًا وثيقًا لا يمكن معه تصور نجاح خطة اقتصادية، تقتنع بالأرقام والإحصائيات والأدوات المادية، إن لم يكن إنجازها آخذًا في الاعتبار قيمة الإنسان ذاته في رتبة القيمة الاقتصادية الأولى، على شرط أن تكون إرادته مقتبسة من بنية حضارية مؤمنة بقيمها ومرتبطة بها بشكل حميمي يدفعها بقوة الإرادة للعمل والتغيير، بل أحيانا لصنع المستحيل.

نطرح نظرية الدارس الغربي جون نيف ونستفيد من مقترحاته لأنها تضعنا أمام معضلة بناء أمة لاقتصادها وكيف تبدأ من نقطة الصفر وهذه بالضبط الحالة التي تعيشها دولة العدل في بداية تأسيسها وقيامها مع قلة الإمكانيات المادية. يضع الدارس الغربي جون نيف في مؤلفه "الأسس الثقافية للحضارة الصناعية" الذي كان عبارة عن محاضرات تم جمعها ونشرها، القارئ أمام حقيقة بناء حضارة ما وبدايتها من نقطة الصفر. فهو يميز بين جانبين من جوانب الحضارة وهما إرادة شعب ما وقوته نحو تحقيق مشروع ما وهذا الجانب الإنساني.

ثم جانب الإمكان وهي الإمكانيات المادية التي يوفرها المجتمع للقيام بالمهمة الحضارية، فهذه العلاقة السببية بين الإرادة الحضارية والإمكان الحضاري تمكن من فهم الظروف الواقعية التي تواجه مجتمعًا منذ نقطة انطلاق، أو في الحالات الشاذة التي تشبه نقطة انطلاق. وهنا نورد التجربة الإسلامية الأولى لبناء المجتمع الإسلامي الأول مع الرسول صلى الله عليه وسلم حيث انطلق من نقطة الصفر من حيث الإمكان، لكن الجانب الإرادي كان حاضر بقوة. إذ نرى ذلك المجتمع الأول يقوم بمهماته بشكل وظيفي ومكتمل ولا ينتظر اكتمال الإمكان، فينفذ فعلًا كل خططه في كل المجالات بالرغم من بساطة الوسائل التي كانت كافية لإنجاز المهمات واكتمالها في نفس الآن. وإن هذه السببية التي تجعل الإرادة هي المحركة لتحقق المهام رغم قلة أو انعدام الإمكان، هي النظرة التي تجعل من الأرقام والكميات تحتل الرتبة الثانية، أي إن الإرادة الحضارية هي السبب المحرك.

ويستنتج جون نيف أن الإرادة الحضارية القوية التي كانت المحركة منذ القرن السادس عشر للسعي بالإنسان للكمال هي التي أبلغته إلى اقتصاد الوفرة. "إن اقتصاد الوفرة الذي يقاس بالكميات، والذي بدأ يسود خلال القرن التاسع عشر، في أجزاء أوربا، الإمبراطورية البريطانية وأمريكا، لم يكن، كما يعتقد علماء العصر الحديث عامة، السبب الأساسي للتقدم الروحي والأدبي الذي حصل في الأزمنة الحديثة.....إذ كان يتعذر حصول مثل هذا التقدم لولا المساعدة الإلهية التي منحت للروح، لكن لا بد لإرادة الإنسان، هذه الإرادة الحرة، من أن تطلب هذه المساعدة، وأن تجندها طوعًا لمواجهة المسائل في تلك الميادين من التجربة الدنيوية، أي ميادين الدين والفن والأخلاق، التي أتبثت الأساليب العلمية الجديدة عجزها فيه." نتعلم من الحكمة حيثما وجدناها فهي ضالة المؤمن يرصدها ويتلقاها ويسخرها في بناء مصيره الدنيوي ويتدافع بها مع الأمم ويفرض بها ذاته وهويته حتى لا يذوب وينصهر في تدافعه التاريخي. لكن هل هناك من نظرية إسلامية في مجال الاقتصاد تطرح نظريًا وعمليًا الحلول الناجعة للخروج بالأمة من الأزمات المختلفة التي تعاني منها وتبني قيمها الحضارية كأمة مستقلة ماديًا وحضاريًا ودينيًا؟

لنذكر هنا أن الاقتصاد ليس قضية إنشاء بنوك وتشييد مصانع فحسب، بل هو قبل كل ذلك البناء المادي، إنه تشييد وإنشاء سلوك الإنسان حتى يصبح قادرًا على حل مشكلات زمنه. إن الاقتصاد بهذا المعنى يعتبر مكونًا حضاريًا تبرز فيه القيم الفكرية والثقافية للأمة التي تبني النظريات الاقتصادية، فهل نقبع في تخلفنا ننتظر الغرب أن ينتج لنا النظريات الاقتصادية التي وضعها طبقًا لظروفه المرحلية ونستوردها كما نستورد الحبوب. فضمن الفراغ النظري وانعدام وجود نظرية اقتصادية إسلامية نطرح ما جاء به المفكر الإسلامي الجزائري مالك بن نبي من خلال مؤلفه "المسلم والاقتصاد" وفي وصفه لحالة المسلم في مجال الاقتصاد وتقصيره في هذا المجال. "لم يكن المسلم عندما فتح عينيه في عالم الاقتصاد، بعد أن نالته الصدمة الاستعمارية، سوى قن يسخر لكل عمل يريده الاستعمار، فينتج المطاط في حقول الهند الصينية "فيتنام"، والفول السوداني في إفريقيا الاستوائية، والأرز في بورما، والتوابل والكاكاو في جاوه "إندونسيا"، والخمور في الشمال الإفريقي.

لم تكن له في هذه الأعمال صلة موضوعية بعالم الاقتصاد، ولا تربطه بعمله صلة ذات طابع مشروع، لم يكن "المنتج" الذي يرعى حقه، ولا "المستهلك" الذي ترعى حاجته، لقد كان أداة عمل مستمر فقط، فلم يكن لديه "وعي اقتصادي"، ولا تجربة ولا خبرة في عالم اقتصاد غريب عليه بكل مفاهيمه، وبناءه ومصالحه الأجنبية. ثم من ناحية أشمل، ومهما كان حظه في محيطه الاستعماري، كان يجري عليه قانون التقليد كما يجري على كل كائن، فقد صلته بعالمه الأصيل ففقد أصالته. فكان عندئذ أميل لتقليد "الحاجات" منه إلى تقليد "الوسائل" لأنه فقد وعيه الحضاري أيضًا، فيصير في مرحلة أولى مقلدًا بقدر

استطاعته للحاجة التي أفرزتها حياة غيره، دون أن يفكر في صنع وسيلة إشباعها، ثم في مرحلة ثانية، إذا تحقق استقلال بلاده، يصير إلى تقليد الحاجات الواردة وتقليد الوسائل المستوردة كيفما اتفق له، ولو على حساب سيادة البلاد.

وإذا ما تابعنا هذا الوضع في خطوات أخرى، نراه في المجال السياسي يتحول إلى مشكلات سياسية لا بد أن تواجهها الحكومات الإسلامية، وفي المجال الاقتصادي يتحول إلى قضية نظرية تحاول نخبة مثقفة معالجتها على أسس علم اقتصاد، وضعت على تجارب وخبرات العالم الذي أنجب "آدم سميث" و"كارل ماركس"، وهكذا تبتدئ قصتنا في صورتها الجديدة.

نرى جليًا من خلال وصف "مالك بن نبي" لحالة المسلم ووعيه الاقتصادي كيف بدأ بمسايرة المستعمر وتقليده، ثم ما آل إليه الاقتصاد مع النخبة المثقفة من تقليد لاقتصاد رواد الغرب من دون مراعاة الاختلافات العقيدية للأمة ولا الاختلافات الذوقية وحاجات السكان التي تختلف عن حاجة الغربيين. فهذه التبعية التي ظهرت ليس فقط على مستوى تقليد الوسائل والحاجات بل على مستوى الفكر لأنه حينما تم نقل طريقة تدبير المال والصناعة فإنه تم استيراد فكر معين يطرح قضايا اقتصادية من خلال نظريات سميث مثلًا أو كارل ماركس. وتقليد هاتين النظريتين في الحياة الاقتصادية لا بد لها من انعكاس على الفكر والقيم التي تتضمنها. من هنا يطرح مالك بن نبي كيف على الاقتصاديين المسلمين أن يتجاوزوا تلك النظريات والعمل على بناء نظرية اقتصادية خاصة بالعالم الإسلامي تراعى فيها حاجات المسلم ووسائله وما حرم عليه استهلاكه وإنتاجه.

فعندما ينظر الفقيه والمربي المسلم في حاجات الإنسان، لا يخص حاجاته المادية المعاشية بالاهتمام والاعتبار، بل ينظر نظرة شمولية تعم حاجات الإنسان المعاشية والإيمانية، الدنيوية والأخروية، العبادية والتعاملية. فبذلك تتخذ كلمة "اقتصاد" معنى فريدًا، إذ تدل على وجود قصد وقاصد، غاية ووسائل. إننا ننتقل نقلة بعيدة عندما نرفع أعيننا عن قراءة هراء الماديين العصري في إخبارهم عن الحاجات والاقتصاد لننظر في حديث الربانيين عن حاجات العبد ومقاصد الشريعة. يعتبر مالك بن نبي أن العالم الإسلامي يخلو من نظرية اقتصادية متكاملة، فلم يعرف المسلم معنى الاقتصاد إلا مع المستعمر، فكان مجرد تابع ومقلد لما يطرحه الغرب من نظريات سواء منها المادية التي تربط ربطًا ميكانيكيًا بين الاجتماعي والاقتصادي، أو الليبرالية التي تدعو للحرية المتوحشة في المبادرة الاقتصادية. ورغم الاستقلال السياسي التي تحقق فإن المسلم لم يستطع التخلص من التبعية الاقتصادية. ذلك أن الاقتصاد في الغرب كان له تاريخ ودور أساسي في الحياة العامة للإنسان الغربي وركيزة أساسية للحياة الاجتماعية وقانون جوهري لتنظيمها. بينما بقيت البلاد الإسلامية تعتمد الاقتصاد الطبيعي غير المنتظم، حتى نظرية ابن خلدون التي تناولت بالبحث تأثير العوامل الاقتصادية في التاريخ لم تعرف صدىً كبيرًا وظلت مجمدة حتى

نهاية القرن الأخير. وبذلك انعدم وجود نظرية اقتصادية لدى المسلمين تراعي الاحتياجات الداخلية والإنتاج والتوزيع كما حصل بالنسبة للغرب مع النظريتين الرأسمالية والشيوعية. فالحضارة الإسلامية من هذا المنطلق تمثل فترة من تطور بين الحضارات العتيقة وحضارة الغرب. فاقتصادها يمثل معبرًا من الاقتصاد المألوف إلى الاقتصاد المنظم تنظيمًا تايلوريًا "أي نسبة إلى تايلور صاحب النظرية الاقتصادية التي أدخلت فكرة ضبط الإنتاج بترتيب الحركات حسب الوقت وترتيب الوقت حسب الحركات".

لم يقدر العالم الإسلامي أن ينتج نظرية اقتصادية أو مذهبًا اقتصاديًا إسلاميًا، ذلك بأنه لا يملك أن يتعلق بفكرة الربح الحر التي هي دعامة الرأسمالية ولا بفكرة الحاجة التي هي نواة الماركسية. وفي غياب نظرية اقتصادية إسلامية يعلن المرشد عبد السلام ياسين حاجة المجتمع المسلم لوضع نظرية اقتصادية تراعى فيه الحاجات والإنتاج الخاص بالمسلمين. تحتاج الدولة الإسلامية لنظرية اقتصادية إسلامية متكاملة واضحة المعالم تستند عليها في الاختيارات والقرارات. فإن السياسة هي اتخاذ القرار باختيار هذا الحل على ذلك نظرًا للأهداف التي تفضلها على غيرها، ونظرًا للوسائل التي معك، ونظرًا لما تتوقعه من رضى الناس بقرارك لما يأتيهم به من خير. ولب الاختيارات والقرارات التي تتخذها الدولة الحديثة لها مساس مباشر وثيق بالاقتصاد، بل جلها اقتصادية، بل كلها. فيحق القول أن الاقتصاد هو زمام السياسة وجسمها، وحواسها. نحتاج لنظرية اقتصادية واضحة المعالم لكي نبني نموذجنا طبقا لروح ديننا، استجابة وتحقيقا لعقيدتنا وطموحنا في الكفالة الذاتية والرخاء والقوة. شأن أمة لها قصد، قادرة على سلوك الطريق إلى أهدافها المعنوية والتاريخية، بمداومة واستمرار، عبر عالم مليء بالعقبات. فدعائم المفاهيم للنشاط القديم -من وضوح ودقة ونظام وتنظيم وثقة...- للمجتمع المسلم، انحلت في التفسخ العام الذي أصابه ساعة كانت أوربا على عتبة عصر اقتصادي جديد، بما أوتيت من اكتشافات جغرافية كبرى في القرن السادس عشر الميلادي. ولم يكن المجتمع المسلم، وقد أثقله عبء حضارة آفلة، بقادر على أن يقتفي آثار حضارة ناشئة أخرى على عتبة انقلابات، لم تقتصر على ان تؤدي بالعالم الحديث إلى إحياء دعائم المفاهيم القديمة للاقتصاد. بل أدت به أيضا إلى إيجاد دعائم مفاهيم جديدة كساعة العمل والقدرة على الإنتاج، وإلى إيجاد دعائم مادية تند عن التصور- كالبخار والكهرباء والآلة- دخل البشر بها الثورة الصناعية الفنية.

حتى إن العالم الثالث كله غداة الانسلاخ من الاستعمار لم يكن عليه ان يتخلص من سلبيته الموروثة وحدها، بل من عواقب ركوده أيضا ساعة وثبة أوربا في الميدان الاقتصادي. وهذه الوضعية التي عاشتها البلدان المسلمة جعلت نخبة مثقفيها تعتبر النظريات الاقتصادية الغربية هي الوسيلة الوحيدة لتجاوز التخلف المادي مما جعلها تسقط في صبيانية اقتصادية يسميها مالك بن نبي بـeconomisme. وما يزيد من تفاقم الوضع هو احتضان المثقفين المغربين

للفلسفة النابعة من النمط الاقتصادي والتي اعتبرت العلاج الوحيد من التخلف، لكن أثر ذلك كان أن جعل العالم الثالث والإسلامي خاصة يقع فيما أسماه بالاقتصادانية l'economisme. والاقتصادانية إنما هي فقاعة غاز لا تحوي أي واقع اقتصادي، بل هي أسوأ. إن الاقتصادانية أو المعاشية لم ينزل بها قرآن من السماء، بل أفرزتها كائنات أميبية جسدت القابلية للاستعمار وتجسد التخلف اليوم. وهي عمومًا تعني بادئ ذي بدء استبدادًا، أي تقييدًا جديدًا لحرية التصرف، فيه يلتهم المشرع الاقتصادي القيم الأخلاقية والمدنية كلها لأبناء الشعوب المستعمرة حتى يعززوا كما يزعمون، الاستقلال السياسي الذي اكتسبه الشعب. وهناك من ينادي باتخاذ موقف الاقتصادانية، أي أولئك الذين يظنون أن تطبيق خطط التنمية لها إلزام اقتصادي وبذلك فهم يحلون المشكلات البشرية كلها بوسائل مادية وبسبل اقتصادية، وكأن الإنسان الطاقة البشرية لا المحدودة قد تم حجزه داخل مبدأي الإنتاج والاستهلاك. ويبدو أن العالم الإسلامي في هذه الآونة مصاب بهذا الداء. وهو داء نكأته الحربان العالميتان في هذا القرن، فانتقل من عدم الوعي الاقتصادي الشامل إلى الحصر obsession الاقتصادي، كأنما ليس للمسلم إلا سبيل واحدة للتفتح، أن يكون بشرًا اقتصاديًا "homo economicus" وألا يكون غير هذا. ونحن نعلم أن التعليم الإسلامي كله في القرآن والسنة يدعو إلى حلول وسطى دائمًا. فتوعية الإنسان المسلم في الميدان الاقتصادي، يجب ألا تجره إلى وثنية جديدة ليصير من عباد صنم جديد إسمه "الاقتصادانية" أو حتى الاقتصاد.

في دولة الإسلام ينبغي، بل يتعين واجبًا، ألا يكون الإمام رجل الخطة الاقتصادية، إن كانت له دراية بالموضوع والتقنية أصلًا، لكيلا يغرق في الأرقام في الوقت الذي تطلبه تربية الرجال، وتوجيه سياسة الدولة، ونشر الدعوة في العالم. من شأن المتخصصين والتقنيين في الحكومة الإسلامية أن يخططوا مبصرين عيوب التخطيط ومساوئ المكتبية. على أن لا يكون مجال التخطيط إلا المرافق العامة ومؤسسات الإنتاج القاعدية. المسلسل الاقتصادي الإسلامي هو أن تكون المبادرة الحرة هي الأساس، وتدخل الدولة طارئًا، ويكون التخطيط محدودًا. وكل تخطيط يجعل التأميم هو القاعدة والمبادرة الحرة هي الاستثناء فإنما يعرض الاقتصاد للخطر. فمن خطط التوزيع الاجتماعي، مع خراب آليات الإنتاج وشلل محركه الفطري وهو المبادرة الحرة، فإنما يخطط لتوزيع البؤس والفاقة.

قام المرشد عبد السلام ياسين بتأسيس وبناء نظرية اقتصادية إسلامية ضمن المشروع الكبير الذي أسس له لبناء دولة العدل. فهو يحاول الرجوع بمفهوم الاقتصاد ليأصله من القرآن والسنة فيرجع مفردة اقتصاد لأصلها اللغوي التي تأتي من كلمة "قصد". ووردت مفردة "اقتصاد" في الكتاب والسنة بمعنى الاتجاه إلى الهدف المقصود، وبمعنى التوسط في الأمر، في مثل قول الله عز وجل : "واقصد في مشيك" حكاية عن لقمان يوصي ابنه، وفي مثل قوله عز وجل:

"ومنهم مقتصد" وهو المتوسط. وجاء في الحديث الشريف لفظ القصد والاقتصاد بمعنى التوسط والمداومة والسير.

وفي هذا يضع مشروعا كبيرا يمكن تطبيقه في تدبير الشأن المادي للدول الإسلامية التي تسمى نامية ويعطي الحلول لكي تنهض هذه الدول بالاقتصاد وتطور التنمية البشرية التي يعوق تنميتها ضمن النظام العالمي المحتكر للمجال الحيوي المتطور صناعيًا وتكنولوجيًا لكنه يصعب مدافعته في مستوى القوة الاقتصادية. فعلى دولة العدل أن تنتبه وتتيقظ بدعم من المستضعفين لأصول اللعبة الاقتصادية بالمساومة من موقف القوة على مواد العالم الضعيف، مدركة أن العالم المصنع باحتياجه إلى المواد الخام والطاقة وبسبب الحروب الاقتصادية بين الدولة وبالمنافسات التي يضغط بعضهم بها بعضًا، لم يعد العالم المحتكر في وضعية تمكنه من السيطرة على اقتصاد العالم كما كان الحال من قبل. وذلك بسبب صعود قوى جديدة تتحكم في اقتصاد العالم مثل اليابان التي غير وجودها الظاهر وغير محور القوة الاقتصادية في العالم . كما أن بروز "التنينات الأربع" في جنوب شرق آسيا، وبدايات دول مثل البرازيل، وأفق تصنيع الصين الآن يشكل فجوة في الكتلة المصنعة. ومن تلك الفجوة والثغرة في النظام الاقتصادي العالمي يمكن الولوج إلى عالم التكنولوجيا الضرورية التي تتكيف وفق حاجيات الدول النامية الساعية لمدافعة القوة الجبروتية للاقتصاد العالمي المحتكر ويتم كسر احتكار الغرب وضرب مخلفات استعماره. كما أن الدول العدلية الصاعدة في تكتلها الوحدوي مطالبة بالسعي والتأهل الذاتي بقوة إسلامها ووحدة العقيدة وقوة كينونتها التي هي الأمة الوسطية الشاهدة وأن تتجاوز كل العقبات التي تحول دون أن تحتل مكانتها القوية في اقتصاد عالمي ستتغير مركزيته ومحاوره. وفي هذا المضمون يطرح المرشد بعض من مقترحاته للخروج من أزمة التبعية والتخلف والدفع بعجلة التنمية البشرية دفعا يلزمه المدافعة.

إن اهتمام الدولة الإسلامية يجب أن ينصرف عن المشروعات الزراعية الواسعة، المخططة المؤممة، الموجهة للتصدير، إلى المشروعات الفلاحية المحلية المسؤولة، الموجهة إلى الإنتاج الغذائي. وإن استمرار التخلف ودوام التبعية راجعان إلى جملة من العوامل منها وجود اقتصاد عصري منفصل عن الاقتصاد البلدي. وجود اقتصاد ممكنن متطور، قائم على التبادل التبعي للخارج، معتمد على تكنولوجيا، أي آلات وخبرة، غير مستوطنة في بلادنا، ومع التكنولوجيا تدخل إلينا وتستفحل فينا أفكار الغرب وأنماطه الحياتية. وبهذه الكيفية تعيش على هامش الشعب وفوقه طبقة مديري الاقتصاد العصري التي لا يعنيها من أمر الشعب صعوبات الحصول على الغذاء، ولا البطالة الناشئة عن المكننة العاتية التي لا تراعي المصلحة العامة وإنما تلتمس ارتفاع الإنتاجية والأرباح بأي ثمن.

وتبقى كتلة الاقتصاد البلدي مهملة، ويبقى السواد الأعظم من الأمة محروما غير مكترث إلا بهمومه وآلامه، ولا مشارك في عملية التنمية التي لا يفهم لها معنى لأنهم لم يخصصوا له منها ناقةً ولا جملًا، ولا فتحوا له رجاءً وأملًا. يقابل هذا التشطر بين الاقتصاد العصري والاقتصاد البلدي التقليدي في الداخل تشطر يسمى "توزيع العمل" على المستوى العالمي. بمقتضى هذا التوزيع المفروض على الشعوب المستضعفة بحكم تخلفها، بل تخليفها، يصنع الغرب موادنا الخام، يشتريها منا، لا بل يبتزها ابتزازًا، بثمن بخس، ثم يبيعنا المنتجاب بالثمن الباهض، بعد أن أضاف إلى قيمتها المادية قيمة فنية تعطيها جاذبية إن كانت سلعة استهلاك، وتعطيها الفعالية الجهنمية إن كانت سلاحًا، وتعطيها على كل حال السمعة والهيبة لأنها تحمل وسام "صنع بالولايات المتحدة الأمريكية".

توزيع العمل العالمي استعمار اقتصادي يساعد على إبقائنا في التخلف، والشطر العصري من الاقتصاد في بلادنا إنما هو ذنب تابع للشركات الكبرى، واسفنجة لامتصاص دمائنا. يضمن كلام المرشد كيفية الدفع التي يلزم دولة العدل القيام به في دعم مع المستضعفين المتضررين من العملية الاقتصادية الحالية التي تحتكر المواد الخام وتصدر تكنولوجيتها مع خبرائها، الأمر الذي يبقي الدول النامية تابعة دومًا للأخرى المستغنية على حساب تفقيرها. ويفصل المرشد في العلاقة الاقتصادية والأيديولوجية التي تتم بين عالم الشمال المتخم المستغني وعالم الجنوب المفقر والتابع. هنالك مفاوضات بين الشمال والجنوب كما يقولون، هذه المفاوضات لا تضع موضع التساؤل والنقد والرفض قسمة العمل المجحفة، ومبدأ تهريب المواد الخام من بلادنا.

ومبدأ احتكار التكنولوجيا التي تضفي على هذه المواد هذه القيمة الفنية التي تعطى رطل النحاس الذي اشتري بثمن التراب مئات أضعاف قيمته الأصلية بعد التصنيع. إنما تدور هذه المفاوضات، كما يريد الاستعمار، حول تحسين قيمة التبادل، وحول إنشاء صندوق موازنة لدعم أثمان المواد الأولية عند انهيار السوق، وحول التعاون التقني الذي لا يتناول إلا تقنيات المصانع المتطورة الجاهزة لا التقنيات المتكيفة بحاجاتنا، وحول النسبة المئوية مِن دَخْل الدول المصنعة التي يجب أن تخصص (يا للرحمة المتصدقة !) لمساعدة الدول الفقيرة. ثم لا تتمخض المفاوضات إلا عن كل ما يضمن مصلحة الأقوياء الأغنياء.

يطرح المرشد مقترحات عملية تقوم بها الدولة في مرحلتها الانتقالية والتي يركز عليها حتى تنهض الأمة بمقومات اقتصادية أولية تسمح لها على الأقل حل مشكلة التغذية وذلك بالاعتماد على مقوماتها الذاتية التي هي إصلاح الأرض واستصلاحها قصد زراعتها وبناء مشروعات زراعية يستفيد منها الفقير المعدم والمتوسط. "يكون جهاد عمارة الأرض، واستصلاحها. وتهيئتها للإنتاج، وحسن توزيعها، وتسيير العمل فيها، من آكد أنواع الجهاد. لأن بعمارة الأرض تحصل الأمة المجاهدة الأزواد وتضمن الأمن الغذائي.

ثم إن صلاح الزراعة قاعدة ضرورية لتأسيس اقتصاد صحي يأتي التصنيع مكملًا له....إن القومة الزراعية تتطلب إعادة النظر في ملكية الأرض، وتوزيع عوامل الإنتاج توزيعًا متوازنًا بين أنواع الصناعة وأنواع الزراعة، والعدل في أجور اليد العاملة بين عمال الحواضر والبوادي، وحماية الفلاح، وضمان أمنه، واستقراره، وحاجاته، لحبس الهجرة من البادية لحاضرة مدن القصدير، واختيار أنسب التقنيات للإنتاج، وتيسير الإدارة، ورفع وصاية الحكومة عن الفلاح، وتشجيع التعاونيات الفلاحية الإنتاجية والتسويقية، ودعم الإنتاج الزراعي بتيسير أثمان المخصبات، والآلات، ودفع قروض سخية لأكثر المنتجين نفعًا، وتوجيه الزراعة للإنتاج المغذي بدل إنتاج التصدير، وحبس استيراد المواد الكمالية من الخارج، والتدرج في إيقاف استيراد الحاجيات لتشجيع السوق الداخلية الإسلامية.

تزعم الرأسمالية أن نظامها القائم على حرية الفرد، وعلى الديمقراطية، وعلى الباب المفتوح في الاقتصاد، هو النظام الصالح لتوطيد العدل السياسي القضائي والقسط الاقتصادي الاجتماعي. وتزعم الاشتراكية أن ذلك لا يتأتى إلا في ظل نظامها الجماعي المرتكز على استبداد البرولتاريا. ونشاهد عند القوم وعندنا أن باستمرار الحكم الرأسمالي والاقتصاد الرأسمالي تزداد طبقة الأغنياء غنى، ولا تنتزع الطبقة العاملة الناصبة حقوقها، أو بعض حقوقها، إلا بالعنف النقابي أو تحت تهديد الأحزاب الاشتراكية الاجتماعية.

وهي خلاف الاشتراكية الثورية. ونشاهد أن باستمرار الحكم الشيوعي تتحول الطبقة المحرومة من قبل إلى طبقة جديدة تستأثر بالملكية والمال والسلطان والمتاع. الكفتان هنالك في الأنظمة الجاهلية راجحتان لصالح الطبقة الأقوى والأدهى. وفي دولة الإسلام يجب أن يكون القيام لله، والشهادة لله، والمرجع لله، والقانون شرعه المقدس الذي يجد فيه المجتمع توازنه، ويجد فيه كل ذي حق حقه. ننتقل من حيز تسوده الوسائل التي لا غاية لها إلى جو يسبق فيه الاهتمام بالغاية ذكر الوسائل. نقرأ بتؤدة هذه الفقرات من كتاب الموافقات للإمام الشاطبي رحمه الله لننظر كيف تدخل الحاجات، المادية المعاشية في الحساب الإجمالي لحياة المسلمين جنبًا إلى جنب، بل تابعًا لمتبوع، ووسيلة لغاية، مع حاجاته الأخلاقية الإيمانية المَعادية. قال رحمه الله : "تكاليف الشريعة ترجع إلى حفظ مقاصدها في الخلق. وهذه المقاصد لا تعدو ثلاثة أقسام. أحدها أن تكون ضرورية. والثاني أن تكون حاجية. والثالث أن تكون تحسينية، "فأما الضرورية فمعناها أنه لابد منها في قيام مصالح الدين والدنيا. بحيث إذا فقدت لم تجر مصالح الدنيا على استقامة، بل على فساد وتهارج (فوضى) وفوت حياة. وفي الأخرى فوت النجاة والنعيم، والرجوع بالخسران المبين (...) فأصول العبادات راجعة إلى حفظ الدين من جانب الوجود (أي بأفعال إيجابية لا بتروك كالإيمان، والنطق بالشهادتين، والصلاة، والزكاة، والصيام، والحج، وما أشبه ذلك.

والعادات راجعة إلى حفظ النفس والعقل من جانب الوجود أيضا، كتناول المأكولات، والمشروبات، والملبوسات، والمسكونات، وما أشبه ذلك. والمعاملات راجعة إلى حفظ النسل والمال من جانب الوجود، وإلى حفظ النفس والعقل معًا لكن بواسطة العادات. والجنايات -ويجمعها الأمر بالمعروف والنهي عن المنكر- ترجع إلى حفظ الجميع من جانب العدم، أي بمنع لضر، وأما الحاجيات فمعناها أنها مفتقر إليها من حيث التوسعة ورفع الضيق المؤدي في الغالب إلى الحرج والمشقة اللاحقة بفوت المطلوب (...). ففي العبادات كالرخص المخففة بالنسبة إلى تخوف المشقة بالمرض والسفر. وفي العادات كإباحة الصيد والتمتع بالطيبات مما هو حلال مأكلا ومشربا وملبسا ومسكنا ومركبا وما أشبه ذلك. وفي المعاملات كالقراض والمساقات والسلم.

وأما التحسينيات فمعناها الأخذ بما يليق من محاسن العادات، وتجنب الأموال المدنسات التي تأنفها العقول الراجحات. ويجمع ذلك قسم مكارم الأخلاق(...). ففي العبادات كإزالة النجاسة، وبالجملة الطهارات كلها، وستر العورة، وأخذ الزينة. (...) وفي العادات كآداب الأكل والشرب، ومجانبة المآكل النجسات، والمشارب المستخبثات، والإسراف، والإقتار (التضييق) في المتناولات". هكذا يكون تقسيم أعمال الإنسان ومجالاته الحياتية والمعادية في نظرة لا تعزل الدين عن الدولة، ولا الاقتصاد المادي عن الاقتصاد بمعنى القصد إلى غاية من وراء الحياة الدنيا، ولا الغذاء البدني عن الغذاء الإيماني. ويسري الاعتبار الشرعي في كل الأحكام المتعلقة بالمعايش أمرًا ونهيًا، إتيانًا ومنعًا، من جانب الوجود ومن جانب العدم كما يعبر الشاطبي رحمه الله.

ونجد لدى الدكتور أحمد الحجي الكردي في مؤلفه "أسس النظام الاقتصادي الإسلامي البديل" مجموعة من المقترحات الإسلامية التي يمكن أن ينتظم بها الاستثمار المالي والمعاملات المالية مع ضوابطها الشرعية، وهي وإن كانت لا ترقى بعد لنظرية اقتصادية مكتملة، فإنه يلزم سردها هنا حتى نستفيد من بحثه الذي ساهم به لتطوير وبناء النظرية الاقتصادية الإسلامية. يعتبر الدكتور أحمد الحجي الكردي أن الاقتصاد الإسلامي بكل مشتملاته هو جزء لا يتجزأ من النظام الإسلامي العام الشامل: الخُلُقي، والاجتماعي، والتشريعي، الذي لا ينفك جزء منه عن جزء، ولذا لا يمكن إفراده بالبحث من غير إشارة إلى صلته الوثيقة بباقي المبادئ الإسلامية الأخرى.

المال في الإسلام وسيلة لاستدامة الحياة، وليس غاية لها : والغاية الأولى من الحياة هي الانتظام بأحكام الله تعالى، والانصياع لها، والتمسك بها. قال سبحانه: "وَمَا خَلَقْتُ الْجِنَّ وَالْإِنْسَ إِلا لِيَعْبُدُونِ، مَا أُرِيدُ مِنْهُمْ مِنْ رِزْقٍ وَمَا أُرِيدُ أَنْ يُطْعِمُونِ، إِنَّ اللَّهَ هُوَ الرَّزَّاقُ ذُو الْقُوَّةِ الْمَتِينُ" (الذاريات: 56-58).

ونقرأ في القرآن ذكر للمال والسعي في امتلاكه ومنعه عن المبذرين السفهاء بما
أن المال مكون مهم لبناء الاقتصاد باستثماره في المشاريع التي تغطي حاجة
الفقراء من المجتمع بدل أن يبقى حكرًا على فئة قليلة تهيمن عليه ولا تستفيد
باقي الشرائح من نتاجه، بل تظل كادحة يلاحقها الفقر والحاجة. كما نجد في
القرآن محق للربا والتعامل بالفائدة وحث على البذل والأخلاق التي تؤلف
الروابط الاجتماعية دون الإخلال بنظام الاقتصاد. في المقابل، تحتوي مبادئنا
الإسلامية على الفضائل الفردية المتمثلة في البذل، والأخلاق الاجتماعية
المتجسدة في العدل والمساواة. فالقرآن الكريم يندد بشدة بالقرض الذي يجر
الفائدة، بينما يبالغ في مدح خصلة البذل. قال الله عز وجل: "وما أنفقتم من نفقة
أو نذرتم من نذر فإن الله يعلمه. وما للظالمين من أنصار. إن تبدوا الصدقات
فنعما هي. وإن تخفوها وتؤتوها الفقراء فهو خير لكم. ونكفر عنكم من سيئاتكم.
والله بما تعملون خبير" (البقرة: 270-271). والقرآن الكريم ينوه بالصدقات
السرية والعلنية، لكنه يدين الربا ويعتبره خطيئة لا تغتفر: "ليس عليك (يا محمد)
هداهم (إلى الصراط المستقيم) ولكن الله يهدي من يشاء، وما تنفقوا من خير
فلأنفسكم، وما تنفقون إلا ابتغاء وجه الله، وما تنفقوا من خير يُوَفَّ إليكم وأنتم لا
تُظلَمُون" (البقرة: 272). وفي تدبير شؤون المال نجد في القرآن علاج للمرض
الذي أرست قواعده الرأسمالية والرأسمالية المتوحشة التي لا تخدم إلا مصلحة
فئة قليلة من المجتمع التي تحتكر المال وتنتفع من الأسواق العالمية التي تهيمن
عليها ولا تترك المجال للشعوب الفقيرة أن تستفيد منها. وهكذا نجد في ثنايا
القرآن الحكيم ذم وزجر عن ممارسة الربا وتوعد شديد لمن لم ينته عن ذلك :
"الذين يأكلون الربا لا يقومون إلا كما يقوم الذي يتخبطه الشيطان من المس.
ذلك بأنهم قالوا إنما البيع مثل الربا وأحل الله البيع وحرم الربا. فمن جاءه
موعظة من ربه فانتهى فله ما سلف وأمره إلى الله ومن عاد فأولئك أصحاب
النار هم فيها خالدون" (البقرة: 275).

نلقى في القرآن نبذ وذم وزجر وتحذير وإنذار للرأسمالية المتوحشة منذ مهدها
الأول ولكنها الآن قد تقوت وتشعبت وأصبحت نظامًا عالميًا يخضع الدول
والأمم وتسيطر على الرأسمال العالمي الذي يجري على يد قلة قليلة من
أصحاب المال الذين يتحكمون في البنوك العالمية والأسواق والبورصات.
ويتلاعبون بالقيم فيجعلونها ربًا متضخمة تتجاوز العقل السليم وتهضم حق
الشعوب في العيش والعمل والاستقلال نقرأه في متن القرآن: "بسم الله الرحمن
الرحيم، ويل لكل همزة لمزة الذي جمع ماله وعدده، يحسب أن ماله أخلده، كلا
لينبذن في الحطمة وما أدراك ما الحطمة، نار الله الموقدة التي تطلع على الأفئدة،
إنها عليهم مؤصدة، في عمد ممددة" (الهمزة: 1-9). فهذه الرأسمالية المتوحشة
المتمثلة في نظامها العالمي الذي دشنته رسميًا في العقد الأخير من نهاية القرن
العشرين والتي تحتكر الأموال الطائلة لحساب فئة ضئيلة على حساب شعوب
العالم وتدعو دعوتها الجاهلية لتأليه الدولار وعبادة الشيطان. فهي جاهلة مجهلة
كافرة متعنتة متجبرة مستألهة لا تؤمن بالموت وما بعده ولا بلقاء الديان

258

والحساب، وتعتقد مثل سابقتها من سلالتها الفرعونية بأنها تعيش الخلود بما تمتلكه من أموال طائلة لا توزعها التوزيع العادل ولا تسخرها في الخير بل في إشعال الحروب والنزاعات بين القوى المتحكمة وأخرى المغلوب عليها من باقي الأمم المفقرة والمجهلة، وتزرع الفتن وتلبس على العقول بإعلامها المدجج وأسلحتها المجونية المهلكة للعباد والبلاد. فكيف الصنيع وما السبيل لمدافعتها بالقوة المالية التي يلزم بها إطاحة صرح بناءها، وما البديل الذي يمكن أن تقدمه الحركات الإسلامية الصاعدة والموجهة للصحوة التي شهدتها العقود الأخيرة قبل وبعد أن يأخذوا زمام الأمور ويستلموا الحكم ويدبروا شؤون البلاد التي هم منها، قبل أن توحد تحت حكم واحد ودولة واحدة.

قال الله تعالى: "الذين يأكلون الربا لا يقومون إلا كما يقوم الذي يتخبطه الشيطان من المس. ذلك بأنهم قالوا إنما البيع مثل الربا وأحل الله البيع وحرم الربا. فمن جاءه موعظة من ربه فانتهى فله ما سلف وأمره إلى الله ومن عاد فأولئك أصحاب النار هم فيها خالدون" (البقرة: 275). هذه الآية المقدسة تفتح في وجوهنا آمالًا عريضة نحن الذين نعيش وضعًا مماثلًا للفترة الانتقالية التي شهدها عصر النبي صلى الله عليه وسلم. فالربح الحرام الذي سنضطر إلى تحمل رواجه حينا من الدهر خطيئة نسأل الله عز وجل أن يغفرها لنا، إذ سنكون مجبرين على ترك هذه الأرباح تتداول إلى أن تمكنا إعادة توجيه وتنظيم الأنظمة النقدية والمالية في البلدان الإسلامية من الاستقلال النسبي عن مؤسسات المال العالمية، رسمية كانت أم غير رسمية.

لا تزال جهود المؤسسات البنكية الإسلامية التي تشغل الاستثمارات التشاركية - حيث يتحد رأس المال بالعمل بعيدًا عن الاستغلال البشع للقرض الربوي- تخطو خطواتها الأولى، قانعة بنتائج واعدة. ثمرات ضئيلة منتزعة من قبضة القوى المهيمنة على السوق المالي العالمي تتعيش بها البنوك الإسلامية المتسللة بين فجوات النظام العالمي العملاق. لكنها ثمرات لا يستهان بها مادامت تبشر بإمكانية الخلاص وتخطي السبل الموصلة إليه. ويوم يبلغ المسلمون الرشد السياسي واليقظة الخلقية والروحية، سيجتهد مسلمو العالم جميعا لتوحيد خطتهم وتحريك طاقاتهم، المشتتة اليوم، المعطلة. لا بد لنا يومئذ من جهد جماعي تحدوه رغبة صادقة في الإفلات من نقمة الله عز وجل الذي يحذرنا من عبادة العجل الذهبي. قال تعالى: "يأأيها الذين آمنوا اتقوا الله وذروا ما بقي من الربا إن كنتم مؤمنين فإن لم تفعلوا فأذنوا بحرب من الله ورسوله" (البقرة: 278-279).

هكذا تصور الشريعة الإسلامية فظاعة الممارسة الجائرة. فالمال المتورع المنضبط يجب أن يُرَوَّج في المجتمع الإسلامي باعتباره مساهمة من طرف المدخرين والمقاولين والعمال في رأس المال بدل أن يعدُوَ خلف مكافأة سهلة تمنح لرأس المال. أما البنك الإسلامي فسيكتفي باقتطاع المبلغ الضروري للتدبير دون أن يُسمح له بأن يصبح وسيطًا شرهًا. نسأل الله تعالى الغني الحميد أن لا

تكون طريق الخروج من هذه المتاهة الشيطانية طويلة! وكان من الضروري التلميح بوجود مرحلة انتقالية لزم الأمة أن تمر بها قبل بناء قوة مالية تمنح الأمة الوسيلة لاستثمار الرأسمال بشكل حلال والذي تؤطره البنوك الإسلامية في عمل موحد بين مؤسسات البنوك عبر الوطن العربي الإسلامي. ولعل العالم الغربي قد يتعرف على الطريقة الاستثمارية الإسلامية ويقبلها فيرغب في المشاركة والمساهمة في تلك البنوك التي لا تعمل بالربا التي تؤدي إلى تضخم الأموال ولعل الانفتاح على الآخرين من القضايا التي يلزم النظر فيها. فليس كل بناء يعتمد مكوناته الذاتية في زمننا هذا ناجح نجاحًا موفقًا نظرًا لتغير إستراتيجية العمل السياسي والاقتصادي وتشابك العلاقات بين الدول. وما يلزم التركيز عليه هو البناء التشريعي وبناءه القانوني الإسلامي ومراقبة الجسم المستثمر من شركات وبنوك ومقاولات حتى يخضع لخلق الإسلام ومعاملته التي تعطي لكل ذي حق حقه، وهذا يلزمه قضاء عادل مستقل قادر على البت في كل القضايا حتى التي تكون فيها السلطة وما تبعها متورطة فيها.

وضع قوانين يتم بعد الاجتهاد الجاد والعمل الجماعي بين خبراء اقتصاديين وعارفين بالاستثمارات والمضاربات وبين عارفين بالأحكام القرآنية والنبوية ليتم التوصل لمسند قانوني مجدد يتم فيه ترتيب وترقيم القوانين العامة والأخرى المتفرعة عنها كي تضبط المقاييس لفتح الشركات وضبط أمر الشركات المتعددة الجنسيات ووضع شروط خاصة حتى يتم تشجيع الطاقات الوطنية الشابة ذات الكفاءات العالية. وقد يكون لبيت المال وبلغة العصر لخزينة الدولة ما تدعم به تلك الشركات الحديثة ذات المشاريع المتوسطة والكبيرة بالرأسمال الذي يؤخذ من ذخيرة الدولة بفوائد بسيطة، فالقصد هو تحريك الطاقات الشابة ومساعدتها على الخوض والدخول في عالم الاستثمار والإنتاج الذي قد ينافس حركة الاستثمار وطنيًا ودوليًا. ويمكن تنظيم تلك المنافسة بأساليب شتى منها إقامة معارض وطنية للمستثمرين الشباب ومعارض دولية يتم فيها التشجيع بالجوائز التي تقدم لأكبر مستثمر ناجح وإذا تم إشراك الطاقة الشابة والخبرة العالية كانت العملية أنجح. والتجارة محبذة جدا في الإسلام لأنه منها الربح واستثمار الأموال بشكل حر وحلال، ولا يمكن منع الربح لأن الربح لو منع لتوقفت الحياة، ولكن ليكن الربح مساعدًا على خدمة البشرية، التي هي الأصل، لا أصلًا في نفسه والخدمة فرعه، وإلا انقلبت الآية وعمت المشكلات والأزمات، قال صلى الله عليه وسلم: (التَّاجِرُ الصَّدُوقُ الأَمِينُ مَعَ النَّبِيِّينَ وَالصِّدِّيقِينَ وَالشُّهَدَاءِ) رواه الترمذي، والتاجر الصدوق هو الذي يعمل لخدمة الناس ويربح من ذلك، وليس الذي يعمل للربح ويخدم الناس من وراء ذلك.

نأتي الآن إلى نقطة محورية وهي خزينة الدولة ومن أين تأتي ذخيرتها من الأموال أو كل ما يمكن تحويله إلى سيولة، وماذا على القائمين بالقومة التي تستلم السلطة عمله وما الإجراءات التي تتخذها مع المسؤولين السابقين من الذين يتولون الآن ويسيرون البلد اقتصاديًا ولا نعرف حتى هويتهم فهم يستثمرون

شركات متعددة الوجهات تنتج كل شيء فهي متعددة الاستثمارات وتدر الأموال الطائلة التي لا تستثمر في الوطن بل تصدر وتستثمر بالخارج خصوصًا بأوربا وحيث تستودع الأموال بسويسرا. فما الخطة التي ستنتهج في حل هذه المعضلة الكبيرة، وهل ستكون مصالحة وطنية وإبقاء على الاستثمارات السابقة مع تحويرها في النظام الجديد وإعادة هيكلتها وتسخيرها في بناء المشاريع الكبيرة مثل التعليم والصحة والتنمية البشرية الموازية لهذه القطاعات؟ هل يمكن فتح المجال لمن استغنى بالطرق غير المشروعة من نهب للأموال العامة لردها بشكل ودي وسلمي مقابل تعويض تحدده السلطة الجماعية الشورية، أم ندخل في محاكمات فارغة المحتوى لا جدوى من وراءها غير تقليب أوجاع لا يمكن استشفاؤها ويلزم الوقت لعلاجها؟

المهم يلزم خزينة الدولة أو بيت المال أن يكون قويًا حتى تبنى الدولة القوية ليتحقق الشطر الأول من المعادلة الإنسانية وهو تقعيد العدل والقسط ودفع الظلم والجور. لكن ما الكيفيات التي يمكن استعمالها لتحقيق الهدف بشكل عدلي إحساني دون إلحاق الضرر ودون الوقوع في فتن لا قبل للأمة بها ولا مخرج منها، تبقى هذه من المحاور التي يمكن أن تضع محط النظر في برامج بعيدة النظر قادرة على استيعاب الوقائع والتعامل معها بالعقل المنصف والوضوح اللازم والحلم الممكن. فيما يستغل المال الذي تملكه الدولة ويملكه باقي العملاء الأحرار من أصحاب الشركات والمقاولات وغيرها. إن أول مجال يمكن استثمار المال فيه هو التجارة فربحها مبارك وتمنح إمكانية دخول السوق الوطنية والدولية حتى لا تبقى حكرًا على فئة قليلة تتحكم في مسارها. وبموازاة التجارة نركز على الزراعة لسبب بسيط وهو ما تنعم به الأراضي المغربية من أراضي منبسطة وسهول يمكن استغلالها للإنتاج الوطني والتصدير الدولي بإنشاء مزارع متوسطة وأخرى كبيرة متعددة الواجهات. وما يلزم مراعاته في هذا الباب هو التنمية القروية. وحين أقول ذلك فيعني أن نهيئ للقرى القريبة والبعيدة ولشبابها المنهك من الفقر وآثار الجفاف أو انجراف المياه من أثر الفياضانات فنخصص صندوقًا وميزانية تساعده على إنتاج الأرض بشكل مقنن قابل للتطبيق من طرف متخصصين في الزراعة من مهندسين وتقنيين يوظفون الطاقة البشرية الشابة القروية. وهذا يدخل ضمن مشروع تشغيل الكفاءات والخبرات العالية المعطلة أو المهمشة أو التي لم يتم تشغيلها في الوظائف المناسبة لها.

يلزم تقنين الزراعة وتشجيع المبادرات الحرة التي تستطيع بناء شركات استثمارية معقدة ومتعددة الواجهات حتى يتم استثمار الطاقة البشرية من جهة وحتى نتخلص من مسألة الغذاء والكفاف الذاتي وعدم الاعتماد على الخارج لسداد حاجياتنا الغذائية وهي أولى أولويات الدولة القائمة. فأول الأهداف من دولة العدل هي إطعام الجائع ودعم المسكين والفقير والمحتاج والمستضعف بصفة عامة بالدفع به نحو عملية الإنتاج التي تعطيه كرامته وتوفي حاجته وترد

إنسانيته. ومن الزراعة تتفرع صناعات عديدة مرتبطة بها من تصنيع المنتوج الزراعي وتصبيره وتعليبه وتوزيعه وهذا يلزم شبكة صناعية متعددة متفرعة وهي الصناعات الخفيفة. وعند الصناعات الخفيفة نقف لنركز على أهميتها القصوى ولا نحتقر دورها الإنتاجي والاستهلاكي في مجتمعنا الذي يعتمد كليًا على المستوردات الخارجية مهملًا قدراته وكفاءاته والرأسمال الكبير الذي يتم تسييره من طرف فئة محتكرة ولا تنتفع منه الطاقات البشرية الشابة. وهنا أعطي مثالًا بسيطًا جدًا وهو الإبرة التي نستعملها في مجالات الخياطة الفردية والخياطة المحترفة بالمعامل فنحن لا نقدر بعد على صناعتها ونستوردها من دولة الصين التي بنت اقتصادها وقوته ودعمته وتهيئ نفسها لمنافسة القوى الدولية والعالمية وتفرض قيمها ولغتها على العالمين. ونفتح المجال ونشجع الصناعات الثقيلة التي يلزمها رأسمال قوي وكبير وإمكانيات خبراتية عالية وبحث مستمر فيما جد في مجال الآلات الكهربائية والإلكترونية والبرمجية. وهذا مجال لا يترك للاستثمار الحر وحده بل يلزم الدولة أن يكون لها فيه النسبة العالية حتى تستطيع تصنيع القوة المادية التي تنبني عليها الدولة القوية.

ومن قلب الصناعات الثقيلة نشير لمسألة جوهرية طالمًا غفلت عنها الدولة الآن وهي البنية التحتية التي تعاني من كل الآلام وطبقت في حقها كل الاحتيالات والألاعيب السياسية وحيكت ضدها، ولم يتم إنجاز أي مشروع منها وسرقت الأموال ونهبت وبقيت البلاد في حالة كارثية. البنية التحتية تأمل في التسمية حتى تعرف أهميتها القصوى وما تسخر من أجله لتيسير الانتقال ونقل السلع الثقيلة وتسهيل التواصل ليتقوى الاستثمار ولتتعقد شبكته وتصبح شركات قوية لها منافذ عديدة داخل البلد. فإذا كانت الفعاليات السياسية السابقة قد اتخذت من البنية التحتية ورقة سياسية تراهن عليها أثناء حملتها الانتخابية وتقامر عليها لتسرق الميزانية المخصصة للبنية التحتية في الدوائر الحضرية والقروية والجماعات والولايات. وبوضع مشاريع لا تعرف الوجود ولا تتحقق أبدًا، فإن الأمر يفهم لدينا بأنه بمثابة الفتات الذي يرميه القائمون الحقيقيون لتلك الفعاليات التي تقبل الدخول في اللعبة لتعمل الدولة على تحويل حلبة الصراع ما بين الشعب والأحزاب والنقابات ويمحوروا الصراع ليجعلوه ما بين الشرائح الاجتماعية والقوى والفعاليات السياسية. وبذلك يخلو للدولة الجو لتنفرد بخيرات البلاد التي تنتجها وتوزعها وتستفيد منها قلة قليلة دون الشعب الذي قهرته المجاعة والمرض والتخلف والقهر ويمارس في حقه كل أساليب الظلم. تعمل الدولة جاهدة على تمويه الشعب بخلق صراع لا وجود له ما بين الشعب والفعاليات السياسية تمويهًا وتلبيسًا من سلطة عليا والحقيقة أن تلك الفعاليات السياسية صورية ليست لديها صلاحية اتخاذ القرار فهي شكلية صورية لا تقدر على الفعل وقد تستبدل لأي سبب من الأسباب حسب رغبة السلطة العليا.

تنظيـر الاقتصـــاد

بما أن الأمة الإسلامية لا تملك نظريات اقتصادية تؤسس بها كيانها المادي وتوجهها وفق مقاصد شرعية وغاية عمرانية، فإن النخبة المثقفة في البلاد المسلمة ظلت تستهلك النظريات الاقتصادية الغربية سواء التي أقامها المفكرون الشيوعيون أو الرأسماليون، وبذلك فهم ما بين نظريات كارل ماركس الشيوعي التي كانت نظرياته حول الصراع الطبقي مدخلًا أساسيًا لتحقيق النظام الشيوعي بروسيا والذي جاء عقب الثورة البلوريتارية ضد النظام الإقطاعي. وهذه النخبة المثقفة منهم التابعين لما يذهب إليه المفكر الليبرالي "آدم سميت". وكلا المدرستين لها توجهها الخاص ونظرتها المشروطة بالمفاهيم التي توجه وتؤسس لعملية تدبير الاقتصاد. وهذه الحالة من التبعية كان لها عواقب وخيمة على تدبير الاقتصاد في البلدان العربية الإسلامية التي لم تكن تمتلك منظومة اقتصادية مستقلة تم بناؤها من المخزون الثقافي ومن السياسة التدبيرية ومن فقه المقاصد الذي يكون فيه تأمين العيش والكسب من أول الأوليات.

في هذا الإطار تدخل ملاحظات مالك بن نبي حول وضع المثقفين في البلاد الإسلامية والتي تصف هذه الحالة في العبارات التالية: "وإذا ما نظرنا لموقف نخبتنا المثقفة في المجال الاقتصادي، نرى هذه النخبة تقف موقف اختيار بين ليبرالية "آدم سميت" ومادية "كارل ماركس"، كأنما ليس للمشكلات الاقتصادية سوى الحلول التي يقدمها هذا أو ذاك، دون وقوف وعبرة عند أسباب الفشل، أو نصف النجاح لخطط التنمية التي طبقت على أساس الليبرالية أو المادية، في العالم الثالث ما عدا الصين، بعد الحرب العالمية الثانية. بينما نرى تجربة مثل التي أجريت في إندونسيا قد تضمنت كل شروط النجاح، سواء من ناحية الإمكانيات المادية في أغنى بلاد الله من حيث الثروة الطبيعية والبشرية، أو من الناحية الفنية لأن واضع خطتها الدكتور "شاخت" الرجل الذي نهض باقتصاد ألمانيا قبيل الحرب العالمية الثانية من نقطة الصفر تقريبًا، ومع ذلك نراها فشلت فشلًا ذريعًا. ولو وقفنا على الأقل متأملين أسباب هذا الفشل لاستفدنا منه درسًا اقتصاديًا، لا تقدمه لنا المدرسة الليبرالية ولا المدرسة المادية، ولأدركنا أولًا أن المخططات الاقتصادية تتضمن شروطًا ضمنية...على الأقل ليس من اختصاص واضعيها الالتفات إليها.

فالدكتور "شاخت" كان بلا جدال، أجدر من يضع مخططًا اقتصاديًا مثل الذي وضعه لبلاده قبيل الحرب، ولكنه خطط لإندونسيا فوضع خطته، على قاعدة "معادلة اجتماعية" تؤهله لإنجاح أي مخطط...أو بعبارة أخرى فالديناميكية الاقتصادية ليست هي هذه النظرية أو تلك الخاصة بعلم الاقتصاد، بل هي مرتبطة بجوهر اجتماعي عام قد نجده، على حد سواء، في تجربة اليابان الرأسمالية أو تجربة الصين الشيوعية بعد 1949م، خصوصا بعد أن عدلت ثورتها الثقافية بين 1966-1968م، "المعادلة الاجتماعية" في الفرد الصيني ذاته".

يذهب مالك بن نبي في طرحه للنظرية الاقتصادية في العالم الإسلامي وتوجه المثقفين وموقفهم من القضية الاقتصادية إلى أنهم يصنفون صنفين، ولا يتم هذا التصنيف على أساس فني بل على أساس أخلاقي. صنف لا يبالي بعقيدته في انحيازه لنظرية اقتصادية معينة، ويلقب نفسه بالتقدمي لأنه يدعي الماركسية، وصنف ينحاز مبدئيًا إلى الليبرالية لأنه يتجنب المادية والإلحاد بحافز إسلامي.

وفي نظر مالك بن نبي فإن الصنف الثاني المتبني لليبرالية هو الطاغي والمهيمن في العالم الإسلامي وهو الذي كان أخصب في مجال الدراسات الاقتصادية لأنه ركز جهده على إبراز إمكانية الاستثمار بدون ربا، وقد تم في هذا الباب عدة أطروحات من طرف طلبة مسلمين بالولايات المتحدة. وهذا يدخل في محاولة التوفيق بين الإسلام والرأسمالية. ويبدو أن الاقتصاديين الإسلاميين بعد أن اختاروا ضمنًا المبدأ الليبرالي، عمدوا إلى وضع المسحة الإسلامية عليه، فنرى الجهود التي تنصرف بصورة عامة، إلى دراسة النظم المالية في الاقتصاد، كأنما هي الأمر الأساسي في الاقتصاد. بينما نرى أن هذه النظم banques les سواء أكانت متعاملة على أساس الربا أم لا، ليست إلا جانبًا من علم الاقتصاد الحديث، لأنه لو فقد هذا الجانب أو تضاءل مثلما يحدث الآن في التوجيه الاقتصادي الصيني، فلأن النشاط الاقتصادي يستطيع مواصلة حركته الديناميكية، وسيبقى قائمًا أو يعيد قيامه بفضل مقدراته الأخرى، مثلما حدث في ألمانيا بعد الحرب الثانية عندما انطلقت تجربة المستشار "إيرهارت" في خطواتها الأولى بلا رصيد من ذهب أو فضة، أعني بلا تدخل مالي قائم أو غير قائم على الربا. إذا كان أغلب المستثمرين المسلمين ينفرون من الأنظمة الشيوعية لاعتمادها على فلسفة مادية تعارض الدين وتعتبره أفيون الشعوب.ويميلون على عكس ذلك للنظام الرأسمالي الحر ويفضلونه لأنه يفتح مجالًا لاستثمار المال ويبرأ الذمة من وصمة الشيوعية، فإنه ينبغي التذكير هنا

أن الرأسمالية الحرة بالطريقة التي تمارس بها في الدول الغربية تؤدي إلى الحرية المتوحشة. فالاقتصاد الحر بالمفهوم الرأسمالي يعني حرية الغاب، وأخلاق المنافسة الغابوية، والربا، والاحتكار، وظلم الشعوب، واستعباد العامل، ودرجه في عداد آلات الإنتاج، وجعل الإنسان دابة تكدح وتستهلك. وتعني الكلمة في الإسلام نقيض كل ذلك دون أن يكون في ديننا ما يبيح للدولة أن تحتكر النشاط الاقتصادي، ولا ما يبيح السيطرة السياسية بغير حق.

ليكن هذا واضحًا في أذهاننا التي ألفت أن ترى في الرأسمالية نموذج النظام الحر، وفي الاشتراكية نقيضا له. الاقتصاد الإسلامي حر بمعاني الحرية الغائية المقيدة بقيود الشرع. وبهذا يكون النظام الإسلامي السياسي والاقتصادي والاجتماعي والحضاري نقيضًا للنظامين الرأسمالي والاشتراكي، لا من حيث التطبيقات العملية الجزئية فقط، بل من أساسه ومن غايته. الجاهلية ترى الإنسان دآبة لا معنى لها، والإسلام يراه آدميًا مكرمًا بآدميته، محشورًا إلى ربه بعد الموت، سعيدًا عنده، أو شقيًا في دار الخلود. يبقى أن يتشخص النموذج الاقتصادي الإسلامي في واقع متحرك، يجمع تفاصيل الأحكام الشرعية في مذهبية، وتنظيم، وإدارة، وإنتاج، وتوزيع، منصبة على الإنسان، على شكل زاد لسفره إلى الله، وعلى شكل جهاز مادي لضيافته في الدنيا، وعلى شكل قوة للأمة، وبركة عليها وعلى المستضعفين، وهم أمة الدعوة، لا يستثنون من اهتمامنا أبدًا، ولو كانوا لا يزالون على الفطرة المحرفة لم تبلغهم الدعوة، أو شوهت سمعتها لديهم.

إن رفض الرأسمالية لا يعني رفض وجود رؤوس أموال حرة، بل يعني رفض لأمراض الأنانية التي تطرأ على الفطرة فتجمح بها. وإن رفض الرأسمالية لا يعني رفض المبادرة الحرة الشخصية أو الجماعية في شركات، إنما يعني إبعاد التضامنات الاحتكارية، ورفع الأسعار التعسفي، وطلب الربح المادي على حساب المصلحة الاجتماعية، واستعباد العامل الأجير واستغلاله. إن إلغاء المبادرة الحرة يهدد الاقتصاد بالشلل لتعطيل الغريزة التي جعلها الله فينا محركًا للتدافع الذي يكون به العمران. والاستفادة بالنسبة للاقتصاديين المسلمين الناشئين من التجارب التي تمت ضروري لأنها تبين الظروف الصعبة التي يواجهها مجتمع ناشئ. وهي الظروف المواتية التي تقدم أصدق صورة عن الجوانب الأساسية في علم الاقتصاد، قبل أن تتم بناءاته المكتملة سواء في صورة اقتصاد ليبرالي أو في صورة اقتصاد ماركسي. إذ أن المطلوب هو تصفية الذهن من الجوانب المذهبية في المنطلق، والتنظيمية التي تكتسبها القضية الاقتصادية في

الطريق بصفتها وسائل إدارة أو إشراف ورقابة. يمكن موقعة تجربة مالك بن نبي باعتبارها محاولة تصفية وتخليص لموضوع الاقتصاد من الجوانب الإضافية التي تطرأ عليه سواء في صورة ضرورة فنية تنشأ في الطريق، أو في صورة ضرورة سياسية تتسلط عليه لرقابة عمليتي الإنتاج والتوزيع طبقا لمبادئ ومسلمات مذهبية معينة. في هذا الصدد يربط مالك بن نبي الاقتصاد بالدين والفقه، لكنه يعتبر أن الفقهاء ليسوا مسؤولين عن الإيتاء بنظريات اقتصادية مما يستنبطونه من النصين القرآن والسنة أو الإجماع والاجتهاد. بل يقصر دورهم في قولهم بشأن الحلول التي يقدمها أهل الاختصاص، وتبيان إن كانت تلك الحلول مطابقة للشريعة الإسلامية أو غير مطابقة.

في هذا الأمر يورد كيف استنبط الفقهاء من الأحكام ما لم يشعر معه المسلمون بحرج في معاملاتهم التجارية والصناعية على طول هذه القرون التي كان القانون الإسلامي فيها سيدًا في السوق، وإن كان في نظام الحكم فساد. والفقه قادر على استيعاب وجوه المعاملات المستحدثة ومسايرة ما استجد في الحداثة. ففي القراض استنبطوا أحكامًا تلجم رأس المال بشروط، وتحدد وجوه تقاسم الربح، كما تحدد علاقة العامل بصاحب المال. وفي الشركة قيدوا شركة المفاوضة وشركة الأبدان، وشركة الوجوه (وهي نوع من استغلال النفوذ) بقيود تبطلها لوقوع الغرر والإجحاف بالشركاء. وأطلقوا شركة العنان بالإباحة، وبينوا كيفية دخول النقد والعروض في حساب الشركة ومعاملاتها.

مرد الأحكام الإسلامية في فقه الكسب إلى منع الظلم، والاحتكار، وتزييف الحسابات، وغش المعامل، وترويج البضاعة بالكذب، والربا، وتطفيف المكيال والميزان، واللعب بالأسعار، والتغابن، وسائر أنواع الفساد التي كان يضرب أمير المؤمنين عمر رضي الله عنه الناس بالدرة ينبههم إلى فقهها. كل ما جاء في هذه المقترحات عبارة عن نظريات اقتبسها صاحبها من التشريع الإسلامي من خلال ما جاء في القرآن والسنة وما اجتهد به العلماء الأول في زمن الاجتهاد خلال القرون الأولى، وهذا جميل ولكن أين نحن وأين واقعنا المفتون المتردي الذي لا يزال يحبو نحو بناء دولة قائمة على أركان وقيم إسلامية؟

يفرض واقع الشعوب من التفقير والتبعية للغرب الإمبريالي رغم الاستقلال السياسي والعسكري الرسمي نفسه، فرغم رحيل المستعمر عن البلاد العربية فإنه ترك أثره القوي على التربية والقيم وغير العادات وغرس طباعه وعمل على انتكاس حضارته الأصيلة. غرس المستعمر سياسة التبعية بعد أن استحوذ على خيرات البلاد وجعل من المواطن العربي يتسابق في الاستهلاك والإنتاج

والربح حتى أنساه القيم التي كان يعيش عليها من قيم العدل وتوزيع عادل بين فئات الشعب وزرع حب التقلل والزهادة حتى لا يطغى من يسوسون ويدبرون أمور الشعب فيستحوذون على خيرات ليست من حقهم.

لبناء اقتصاد مستقل وقويم -حتى ننتقل من الفقر والحاجة إلى القوة والمناعة والاستقلال الذاتي- يلزم أن نملك الأساس النظري القادر على صناعة نظرية اقتصادية تستوعب قيمنا وتدرك طبيعتنا البشرية وقدراتها وإمكانياتها. فكل ما نملك من نظريات هي مستوردة من الغرب ونريد أن نقارب بها واقعنا الاجتماعي المختلف وأن نسير به سيرًا تابعًا لما عليه الغرب. وحتى في محاولتنا تتبع الغرب سنظل دومًا غير قادرين على اللحاق بما توصل إليه لأن مساره تم عبر انتقالات مختلفة ومتسلسلة من النظام الإقطاعي الزراعي إلى الثورة الصناعية إلى التكنولوجيا الحديثة التي تؤسس لنظام معرفي. ثم إن الاختلافات الثقافية والمرجعية الدينية لن تسمح بنقل نموذج الغرب وتطبيقه على مجتمعاتنا لأن فكر وحضارة الغرب لا يتوافق وقيمنا الحضارية والثقافية ولا طبيعة احتياجاتنا المادية ويبقى أن الاستفادة من النموذج الغربي ممكنة في جانبها التكنولوجي والعملي مع الحفاظ على قيمنا فلا ننقل بالحرف النموذج الغربي لأنه لم يفصل على مقاسنا. لنبحث عن مصدر الضعف فينا، لأننا رغم القوة الديموغرافية التي نملك والطاقات الفكرية التي يزخر بها مجتمعاتنا -حتى تم تصديرها للخارج- لا زلنا نعاني من الفقر والضعف والتشتت. لعل مصدر فقرنا يأتي من كون عددنا ليس إلا كمًا غثائيًا لا يتماسك، وقبل ذلك لا ينهض ولا يتهمم بالقضايا الكبرى التي تعاني منها الأمة فكل منا يعيش في فقاعته الوهمية التي يحبس فيها نفسه ولا يقدر أن يتحرر منها. إن التحول الذي نريد أن نحققه لننتقل من الضعف إلى القوة والمنعة لن يحصل إلا بتجديد الإنسان في قيمه وعقيدته وتغيير ذهنية المغلوب المتخلف. هذا التحول الكيفي كفيل أن يجعلنا وحدة بعد أن نتجاوز ما يشتتنا من النعرات القبلية والإثنية والقومية ويجمعنا الدين لأنه الجامع الوحيد الذي يجعل الفروقات الأخرى تذوب مع الأخوة الإسلامية.

يقول المرشد عبد السلام ياسين في موضوع صدق التعاون في القطر الإسلامي ومهده في طريق بناء دولة العدل بأن قيمة الصدق في نفسها قوة. وأن الدرهم الذي يأتيك صدقًا وتعتمد عليه وعلى صاحبه في كل المهمات لهو أجدى من آلاف تجمعها مرة من مصدر لا تعرف نيته ووجهته. صاع التمر الذي نثره أبو عقيل في صدقة المسلمين مساهمة صادقة يمكن أن تعتمد عليها، فإذا عمت إرادة

التعاون والمساهمة وصدق المؤمنون فعطاؤهم للدرهم والعرق والوقت يعطيك أساسًا للعمل الاقتصادي تبني عليه نظامك مطمئنًا إلى أن المعين لن ينضب مجراه. في مجتمع راكد تتبنى الخطة الاقتصادية على المصالح المتبادلة في مصلحة المالك إن كان شخصا أو دولة وعلى مصلحة العامل أو قل على اضطراره. أما في مجتمع يريد الحياة ويتحرك بحافز طلب القوة وبشجاعة حامل الرسالة وبذل الصادقين فالخطة الاقتصادية لا بد أن تكون طموحًا ولا بد أن تستدعي إلى جانب موارد الطاعة موارد التطوع. زد على هذا أن الإسلام المنبعث غدًا لا يأمن أن يحاربه العالم غير واثق بأن الإسلام يبلغ رسالته رحمة لا شوكة، وما يتصور العالم الإسلام إلا جندًا مقاتلًا فاتحًا. وإن الإسلام لكذلك إن كاده الكائدون ووقف في طريق دعوته الكافرون. إنه لتجاوز الكم الغثائي الذي نعاني منه ضعفًا ووهنًا فينا ولا بد من قلبه إلى معادلة القوة وذلك يلزم أن يصبح تكاثرنا العددي الكمي المتزايد متواز والتحول الكيفي، فالتكاثر العددي لا يلزم أن يكون عائقًا نحو التنمية والتحول الكيفي، بل يلزم أن نستغل الانفجار الديموغرافي ونوظفه توظيفًا استراتيجيًا في بناء القوة والمنعة.

والمقترح هو إعادة هيكلة التعليم بحيث يسمح لنا بإعداد جيل المستقبل بتعليم يعتمد التكنولوجيا الحديثة ويواكب ما استجد في مجال الآلة الصناعية والخبرة التكنولوجية ونفتح أمام الشباب الصاعد مجالات الابتكار والاختراع من خلال مراكز للبحث والتنمية التكوينية. بالعملية التعليمية نقوم بتهييء جيل قوي قادر على اقتحام الحياة العامة والمساهمة في المجتمع وصنع المستقبل وندافع باقي الأمم التي تسير بسرعة نحو مستقبل تكنولوجي محض ونصنع من الضعف قوة. ويبقى السؤال كيف نصنع من الكم الغثائي التنمية البشرية والقوة البشرية التي تنهض بالاقتصاد بواسطة مبادرات شابة وبفضل زرع قيم بناء وطن متماسك يكون للمواطن فيه حقه الكامل في الثروة والإنتاج والتنمية ورصيد كبير في العملية التعليمية التي تزاوج بين بناء الذات وتنميتها حتى تقوم بدورها الاستخلافي وتصنع القيم الحضارية التي تضاهي بها باقي الأمم وتبرز بينها؟

التخلف والتطور

من أهم عائق للنمو الاقتصادي داخل بلادنا يرجع إلى العلاقة المنكوسة التي تجعل المحكوم عبدًا للحاكم، والعامل مملوكًا لصاحب المال، والعاطل كمًا مهملًا. وأهم العوائق الخارجية علاقتنا المنكوسة بالدول المصنعة الاستعمارية سابقًا، ولاحقًا، وطبعًا.

ماذا تكون علاقة دولة الإسلام بالعالم؟ أنحتاج إلى العالم، ومن بين العالم الدول المستكبرة، أم هو يحتاج إلينا؟ أنعامله أم نقاطعه؟ وعلى أي أساس، وبأي قانون، ومن أي موقف؟ فكم محتاجون هم إلى مواردنا احتياجًا كبيرًا لا يفي عوضًا عنها الأثمان البخسة التي يضطروننا إلى قبولها. وإنما يبخسوننا ويستفيدون من فائض الربح الكبير في تبادلهم المجحف معنا، لأن احتياجنا لخبرتهم وآلاتهم، خاصة لرأس المال، ولقمحهم وسلاحهم، يستعبدنا لهم، ويحلنا محل التابع الذليل. من الضروري لهم أن يتوسعوا في بلادنا، لأن نموهم الاقتصادي الذي لا يعرف حدودًا يحتاج إلى مجال حيوي، إلى مواد خام، وإلى سوق لصرف المنتوجات.[276]

كثيرة هي الكتابات العربية والإسلامية التي خاضت في موضوع تخلف الأمم المسلمة في مقابل تقدم الدول الغربية، جاءت على صيغة لماذا تأخر المسلمون مع امتلاكهم القرآن والمنهاج النبوي، وتقدم الغربيون بالرغم انعدام حضور الدين الحق لديهم. حتى كاد أغلبهم يصل لنظرية ترجع تخلف الأمم المسلمة لتشبثها بالوحي والسنة والعلم الأصولي والفقهي الذي ورثوه من العلماء والفقهاء والمحدثون، واعتبروها من الأمور التي يلزم تجاوزها حتى تحقق الأمة تطورها المنشود.

هذا السؤال الذي أخذ مساحة مهمة من مشاغل المفكرين الذين يسعون للتجديد بتبني الفكر الشيوعي المؤسس على الفلسفة المارسكية ومنهم من قام بقراءة ذلك الثرات بوسائل منهجية من الفكر الماركسي تعتمد الصراع الطبقي وغيرها من المفاهيم الماركسية المادية. يفهم هذا المنظور الذي طغى وساد منذ بداية القرن العشرين خصوصًا بعد تشتت الإمبراطورية المسلمة التي حولها الاستعمار الإمبريالي إلى دويلات وإمارات ولم يبق من القوة الإسلامية إلا الدولة التركية التي استقلت بنفسها ومارست اللائكية متشبهة بالغرب في تسيير أمور الدولة وفرضت ذلك على الشعب التركي المسلم. أصبح تخلف المسلمين وتراجعهم بسبب تعرضهم للاستعمار العسكري والفكري همًا كبيرًا لدى كثير من المفكرين المسلمين وتبنوا نظريات جديدة متأثرين بالفكر الغربي الذي كان في أوج تطوره سواء منه الفرنسي أو الإنجليزي وكانت الهيمنة للفكر الشيوعي الماركسي.

وقبل أن نمضي في التحليل يلزم أن نميز بين مفهوم التطور وباقي المفاهيم التي ترتبط به. وأوله التطور والثراء، إذ يجب أن نميز أولا بين الثراء والتطور. إذ أن كثيرا من الناس يخلطون بين هذين المفهومين فيعتقدون أن البلد المتطور هو البلد الغني الذي يمتلك الثروات والموارد الاقتصادية المختلفة. والواقع أن التطور ليس مرادفا للثراء. فقد يكون البلد فقيرا من حيث الموارد ولكنه في نفس الوقت يكون متطورا كما أنه يمكن أن يكون غنيا بالثروات ولكنه يكون متخلفا.

إن الغنى والفقر هو أن تملك أو لا تملك أما التطور والتخلف فهو أن تكون قادرا أو غير قادر على استغلال ما تملك، فالتطور إذا يتعلق بكفاءة البلد وقدرته على استغلال موارده بنفسه. ولا يتعلق بكمية الموارد التي في حوزته. ومن الطبيعي أن هذا التطور يكون هو نفسه مصدر ثراء لاحق للبلد لأنه يوفر له إنتاجا متزايدا ودخلا وطنيا متناميا، ولكن هذا الثراء يتعلق بالجزء المستغل من الطبيعة ولا يتعلق بالموارد الطبيعية في حد ذاتها.

ثانيا يلزم التمييز بين التطور والنمو. فالنمو الاقتصادي (La croissance économique) ليس مرادفا للتطور إذ يمكن أن يكون هناك نمو دون أن يكون هناك تطور. كما أنه يمكن أن يكون البلد متطورا دون أن يحقق في بعض المراحل نموا لسبب من الأسباب.277

فالنمو الاقتصادي عملية كمية تتعلق بوتيرة التزايد السنوي للإنتاج وبمعدلات النمو لهذا الإنتاج من مرحلة إلى أخرى. بينما التطور عملية نوعية تتعلق بقدرة الاقتصاد على التوالد والتمدد والتجدد ضمن وسائل تكنولوجية متزايدة الكفاءة وأساليب علمية متوالية الفعالية، سائرة دائما نحو الأرقى والأفضل.ومن الطبيعي أن هذا الاقتصاد تكمن خلفه مؤسسات علمية متطورة تدفعه، ومختبرات وتجارب تقنية متوالية تعاضده ومناخ ثقافي واجتماعي ملائم يسايره، بحيث يصبح التطور عملية شاملة تساهم فيها جميع الأطرف، ويتجلى على جميع المستويات والمجالات: فتكون له صورة ثقافية، وصورة اجتماعية وصورة تقنية وصورة اقتصادية وصناعية وهكذا. بينما يكون التخلف حالة عكسية للتطور. فليس المقصود من هذه الكلمة إلصاق تهمة ذاتية بالإنسان في العالم الثالث؛ فالمعطيات الطبيعية والبيولوجية متساوية في جميع الأجناس البشرية وإنما المقصود هو طبيعة الظروف التاريخية والاجتماعية والفكرية والاقتصادية التي تحيط بالإنسان ويعود ذلك إلى جمود البناالاقتصادية والاجتماعية التي لم تعرف تغييرا وتطورا إيجابيا خلال مراحلها الماضية القريبة والبعيدة.278 ولكل من التطور والتخلف مقاييس يعرف بها تنقسم إلى ثلاثة أقسام: اقتصادية واجتماعية وثقافية.

المقاييس الاقتصادية:

* ارتفاع أو انخفاض مستوى الدخل الفردي،

* ارتفاع أو انخفاض مستوى التغذية،

* ارتفاع أو انخفاض أهمية القطاع الصناعي،

* ارتفاع أو انخفاض استهلاك الصلب،

* ارتفع أو انخفاض استهلاك الطاقة،

* ارتفاع أو انخفاض العاملين في الزراعة،

*وجود أو انعدام القطاع التقليدي.

المقاييس الاجتماعية:

*انخفاض أو ارتفاع الولادات،

*انخفاض أو ارتفاع الوفيات،

*انخفاض أو ارتفاع النمو التسكاني،

*نوع الطبقات الاجتماعية السائدة،

*نوع التقاليد والعادات المتحكمة في السلوك الاقتصادي.

المقاييس الثقافية

*كثرة أو قلة الأطر والكفاءات العلمية ،

*مستوى معدل الأمية،

*موقف الثقافة السائدة من عملية التطور.

تطبيق هذه المقاييس على الاقتصاد المغربي:

إذا حاولنا تطبيق هذه المقاييس على الواقع المغربي فإننا سنكتشف أن اقتصاده ينطبع بالتخلف على جميع المستويات. ودون أن نلتجئ إلى إيراد الأرقام العملية، فإننا نعلم أن المغرب يأتي في المائة الثانية من دول العالم من حيث مؤشرات التنمية البشرية (المرتبة 111 سنة 1992) وفي أواخر المائة الأولى

271

من حيث الناتج الداخلي الإجمالي للفرد (المرتبة 89 سنة 1993).279 كما أن مستوياته من حيث المقاييس الباقية لا تختلف عما هو عليه في معظم دول العالم الثالث، فنسبة الوفيات مرتفعة جدا، خاصة بين الأطفال، ونسبة الولادات مرتفعة بدورها، مما يجعل النمو التسكاني في تزايد. وبالإضافة إلى ذلك فالأمية تشمل النسب العظمى من السكان القرويين ومعدلا كبيرا في الأوساط الحضرية. وقد رأينا من قبل أن نسبة طاغية من السكان العاملين محسوبون على القطاع الفلاحي بالرغم من أن هذا القطاع لا يستفيدشيئا من عملهم. فالبطالة منتشرة والاستخدام الناقص يشمل ثلثي الفلاحين هذا كله. يجعلنا نحكم في النهاية على أن الاقتصاد المغربي اقتصاد متخلف وغير متطور.280 تكونت مدرسة في منتصف القرن العشرين تحاول العودة للثرات الإسلامي وقراءته قراءة مجددة لعلها تقدر أن تخرج الأمة من ورطة التخلف والتبعية التي كانت تعاني منها، وكانت هذه القراءات تتم من خلال المناهج الغربية الحديثة السيميائية والألسنية والإبستمولوجية وغيرها من المناهج الغربية التي هيمنت على الفكر الغربي خلال القرن العشرين.

هنا تطرح قضية تحرير العقل المسلم من آثار الغزو المترسبة فينا، المتراكمة طبقًا عن طبق على ركامنا التقليدي، المتجسدة في نخبة متفرنجة تحكم وتفرض إرادتها بممارسة الاستبداد الفكري وتعجز آخر الأمر عن أداء مهمتها التاريخية، وتفشل في كل ميدان. إذ يلزم تحرير العقل من ركوده وتخلفه عن مواكبة تطور الفكر العالمي تخلف في العلوم والصناعات يقدر تجاوزه ولكن تخلفنا عن الإسلام، وتخلينا عن القرآن والحكم بالحرية والعدل وحقوق المواطنة هو الآفة الكبرى التي بدونها لا نقدر أن نتقدم ونتوافق مع هويتنا. فلا بد من تحرير العقل المسلم ليكون للمسلمين اقتصاد عصري منافس في السوق. لا بد منه لإقامة الدولة القطرية على قواعد مستقرة مفتوحة على آفاق القوة والوحدة بحكم إسلاميتها. لا قرار بلا إسلام، ولا إسلام بلا وحدة.

لا قرار بدون شورى، ولا وحدة بديمقراطيات قوميات متخلفات عن الإسلام، متخلفات عن ركب الحضارة المادية التي تتكتل أقوامها وتتركنا نتبع شبح الدولة القومية التي لبسها الثعبان المستعمر منذ القرن التاسع عشر بتاريخ النصارى، وهو الآن يحاول الانسلاخ عنها لنلبسها أسمالًا بالية.

لا بد من تحرير العقل المسلم ليتحرر المسلمون من الوطنية الضيقة القومية القطرية. لا بد من تحرير العقل المسلم لمحو الأمية الأبجدية من خلال تعليم القرآن وتعميم العلوم. لا بد منه لتوطين البحث العلومي واكتساب الكفاءات التصنيعية الاختراعية.[281] يبقى مفهوم التخلف المعاصر الذي استعمل استعمالًا في البداية اقتصاديًا ثم وظف توظيفًا معرفيًا لتقسيم العالم إلى دول متخلفة وأخرى متطورة جد نسبي، لأن تخلف دول ما يسمى بالعالم الثالث يقرن ويقارن دومًا بمنظور النموذج الغربي الذي يمثل ذروة التطور. والمتخلف بهذا المعنى

هم الدول غير المصنعة والتابعة في إنتاجها للدول المتقدمة فهي دول غير متحررة اقتصاديًا وماليًا وفكريًا. فالتخلف صفة اعتبارية يتصف بها أحد طرفي المقارنة. وتطلق الكلمة في عصرنا على الشعوب والدول غير المصنعة إذا قورنت بالدول والشعوب التي سبقت إلى التصنيع.

التخلف والتقدم مقياس وضعه الغربيون، فيعرفون أنفسهم بأنهم المتقدمون ومن سار على شاكلتهم، وكأنهم ركب الإنسانية الممثلون لها، لا حضارة إلا حضارتهم، ولا نجاة إلا في اقتباس نموذجهم وتقليده، والسير على آثارهم. وبما أن الدولة المصنعة غنية، فغناها حجة في ميزان المادية على أن الفقر تخلف. بما أنها سيدة العلوم التجريبية والتقنية، فالدول التي لا تتقن ذلك دول متخلفة. بما أنها مصنعة تنتج الأسلحة والصواريخ، فالدول العزلاء متخلفة. بما أنها تتمتع باقتصاد منظم، بضائعها رائجة مطلوبة، وأسواق العالم أمامها مفتوحة. فالدول التي لا تنتج وتغرق في الديون، وتبيع موادها الخام بالثمن البخس، وتدفع الثمن الباهظ في اقتناء حاجاتها دول متخلفة. بما أنها تجمع أسباب القوة في كل هذه الاعتبارات، فالشعوب الضعيفة من هذه الجوانب السياسية الاقتصادية الاجتماعية العلمية التقنية الصناعية العسكرية شعوب متخلفة.[282]

هذه النظرية التي دشنها المستعمر منذ نهاية الدولة العثمانية وتقسيم البلاد الإسلامية، من إنتاج الفكر الغربي، فالغرب كبنية فكرية وحضارية وسياسية واقتصادية وخلقية ودينية يفرض نفسه كنموذج للتقدم والتطور. وبذلك فالغربيون يضعون أنفسهم على أنهم المتقدمون وهم في الطليعة التمثيلية للحضارة المعاصرة وبذلك حق لهم أن يصبحوا نموذجًا لباقي البلدان لأنهم يمثلون القوة الكبرى لهذا العصر. فنحن ما بين قوتهم القاهرة المستعلية والمتألهة والمحتلة للبلاد الإسلامية وما بين تدهور وانحطاط قيم وثقافة واقتصاد وسياسة المسلمين أمام واقع تجاوز التخلف الذي تعاني منه الدول الإسلامية. هذا التخلف يجعل منها دولًا تابعة مقلدة غير قادرة على تحقيق استقلالها الفكري والاقتصادي والسياسية والقيمي، من هنا لزم طرح مشاريع للتغيير وتجاوز كل أصناف التبعية. وفي هذا المجال ننوه بتحرر بعض الدول التي كانت نامية واستطاعت أن تبني اقتصادًا مستقلًا وأن تحرر نفسها من التبعية لدول الغرب كبعض الدول الأسيوية وعلى رأسها اليابان والتي أبانت تجربتها أن الاستفادة من الغرب لا تعني بالضرورة الانصهار في كينونته.

ومما غيم على العقل الغافل عن الله في عصر مكتظ بالكيف الوصفي مثل عصرنا نسيان الكيف التدبري من جراء الركام، ومن جراء رثاثة الإيمان وعمى القلوب التي في الصدور.عقول ماهرة بارعة في وضع أسئلة الكيف الوصفي الوظيفي، زاهدة يائسة من وضع سؤال لماذا. عقول بارعة ماهرة في الجواب المفصل المدقق المعزز بآلات الفيزياء وتفاعلات الكيمياء وأشعة الفحص وتاريخ الحقب وتجريب الوظائف. وهم عن الآخرة هم غافلون، وعن ربهم

وخالقهم لا يسألون. رثاثة الإيمان والغيم على العقل كيف تجلى؟ الإيمان كيف يجدد؟ كيف ينتعش الإيمان ويستفيق العقل وتذهب الضبابية الفلسفية الشكاكة من أمام عينيه حتى لا ينظر نظرًا أعورًا، وحتى تكون مهارته في وضع أسئلة الكيف العلومي البحثي المخبري مقارنة مسايرة تابعة لتدبره وحضوره وذكره معنى الوجود وخالق الكون ومحيي الأنام وباعثهم ليوم تخشع فيه الأبصار. ذلك مما يفتحه القرآن، ومما عنه يضع المنهاج النبوي التربوي إصرًا يضيق على العقل وأغلالًا في عنق النفس.. من الفتح الذي أتى به القرآن ورتب عليه النبوة أن شجع العقل على القراءة والكتابة والتدوين. فما وجد المسلمون عرقلة في الاطلاع على تراث الأمم أخذًا وردًا ونقدًا. معهم كانت مصفاة الإيمان ومعيار الحق والباطل. كل ما سوى الله والدلالة على الله والرجوع بالعقل من الكيف السطحي إلى التدبر والمعنى فهو باطل. ما أحجم المسلمون الأول عن الاستدلال والاجتهاد، ولا عطلوا وظيفة من وظائف العقل الواصف المختبر المجرب، بل استعملوه لترسيخ إيمانهم بما ثبت لديهم بشاهد الوحي، يأتي شاهد العقل العلومي ليزكي الشهادة. وسار الفتح القرآني والهدي النبوي بالعقل المسلم أشواطًا مدى أربعة قرون، قاد فيها العقل المسلم مسيرة العلوم جنبًا[283] إلى جنب مع هداية العلم.. ثم أخذ العقل المسلم يغطس في سباته إلى أن أيقظته نهضة أوروبا حين قرع عليه الاستعمار مخدعه.[284]

نستخلص من هذا الطرح أن معيار التطور والتقدم هو الحيازة على اقتصاد منتظم ومادي منظم وأسواق عالمية قد استحوذت عليها البلدان المتطورة ومادة خامة تشتريها بثمن بخس ويد عاملة رخيصة متوفرة في البلدان النامية إما تستوردها وإما تعمل لصالحها من دون الهجرة. هذه هي الذهنية الغربية وكيفية رؤيتها للعالم وكيفية استغلالها لخيراته. فهي تعتبر الآخر مجرد مصدر للربح الذي تجني ثماره المالية منه دونه ويبقى المتخلف دومًا تابعًا لها بالديون والفوائد التي ترهقه بها، وبالعلوم المتطورة التي تستجد لديها مستعملة في ذلك عقولنا وأدمغتنا المغربة، وبما تنشره في عقول مثقفينا من أفكار مسمومة عن ديننا وبانه مجرد دعوة للتخلف وبانها المالكة الحقيقية لإمكانيات التطور وأن اتباع نهجها هو مخلص الأمم من التخلف.

يعيد المرشد النظر في مفهوم التقدم وينقضه باعتباره لا يمثل النموذج الذي تسعى الشخصية المسلمة تقليده في بناء ذاتها المستقلة ولكن ذلك لا يعني أنه يرفضه رفضًا مطلقًا بل يرفض تلك الأفكار المسمومة التي يروج لها ومن تلك الأفكار الدعاية الجاهلية التي يضلل بها فهم الناس للتقدم. فهو يقصد التضليل والدعاية التي تحصر التقدم في المظاهر المادية التنظيمية الاختراعية. أقصد بالدعاية الغزو الحضاري الشامل بما فيه من الغزو العسكري والاستعماري الفعلي والمسخ الثقافي.

بمعيار واحد تقاس كل المقومات : الشخصية الجاهلية شخصية متقدمة رغم كفرها وأنانيتها وقسوتها واحتقارها للإنسانية. الشخصية الإسلامية متخلفة رغم أنها، بل بسبب أنها، تنبني على الإيمان بالله ورسوله وغيبه، ورغم أنها، بل

بسبب أنها، ترتكز على الأخلاق الفاضلة والأخوة الإنسانية. بمعيار واحد يقال للدين والفضيلة والأخوة تخلف، ولكل ما يناقض ذلك تقدم.
يجمع تعريف كلمة "تخلف" كل نواحي وجود الإنسان المغلوب حضاريًا : نمطه في التفكير مع قلة خبرته العلمية، عقيدته مع عدم جدواه في الاقتصاد، أخلاقه مع انهزامه أمام الاستعمار. وبكلمة "تقدم" ترتبط معاني النفعية الفردية الأنانية بالخبرة الصانعة، ومعاني الكفر بالله بالازدهار الاقتصادي، وشراسة الاستعمار بالقوة. يؤخذ ذلك كله فتكون متقدمًا، أو يترك كله فذلك التخلف. لا يكون النظام السياسي مستقرًا إلا بعلمانية، ولا الاقتصاد ناجحًا إلا بمراباة واحتكار، ولا المجتمع راقيًا إلا إن سادته قيم النموذج الغربي الليبرالي والاشتراكي.[285]

التخلف والتقدم مفاهيم لا تزال النخبة المثقفة في البلاد المسلمة تجترها وتلوكها وتناظر بها في المؤتمرات الحزبية وفيما تسميه بحركتها النضالية النقابية العمالية وما تدعو له من تحرير العامل والأجير والمستخدم من ربقة الإقطاعية والرأسمالية والأحلام الثورية. لا تزال بصمة التقدمية الثورية متمكنة من عقول المثقفين المسلمين بالرغم من تهاوي الأنظمة الشيوعية وأفول فلسفتها الثورية ودعوتها النضالية. ويظهر هذا جليًا في مقترحات الأحزاب اليسارية وبرامجها. وذهنية المنتمين إليها وعدم وفاقهم مع الحركات الإسلامية التي تطرح بدائل لتلك المفاهيم الثورية فبدل النضال نجد مفهوم الجهاد وهو ذو حمولة إسلامية ومرجعية نبوية لا يستسيغها الثوري التقدمي ويكاد يعتبرها رجعية فكرية وتخلفًا نظريًا. وعودة إلى الوراء بدل التقدم نحو عهد الآلة والصناعة والثورة البروليتارية. فالتقدم والتقدمية من خلال هذا المنظور لا يفهم إلا من خلال تصور التاريخ البشري على شكل مسيرة لها مراحل متعاقبة نحو الأمام، لأن المرحلة اللاحقة تَفَوُّقٌ وتقدُّمٌ وترق على التي سبقتها في الزمن. فالمعيار زمنيٌّ تاريخي يؤسس للقيم ويبني لفلسفة محايِدة أخلاقيًا لكنها مُعادِية لكل دين مبدئيًا.

تطوُّرية ماركس وتقدميته من طور المُشاعية البدائية، إلى طور القِنِّيَّة، إلى طور الإقطاع، إلى طور البرجوازية، إلى طور المجتمع الشيوعي حين تذوب الطبقات وتفنى الدولة، الحلم الشيوعي الذي يجعل الإنسان يتنعم في الوفرة وينعم بالعدالة والحرية وباقي القيم التي تحققها الشيوعية في مرحلتها النهائية من النضال التاريخي الحركي. وهذه فلسفة إلحادية تعتبر أن الدين مرحلة تجاوزتها الإنسانية. لكن ما هو وضع الأمة الإسلامية داخل الساحة العالمية والركب الإنساني المقسم العالم إلى مستكبرين وضعفاء، أغنياء وفقراء، دول مصنعة ودول غير مصنعة، دول رائدة وأخرى تابعة؟ كيف السبيل للخروج من مأزق الفقر والتبعية والتخلف بالأسلوب الإسلامي المحرر والمتحرر من ذهنية الغالب، كيف السبيل إلى تجاوز فقر الأمة والأموال الطائلة كلها في حوزة دول النفط الخليجية والتي تستثمر لحساب البلاد الغربية، كيف السبيل إلى التنمية والتحرر من التبعية والفرقة والتشتت جاثم على جسم الأمة وآفاق الوحدة تبدو شبه خيالية؟ أي شيء يرفعنا من حضيض الانحطاط التاريخي إلى قمة الرقي المدني

الحضاري؟ أي شيء يتقدم بنا من ذُنابَى التخلف إلى رأس التقدم؟ أين "يتموضع" الإسلاميون على الخريطة السياسية؟ أهم يمين أم يسار؟ أهم قُوى تحررية تقدمية أم هم كما نرى بعضهم قوى رجعية حليفة موضوعية للاستعمار وأذنابه؟ ما نظرتهم إلى العصر وإلى الديموقراطية؟ ما مشروعهم الحضاري؟ ما مُعسكرُهم من بين المعسكرات؟ فإليك.... قصدُنا بعد اهتمامنا بتنوير الطريق أمام أنفسنا. لكن تمام الاستماع إلينا يقتضي أن تنصِت كيف نطرح نحن الأسئلة. فربما فاتك إن -لم تبذل الجُهدَ الأول في تحويل الموجة- الفهمُ عنا والحوار الضروري معنا، ضرورةً نحُسها ونسارع إليها كما تحس أنت وإن بقيت تتلكأ في ريبتك وانشطارك وحيرتك بين صلاة تخشع فيها لربك وبين نضالية تنسى فيها دين الله لتنخرط بدمك وعصبك وعقلك وعضلك في مَهْيَع السياسية الحزبية اللاييكية في أحسن أحوالها. المهيع لغةً الطريق الواسع المنبسط. والهَيْعة كلمة تجمع معاني الحركة والفزع والجبن والضعف والجزع والضجر والحيرة. وكل أولئك حظ الفاشلين من الساسة المناضلين القوميين، الليبراليين والرجعيين، وأحلافهم من المنافقين والمشركين أمام صعود الدعاة إلى دين الله الخالص.

السياسة مهيع بكل هذه المعاني. مع الناس وضد الناس وفي زحمة الناس يجري المناضل والزعيم خلف ميتافزيقا أيديولوجية، أو خلف أهداف واقعية. خلف التنمية والتحرر وحقوق الإنسان والديموقراطية والحضارة وكسب التكنولوجيا والسيطرة على الطبيعة والقوة والاكتفاء الغذائي وما بين يَدَي هذا وخلفه، فهل الإسلاميون صنف من البشر لا يريدون تحقيق هذه الأهداف؟

بلى! لكنهم قوة حَقَّانية لا يُصنِّفونَ يمينًا ولا يسارًا في مهيع السياسة لسبب واحد: هو أنهم يومنون بالله وباليوم الآخر. فهم بأجسامهم وعقولهم وجهودهم المنظمة ومواقفهم وجهادهم مع الناس ومن الناس. وهم فُرادَى قومٌ سائرون بالعمل الصالح إلى موعود الله وهو حق، وإلى جزاء الآخرة وهو حق، يطمعون فيه ويثقون بوعد ربهم ومن يجري في مهيع السياسة بدون هذا المشروع الفردي الأخروي الرباني الإيماني الإحساني فله إن شاء أن يكون غُرَابِيَّ المِشيَةِ، طاوُوسِيَّ البِزَّةِ، فارغ القلب، بلا أمل بعد الفشلات يُرتَقَب، وبلا مصير بعد الموت يُعتَقَب. لذلك الذاهل عن الآخرة أن يلتفت إلى الماضي وأن يحلل الحاضر ويستشرف المستقبل حاملًا أثقال تراث شَبَحِيٍّ يُثقل كاهلَه بالأمجاد إن عده أمجادًا، سابحًا في تيارات المهيع ذات اليمين وذات الشمال، نافخًا في رماد التقدمية الأيديولوجية بعد أن خمدت نارُها وهمَدَ أُوَارُها. لا يعني هذا أن الإسلامي في الصف ووسط المعركة لا تجري عليه أحكام سنة الله. فهو مع الناس في دفاع ومدافعة، يخطئ ويصيب، وينتصر وتدول عليه دَولة الأحداث. "وتلك الأيام نداولها بين الناس" (آل عمران: 140). لكن الإسلامي في خاصة فرديته ومسيره ومصيره في الدنيا والآخرة طالبُ حق. من الحق سعيه لنصر دين الله في الأرض، ومن الحق جهادُه لمقاومة الظلم في الأرض، ومن العمل الصالح مداومتُه على إرساء دعائم الشورى بين المسلمين، ودفعُ المنكر والنهيُ

عنه، ونشر ألوية العدل بين الناس، وبث فكرة السلام في العالم، والبِر بذوي الرحِم الأقربين وبين الخلق أجمعين. يلتقي الإسلامي في الهدف الأرضي مع النظير الخلقي، ويحمل في جعبته من مشاريع الخير ما يحمله السياسي النزيه. لكنه حامل رسالة قبل كل شيء وبعد كل شيء. مُبلغٌ تكاد نفسه تذهب حسرات على ضياع الإنسان. يؤرقه هَمُّ كفر من كفر ونفاق من نافق وتهافت من تهافت في معصية الله بقدر ما يؤرقه مصيرُ أمته المحرومة المنهوبة المتخلفة.[286]
ويبقى أن إمكانيات التنمية والتطوير تظل عقبات حقيقية في الدول الإسلامية تواجهها جميع التوجهات السياسية والمذاهب النظرية لأن الأمة وصلت للأبواب المسدودة وطال الفقر جميع الفئات وأصبح الواقع المعاشي للمجتمع يدعو بحدة لمساءلة هذا الواقع وفهمه والخروج من قوقعته. يبقى أن النظريات الاشتراكية التي تدعو بحتمية النضال العمالي وصراع الطبقي وهي نظريات تجاوزها التحول التاريخي مع انهيار النظام الشيوعي وأفول نظرياته الاقتصادية.

لكن السؤال يبقى قائمًا وبحدة أكثر من أي وقت مضى. فأمام عدم تعاون الدول المسلمة وفرقتها وتشتتها يلزم العمل على توحيد اقتصادها وبناء اقتصاد مستقل بخلق مشاريع تنموية ومجالات للمعاملات التجارية وتجاوز مسألة الربا بتشجيع البنوك الإسلامية لعلها تقدر أن تتخلص من قبضة التبعية للدول الغربية المحتكرة للاقتصاد عالميًا. من أخطبوط التخلف والتقدم الذي نتخبط فيه خبطًا عشوائيًا يخرجنا المرشد عبد السلام ياسين من مأزق استعمال المفاهيم الغربية التي غربت عقولنا ويصلنا وصلًا حميميًا بالمفاهيم القرآنية ومدلولاتها في عصر المادية بالحديث عن أكبر المعاني التي تخرج من التخلف وهو الجهاد. وبعبارة أوضح، يقول الصديق رضي الله عنه : "ما ترك قوم الجهاد إلا ضربهم الله بالذل". وإن مقومات الجهاد المادية، التي تدل كلمة "تخلف" عن غيابها، مطالب ملحة ضرورية واجبة وجوب الجهاد نفسه، فما لا يتم الواجب إلا به فهو واجب.

في إعداد الأمة لا يكفي أن نستورد الآليات الصناعية والتكنولوجية لنتقدم ونواكب سير الحضارات التي تجاوزتنا حضاريًا وتخلفنا نحن عن الركب. قد يتوهم البعض منا أن الأمر يسير وليس المقصود هنا المثقفين التقدميين والمعاصرين الذين يدعون لمواكبة التقدم الحضاري بالآليات الغربية بل حتى العاملون في حقل الدعوة الإسلامية. ذلك أن العقبة الكبرى أمام بناء القومة الإسلامية يقتضي قبل كل شيء تزكية النفس فردًا وجماعة بالتوحد حول الأمر الأعظم والجهاد بالنفس والمال من أجل بلوغه بنية نيل رضى الله. وفي هذا الأمر العظيم يفصل المرشد ويميز تمييزًا قرآنيًا لعمل المسلم فهو إما مع المسلمين يجاهد معهم قلبًا وقالبًا في اتباع الحق وإما متخلف عن قضاياهم ولا يناصرهم وهو عمل باطل قد يوشك أن يصبح نفاقًا متلبسًا بصاحبه لا يكاد يراه على نفسه. لأن الابتعاد عن خلق الإسلام وقيمه هو العقبة الكبرى أمام المسلم

الذي لا يتجاوز العادة وإسلام الوراثة. عقبة كأداء لا تتجاوز إلا بصقل النفس وتزكيتها والرقي بها في معاني الإيمان والإحسان لبناء مجتمع مسلم مقتنع بالقيم الخلقية القرآنية. "_فكل صفة وعمل وخلق وفكر وموقف يلحقنا بالخوالف المطبوع على قلوبهم باطل. وكل إيمان وصفة وعمل صالح وخلق وفكر وموقف وحركة تؤهلنا للاستخلاف في الأرض حق. بهذا المعيار نقيس، وإليه نرد، وعنه نصدر. وبه يكون للتخلف معنى زائد على كونه سعيًا ضعيفًا في الأرض. وللتقدم معنى زائد على كم الإنتاج ووفرة العلوم والصناعة وإحكام النظام السياسي. بالمعيار القرآني الإيماني يكون للتخلف والتقدم مغزى سماوي يعلق الحكم على مبدئهما، ومعادهما، وكلياتهما، وجزئياتهما، بصلاحياتهما الغائية.[287]

قد يبدو موقف الأستاذ عبد السلام ياسين من أهم قضايا المجتمع المسلم مختلف عن الصياغة التي يصوغ بها المثقفون الجدد نفس القضايا بصياغة فلسفية ومن منظور غربي ينبذ الدين ويعتبره مرحلة عقلية تجاوزها الإنسان بعد أن تقدمت الحضارة الإنسانية وأصبحت آلية إليكترونية وتغيرت المفاهيم النظرية وغيبت الوجهة القلبية من المعاني الغيبية في تفسير الظواهر المادية حتى أصبح يفسر كل ظواهر الإنسانية والفكرية والعلمية بعوامل مادية. وبهذا الفهم المادي الذي يجعل الحياة مجرد صدفة وأنه لا وجود لخالق، وأن وجود الإنسان جاء نتيجة تطور عبر سلسلة من الكائنات وأنه لا غاية من وراء الحياة إلا أن يعيش الإنسان لاهيًا عاتيًا يعبث ويدمر وليس عليه حسيب ولا رقيب. ثم يأتي الموت ليوارى الجسد تحت الثرى وينتهى مسار الحياة. هذه مجرد أوهام تساق يغررون بها ويوهمون أنفسهم مغترين بما لديهم من قوة مادية تستغل ضد المستضعفين وتبطش بهم وتحرمهم حقهم في العيش الكريم. وإن قوة المسلمين تكمن ليس فقط في استيراد الآلات الميكانيكية والإلكترونية بل في بناء الفرد بناءً ربانيًا يخرجه من ظلمات الكفر والفسق والنفاق وتولي غير المسلمين وعدم نصرة المجاهدين العاملين لإيصال كلمة الله ونبيه المصطفى عليه السلام للعالمين. من هناك فقط تبدأ انطلاقة الفرد ليلتحم مع جماعة مؤمنة مجاهدة تعمل لإقامة دين الله سبحانه وتعالى وتسير بالأمة للرفعة لا للذلة والتبعية وما عدا ذاك فهو خبط عشوائي لا مستقبل له ولا آفاق له. وليس من الممكن أن نقلد نموذجهم في التنمية، لأننا لا نملك قاعدة صناعية، ولا اكتفاء فلاحيًا، ولا قوةً عسكريةً لكي نجعل العالم مجالنا الحيوي بالمعنى الاستعماري، ولكي نتعامل معهم بالمثل. نحن في موقف ضعف، وتقليدنا لنموذجهم يزيدنا ضعفًا إذ يعرض محاولاتنا التنموية للفشل، نظرًا لانعدام الشروط التي سمحت لهم في ماضيهم وحاضرهم بالهيمنة السياسية

والاقتصادية. تتلاشى فرص نجاحنا كلما أخرجنا من تحت أيدينا موادنا الخام التي لا تعوض لمحدودية الأرض وذخائرها. وقد قال أحد اقتصادييهم : "لو أن أوربا في القرن التاسع عشر صدرت جل فحمها إلى الخارج لكانت اليوم بكل تأكيد دولا متخلفة".[288] والسؤال، تقدمًا إلى أين؟ إلى بُغية كامنة في مستقبل أفضل، في "مدينة فاضلة". كل يتقدم بتصوره لمجتمع المحبة والإخاء، أو مجتمع القوة والمنَعة، أو مجتمع الوفرة والرخاء، أو مجتمع التصنيع والتشغيل، أو مجتمع العقلانية والعلم، أو مجتمع الحرية والإخاء والمساواة. ولا تجد من الفلاسفة والأدباء وبُناة الأيديولوجيات من يدعوك إلا إلى كرامة الإنسان. إلى كرامة أرضية كما يتصورها، لاقتناع الفلاسفة والمنظرين الغربيين، أساتذة من نحاور، أن الدين مرحلة تجاوزتها الإنسانية. فضِدَّ الدين، وتجاوُزاً للدين، وحربًا على الدين قامت الثورات على خُطى منظِّرين من أمثال فولتير وماركس. كان شعارَ الثوار الفرنسيين سنة 1789م بتاريخهم: اشنقوا آخِر إقطاعي بأمعاء آخر قِسيس. وكانت كلمة ماركس المختَزَلة أن الدين أفيونُ الشعوب الكلمة الفصلَ في الموضوع._ففي قرارات نفوس النظراء الفضلاء يَغْلِي في مِرجل الغضَب المقدس على الظلم مزيج من العقيدة التطورية التقدمية، ومن الفكر الوضعي التكنولوجي، ومن العداء أو الرِّيبة في الدين. ويسحَبُ النظراء التقدميون نقد فلاسفة أوربا لدين الكنيسة على دين الإسلام. من كان منهم مسلمًا مصليًا احتفظ بتدينه في ركن عميق من أركان خصوصيته، ومن كان غيرَ ذلك فأمام عينيه نماذجُ من الحكام المنافقين وتجار الدين وعلماء القصور تُمَكِّنُ لحجة الفلاسفة أساتذتِه أن الدين أفيونُ الشعوب. من إزاء المنهاج النبوي ننظر معه إلى المستقبل، لا من إزاء الميتـافزيقـا التقدمية.

نخاطبه وأيدينا مستمسكة بحبل الله، وقلوبنا عامرة بحب الله، وأعمالنا مضبوطة بسنة رسول الله. وبالنية المصلحة في الأرض. تضيع جهودُك أخي المناضل المسلم المصلي، ويبطل عملك، إن لم تصحح النية. تتسرب جهودك الفاضلة مَنبعًا في رمال الكبَد الدنيوي وتذهب إلى الآخرة صِفرَ اليدين لأنك واليت وتحزبت مع من لا يرجون لله وَقارا. والمرء هناك مع من أحبَّ هنا ووالَى وعاشر وناصر. خذها محرَّرَة على لسان رسولك محمد صلى الله عليه وسلم "المرء مع من أحب".[289]

التحرر من ذهنية المغلوب

إن الآثار القوية التي تركها المستعمر في الأنفس والخلق والفكر والتربية والتعليم والنظرة للحياة والمستقبل لم نستطع التخلص منها حتى الآن وكذلك ما زرعه في المجتمعات العربية من ذهنية المغلوب المقهور أمام الغالب والمستعمر سواء العسكري أو الفكري حاليًا. يبقى أن التحرر من التبعية الحضارية والتقليد والولاء للأجنبي المعادي للقيم المأصلة من الدين والثقافة يلزمه نهضة فكرية متحررة من قيد التبعية. تحرر يسير بنا نحو تحرر فكري وثقافي وقيمي ونفسي ومادي. لكن هذا التحرر لن يتحقق إلا ببناء الشخصية المسلمة الأصيلة بناءً قويًا في كل الميادين من الحكم والسياسة إلى الاقتصاد إلى الأخلاق إلى تزكية النفس بالخصال الإيمانية إلى تولية المؤمنين الصادقين .

ولا يكون رفض قيم وحضارة الآخر إلا ببناء قويم لقيمنا التي جهلت في خضم حركة أممنا وتبعيتها للغرب مع استعباد الحكام وقهرهم وتنكرهم للإسلام. تصحيح الفهم لدى الأمة وتعليمها قيمها الحقيقية ودعوتها للنهوض من عبودية استذلالية إلى نصرة الدين والارتقاء في سمو معاني الإيمان فالإحسان هو السبيل الوحيد للتخلص من ربقة التبعية والطريق لتحقيق التحرر من ذهنية المغلوب التي تجثم على صدورنا. وفي القرآن ومعانيه العظيمة عن مستقبل الأمة المسلمة وقيادتها للركب الإنساني ما يغنينا عن كل مؤلفاتهم الفلسفية والنظرية. لا بد من وقفة طويلة متدبرة لآيات الله قصد فهم معانيها وفهم سنن الله في الكون ومعرفة مواطن الخلل التي تؤدي لزوال حضارات متقدمة لكنها طاغية ومتجبرة واستخلاف أخرى المستضعفة. العودة ضرورية وأساسية لأنها تنقلنا من الشك إلى اليقين، اليقين بموعود الله. يجب أن نتجاوز نظرية التخلف التي وصمونا بها وعلقوها فوق مجتمعاتنا واقتصادنا وفكرنا وسلوكنا وعلمنا مبعدين إيانا عن منطقة التطور التي استحوذوا عليها بعد أن استغلوا خيرات الأرض ومنتجات الشعوب وأسواقهم وعقولهم وجعلوهم تابعين لهم. بهذا المعنى يدخل في مفهومي الغالب والمغلوب اللذان نظرا لهما ابن خلدون بتفصيل فيما أسماه بنحلة الغالب والمغلوب. ويعتبر ابن خلدون أن المغلوب مولع أبدًا بالاقتداء بالغالب في شعاره وزيه ونحلته وسائر أحواله وعوائده والسبب في ذلك أن النفس أبدًا تعتقد الكمال في من غلبها وانقادت إليه إما لنظره بالكمال بما وقر عندها من تعظيمه أو لما تغالط به من أن انقيادها ليس لغلب طبيعي إنما هو لكمال الغالب فإذا غالطت بذلك واتصل لها اعتقادًا فانتحلت جميع مذاهب الغالب وتشبهت به وذلك هو الاقتداء. أو لما تراه والله أعلم من أن غلب الغالب لها ليس بعصبية ولا قوة بأس إنما هو بما انتحلته من العوائد و المذاهب تغالط أيضًا بذلك عن الغلب وهذا راجع للأول. ولذلك ترى المغلوب يتشبه أبدًا بالغالب في ملبسه ومركبه وسلاحه في اتخاذها وأشكالها بل و في سائر أحواله.[290]

فلو كانت التبعية التي نريد أن نتحرر منها مادة تلمس لعالجنا غلها حتى نفكه من أعناقنا، لضربنا قيدها من أيدينا وأرجلنا حتى نكسره، ولشددنا سلاسلها شدًا قويًا حتى تنفك حلقاتها. لكن التبعية معنى من وراء الحضور المادي للاستعمار. من وراء كل عقل مغرب تبعية تربط صاحبه بمدارس الجاهلية ومذاهبها.
من وراء كل طامح لبقاء سلطانه المستبد حبل يربطه بسياسة الاستعمار. من وراء هذه الطبقة الموالية ذوقًا وفكرًا ونمط حياة ومذهب سلوك للجاهلية تبعية تلحقها بالأعداء فيوم كانوا في الحكم كانوا يبيعون الأمة مكتوفة الأيدي للعدو، ويوم تأخذ الأمة، خيارها وطلائعها، الحكم من تلك الطبقة الخاسرة المخسرة فسيلجأون لمتبوعيهم، وسيستنفرون من استطاعوا وما استطاعوا من حلفائهم، ووسائل حلفائهم، وأفكار حلفائهم ليثبتوا للناس أن التبعية هي طريق الخلاص.
سيستغلون مصاعب البدايات التي تواجهها الدول المسلمة لينفخوا في كل بوق أن مذهب الإسلام في الاقتصاد جاء بالشدة بعد الرخاء، وبالتقشف بعد التنعم، وبالتشمير بعد الراحة. وسيجدون الآذان الصاغية من مخلفة الأعراب، العاجزين عن الجهاد، الكارهين للجهاد، المتربصين بأهل الجهاد. ذلك أن قطع حبال الجاهلية يقتضي تضحيةً وصبرًا من جانبنا. ولن يكون قطع تلك الحبال عملية رمزية، كما يفعل المتفرنجون، يحتفلون بتدشين مشروع فيأتون بمقص للحاكم يقص به تلك الشرائط الملونة علامة على تفاهة المقلدة المتفرنجين تفضحها مثل هذه الطقوس كما تفضحها نكايتهم البليغة في دماء الأمة وأموالها، وأعراضها وكرامتها. إنما قطع حبال الجاهلية هجرة نفسية شاقة، فطام عن الشهوات والمألوفات، بحيث لا نستورد بضاعة إلا من الضروريات، لا نأكل إلا ما نحرث، لا نرهن مستقبلنا لقاء إرضاء الحاجات الترفية التي صنعتها فينا معاشرة الجاهلية. ودون هذا خرط القتاد، دونه جهاد متدرج وصبر. قطع حبال الجاهلية استقلال إرادي في تجارتنا، وماليتنا، وصناعتنا، وتعليمنا، بحيث لا نلبس إلا ما نسجت أيدينا، ولا نساوم على حريتنا لاقتناء الجهاز الحربي اللازم، والجهاز الصناعي الأساسي الضروري لإقلاع اقتصادنا، والأدوية الضرورية لصحتنا، بل نتعامل مع غيرنا ندًا لند، تعامل أكفاء لا تابعين. تلك هجرة شاقة، تتم في النفوس أولًا، ويتبعها الفطام التدريجي عن رخاوة الحياة الطفيلية التي تعيشها الشعوب المغلوبة الخاملة على مائدة الغرب. وهذا لا يعني الانعزال والانكماش عن العالم.[291] لكن كيف نتجاوز ذهنية المغلوب في مواجهة الغالب الذي استحوذ على فكرنا وطريقة نظرتنا للحياة وأنظمتنا الاقتصادية ونهج سياستنا حتى أصبحنا مسلوبين غير قادرين على بناء ذاتنا المشتتة من قرون التبعية. ليس من السهل البناء فهذا يلزمه مراحل طويلة من الإعداد في جميع المستويات ويلزم ذلك تجند كل الطاقات الفكرية والعلمية والسياسية والاقتصادية والتعليمية لوضع مشاريع وبرامج تثبت ذاتنا وهويتنا وشخصيتنا المسلمة. يلزم البناء من المهد، من إشراك المرأة، القاعدة الأولى للأسرة والمربية الاولى للأجيال، والعمل على الرفع من وضعيتها الدونية إلى تغيير مناهج التدريس التي تتم بمحاضننا ومدارسنا وجامعاتنا والتي تجعل منا أناس مغربين بدون هوية ولا فكر ولا ثقافة. التغيير يلزمه عمل متواصل وجهد موحد لعلنا نستطيع أن نحرر العقول

من تبعيتها والنفوس من غفلتها. والله غالب على أمره. فذهنية المغلوب هي مواجهة الضعيف للقوي المستضعف للمستكبر الفقير للمستغني والمتكبر المستعلي، وتجاوز هذه الذهنية المريضة لن يتحقق إلا بمعرفة حقيقة الغالب المستكبر. يقول المرشد عبد السلام ياسين عن حضارة الغرب، هذه الحضارة الظالمة الغازية لنا جاهلية محضة، لا يمكن أن نشق من فكرها فكرًا محررًا، ولا من أساليبِها أسلوبًا مُنجيًا. لَطالما حابَى الحكام المستكبرون من بني جلدتنا الغرب وفكره وأساليبه محاباة رخيصة. لَطالما لعِبوا بنا وساوموا على كرامتنا مع حلفائهم المستكبرين! واختلط علينا لَغَطُ الليبراليين والتقدميين نحسبُ فاشلَهُ نجيحَه، كما اختلط علينا مقالُ الحاكم المتمسلم لا نميز من رَغْوِهِ صَريحه.

هذه الحضارة الظالمة الكالحة نَهِمة لا تشبع، تدور في فلك الشهوة والأنانية والعنف والتمرد الوحشي. فمنذ خمسمائة سنة وهي تنهب خيرات الأرض وتضع الأغلال في أعناق المستضعفين، وتبيد الهنود الحمر في أمريكا تقتل منهم مائة مليون ويزيد، وتسوق الزنوج الأفريقيين في سلاسل العبودية إلى حقول القطن وعيش الهوان. على جماجم البشر ومن أرزاق المستضعفين المشردين بنت حضارتَها وثروتها. وبفائض الثروة المنهوبة استطاعت أن ترفع مستوى معيشتها، وأن تُفرِّغَ أبناءها للتعلُّم، وأن تشيّد صرْحَ الصناعة، وهياكل البحث العلمي، وأن تسخر العالَم ومن فيه لخدمة النفوس الشاردة الماردة. فهي اليومَ وجهُ الاستكبار أكثر ما كان قتامةً وكُلُوحًا وبأسًا ونهَمًا وشرًا. كتب أحدُ خبراء البيت الأبيض الأمريكي في تقريره عن قِسمة العالم قال: "العالم اليومَ مقسم إلى معسكرين تسوسهما قواعد مختلفة اختلافًا جذريًا: الاقتصاد ينظم الشمال، بينما القوانين التقليدية للقوة العسكرية تحكم الجنوب. هناك ثلاث نقط للتقاطع بين العالمين: النفط واللاجئون والإرهاب". معنى الكلام أن الأقوياء الأغنياء الأثرياء المترفين المستكبرين في الأرض جالسون على مائدة الاقتصاد العالمي، لهم فَيْضُه ولَنَا غَيْضُه. وهناك في الأطراف يائسون بائسون في مخيمات صبرا وشاتيلا يُقَتَّلون، وفي شوارع فلسطين يقتنصون، وهم بين الفَيْنَةِ والفينة يدفعهم اليأس والبؤس لمناوشة أعدائهم بسلاح الضعيف، فيمكننا أن نَمْسَح على جبيننا بدهن الأخلاقية الحضارية العالية ونشجُبَ الإرهاب. معنى الكلام أنَّ نُقَطَ التقاطع بين العالمين النفطُ، للمحرومين من رِيعه مخيماتُ اللجوءِ ويأسُ احتجاز الرهائن، وللمُوالين للشمال الناعمِ حصة من تَرَف الجالسين على المائدة.

بعد عشر سنوات ينضُبُ مخزونُ النفط في أمريكا وأوربا. ويبقى لمخزون النفط في بلاد العرب والمسلمين قرنٌ أو قرنان من الإمكانيات، تزيد المدة أو تنقص حسب وَتائر الاستهلاك الجنوني الذي يتضاعف في البلاد المصنعة مرة في كل عشرسنوات. نسبة الأمريكان الشماليين من سكان العالم خمسة بالمائة، وهم يستهلكون ربع الاستهلاك العالمي للنفط.

يبذرونه تبذير السفيه لمال أبيه. ولا يُتصوَّرُ ولا يُقبَل أن تمتدَّ يد إلى النفط بما يهدد مستقبل الشمال بشَل عجلة اقتصاده والنقص من مستوى رفاهيته. من هنا تنكشف دعوَى حقوق الإنسان ودعوى الأخلاقية والقانونية الدولية عن كَلَبٍ شَمالي واستعداد مستميت لقتال المستضعفين وقتلهم جميعًا لتحي أم الحضارات العتيدة. للحضارة المترفة بُؤْسُها: المخدرات والجريمة المنظمة والأمراض العاهرة. سويسرا والسويد توفران لسكانهما أعلى مستوى دخل في العالم إذا استثنينا دخل العشائر النفطية العربية، وفي سويسرا والسويد يُضرب الرقم القياسي للانتحار. تقتل الحضارة المبتئسة لاجئي المستضعفين بالتفقير والتجويع والغزو المباشر. وتقتل أبناءها باليأس من حياة لا معنى لها ولا غاية ولا مذاق. ذلك الإنسان المحجوب بنمط عيشه وترف أحواله مستضعف أيضا محروم من حقه الأعلى. والإسلام هو أمل كل نوع من أنواع المستضعفين. والله هو البَر الرحيم. سبحانه.[292] فالتحرر من ذهنية المغلوب تعني التحرر من قرون الاستبداد في ظل الحكم العاض والجبري الذي يتحكم في رقاب الأمة ويذلها ويصيرها قطيعًا تابعًا له، راضخة لقدر البلاء. تحرير الرقاب من التقليد الأعمى الذي يطوق الأعناق ويكبح العلم والعلماء دون القيام بالدور المناط بهم التجديد والاجتهاد، فتح باب الاجتهاد الذي أغلق لقرون طويلة، لماذا أغلق، ومن أغلقه. ما المنهاج للتحرر من ذهنية القطيع ومن ثورة التشنج المستعجل معا؟ ما المنهاج لنخرج من تحت نير الرضوخ، ونحل وثاق التسويف، ونسترجع القدرة على المبادرة، وننصب نحن مائدة الإسلام، مائدة الشورى والعدل والإحسان، ندعو العالمين إلى رحمتها وبرها؟ من خلال نقائص المقلدين والخانعين والخائفين والطامعين والمزورين يحكمنا طواغيت الجبر كما حكمنا من قبل حكام العض من نفس تلك النقائص. لا محيد لنا عن خطة الخسف ومسيرة الاستقالة أمام السلطان إلا إن فككنا الارتباط مع السنة السيئة وتمسكنا بالسنة النبوية والمنهاج، لنتنسم عبير الإحسان في ذلك الفضاء الإيماني، ولتحكم الأمة نفسها بفضائل الشورى وفضائل العدل مجملة، بفضائل الصحبة والجماعة، والذكر، والصدق، والبذل، والعلم، والسمت الحسن، والتؤدة، والاقتصاد، والجهاد. اقتحامًا للعقبة وطلبًا لوجه الله جل وعلا، لا تدحرجًا على مهاوي السهولة والرخاوة وكراهية المساكين والغفلة عن الله والكذب والشح والجهل والكسل والتبعية الحضارية والهيجان واتباع خطوات الشيطان وتضييع الواجب الأقدس واجب الجهاد.[293] فتدارك الحضارة الغربية التي نتوق لتقليدها وتحقيق ما وصلت إليه من تكنولوجيا وحضارة مدنية، حضارة ميكانيكية، حضارة مادية محضة، لا روح فيها، إنها حضارة لا هدف لها الآن، هذه الحضارة الغربية قد قالت كلمتها الأخيرة قبل زمن، الآن هي تعيش على امتدادها، تعيش على ما

حققت من انتصارات، ومن فتوح في المجال الحضاري، والصناعي، والتكنولوجي، لا شيء جديد لا رسالة لها للإنسانية، إنها في الحقيقة لا تفكر في مستقبل الإنسانية، إنها تعيش لنفسها فقط، وأصبحت كما يقول الشاعر الدكتور محمد إقبال: "من أين نبحث عن الذوق اللطيف، وعن الأفكار السامية، وعن النظرة الطاهرة، في الحضارة الغربية، وهي حضارة غير عفيفة، قد تلوثت ومسخت من زمان". [294] فعلى الدولة الإسلامية أن تضع حدًا لأساليب التنمية الحمقاء التي تعتمد على استيراد تكنولوجيا متقدمة، صنعت في الغرب وللغرب المهيمن على خيرات الأرض بينما تصدر المواد الخام الضرورية لتغذية الصناعة. تناقض يجعل الجائع العاري الجاهل الأعزل يجري وراء سراب القفزة التي تحمله إلى الكواكب على مركبة الأحلام. فالمصانع والآلات الإنتاجية المستوردة من الغرب تستعمل تكنولوجيا متطورة، فعندما يستوردها البلد المتخلف، يستورد معها خبراء، ويبقى تابعًا سرمديًا، مفتقرًا ليدربوه، ويمولوه تمويلًا مشروطًا، ويعطوه قطع الغيار. وما من آلة من بلادهم إلا وتأتينا بنصيب من تلك التبعية. ذلك بالإضافة إلى أن الآلة الإنتاجية المتطورة تلتهم العمل التهامًا، وتقضي على أهل البلد بالبطالة، لاسيما إن جاءت تلك الآلة لتحل محل إنتاج محلي سابق. إذ يجب أن ينصرف اهتمام الدولة الإسلامية عن أسلوب استخراج المعادن لتصديرها، وعن أسلوب المصانع المستوردة، لينصب على دعم الصناعة الصغيرة والمتوسطة والتقليدية. لا بد لنا من صناعة ثقيلة أيضا، ولا بد قبل توطينها من الاستعانة بما تتيحه السوق العالمية. لكن الاكتفاء الذاتي، وهو هدف تحرري له الأسبقية، لا يسمح بحال أن يكون كل اقتصادنا تابعًا تحكمه إرادة غيرنا. ونرجع بعد حين إن شاء الله للصناعة والتصنيع. إن اهتمام الدولة الإسلامية يجب أن ينصرف عن المشروعات الزراعية الواسعة، المخططة المؤممة، الموجهة للتصدير، إلى المشروعات الفلاحية المحلية المسؤولة، الموجهة إلى الإنتاج الغذائي. [295]

ولابد من تحرير العقل المسلم من هاجس يوحي إلى العقل المغرب كما يوحي الشياطين إلى أوليائهم أننا محظوظون إن ربطنا عربتنا الوطنية القومية بقاطرة الحضارة المنتصرة. اختيار العقل المسلم الحر أن نسعى بالجهاد الشامل العامل لنقود نحن إن شاء الله ذات يوم من أيام المستقبل القافلة الإنسانية واعين شاعرين بمضمون رسالتنا، وبما علينا للإنسان من واجبات، وللخلق جميعا من حقوق.

الخاتـــمة

سيكون مشروع الإسلاميين في عصرنا محدود الأفق إن لم نتفقه في تاريخنا، يغتاله الشعور بالمضض والألم لما وقع في ذلك العهد العنيف، عهد الانتقال من مرحلة الخلافة إلى مرحلة العض. لا ينقصنا العنف في مرحلتنا هذه، تسلطًا علينا أو هاجسًا ملحًا على بعضنا. فلكي نوسع الأفق، ولكي نزيل الأسى على الماضي، نتخفف لنمضي باطمئنان المؤمنين إلى تحقيق موعود الله جهادًا فاعلًا وتوكلًا يتحرى مواقع القدر الحكيم، نقف عند محطة فكرية عاطفية إيمانية عينية عملية سياسية دينية لنتسائل : ترى لِمَ قبل المسلمون حكم السيف والهوى وضرب الأعناق؟ لِمَ انساقوا تحت إمرة فاسدة في كثير من الأحيان وهم كانوا في العالم قوة فاتحة هادية يداوون الناس كافة برفق الإسلام وقرآن الإسلام، بينما الحاكم في بيتهم هوى السلطان، والدواء السيف، وحل الخلاف ضرب الأعناق؟

لماذا استبدل سواد الأمة الأعظم الاستبداد بالشورى، والظلم بالعدل، وقبلوا تهتك الأغيلمة من قريش وطيشهم؟ لماذا سمعوا وأطاعوا الصبية اللاعبين وهم كانوا أُسْد الشورى وعلماء الدنيا؟ لماذا حكم المترفون جهابذة الفقه وسادة القوم وأئمة الأمة؟ لماذا لم يمض الذين ساندوا القائمين من آل البيت إلى آخر شوط في العصيان لأمراء السوء، وكأن في مساندتهم تحفظًا شل الحركة، وفت في العضد، وأوهن العزائم؟[296]

أسئلة كثيرة تراودنا وتدفعنا للمسائلة والبحث عن الحقيقة ضمن حقائق التاريخ القروني من الاستبداد للمضي قدمًا بعزيمة مؤمنة بسنن الله الكونية نحو بناء الموعود النبوي، ولا يتحقق هذا إلا بعد أن نتجاوز مواقع الضعف فينا نتهيأ ونهيئ الأمة للأمر الأعظم، لا توقفنا ولا تحول بيننا وبين هذا الأمر عقبات نفسية واجتماعية وتاريخية واستبداد تاريخي وركون قروني، والله غالب على أمره. فما السبيل إذًا إلى إتمام اليقظة الإسلامية المباركة وانتزاع إمامة الأمة ومسك زمام الحكم لإقامة دولة القرآن بما هي تربية للرجال وتجنيد للشباب واكتساب للعلم وتوجيه للجهاد وبناء للمؤسسات وإحياء للاقتصاد وتحرير للأمة من التبعية؟

إن بناء القومة والاستعداد للخلافة الثانية على منهاج النبوة تقضي أن تكون كلمة الله هي العليا ويكون التذكير بالله هو المسار والخط التي تسير عليه الجماعة الداعية إلى الله.

والتطلع لمثل هذا البناء الضخم من إعداد للأمة بعد الاستبداد القروني وتغيير وجهتها لتتطلع لغد الإسلام وتتمثل النموذج النبوي الذي على الجماعة أن تباشره وتفعله في واقع الأمة بالتربية والجهاد للوصول للشورى والاختيار في الحكم. وهذا التطلع هو منهاج العمل الذي به يتجاوز هم الحاصر للتطلع لغد دولة القرآن لا يتناقض ولا ينبغي أن يغيب من الأذهان هم تفكيك الواقع والحاضر الذي تعيشه الأمة من تشتت وتخلف وغثائية واستضعاف وفقر وجهل وتبعية غير مشروطة.

مطمحنا الثاني التابع هو أن نقدم تصورنا لمنهاج عمل ينطل بنا مما نحن عليه من علل، ويجمع من أطراف الحكمة لوصف الكيف : كيف كان النموذج النبوي في التربية والجهاد والحكم فذًا وبم كان؟ كيف تحول المجتمع الجاهلي مجتمعا إسلاميًا؟ كيف تطور التاريخ بالأمة على عهد الخلفاء الراشدين انحدارًا إلى زوابع الفتنة، ثم بعد ذلك إلى الملك العاض فالجبري؟

ثم كيف العمل اليوم وغدًا لإتمام اليقظة الإسلامية المباركة، فانتزاع إمامة الأمة من يد ذرارينا المغربين، فقيادة الزحف الإسلامي إلى مسك زمام الحكم، فإقامة دولة القرآن بتربية الرجال، وتجنيد الشباب، واكتساب العلم، وتوجيه الجهاد، وبناء المؤسسات السياسية، وإحياء الاقتصاد، وتحرير الأمة من الاستعباد والتبعية حتى توحيد دار الإسلام، ونصب الخلافة على منهاج النبوة ؟[297]

إن الواقع بحيثياته يعلم بانفتاق صبح دولة القرآن ابتداءً من انتشار الصحوة الإسلامية التي تبرهن بتصاعدها أن إرادة الأمة قد توحدت حول أمر جامع هو أن المستقبل للإسلام. وما تعاني منه الشعوب الإسلامية من استضعاف وفقر واحتلال عسكري واقتصادي وثقافي لا تجد له الشعوب من مخرج سوى بالرجوع للجهاد ولعدل الإسلام ورحمته وتكافله الاجتماعي لتتجاوز واقعها المتأزم والمتخلف.

وما صحوة وهبة شباب الإسلام وعودته للأصل رغم الإغراءات والمغريات التي تنشرها وتبثها قوة الشر المعادية للتحصن والتعفف والمدمرة للخلق إلا دليل آخر على قوة الإسلام البشرية التي لا يعرفها مجتمع الغرب. بدا ظاهرا للعيان هذه العودة العارمة لحضن الإسلام وما زادها طغيان المعتدين على دين التوحيد إلا قوة وتشبثًا وتماسكًا للأمة.

وقد كانت هي المقاومة التي تصدت بقوة للمحتلين بأفغانستان وإيران ولبنان وفلسطين وبينت للعالم أنها قوة مؤمنة لا تقهر وأنها جند لا يهزم. ونخلص إلى أن بناء دولة القرآن ليس بالأمر السهل الذي يكفي التنظير له ليطبق على أرض الواقع بسهولة ويسر، وكأنك تذهن الخبز الساخن بالزبدة الدافئة النعمة.

لا ليس الأمر بهذه البساطة إلا على الورق، أما إذا وضع في محك العمل فيلزمه أولًا قلوب مؤمنة صادقة تؤمن حق الإيمان بما عند الله من خير حتى تهب أنفسها وأموالها وجهدها لتساهم في بناء الدولة القوية ولا تكون القوة إلا مع الإيمان، لا مع ضده. الإيمان في حد ذاته قوة إيجابية قادرة على أن تفعل في نفسها وفي محيطها وقادرة على تغيير المشين من السلوك والعادات وما تحبه النفس من المال والذهب والفضة وكل متاع الدنيا.

فالنفس التي لا تزكى، ترى فيما تملك سعادتها الوهمية وما هو إلا إلى الزوال صائر أو ما هي إلا إلى الموت صائرة. فإن تزكت النفس وتذكرت وعرفت علم اليقين أن ما عند الله خير وأبقى، باعت دنياها لآخرتها وصدقت وأخلصت النية في جهادها وقيامها بأكبر مسؤولية اختارها الله لها وهي بناء دولة القرآن وأن تصبح الأمة الشاهدة داعية العالمين للتوحيد.

تعلم النفس المجاهدة والجماعة المجاهدة أن موعود الله متحقق ولا راد له، وهناك تشريف لها فردًا وجماعة وهي أنها من أحباب المصطفى الذين أنبأ عنهم في الحديث الذي تضمن معنى أنه سيأتي قوم من بعده يؤمنون به ويتبعونه دون أن يروه فأولئك هم أحباؤه وأجر الواحد منهم كأجر خمسين رجل ممن صحبوه، وهي بحق الله البشرى. ويا لها من بشرى! بشرى عظيمة استحقت التضحية والجهاد بالنفس والمال والجهد فردًا وجماعة حتى يتم موعود المصطفى وهي "الخلافة الثانية على منهاج النبوة". والحمد لله رب العالمين، وسلام على عباده الذين اصطفى.

سيرة ذاتية للمؤلفة

د. سعيدة الصديق

المغرب

الدراسة الجامعية

الفلسفة العامة: إجازة / ليسانس
البحث: رابعة العدوية وتجربة العشق إشراف د. إدريس المنصوري
كلية الآداب والعلوم الإنسانية فاس ظهر المهراز.
الدراسة العليا : فلسفة إسلامية (ابن رشد).
طالبة زائرة:
البحث: العقل عند ابن رشد إشراف : د. جمال الدين العلوي،
كلية الآداب والعلوم الإنسانية بالرباط أكدال.
طالبة زائرة: فلسفة إسلامية 1995-1996م.
البحث: المدينة الفاضلة عند الفارابي إشراف: د. عابد الجابري
الماجستير: الفلسفة الإسلامية 1997-1999م،
كلية الآداب والعلوم الإنسانية بالرباط أكدال.
البحث: الوزارة عند الماوردي، إشراف : د. عبد المجيد الصغير
شهادة الدكتوراة: 1999-2005م.

موضوع البحث: "المنظور في التصوير الفني الإيطالي وأثره على الثورة العلمية للنهضة" إشراف: د. سالم يافوت رئيس شعبة الفلسفة/ د. بناصر بوعزاتي.
تميز البحث الذي قدمته لنيل الدكتوراة بالجدة من ناحية الموضوع والطرح، وشكل بداية لمرحلة فكرية تقاطعت فيها الهموم الفلسفية مع الاهتمامات الفنية والعلمية فنالت بذلك درجة التميز التي هي "مشرف جدًا" للجهد الجهيد الذي قدمته في البحث.
حيث اشتغلت على مراجع غير متوفرة بالمكتبات بالمغرب واضطرت للسفر للولايات المتحدة لإنجاز معظم أبحاثها التي كونت محور الموضوع. وبذلك كان البحث غنيًا ويطرح قضايا معاصرة لم يعرفها الفكر العربي بعد، بما أن التخصص في الفنون التصويرية جديد على الفكر العربي ولا يزال يتعامل معه بأسلوب ومنهجية تقليدية.
وبذلك تميز البحث بجدة منهاجية طرح الموضوع وحداثة التعامل مع المراجع الغربية حيث اعتمد في ذلك على مرجعية أمريكية مواكبة لتطور الفكر والمنجزات العلمية تتعلق بالبحث في موضوع المنظور علميًا، وبصريًا، وإدراكيًا ومعرفيًا وفنيًا من حيث تغير كيفية تلقي المشاهد للمشهد الفني وفقا لقوانين هندسية تحدد نقطة الاستهراب أو نقط الاستهراب التي توجه العين المبصرة لمنطقة محددة مركزة الاهتمام في مساحة فضائية.
ولكون الموضوع قد بحث في جميع مستويات الإدراك المكاني وكيفيات إنجازه وفي جميع مستوياته فقد نال موضوع البحث درجة التميز للجدة في الطرح وتنوع المراجع التي جمعت بين العربية والفرنسية والإنجليزية.

المراجع

1- المرشد عبد السلام ياسين، الخلافة والملك، دارالآفاق، ط2000،1م، ص 5-8.

2- الأستاذ عبد السلام ياسين، المنهاج النبوي.

3- المرشد عبد السلام ياسين، مجلة الجماعة، عدد 1،ص.36.

4- عبد السلام ياسين، تنوير المؤمنات ط1.

5- المرشد عبد السلام ياسين، مقدمات لمستقبل الإسلام.

6- ابن القيم، زاد المعاد، الجزء3 ، ص ..170

7- عباس علي العميد الزنجاني، قضايا الأمة، الإسلام وسياسة التسلط، الوحدة الإسلامية، 11/.2003

8- عبد الصمد الخزروني، اقتحام العقبة في حق الفرد والجماعة، موقع جماعة العدل والإحسان، 12/.2009

9- ابن قيم الجوزية، الفوائد، باب علماء السوء.

10- عبد السلام ياسين، الإسلام والقومية العلمانية.

11- عبد السلام ياسين، رجال القومة والإصلاح، القومة والثورة.

12- عبد السلام ياسين، العدل، الإسلاميون والحكم،دار الآفاق،1421هـ - 2000م.

13- المرشد عبد السلام ياسين، سنة الله، مطبعة النجاح الجديدة،.

14- المرشد عبد السلام ياسين، القرآن والنبوة، مدرسة الشدائد.

15- المرشد عبد السلام ياسين، إمامة الأمة.

16- ياسين هشام، "إمامة الأمة"والدعوة إلى الله، موقع جماعة العدل والإحسان، 2009 .

17- الدكتور محمد أركون، تاريخية الفكر العربي الإسلامي، ترجمة هاشم صالح، ط2، .1996

18- عبد السلام ياسين، الإسلام أو الطوفان: رسالة مفتوحة إلى ملك المغرب، دار الآفاق،1974م،ط2000،1م.

19- المرشد عبد السلام ياسين، "رسالة القرن" الملكية في ميزان الإسلام، 1مجلة "الجماعة" عدد 10، رمضان 1402موافق يوليوز .1982

20- عن تصريح ذ. أرسلان، موقع الجماعة: "ندعو لدستور ينبثق من إرادة كل مكونات المجتمع"، أبريل، .2010

21- خالد العسري، الإمام البنا والأستاذ ياسين: دراسة مقارنة، ¾، موقع جماعة العدل والإحسان، 8/ يناير/ 2010.

22- المرشد عبد السلام ياسين، الإحسان، دار الآفاق.

23- المرشد عبد السلام ياسين، الإسلام غدًا.

24- مقدمات في المنهاج للأستاذ عبد السلام ياسين.

25- المرشد عبد السلام ياسين، الشورى والديموقراطية.

26- الأستاذ عمر إحرشان، الانكسار التاريخي-2- ، موقع الجماعة، .2009

27- د. السلمي، حوار أجرته أسبوعية المشعل، المشهد السياسي المغربي صنعه الاستبداد، الموقع 2009./11

28- الأستاذ إبراهيم مجاهد، العلماء ورثة الأنبياء، موقع جماعة العدل والإحسان، يناير/.2010

29- من كتاب المراحل لابن الحاج، ج2، من مؤلف إمامة الأمة، ط1، دار لبنان للطباعة والنشر، 1430هـ-2009م.

30- الأستاذ أحمد الفراك، رتبة العلماء أعلى، موقع الجماعة، .2009

31- الأستاذ عبد السلام ياسين، نظرات في الفقه والتاريخ.

32- عبد الصمد الخزروني، الاجتهاد المنهاجي، موقع جماعة العدل والإحسان، يناير/ .2010

33- دكتور مصطفى محمود، عالم الأسرار، كتاب اليوم، العدد .331

34- محنة العقل المسلم، الشورى والديمقراطية، حوار مع الفضلاء الديمقراطيين، حوار الماضي والمستقبل، حوار مع صديقي الأمازيغي.

35- الإسلام والقومية العلمانية، الإسلام وتحدي الماركسية اللينينية.

36- محمد الكواكبي، طبائع الاستبداد ومصارع الاستعباد، تحقيق وتقديم د. محمد عمارة، دار الشروق.

37- أبوالمجد حرك، مديونية العالم الإسلامي وتاريخ المعاملات الربوية في بلاد المسلمين، دار الصحوة، 1990.

38- الشيخ ابن قيم الجوزية، الأمثال في القرآن الكريم،ط 1، تحقيق إبراهيم بن محمد.

39- إدريس يوسفي، الإحسان..أساس "الحكم الذاتي"، موقع جماعة العدل والإحسان، 2009/12.

40- المرشد عبد السلام ياسين، الإسلام غدا، السيد البنا.

41- إدريس يوسفي، الإحسان..أساس "الحكم الذاتي"، موقع العدل والإحسان، 2009/12.

42- بن يوسف يوسفي، شعب الإيمان، موقع جماعة العدل والإحسان، نوفمبر 2009.

43- المرشد عبد السلام ياسين، الإسلام والحداثة، دار الآفاق،ص..292

44- فتح الباري 63/3 برقم 1190 وصحيح مسلم رقم 1394.

45- الصادق الرمبوق، تقديم الكتاب الجديد للأستاذ عبد السلام ياسين: "القرآن والنبوة"، موقع الجماعة، أبريل، 2010.

46- المرشد عبد السلام ياسين، القرآن والنبوة، دار لبنان للطباعة والنشر، الطبعة الأولى، 1430/، 2010.

47- الأستاذ مصطفى العوني العرباوي، الخط السياسي لجماعة العدل والإحسان بين الثابت والمتغير، 1، موقع جماعة العدل والإحسان، مارس 2010.

48- مجلة الجماعة، عدد 1ص..31

49- ادريس ولد القابلة، جماعة العدل والإحسان قوة اقتراحية بامتياز، القدس العربي.

50- عن موقع الجماعة، تصريح ذ. أرسلان: ندعو لدستور ينبثق من إرادة كل مكونات المجتمع، أبريل، 2010.

51- المرشد عبد السلام ياسين، مقدمات في المنهاج، دار البشير للثقافة والعلوم، ط2، 1995.

52- الباحث الموساوي، من مقالة معنى القومة العلمية ومظاهرها الأساسية في مدرسة المنهاج النبوي، موقع الجماعة.

53- الأستاذ مصطفى العوني العرباوي، الخط السياسي لجماعة العدل والإحسان بين الثابت والمتغير، ج2.

54- مقال على الموقع، حرية تكوين الجمعيات، .2009

55- الأستاذ عمر إحرشان، حصار العدل والإحسان...درس التاريخ، موقع جماعة العدل والإحسان، يناير/ .2010

56- الأستاذ عبد الرحمن أحمد خيزران، الدولة والاعتقال السياسي في حق العدل والإحسان..آلية إخضاع فاشلة، موقع الجماعة.

57- الكاتب الموريطاني إدريس ولد القابلة، جماعة العدل والإحسان قوة اقتراحية بامتياز، مقالة بالقدس العربي.2004./02/24

58- الدكتور محمد السلمي، تقرير مختصر عن خروقات حقوق الإنسان في حق الجماعة، موقع جماعة العدل والإحسان،2009 .

59- د. السلمي، حوار أجرته أسبوعية المشعل، المشهد السياسي المغربي صنعه الاستبداد، الموقع 2009./11

60- عن تفسير ابن كثير، موقع الإسلام.

61- الأستاذ مصطفى حسيني، قضية معتقلي العدل والإحسان في ضوء سنة التدافع، مقال على موقع جماعة العدل والإحسان، 2009./10

62- المرشد عبد السلام ياسين، ردا على رسالة القرن، مجلة "الجماعة" عدد 10، رمضان 1402موافق يوليوز .1982

63- المرشد عبد السلام ياسين، الشورى والديموقراطية، 1996، ط1، المقدمة.

64- وثيقة الميثاق، ص. 1-.2

65- المرشد عبد السلام ياسين، حوار مع الفضلاء الديموقراطيين.

66- المصطفى سنكي، جميعا من أجل الخلاص، موقع جماعة العدل والإحسان، 2009./12

67- المرشد عبد السلام ياسين، في الاقتصاد.

68- حديث الرابع من مجالس العدل والإحسان، جلسة ليلة الخميس الثالث والعشرين من ربيع الثاني سنة 1410.

69- الأستاذ عمر إحرشان، مفاهيم منهاجية، الانكسار التاريخي-2-، موقع الجماعة، 2009.

70- أبو الأعلى الماودودي، الخلافة والملك، تعريب أحمد إدريس، دار القلم.

71- سعيد مولاي التاج، الخلافة والملك دواعي التمييز -1- ، موقع جماعة العدل والإحسان، 22يناير 2010.

72- البداية والنهاية لابن كثير تحقيق د. بن عبد المحسن التركي، ج8ص 132.

73- الدكتور سعيد بن سعيد العلوي، دولة الخلافة، ص.. 174.

74- ابن خلدون ، المقدمة، في معنى الخلافة والإمامة.

75- ماذا خسر العالم بانحطاط المسلمين، الطبعة 7.ص..133

76- عبد السلام ياسين،نظرات في الفقه والتاريخ، الشركة الأوروبية اللبنانية للنشر، بيروت-لبنان، 1990 .

77- الدكتور حاكم المطيري، "الحرية أو الطوفان"، ط2، ص، 123.

78- المرشد عبد السلام ياسين، المنهاج النبوي تربية وتنظيما وزحفا، فصل منهاج النبوة.

79- الدكتور حاكم المطيري، تحرير الإنسان وتجريد الطغيان.

80- المرشد عبد السلام ياسين، الإسلام والحداثة.

81- المرشد عبد السلام ياسين، في الاقتصاد، العدل والقسط.

82- الدكتورة سعيدة أولاد موح الصديق، التواصل الحضاري بين الشرق والغرب، 2006م.

83- الجامع لأحكام القرآن للقرطبي 8/. 174.

84- تاريخ الطبري 2/. 232.

85- نهج البلاغة، ج.3، ص.100.-101.

86- المرشد عبد السلام ياسين، في الاقتصاد، القومة والشدة.

87- المرشد عبد السلام ياسين، في الاقتصاد، نحن في العالم.

88- المرشد عبد السلام ياسين، محنة العقل المسلم، تحرير العقل المسلم.

89- المرشد عبد السلام ياسين، في الاقتصاد، ما هو التخلف.

90- المرشد عبد السلام ياسين، محنة العقل المسلم، المفتاح القرآني.

91- المرشد عبد السلام ياسين، العدل،الفصل الثالث: التقدم والتخلف.

92- المرشد عبد السلام ياسين، في الاقتصاد، المخلفون من الأعراب.

93- المرشد عبد السلام ياسين، في الاقتصاد، نحن في العالم.

94- ابن خلدون، المقدمة، الفصل الثالث والعشرون.

95- المرشد عبد السلام ياسين،في الاقتصاد، قطع حبال الجاهلية.

96- المرشد عبد السلام ياسين، نظرات في الفقه والتاريخ، ص. 16.

97- السيد أبي الحسن علي الحسني الندوي، أحاديث صريحة في أمريكا، مؤسسة الرسالة، بيروت، لبنان، 1978.

98- المرشد عبد السلام ياسين، محنة العقل المسلم، تحرير العقل المسلم.

الحــــواشي

1ـ المرشد عبد السلام ياسين، الخلافة والملك، دار الآفاق، ط2000،1م، ص 5-8.
2ـ الأستاذ عبد السلام ياسين، المنهاج النبوي، ص. 260.
3ـ المرشد عبد السلام ياسين، مجلة الجماعة، عدد 1،ص.36.
4ـ سورة الملك، الآية 2.
5ـ عبد السلام ياسين، تنوير المؤمنات، ص. 148-149.
6ـ عبد السلام ياسين، مقدمات في المنهاج، ص. 66.
7ـ ابن القيم، زاد المعاد، الجزء3 ، ص. 170.
8ـ عباس علي العميد الزنجاني، قضايا الأمة، الإسلام وسياسة التسلط، الوحدة الإسلامية، 2003/11.
9ـ عبد الصمد الخزروني، اقتحام العقبة في حق الفرد والجماعة، موقع جماعة العدل والإحسان، 2009/12.
10 المنهاج النبوي ص:15.
11ـ عبد السلام ياسين، تنوير المؤمنات، ط1/149-178.
12ـ ابن قيم الجوزية، الفوائد، باب علماء السوء.
13ـ عبد السلام ياسين، الإسلام والقومية العلمانية، ص. 161-162.
14ـ عبد السلام ياسين، رجال القومة والإصلاح، القومة والثورة.
15ـ عبد السلام ياسين، العدل، الإسلاميون والحكم،دار الآفاق،1421هـ 2000م،ص.246.
16 المرشد عبد السلام ياسين، المنهاج النبوي، ص.15.

[17]- الامام عبد السلام ياسين، سنة الله، ص. 19.
18-الإمام عبد السلام ياسين، سنة الله، ص. 19.
19-الإمام عبد السلام ياسين، سنة الله، ص. 20.
20- المرشد عبد السلام ياسين، القرآن والنبوة، ص، 28.
[21]- المرشد عبد السلام ياسين، إمامة الأمة، مقدمة.
[22]- المرشد عبد السلام ياسين، سنة الله، ولن تجد لسنة الله تبديلا.
[23]- ياسين هشام، "إمامة الأمة"والدعوة إلى الله، موقع جماعة العدل والإحسان، 2009
.
[24]- سورة الحجرات، الآية 13.
25- المرشد عبد السلام ياسين، إمامة الأمة، ط1، دار لبنان للطباعة والنشر، 1430هـ-2009م.25.
[26]- الدكتور محمد أركون، تاريخية الفكر العربي الإسلامي، ترجمة هاشم صالح، ط2، 1996، ص، 27-28.
12-المرشد عبد السلام ياسين، إمامة الأمة، ط1، دار لبنان للطباعة والنشر، 1430هـ-2009م.
[28]- نقلا عن المرشد عبد السلام ياسين، الإسلام والطوفان.
[14]-عبد السلام ياسين، الإسلام أو الطوفان: رسالة مفتوحة إلى ملك المغرب، دار الآفاق،1974م،ط2000،1م.
[30]- الأعراف، 60-61.
[31]- أخرجه مسلم وأبو داوود والنسائي.
[32]- أخرجه مسلم.
[33]- عبد السلام ياسين، الإسلام أو الطوفان: رسالة مفتوحة إلى ملك المغرب، دار الآفاق،1974م،ط2000،1م..ص.5-7.
[34]- نقلا عن تقديم رسالة الإسلام والطوفان، ي.ع.و.م.ر، مؤقع جماعة العدل والإحسان، جمادى الثانية 1419ه.
[35]- البخاري كتاب الأحكام ، باب 1.
[36]- البخاري كتاب الأحكام باب 8.
[37]- كنز المال ج6حديث 68.
[38]- المرشد عبد السلام ياسين، الإسلام أو الطوفان..
[39]- المرشد عبد السلام ياسين، الإسلام أو الطوفان..
[40] - المرشد عبد السلام ياسين، الإسلام أو الطوفان.
[41] - نفس المرجع...
[42] - المرشد عبد السلام ياسين، الإسلام أوالطوفان.
[43] - المرشد عبد السلام ياسين، "رسالة القرن" الملكية في ميزان الإسلام، 1مجلة "الجماعة" عدد 10، رمضان 1402موافق يوليوز 1982.
[44] - المرشد عبد السلام ياسين، "رسالة القرن" الملكية في ميزان الإسلام، 1مجلة "الجماعة" عدد 10، رمضان 1402موافق يوليوز 1982.

[45]- المرشد عبد السلام ياسين، المنهاج النبوي، ص. 68.

46ـ عن تصريح ذ. أرسلان، موقع الجماعة: "ندعو لدستور ينبثق من إرادة كل مكونات المجتمع"، أبريل، 2010.

47ـ خالد العسري، الإمام البنا والأستاذ ياسين: دراسة مقارنة، ¾، موقع جماعة العدل والإحسان، 8/ يناير/ 2010.

48ـ نقلا عن خالد العسري، نفس المرجع.

49ـ ن.م، نقلا عن خالد العسري.

50ـ المرشد عبد السلام ياسين، الإحسان، الجزء2، ص. 441.

51ـ المرشد عبد السلام ياسين، الإسلام غدا، ص. 62.

52ـ المرشد عبد السلام ياسين، المنهاج النبوي، ص. 149.

53ـ المرشد عبد السلام ياسين، المنهاج النبوي، ص. 53.

54ـ المرشد عبد السلام ياسين، المنهاج النبوي، أجهزة التنظيم.

55ـ المرشد عبد السلام ياسين، المنهاج النبوي، فصل التنظيم.

56ـ المرشد عبد السلام ياسين، العدل، الإسلاميون والحكم.

57ـ المرشد عبد السلام ياسين، القرآن والنبوة، مدرسة الشدائد.

58ـ المرشد عبد السلام ياسين، القرآن والنبوة، مدرسة الشدائد.

59 ـ الأستاذ عبد الصمد المخزوني، تجديد الدين والإيمان، مقال في موقع الجماعة، 2009/10.

60ـ مقدمات في المنهاج للأستاذ عبد السلام ياسين، ص:50.

61ـ المنهاج النبوي ص:16. ط2.

62ـ المرشد عبد السلام ياسين، المنهاج النبوي، فصل: عقبات.

63عبد السلام ياسين، مقدمات في المنهاج، اقتحام العقبة.

64المرشد عبد السلام ياسين، العدل، الإسلاميون والحكم، ص.57.

65المرشد عبد السلام ياسين، إمامة الأمة، ط1، دار لبنان للطباعة والنشر.

66 الأستاذ مصطفى حسيني، نفس المرجع.

67ـ عبد الصمد الخزروني، اقتحام العقبة في حق الفرد والجماعة، موقع جماعة العدل والإحسان، 2009/12.

68ـ المرشد عبد السلام ياسين، إمامة الأمة، ابغوني ضعفاءكم.

69 سورة القصص، الآية 5.

70 المرشد عبد السلام ياسين، إمامة الأمة، فصل مع سواد الأمة.

71المرشد عبد السلام ياسين، إمامة الأمة، ط1، دار لبنان للنشر، 1430هـ-2009م، ص.10.

72ـ المرشد عبد السلام ياسين، إمامة الأمة، ط1، دار لبنان للنشر، 1430هـ-2009م.

73ـ عبد السلام ياسين، المنهاج النبوي،ص. 262.

74ـ المرشد عبد السلام ياسين، إمامة الأمة، فصل لا طبقية.

75ـ المرشد عبد السلام ياسين، الشورى والديموقراطية، ص.255.

76ـ الأستاذ عمر إحرشان، الانكسار التاريخي-2- ، موقع الجماعة، 2009.

77ـ عبد السلام ياسين، العدل الإسلاميون والحكم، ط 2، دار الآفاق، 2000،ص.48.

78 ـ عبد السلام ياسين، العدل الإسلاميون والحكم، ط 2، دار الآفاق، 2000،ص.48.

79ـ د. السلمي، حوار أجرته أسبوعية المشعل، المشهد السياسي المغربي صنعه الاستبداد، الموقع 2009/11.

[80]- المرشد عبد السلام ياسين، العدل، فصل: دورة الرحا.
[81]- الأستاذ إبراهيم مجاهد، العلماء ورثة الأنبياء، موقع جماعة العدل والإحسان، يناير/2010.
[82]- المرشد عبد السلام ياسين، إمامة الأمة، ط1، دار لبنان للطباعة والنشر، 1430هـ - 2009م.
[83]- من كتاب المراحل لابن الحاج، ج2، من مؤلف إمامة الأمة، ط1، دار لبنان للطباعة والنشر، 1430هـ-2009م.
[84]- الأستاذ أحمد الفراك، رتبة العلماء أعلى، موقع الجماعة، 2009.
[85]الأستاذ أحمد الفراك، نفس المرجع.
[86]- سورة النور، الآية 55.
[87]- الأستاذ عبد السلام ياسين، نظرات في الفقه والتاريخ، ص، 82.
[88]- المرشد عبد السلام ياسين، العدل، الإسلاميون والحكم، ص.66.
[89]- المرشد عبد السلام ياسين، إمامة الأمة، ص.261.
[90]- نفسه، ص. 128.
[91] نفسه، ص. 130.
[92] ابن قيم الجوزية، الفوائد، باب الجهاد.
[93]- المرشد عبد السلام ياسين، نظرات في الفقه والتاريخ، ص، 82.
[94]-الأستاذ مصطفى العوني العرباوي، الخط السياسي لجماعة العدل والإحسان بين الثابت والمتغير، ج2، موقع الجماعة، 29مارس، 2010.
[95]- المرشد عبد السلام ياسين، العدل، الإسلاميون والحكم، ص، 75.
[96]- المرشد عبد السلام ياسين، العدل، ص.627.
[97]- المرشد عبد السلام ياسين، العدل: الإسلاميون والحكم، دار الآفاق، 2000م، ص، 473.
[98]- المرشد عبد السلام ياسين، العدل، فصل: افترق القرآن والسلطان.
[99] - المرشد عبد السلام ياسين، العدل، الإسلاميون والحكم، ص.625.
[100] - نفس المرجع، ص.625.
[101]- المرشد عبد السلام ياسين، نظرات في الفقه والتاريخ، ص، 82-83.
[102]- المرشد عبد السلام ياسين، إمامة الأمة، قواعد ثابتة.
[103]- المرشد عبد السلام ياسين، إمامة الأمة، إذا اجتهد الحاكم.
[104]- عبد الصمد الخزروني، الاجتهاد المنهاجي، موقع جماعة العدل والإحسان، يناير/ 2010.
[105]- دكتور مصطفى محمود، عالم الأسرار، كتاب اليوم، العدد 331، ص، 88.
[106]- المرشد عبد السلام ياسين، إمامة الأمة، ص، 213، ط1، دار لبنان للطباعة والنشر.
[107]- المرشد عبد السلام ياسين، إمامة الأمة، ، ص، 211 - 212.
[108]- المرشد عبد السلام ياسين، إمامة الأمة، قواعد ثابتة.
[109]- المرشد عبد السلام ياسين، نظرات في الفقه والتاريخ، ص، 73.
[110]- المرشد عبد السلام ياسين، إمامة الأمة، فصل: من يجتهد.
[111]- المرشد عبد السلام ياسين.نفس المرجع.
[112]- المرشد عبد السلام ياسين، المنهاج النبوي، ص، 4-،5.

113ـ المرشد عبد السلام ياسين، الإحسان، دار الآفاق، ج 1، ص، 258.

114ـ المرشد عبد السلام ياسين، الإحسان، دار الآفاق، ج 1، ص، 258.

115ـ المرشد عبد السلام ياسين، الإحسان، دار الآفاق، ج 1، ص، 258.

116ـ المرشد عبد السلام ياسين، الإحسان، ج1، دار الآفاق، ص، 348- 349.

117ـ المرشد عبد السلام ياسين، المنهاج النبوي، الإسلام والإيمان والإحسان.

118ـ المرشد عبد السلام ياسين، المنهاج النبوي، مهمات جند الله.

119ـ المرشد عبد السلام ياسين، سنة الله، مطبعة النجاح الجديدة، ص، 305.

120ـ المرشد عبد السلام ياسين، المنهاج النبوي، كيف يؤدي جند الله مهماتهم.

121ـ المرشد عبد السلام ياسين، مقدمات لمستقبل الإسلام، فصل المنهاج النبوي.

122ـ الأستاذ عبد السلام ياسين، العدل، بين يدي الكتاب.

123ـ الأستاذ عبد السلام ياسين، العدل، بين يدي الكتاب.

124ـ الأستاذ عبد السلام ياسين، العدل، الإسلاميون والحكم.

125ـ محنة العقل المسلم، الشورى والديمقراطية، حوار مع الفضلاء الديمقراطيين، حوار الماضي والمستقبل، حوار مع صديقي الأمازيغي.

126ـ سنة الله، الإسلام والحداثة.

127ـ الإسلام والقومية العلمانية، الإسلام وتحدي الماركسية اللينينية، الإمام عبد السلام ياسين، ص 11.

128ـ أبو المجد حرك، مديونية العالم الإسلامي وتاريخ المعاملات الربوية في بلاد المسلمين، دار الصحوة، تمهيد، 1990.

129ـ أبو المجد حرك، مديونية العالم الإسلامي وتاريخ المعاملات الربوية في بلاد المسلمين، دار الصحوة، ص، 9، 1990.

130ـ أبو المجد حرك، مديونية العالم الإسلامي وتاريخ المعاملات الربوية في بلاد المسلمين، دار الصحوة، ص، 12، 1990.

131ـ محمد الكواكبي، طبائع الاستبداد ومصارع الاستعباد، تحقيق وتقديم د. محمد عمارة، دار الشروق، ص. 24.

132ـ المرشد عبد السلام ياسين، المنهاج النبوي.

133ـ المرشد عبد السلام ياسين، المنهاج النبوي ص 35.

134ـ الشيخ ابن قيم الجوزية، الأمثال في القرآن الكريم،ط 1، تحقيق إبراهيم بن محمد، ص، 39.

135ـ المرشد عبد السلام ياسين، العدل: الإسلاميون والحكم، دار الآفاق، ط2، 2000م، ص. 59-60.

136ـ إدريس يوسفي، الإحسان..أساس "الحكم الذاتي"، موقع جماعة العدل والإحسان، 2009/12.

137ـ المرشد عبد السلام ياسين، الإحسان، الجزء 1، دار الآفاق، ص، 24-26.

138ـ المرشد عبد السلام ياسين، الإحسان، الجزء 1، دار الآفاق، ص، 24 - 26.

139ـ المرشد عبد السلام ياسين، الإسلام غدا، السيد البنا.

140ـ إدريس يوسفي، الإحسان..أساس "الحكم الذاتي"، موقع العدل والإحسان، 2009/12.

141ـ المرشد عبد السلام ياسين، المنهاج النبوي.

[142]- المرشد عبد السلام ياسين، المنهاج النبوي.
[143]- بن يوسف يوسفي، شعب الإيمان، موقع جماعة العدل والإحسان، نوفمبر 2009.
[144]- المرشد عبد السلام ياسين، المنهاج النبوي.
[145]- المرشد عبد السلام ياسين، المنهاج النبوي.
[146]- المرشد عبد السلام ياسين، الإسلام والحداثة، دار الآفاق،ص.292.
[147]- فتح الباري 63/3 برقم 1190 وصحيح مسلم رقم 1394.
[148] - رواه الطبراني في المعجم الكبير (111/8) وأبو نعيم في حلية الأولياء (97/6) وهوحديث صحيح.

[149]- الصادق الرمبوق، تقديم الكتاب الجديد للأستاذ عبد السلام ياسين: "القرآن والنبوة"، موقع الجماعة، أبريل، 2010.
[150] -المرشد عبد السلام ياسين، القرآن والنبوة، دار لبنان للطباعة والنشر، الطبعة الأولى، 1430/، 2010ص، 26-27.
[151]- المرشد عبد السلام ياسين، القرآن والنبوة، دار لبنان للطباعة والنشر، الطبعة الأولى، 1430/، 2010،ص، 14.
[152]- نفسه، ص، 45.
153- الأستاذ عبد السلام ياسين، العدل، بين يدي الكتاب.
[154]- المرشد عبد السلام ياسين، القرآن والنبوة، ص، 26.
[155]- المرشد عبد السلام، القرآن والنبوة، ص، 29.
[156]- القرآن والنبوة، ص، 37.
[157]- المرشد عبد السلام ياسين، القرآن والنبوة، ص، 47-48.
[158]- نفسه، ص، 48.
[159]- الأستاذ مصطفى العوني العرباوي، الخط السياسي لجماعة العدل والإحسان بين الثابت والمتغير، 1، موقع جماعة العدل والإحسان، مارس 2010.
[160]-المرشد عبد السلام ياسين، المنهاج النبوي،ص.25.
[161]- المرشد عبد السلام ياسين، المنهاج النبوي،ص. 309.
[162]- المرشد عبد السلام ياسين، الإحسان، ج2، دار الآفاق، ص، 508- 509.
[163] - مجلة الجماعة، عدد 1ص.31.
[164]- المرشد عبد السلام ياسين، المنهاج النبوي، ص، 1.
[165]- المرشد عبد السلام ياسين، المنهاج النبوي،ص.25.
[166] - المرشد عبد السلام ياسين، سنة الله، رحا الإسلام.
[167]- عبد السلام ياسين،سنة الله، رحا الإسلام.
[168]- نفس المرجع، ص.413.
[169]- نفسه،ص.412.
[170]- المرشد عبد السلام ياسين، الإحسان، ج2، دار الآفاق، ص، 508.
[171]- ادريس ولد القابلة، جماعة العدل والإحسان قوة اقتراحية بامتياز، القدس العربي.
[172]- عن موقع الجماعة، تصريح ذ. أرسلان: ندعو لدستور ينبثق من إرادة كل مكونات المجتمع، أبريل، 2010.
[173]- عن موقع الجماعة، تصريح ذ. أرسلان: ندعو لدستور ينبثق من إرادة كل مكونات المجتمع، أبريل، 2010.

¹⁷⁴ـ المرشد عبد السلام ياسين، مقدمات في المنهاج، دار البشير للثقافة والعلوم، ط2، 1995، ص، 34.

¹⁷⁵ـ الباحث الموساوي، من مقالة معنى القومة العلمية ومظاهرها الأساسية في مدرسة المنهاج النبوي، موقع الجماعة.

¹⁷⁶ـ الباحث الموساوي، نفس المرجع.

¹⁷⁷ـ المرشد عبد السلام ياسين، العدل، ص. 106.

¹⁷⁸ـ المرشد عبد السلام ياسين، العدل، ص. 108.

¹⁷⁹ـ المرشد عبد السلام ياسين، العدل: الإسلاميون والحكم، دار الآفاق، 2000م، ص. 39.

¹⁸⁰ـ الأستاذ مصطفى العوني العرباوي، الخط السياسي لجماعة العدل والإحسان بين الثابت والمتغير، ج2.

¹⁸¹ـ مقال على الموقع، حرية تكوين الجمعيات، 2009.

¹⁸²ـ الأستاذ عمر إحرشان، حصار العدل والإحسان...درس التاريخ، موقع جماعة العدل والإحسان، يناير/ 2010.

¹⁸³ـ الأستاذ عبد الرحمن أحمد خيزران، الدولة والاعتقال السياسي في حق العدل والإحسان..آلية إخضاع فاشلة، موقع الجماعة.

¹⁸⁴ـ الكاتب الموريطاني إدريس ولد القابلة، جماعة العدل والإحسان قوة اقتراحية بامتياز، مقالة بالقدس العربي.2004/02/24.

¹⁸⁵ـ الدكتور محمد السلمي، تقرير مختصر عن خروقات حقوق الإنسان في حق الجماعة، موقع جماعة العدل والإحسان،2009 .

¹⁸⁶ـ الأستاذ عبد الرحمن أحمد خيزران، الدولة والاعتقال السياسي في حق العدل والإحسان..آلية إخضاع فاشلة، موقع الجماعة.

¹⁸⁷ـ د. السلمي، حوار أجرته أسبوعية المشعل، المشهد السياسي المغربي صنعه الاستبداد، الموقع 2009/11.

¹⁸⁸ـ د. السلمي، حوار أجرته أسبوعية المشعل، المشهد السياسي المغربي صنعه الاستبداد، الموقع 2009/11.

¹⁸⁹ سورة الحج، الآية 40.

¹⁹⁰ـ عن تفسير ابن كثير، موقع الإسلام.

¹⁹¹ـ عبد الرحمن أحمد خيزران، الدولة والاعتقال السياسي في حق العدل والإحسان...آلية إخضاع فاشلة، موقع جماعة العدل والإحسان،2009/11.

¹⁹²ـ الأستاذ مصطفى حسيني، قضية معتقلي العدل والإحسان في ضوء سنة التدافع، مقال على موقع جماعة العدل والإحسان، 2009/10.

¹⁹³ـ المرشد عبد السلام ياسين، إمامة الأمة، لا طبقية.

¹⁹⁴ـعبد السلام ياسين، إمامة الامة، ط1، دار لبنان للطباعة والنشر، 2009.

¹⁹⁵ عبد السلام ياسين، المنهاج النبوي، م.س، ص، 262.

¹⁹⁶ عبد السلام ياسين، المنهاج النبوي،309.

¹⁹⁷ـ عبد الرحمن أحمد خيزران، الدولة والاعتقال السياسي في حق العدل والإحسان...آلية إخضاع فاشلة، موقع جماعة العدل والإحسان، 2009/11.

¹⁹⁸ـ المرشد عبد السلام ياسين، الإسلام غدا، خصوم الإسلام.

¹⁹⁹ـ الأستاذ عبد السلام ياسين، العدل، بين يدي الكتاب.

²⁰⁰ـ المرشد عبد السلام ياسين، الإحسان، ج 2، دار الآفاق، ص، 502- 503.

201- المرشد عبد السلام ياسين، ردا على رسالة القرن، مجلة "الجماعة" عدد 10،
رمضان 1402موافق يوليوز 1982.

202- المرشد عبد السلام ياسين، الشورى والديموقراطية، 1996، ط1، المقدمة.

203- المرشد عبد السلام ياسين، الشورى والديموقراطية، 1996، ط1، المقدمة.

204- المرشد عبد السلام ياسين، العدل، دار الآفاق، ط2، ص.577.

205 نفس المرجع، ص.583-582.

206- المرشد عبد السلام ياسين، العدل: الإسلاميون والحكم، ص.597-595.

207- وثيقة الميثاق، ص. 1-2.

208- المرشد عبد السلام ياسين، الشورى،ص.5.

209- نفس المرجع، ص.189.

210- المرشد عبد السلام ياسين، حوار مع الفضلاء الديموقراطيين ،ص.6.

211- المصطفى سنكي، جميعا من أجل الخلاص، موقع جماعة العدل والإحسان،
2009/12.

212- الميثاق، ص. 9.

213- الميثاق، ص. 7.

214- الميثاق، ص. 1.

215- المصطفى سبكي، نفسه.

216- المنهاج النبوي، ولاية المؤمنين.

217- المرشد عبد السلام ياسين، العدل، ص. 259.

218- المرشد عبد السلام ياسين، العدل، ص. 260-261.

219- سورةالنور،الآية 55.

220- المرشد عبد السلام ياسين، الإسلام غدا.

221- المرشد عبد السلام ياسين، في الاقتصاد، المخلفون من الأعراب.

222- المرشد عبد السلام ياسين، في الاقتصاد، ص، 37.

223- نفسه، ص، 39.

224- نفسه، ص، 47-48.

225- المرشد عبد السلام ياسين، رجال القومة والإصلاح، القومة والثورة.

226- المرشد عبد السلام ياسين، المنهاج النبوي، فصل: القومة الإسلامية.

227- نفسه، ص.249-247.

202- المرشد عبد السلام ياسين، الإسلام غدا.

229- حديث الرابع من مجالس العدل والإحسان، جلسة ليلة الخميس الثالث والعشرين
من ربيع الثاني سنة 1410.

230المرشد عبد السلام ياسين، الشورى والديموقراطية، ص.241.

231المرشد عبد السلام ياسين، الشورى والديموقراطية، ص.246.

232المرشد عبد السلام ياسين، نفسه، ص.248.

233المرشد عبد السلام ياسين، نفسه، ص. 250.

234- الأستاذ عمر إحرشان، مفاهيم منهاجية، الانكسار التاريخي-2-، موقع الجماعة،
2009.

235- أبو الأعلى الماودودي، الخلافة والملك، تعريب أحمد إدريس، دار القلم، ص.51.

236ـ نقلا بتصرف عن أبو الأعلى الماودودي، الخلافة والملك، تعريب أحمد إدريس، دار القلم، 1978، ص. 63.

237ـ أبو الأعلى الماودودي، الخلافة والملك، تعريب أحمد إدريس، دار القلم، ص.51.

238ـ سعيد مولاي التاج، الخلافة والملك دواعي التمييز -1- ، موقع جماعة العدل والإحسان، 22يناير 2010.

239ـ البداية والنهاية لابن كثير تحقيق د. بن عبد المحسن التركي، ج8ص 132.

240ـ المودودي، الخلافة والملك، ص. 106-107.

241ـ المودودي، الخلافة والملك، ص. 111.

242ـ المرشد عبد السلام ياسين، الإسلام غدا.

244ـ الدكتور سعيد بن سعيد العلوي، دولة الخلافة، ص. 174.

244ـ عبد السلام ياسين، الخلافة والملك،ط1، دار الآفاق.2000.ص.12.

245ـ ابن خلدون ، المقدمة، في معنى الخلافة والإمامة.

246ـ سعيد مولاي التاج، نفس المرجع.

247ـ نفسه، ص.59.

248ـ نفسه، ص.59. عن ماذا خسر العالم بانحطاط المسلمين، الطبعة 7.ص.133.

250ـ عبد السلام ياسين،نظرات في الفقه والتاريخ، الشركة الأوروبية اللبنانية للنشر، بيروت-لبنان،1990، ص.27.

250ـ الدكتورحاكم المطيري، "الحرية أو الطوفان"، ط2، ص، 122.

251ـ نقلا عن نفس المرجع، ص، 122.

252ـ الدكتور حاكم المطيري، "الحرية أو الطوفان"، ط2، ص، 123.

253ـ الأستاذ عبد السلام ياسين، الخلافة والملك، الاستخلاف.

254ـ عبد السلام ياسين، الخلافة والملك، ص، 29.

255ـ المرشد عبد السلام ياسين، المنهاج النبوي تربية وتنظيما وزحفا، فصل منهاج النبوة.

256ـ الأستاذ عبد السلام ياسين، الخلافة والملك، الاستخلاف.

257ـ عبد السلام ياسين، العدل، الإسلاميون والحكم، دار الآفاق، الطبعة الثانية، 1421هـ-2000م، ص. 7.

258ـ الدكتور حاكم المطيري، تحرير الإنسان وتجريد الطغيان، ص، 113.

259ـ المرشد عبد السلام ياسين، العدل، ص.188.

260ـ المرشد عبد السلام ياسين، الإسلام والحداثة، ص.250.

261ـ المرشد عبد السلام ياسين، العدل ، ص.189.

262ـ المرشد عبد السلام ياسين، في الاقتصاد، العدل والقسط.

263ـ المرشد عبد السلام ياسين، في الاقتصاد، التكافل.

264ـ المرشد عبد السلام ياسين، القرآن والنبوة، ص، 68-69.

265ـ نفس المرجع، ص، 189- 190.

266ـ المرشد عبد السلام ياسين، الإسلام والحداثة، عدل وظلم.

[267] - الدكتورة سعيدة أولاد موح الصديق، التواصل الحضاري بين الشرق والغرب، 2006م.
268 المرشد عبد السلام ياسين، العدل، ص. 195.
[269]- المرشد عبد السلام ياسين، الشورى والديموقراطية، الرابطةالاخوية.
[270]- المرشد عبد السلام ياسين، إمامة الأمة، لا طبقية.
[271]- الجامع لأحكام القرآن للقرطبي 174/8
[272]- تاريخ الطبري 232/2.
[-273] نهج البلاغة، ج.3، ص.100-101.
[274]- المرشد عبد السلام ياسين، في الاقتصاد، القومة والشدة.
[275]- المرشد عبد السلام ياسين، العدل: الإسلاميون والحكم، دار الآفاق، ط 2، 2000م، ص، 334- 335.
[276]- المرشد عبد السلام ياسين، في الاقتصاد، نحن في العالم.
الأستاذ عبد الله عاصم، الخصائص العامة للاقتصاد المغربي.
[277] نفس المرجع.
[278] نفس المرجع.
"المغرب في أرقام" والنشرات الإحصائية الصادرة عن مديرية "الإحصاء" للسنة المعنية.
نفس المرجع. 279
[280] نفس المرجع.
281- المرشد عبد السلام ياسين، محنة العقل المسلم، تحرير العقل المسلم.
[282]- المرشد عبد السلام ياسين، في الاقتصاد، ما هو التخلف. [282]

[284]- المرشد عبد السلام ياسين، محنة العقل المسلم، المفتاح القرآني.
[285]- المرشد عبد السلام ياسين، في الاقتصاد، ما هو التخلف.
[286]- المرشد عبد السلام ياسين، العدل،الفصل الثالث: التقدم والتخلف.

[287]- المرشد عبد السلام ياسين، في الاقتصاد، المخلفون من الأعراب.
[288]- المرشد عبد السلام ياسين، في الاقتصاد، نحن في العالم.
[289]- المرشد عبد السلام ياسين، العدل : الإسلاميون والحكم، دار الآفاق، 2000م، ص، 356-358.
[290]- ابن خلدون، المقدمة، الفصل الثالث والعشرون.
[291]- المرشد عبد السلام ياسين،في الاقتصاد، قطع حبال الجاهلية.
[292]- المرشد عبد السلام ياسين، العدل، الإسلاميون والحكم، فصل: في سبيل الله والمستضعفين.
[293]- المرشد عبد السلام ياسين، نظرات في الفقه والتاريخ، ص. 16.
[294]- السيد أبي الحسن علي الحسني الندوي، أحاديث صريحة في أمريكا، مؤسسة الرسالة، بيروت، لبنان، 1978.
[295]- المرشد عبد السلام ياسين، في الاقتصاد، نحن في العالم.
[296]- المرشد عبد السلام ياسين، نظرات في الفقه والتاريخ، ص. 32.
[297]- المرشد عبد السلام ياسين، مقدمات لمستقبل الإسلام، مقدمة.